THE ENDOWMENT MODEL OF INVESTING

［美］ 马丁·L. 莱伯维茨（Martin L. Leibowitz）
安东尼·波瓦（Anthony Bova）
P. 布莱特·哈蒙德（P. Brett Hammond） 著

束宇 陈卫炜 译 曹为实 校

追求长期回报

捐赠基金资产配置及投资模式

北京大学出版社
PEKING UNIVERSITY PRESS

北京市版权局著作权合同登记号　图字:01－2011－4362

图书在版编目(CIP)数据

追求长期回报:捐赠基金资产配置及投资模式/(美)莱伯维茨(Leibowitz,M. L.),(美)波瓦(Bova,A.),(美)哈蒙德(Hammond,P. B.)著;束宇,陈卫炜译.—北京:北京大学出版社,2012.5

ISBN 978－7－301－20559－4

Ⅰ.①追…　Ⅱ.①莱…　②波…　③哈…　④束…　⑤陈…　Ⅲ.①基金－投资－研究　Ⅳ.①F830.59

中国版本图书馆 CIP 数据核字(2012)第 076649 号

Martin L. Leibowitz, Anthony Bova, P. Brett Hammond

The Endowment Model of Investing: Ruturn, Risk, and Diversification, first edition

ISBN: 978－0－470－48176－9

Published by John Wiley & Sons, Inc., Hoboken, New Jersey.

Published simultaneously in Canada.

书　　　名:追求长期回报:捐赠基金资产配置及投资模式

著作责任者:〔美〕马丁·L.莱伯维茨　安东尼·波瓦　P.布莱特·哈蒙德　著
　　　　　　束　宇　陈卫炜　译　曹为实　校

责 任 编 辑:刘　京

标 准 书 号:ISBN 978－7－301－20559－4/F·3164

出 版 发 行:北京大学出版社

地　　　址:北京市海淀区成府路 205 号　100871

网　　　址:http://www.pup.cn　电子邮箱:em@pup.cn

电　　　话:邮购部 62752015　发行部 62750672　编辑部 62752926
　　　　　　出版部 62754962

印　刷　者:北京宏伟双华印刷有限公司

经　销　者:新华书店
　　　　　　730 毫米×1020 毫米　16 开本　22 印张　370 千字
　　　　　　2012 年 5 月第 1 版　2012 年 5 月第 1 次印刷

印　　　数:0001—3000 册

定　　　价:58.00 元

《追求长期回报：捐赠基金资产配置及投资模式》

◀所获赞誉▶

“这是一本难得的好书——所有的首席投资官们都应将其列为自己的必读书目。以基于β系数的分析为基础，本书的几位作者开发出了一套目前来讲可以称得上是21世纪最尖端的投资管理方法，通过他们的理论可以最大限度地发挥多元化资产配置策略的力量。”

—Lyn Hutton，Commonfund 首席投资官

“任何一位考虑采取另类资产投资策略的基金发起人或投资经理都应该读这本书。本书作者证实了另类资产虽可能在短期内扩大一支基金的风险敞口，因为这些资产的压力β系数在市场发生危机的时候会出现上浮。但他们同时也发现，如果能够恰当地配置不同种类的另类资产，它们就能够为长期投资的效益最大化提供核心贡献。”

—Bruce I. Jacobs，Jacobs Levy Equity Management 负责人，
Market Neutral Strategies 主编

“此书讨论的核心问题就是基于β系数的效益分析理论以及其他新兴的数量化模型是否能有效地处理回报、风险、多元化投资三者在同一投资组合中的相互关系。虽然就目前来讲这个核心问题还没能被解开，但是本书的作者可以称得上是目前对这个问题讨论得最为充分和深入的学者。我强烈推荐每一位首席投资官或策略官好好读一读这本著作。”

—Allan S. Bufferd，麻省理工大学名誉财务负责人

“作者提出的理论体系指明了非传统投资组合中风险和收入的来源。如果这本书能够早些面世的话,那些捐赠基金的受托管理人们就能更好地理解金融危机期间他们手头的投资组合到底遭受了怎样的影响,而且也使其明白为什么他们所遭受的损失是可以预见的、不可避免的,同时也是为了实现长期投资成功所必须经历的。”

—Andrew K. Golden,普林斯顿大学投资管理公司总经理

“每一位关心投资组合风险管理的机构投资者都应该把此书列为必读书。书中的见解独到、论证充分,作者在压力测试场景下对股权类资产的风险敞口的拆解尤为可贵,如果在市场崩溃前各捐赠基金的管理者们能够看到这些分析,他们就不会遭受心理和金钱上的双重损失了。”

—Ian Kennedy,剑桥合伙人投资管理公司前任全球研究主管

“如果所有捐赠基金管理人都能安排自己的骨干人员学习此书,认真研究书中所讨论的捐赠基金以长期获益为目标的投资管理方法,那么他们都会大有收获——此书同时还强调了有技巧的执行投资策略也是至关重要的。”

—Charles D. Ellis,《投资艺术》作者

“难道捐赠基金资产配置模型彻底失效了吗?答案是‘不,但是你们必须对投资策略和手段进行更新换代了’。作者在此书中通过精彩的分析和常理判断将为你指明前进的方向。”

—Jack R. Meyer, Convexity Capital 首席合伙人兼 CEO

“本书提供了对目前流行的多元化资产配置的完整分析,让你能够了解到多元化的投资策略何时能够帮助有效控制基金层面的风险,而何时不能奏效。”

—Jim Simons, Renaissance Technologies LLC 董事长

“这是一本拿捏到位的著述……既不是给传统投资模式掘墓,也不是为其唱赞歌……让我们切身体会了诸如‘龙风险’之类的问题。总的来讲,这是一本市面上急需的好书,论证得当,思想深邃。我真诚地向大家推荐这本书。”

—Clifford Asness, AQR Investments 董事长

“此书论证了一套很有价值的新的投资方式,他们对多元化资产投资的各种模式都进行了深入讨论。”

—Frank J. Fabozzi,耶鲁大学管理学院金融学教授,

Journal of Portfolio Management 主编

“本书在捐赠基金资产配置模式这门学问上可谓是一大进步。它把许多诸如投资‘α系数’等很难驾驭的概念以严谨的方式和风险回报理论体系结合在一起……我个人认为这是一本优秀的著作。”

—David Booth, Dimensional Fund Advisors CEO

“作者为投资管理者们提出了一套创新的且简单易懂的投资方法。许多基金机构应该能从他们所提出的资产配置理论和风控理论中找到适合自己的方法。”

—Roger Clarke, Analytic Investors 董事长

“作者们通力合作,开创了一套卓有见解且易于执行的捐赠基金资产配置模式理论……许多机构管理的投资组合也能从中获益。对于很多投资机构来讲,这为它们开发适合自身的投资方法做出了巨大的贡献。”

—H. Gifford Fong, Gifford Fong Associates 总裁

“在最近这场金融危机的冲击下,很多人开始质疑机构投资领域的捐赠基金资产配置模式的实用性。本书的作者为这种人们信赖已久的投资模式的未来撰写了一本必读之书。这本可读性很强的著作建议我们坚持这种投资模式,但在实际操作中应该调整我们的投资期限。”

—Edgar Sullivan, Promark Global Advisors

(前通用汽车资产管理公司)董事总经理

>> 作者简介

马丁·L.莱伯维茨(Martin L. Leibowitz)

马丁·L.莱伯维茨是摩根士丹利研究部全球战略团队的董事总经理。过去四年中,他和他的同事们从事了一系列研究,比如说基于β系数的资产配置模式,资产负债管理,压力β系数以及策略投资组合对更高资本充足率的要求,等等。

加入摩根士丹利之前,莱伯维茨先生是全美教师保险和年薪协会与大学退休财产基金(TIAA - CREF)的副董事长兼首席投资官,任职时间从1995年到2004年。在此机构任职期间,他负责管理价值超过3000亿美元的股票、固定收益和房地产类资产。再往前追溯,他曾在索罗门兄弟公司任职长达26年,曾任该公司全球研究团队的总监,主要负责股票和固定收益产品的研究,也曾是该公司执行委员会的成员之一。

莱伯维茨先生于芝加哥大学获文学学士学位和理学硕士学位。他同时还拥有纽约大学库兰特学院的数学博士学位。

他在金融和投资方面著有150多篇论文和研究报告,经常在《金融分析师学刊》(*Financial Analysts Journal*)和《投资组合管理学刊》(*Journal of Portfolio Management*)上发表文章。他在《金融分析师学刊》上发表的文章中有10篇获得Graham and Dodd金融类著述优秀奖。2008年2月,莱伯维茨先生和他的同事安东尼·波瓦(Anthony Bova)合著的一篇文章被《投资组合管理学刊》的读者们票选为Bernstein Fabozzi/Jacobs Levy Awards第九届评选中的最佳论文。

1992年他的文章被结集出版,书名《投资》(*Investment*),1990年诺贝尔经济学奖得主威廉·F.夏普专门为本书撰写了序言。1996年,他的专著《回报率目标和回报短缺风险》(*Return Targets and Shortfall Risks*)由 Irwin 出版社出版。2004 年，他又出版了两本新书：专门讨论股票定价的《专营价值》(*Franchise Value*)(由 John Wiley & Co. 出版社出版)和修订之后的关于债券投资研究的文集《深入了解回报率》(*Inside the Yield Book*)(由彭博出版社出版)。《深入了解回报率》的第 1 版于 1972 年出版，期间共重印 21 次，至今仍然是此领域内的必读书目。新版的《深入了解回报率》由知名经济学家亨利·考夫曼(Henry Kaufman)作序。2009 年，莱伯维茨先生与别人合著了《现代投资组合管理——积极管理的 130 长/30 空型股票投资策略》(Modern Portfolio Management: Active Long/Short 130/30 Equity Strategies)。

特许金融分析师学院(CFA Institute)授予了他三次该机构的最高奖项。2003 年时，他被聘为美国人文与科学学院院士。

安东尼·波瓦(Anthony Bova)

安东尼是摩根士丹利研究部全球战略团队的副总裁，主要关注机构管理的投资组合战略研究。此前的四年他同样在摩根士丹利供职，主要关注大宗商品的研究。

波瓦先生本科毕业于杜克大学，主学位为理学学士，同时获得数学学科的辅修学位，他同时也获得了 CFA 资格认证。

2008 年，波瓦先生与别人合著的文章“在 β 系数的世界中搜集潜藏的超额回报”获得了 Bernstein Fabozzi/Jacobs Levy Awards 第九届评选中的最佳论文，该文刊载于《投资组合管理学刊》2007 年的春季刊。2009 年，波瓦先生与别人合著了《现代投资组合管理——积极管理的 130 长/30 空型股票投资策略》一书。

P. 布莱特·哈蒙德(P. Brett Hammond)

布莱特·哈蒙德现任全美教师保险和年薪协会与大学退休财产基金的首席投资战略官、董事总经理，他现在管理着价值近 4000 亿美元的各类资产。他已在这家机构供职 16 年，期间着力于开发和研究许多前沿课题，其中包括通胀收益保障型债券、到期收益资产配置产品、个人金融顾问、国际化的非营利性年金投资组合、市场行为模型以及社保体制改革等等。他同时也代表全美教师保险和年薪协会与大学退休财产基金向全美境内的机构和个人投资者宣讲该机构对宏观经济、金融市场和长期投资的观点。加入全美教师保险和年薪协会与大学退休财产基金之前，哈蒙德先生曾在华盛顿特区工作了 10 年，主要在国家研究院(国家研究委员会)从事研究工作。1979 年至 1984 年间,哈蒙德先生在加州大学(伯克利和洛杉矶分校)任教。

哈蒙德先生本科毕业于加州大学圣克鲁茨分校,获经济学和政治学学士学位。他同时还拥有麻省理工大学的博士学位。

他著有 30 多篇文章和专著,涉及金融、高等教育和公共政策等多个领域。在金融领域,他的著述主要涵盖了通胀收益保障型债券、储蓄及投资的充足性、个人及机构资产配置模式、年金设计以及社保信托基金投资等话题。

哈蒙德先生同时还是宾夕法尼亚大学沃顿商学院的副教授,也是全球投资研究会的执行主席,这个研究会是由年金和投资管理领域的资深人士组成的。他同时还是量化金融研究会的项目主席及董事会成员,也是沃顿商学院年金研究协会的顾问团成员之一。他曾经还担任过量化分析学会的主席。

>> 序

回顾资产配置的演进历史，其驱动力量主要来自两方面：一方面，关于资产定价的金融理论不断发展；另一方面，市场和产品结构的变化导致可供投资的资产类别快速增长。以近二十年来看，后者对资产配置模式的影响更为深远。

金融理论帮助投资者理解资产的预期收益和风险之间的关系。这也是资产配置的核心。Markowitz（1952）把证券资产的预期收益和风险之间的关系用理论模型清晰地量化。随后20世纪60年代资本资产定价模型（Capital Asset Pricing Model）、70年代套利定价模型（Arbitrage Pricing Theory）等理论的发展奠定了目前主流资产配置方法的基础，即对投资组合进行均值方差最优化，以期获得最高的风险调整后的预期收益。此后资产配置模型的技术性变化大都围绕以下问题展开：如何预测资产预期收益率，如何衡量风险（常用的是波动性，还有如下行波动率，预期短缺风险等），以及如何改进最优化的方法。

可投资的资产类别的快速增长对资产配置模式也产生了巨大影响。美国大学捐赠基金奉行多元化配置模式，率先在资产配置中引进对冲基金、私募股权基金等另类投资，近二十多年来取得了出色的投资回报。

然而在2008年金融危机后，这些配置模式遭到了极大的挑战和怀疑。分散化投资在投资者最需要的时候没有能够提供相应的保护。在大多数机构投资者的投资组合中，股票是最主要的风险因子，超过90%的资产组合波动性都可由股权类资产的波动性解释。因此，很多表面上看似不同的投资组合，实际上其主要的风险因子是一致的。很多奉行分散化投资的机构投资者在蒙受了2008年的重大损失后，开始重新审视多元化配置是否真正达到了分散风险的效果。

为了解释这些在危机中暴露出的问题，在本书中，莱伯维茨先生等通过对捐赠基金资产配置模式的优势和缺陷的深入分析，解释了为什么短期内该模式的波动性可能大大超过传统的60/40配置，并且针对这类模式的缺陷提出了一系列的创新和改进，最后指出捐赠基金模式仍然是取得长期增量回报的有效策略。

莱伯维茨先生提出了压力β系数的理论来解释多元化组合为何在危机时比传统组合表现更差。其主要原因在于多元化组合更易受到关联度收紧的影响。一方面，在捐赠基金资产配置模型中，美国股票是一个占绝对主导地位的风险因子；另一方面，波动性作为一般风险指标并不能够反映另类资产中隐藏的无法量化的风险。因此，在股票市场大跌时，由于上述两方面因素的影响，多元化配置很容易出现大幅波动。

本书的另一重要贡献是提出了如何有效地将另类资产引入捐赠基金资产配置模式的方法。均值方差理论以各类资产的预期收益率、波动性和相关性作为关键参数，计算得出投资最优组合。缺点在于优化组合的比例对于预期收益率等参数的变化相当敏感，预期收益率细微的变化都有可能导致最优组合比例的巨大变化。此外，无任何约束条件的优化配置过程很可能导致配置过度集中在某些高风险、高收益的另类资产。因此，在最优化的过程中，模型需对另类资产的比例设定各种约束。

与传统思路不同，莱伯维茨等认为另类资产的主要功能在于为整个组合带来超额回报，并非分散组合的波动性，而传统资产（美国股票、美国债券和现金）的主要功能是调控投资组合的波动性。基于这样的理念，莱伯维茨等提出首先挑选另类资产，构建一个最优的超额回报核心资产池（alpha core）。其组建方式更多地取决于投资者的直观判断和定性研究，而不是基于均值方差的定量分析。然后根据已有的超额回报核心资产池，再逐一把传统的股权和固定收益类资产作为调控性资产（swing assets）注入其中，最终达到预期的组合整体β风险值。

通过这种方式来搭建投资组合，其优势体现在不依赖于选择明星基金管理人或者复杂的建模技巧，却可以在风险仅微微调高的基础上给投资组合带来更高的长期预期收益率。

总之，现代投资组合理论从1952年马科维茨引进"有效边界"（efficient frontier）的概念，发展到现在不过短短的五十多年。莱伯维茨先生等也为此做出了重要的创新和拓展工作。可以说，在本书中，莱伯维茨等围绕"有效边界"这一小小曲线的各种变化，将其中蕴含的投资理论的精妙细微之处阐述得淋漓尽致。莱伯维茨的论点及数据分析对于以捐赠基金为代表的（第二代）资产配置体系的完善产生了深刻的影响。他们提出的投资模式具备较强的可操作性,对于刚刚起步的中国的机构投资者很有实际的借鉴意义。

作为大型的机构投资者,我们在选择资产配置模式时应对一些基本问题有清楚的认识。为能够真正分散投资组合中股票的风险,在进行长期战略资产配置时需要考虑的重要问题是:有哪些不同的风险来源?在长期,这些风险是否有相应正的回报?某些风险类型是否会有比其他类型有更高的回报?目前有一些与传统配置思路不同的资产配置方法涌现出来,并日渐受到重视,如某些风险驱动型的配置方法。在风险驱动配置模式中,总量受控制的风险值分配决定了资产的配置,对资产的价值不作判断,而专注于把风险预算依预算分配到各类资产上。但从长期实现回报考量,我们应该认知到价值投资是长期投资者应奉行的宗旨,应以内部一致的系统的方法来评估主要资产的投资价值。并且在具体实施战略资产配置时,把握好风险配置与投资价值间的平衡。

此外,当前的资产配置模式的选择还取决于我们对未来五到十年的全球宏观经济形势的看法。目前主要经济体在经济复苏的进程中,出现了阶段性的疲软,发展中国家也面临着较大的通胀压力,全球经济的走向存在诸多不确定和不稳定的因素。这种不确定性可能造成主要资产预期收益呈非正态的两极化分布,并且增加资产间的相关性。针对这样的宏观背景,应当如何选择符合长期投资者特性的资产配置方式?这些都是机构投资者所面临的重大课题,值得我们深入研究。

最后,任何一种战略资产配置模式的投资效果都需要经过不同的经济周期和市场环境才能充分体现。正如莱伯维茨先生指出,为了取得合理的高预期回报率,我们必须延长投资期,同时做好准备去承担稍高的短期风险。大型长期机构投资者,尤其是主权财富基金,多采用10—25年滚动收益与风险目标。这样的目标有助于主权财富基金以更加长远的眼光进行投资,提高对市场短期波动的容忍度,以获得较高的长期收益。

在当前的经济形势下,机构投资者应如何布局,如何抢占先机,所面临的挑战非同寻常。莱伯维茨先生等著的《追求长期回报:捐赠基金资产配置及投资模式》一书给我们提供了很好的思考框架和起点。

中国投资有限责任公司首席策略官

周元

2012年4月

>> 前言

撰写本书有四个主要目的：首先是重点描述捐赠基金的资产配置模式，接下来是讨论这种模式如何为投资者创造价值，再次是客观地分析其理论基础和实际操作中的一些表现，最后则要结合这种模式固有的优势与限制条件分析出最佳的使用时机和运用场景。为了达成以上四项目的，我们在书中对每一个不同类别的资产都采用了全新的方式去分析其风险收益特征（risk-and-return characteristics），在这种新的价值判定基础上再来探讨某种具体的资产在一个投资组合中所应发挥的作用。

从实际来看，美国股票是各类机构投资组合中最主要的风险因子。通常计算一个投资组合的β系数就是把显而易见的股票配置比例与那些非股权类资产隐性的相对β系数加权平均而得到的，非股权类资产的相对β系数是根据该类别资产相对于股权类资产的敏感程度计算出来的。如果根据这种计算方式进行统计，那么大多数美国的机构投资者管理的基金都具有以下三个惊人的共性：

1. 投资组合的整体波动性超过90%是由股权类资产的波动性决定的；

2. 大部分基金的整体β值总是介于0.55至0.65之间；

3. 常规股权市场的投资组合的预期波动率总是介于10%至11%之间。

本书分为四个部分。第一部分主要阐述"投资组合管理中的α和β构件"（第一、二章），其结论是任何类别的资产或投资组合都可以被理解为股权类投资β系数与超β系数两种因子的集合体。由于股权类风险因子为主导，所以通常所能见到的投资机构进行的资产配置都不符合教科书上使用多元化投资分散投资组合整体风险的原则。

第二部分主要论证“基于β系数的资产配置方案”(第三章至第十四章),基于β系数的资产配置理论开发出相应的分析工具,用于加深对机构管理的投资组合的风险收益特征的理解。这一部分同时还讨论了当市场上新兴资产类别激增,且这些新资产的历史业绩记录短缺的情况下,常规的优化配置方案存在的局限性。通过运用基于股权投资的β系数以及β系数无法影响的超额回报率(α)的分析手段,我们找到了有效地将新兴类别资产融入传统捐赠基金资产配置模式的方法。本书中提出的一个新想法就是逆转过去标准的资产配置程序,也就是逆转那种先用传统类别资产铸造基底,然后再逐步添加非传统类别资产的做法。通过反转这一过程,至少先在思维上逆转这个过程,我们就可以先针对非传统类别资产的各种局限挑选好一个超额回报核心资产池(alpha core)。根据已有的超额回报核心资产池,再逐一把传统的股权和固定收益类资产作为调控性资产(swing assets)注入其中,最终达到预期的整体β风险水平。

第三部分探讨的是“理论和实践中的压力β系数”(第十五章至第十九章),主要就是精选一些特定情境下的投资组合,对其理论和实际表现进行深入分析。其中最值得注意的是在市场大幅下滑时期(比如说2008年至2009年),当非股权类资产与股权类资产的关联度“极度趋向于1”时给投资者们带来的种种提示(其实关联度不可能完全达到1,如果真是如此就意味着某种资产的残余风险等于0)。在这种市场环境下,β系数会大幅飙升,被称为压力β系数。也就是在这种极端的受压情境下,捐赠基金资产配置模式的业绩表现——或者任何一种采用高度多元化策略的投资模式——都会远远落后于传统的60%股票对40%债券资产配置的模式。

第四部分用于总结“资产配置方法和回报率临界值”(第二十和第二十一章),主要为捐赠基金资产配置模式提供了未来发展的建议。我们的一个主要结论就是,当代的捐赠基金资产配置模式不应该沦落为降低短期波动性的手段,而应该作为获取长期积累回报及多元化分散风险投资的战略依据。最后的一章为读者提供了一些建议。

捐赠基金资产配置模式对于追求长期回报的投资者们来说应该还是一种值得坚持的模式,前提是这些投资者必须下定决心追求长期回报,并且能够承受短期市场剧烈波动带来的冲击。投资者们应对过去捐赠基金资产配置模式曾经带来的高回报时一定要抱着质疑的态度,不能简单地以此作为未来投资的模板。早期取得成功的一些著名的机构和案例都享有一些特定的优势，比如说：雇员及从事分析的材料来源，忠诚度较高的发起人，灵活可变的融资需求，广泛的市场网络，以及或许是最重要的一点——入市较早。

金融市场的活跃本质决定了其总是在不断地演进。就如同自然界不会存在真空一样，金融市场也不会存在能让你随随便便就捡到大便宜的利润来源。

言罢上述这些教条，我们还是坚信，多元化资产配置依然是投资者用于降低风险、提高收益的有效武器之一。希望这一套基于 β 系数的分析理论能为投资者们提供一套简明、实用的工具，帮助大家规避一些常见的资产配置问题，并充分利用多元化资产配置策略以获取最大可能收益。

>> 鸣谢

如果没有哈里·马科维茨(Harry Markowitz)和威廉·夏普(William Sharpe)早期的研究工作,我们不可能开发出这一套基于β系数的资产配置理论。这两位先驱开创了多元化资产配置理论的先河,并且提出了系统的β系数量化指标,为我们现在的研究奠定了坚实的基础。

我们同样感谢众多在日常工作中向我们提出有关资产配置相关问题的客户们,感谢他们与我们分享在这些问题上独到的见解。

我们还要感谢摩根士丹利公司和全美教师保险和年薪协会与大学退休财产基金(TIAA-CREF)对此项研究工作给予的大力支持。

最后,感谢巴克莱银行的曹为实先生对本书的中文译稿进行了审校,以及中国投资有限责任公司的周元先生为本书的中文版作序。

◀目　　录▶

第一部分　投资组合管理的建构基础：α 和 β 系数

第二部分　基于β系数的资产配置模式

第三部分　基于理论与经验分析的压力β系数

第四部分　资产配置与回报率临界值

第一部分

投资组合管理的建构基础：α和β系数

第一章
当代捐赠基金资产配置模式

在过去的20年里，许多机构投资者，尤其是大型机构，都逐步采纳了一种多元化的资产配置模式，其主要特点之一就是大幅减少了传统的美国股票和债券的配置比例。各类型的捐赠基金以及基金会是采用这种配置方式的典型代表。

3

真正以追求长期回报为目标

传统上大部分机构投资者采用的资产配置标准方案都是由美国股票和债券组成的，其中股票占大多数，剩下的是债券。自20世纪90年代起，捐赠基金的管理者们利用自身所承担的债务特征，采纳了以追求长期收益为目标的多元化资产配置模式，对短期收益不再像以前那么关注。

新兴资产类别的出现和特殊的入市机会

这种资产配置模式的转变很大程度上是由于人们逐步认识到市场上还存在着一些可以带来超额回报率的可投资资产，它们的超额回报通常来源于非传统意义上的一些特征，比如资产的不可变现性、超长的投资周期、非透明的市场估值，以及其他多种因素。许多先进的捐赠基金选择了非标准另类资产用于配置，并聘请具有专业领域特长、工作方法灵活，且拥有市场资源的经理人进行基金的管理工作。如图表1.1所示，1992年至2008年，各高等学府捐赠基金的非标准资产配置——

也就是对房地产、对冲基金、私募基金、自然资源、风险投资以及其他另类资产的投资——在整支基金或投资组合中的权重由3%上升到了25%以上，与此同时，它们在固定收益、现金、股票等资产上的配置比例相应减少（数据来源：全美捐赠基金统计报告，以下简称NES）。[1]

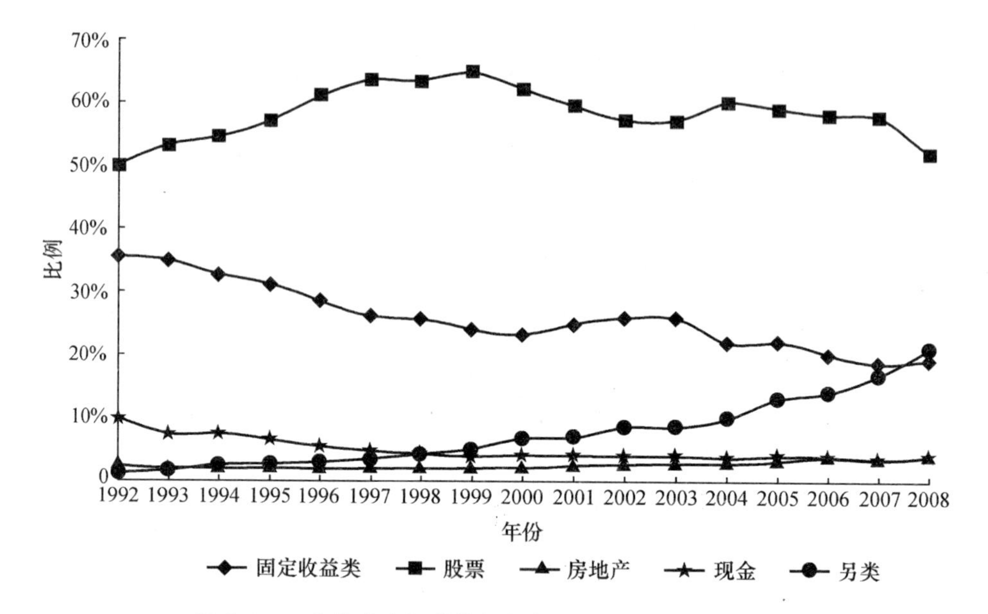

图表1.1　高等学府捐赠基金资产配置比例（加权值相同）

数据来源：1992至2008年全美高等学府商务官协会和美国教师退休基金会捐赠基金普查。

在这个时期末，规模最大的捐赠基金和基金会——指那些总资产超过10亿美元的基金——都已经大幅提高了非标准资产的配置比例，平均能达到整个投资组合的50%左右。

重塑与投资经理人的关系

传统上捐赠基金和基金会的成功运作依赖于成功聘请到合适的内、外部投资经理人。由于对另类资产的依赖越来越高，对传统资产的依赖逐步降低，这意味着这个过程中的许多环节都要改变，其中包括：对每一位投资经理都要投入更多的精力去甄选、审查及监控；对机构与投资经理人之间的利益是否能达成一致更为敏感;对储备和培养具有专业投资眼光的经理人的需求更为强烈(内、外部都有此需求)。机构还需要建立一些特定的机制,比如说对投资启动和分拆的直接支持,有选择地接受与经理人签订锁定协议或支付业绩奖金、提供回报抽成,以及对经理人定期进行严格的绩效评定和风险评估等。

与市场联动性更强的资产配置模式

在过去很长的历史时期内,捐赠基金和基金依其长期收益为目标的策略投资组合(policy portfolio)都把资产配置限定在一些相对固定的资产上。某些具有战略意义的策略投资组合以及组合内相关的各类资产都被视为实际资产配置的参照基准。这一体系导致了僵化的资产配置模式、定期的调整,以及对基准资产池的较高依赖性。随着近几年市场波动程度的加剧以及新型可投资资产类别的增加,以往这种过度僵化的资产配置模式和固定的基准资产池越来越受到人们的质疑。投资机构在此趋势的引导下逐步采取更为灵活的资产配置模式(比如增加资产配置的幅宽和策略投资组合的重估频率,等等),他们开始投资一些与传统配置模式并非完全匹配的资产(Bernstein, 2003; Leibowitz 和 Hammond, 2004)。已故的彼得·L.伯恩斯坦(Peter L. Bernstein)是最早提出并明确表示对策略投资组合理念进行重新评价的代表人物之一。根据他的观点,重新审视资产配置模式能够帮助捐赠基金的管理者们拥有应对投资不确定性的能力,也可以使他们懂得如何更好地利用新的机遇。

从20世纪90年代开始,这种新的投资理念就为捐赠基金带来了丰厚的收益,其投资回报远远超过了传统的股债混合型投资组合。如图表1.2所示,截至2008年6月之前的19年间,规模最大的捐赠基金所管理的投资组合实现了每年12.1%的加权平均投资收益率,相比之下,采用60%股票对40%债券的配置模式(股票选自标准普尔500指数成分股,债券选自雷曼债券综合指数)的投资组合仅实现了9%的年化收益率。在同一时期内,大型捐赠基金所取得的12.1%的投资收益率也比那些投资多元化程度较低的小规模捐赠基金所实现的8.2%的投资收益率高出很多。同时,大型捐赠基金所实现的投资收益率也远远高于基于标准的风险回报(协方差)模型所测算出来的理论回报水平。

这一当代资产配置模式所取得的成功得到了人们的关注。其价值在2000年大卫·斯文森(David Swenson)的论文《投资组合管理先驱》中首次得到强调,在2009年时作者又对其进行了更新。许多捐赠基金、基金会以及养老金的管理者们都开始争相效仿这种新的资产配置模式。

当代捐赠基金资产配置模式对许多机构和个人投资者最大的吸引力在于其多元化投资的优势(比如与传统股票或债券的低关联度)、风险控制的能力(接近于债券收益的波动性),以及更高的收益(力求获得与投资股票相近的收益)。对许多人来说,采用新的资产配置模式的优越性是显而易见的,尤其是在当前这种利率极低而且股票风险溢价回报率下降的市场状况下。因此,我们观察到市场主流的资产配置模式正在朝着有效多元化资产配置模式进化。此新型资产配置模式的定义与当代资产配置模式一致,都可以提高收益,并降低下档风险。

7

尽管如此,2008年至2009年投资市场崩溃时股票投资收益大幅衰减,让我们清晰地看到多元化资产配置模式的一些好处也随之蒸发。截至2009年6月的财政年度内,许多捐赠基金的投资收益率下降了30%,而同期60%股票对40%债券型的传统投资组合仅下跌了14%。投资收益下降的幅度远远超过了预期,尤其是某些完全采用多元化资产配置模式的投资组合,其原本还有一部分资产应该能提供保底收益,但是也没能发挥作用。

带着前面所说的这些问题,我们不禁要问:与传统资产配置模式相比,当代资产配置模式是否只是我们一厢情愿的美好设想?其预期回报率是否会受到额外的风险因素的影响?或者说当代资产配置模式所带来的收益是否仅仅来源于早期机构投资者先下手为强这一个因素?当更多的投资者蜂拥而至的时候,投资收益是否必然被摊薄,因此该投资收益只是暂时的?亦或者,当代资产配置模式因经历了一次不可复制的压力测试期,只要市场回归常态,此类情形就不会再出现?

本书以当代资产配置模式为核心,首先讨论了这种模式如何为投资者创造价值,其次客观地分析其理论基础和实际操作中的一些表现,最后则要结合这种模式固有的优势与缺陷分析出最佳的使用时机和运用场景。为了达成以上目的,我们在书中对每一个不同类别的资产都采用了全新的方式去分析其风险收益特征(risk-and-return characteristics),并基于这种重新形成的价值判定来探讨某种具体的资产在一个投资组合中所应发挥的作用。进行这种分析的原因是我们观察到尽管许多机构投资者已经在投资组合中融入了许多非传统股、债的新型资产,但美国

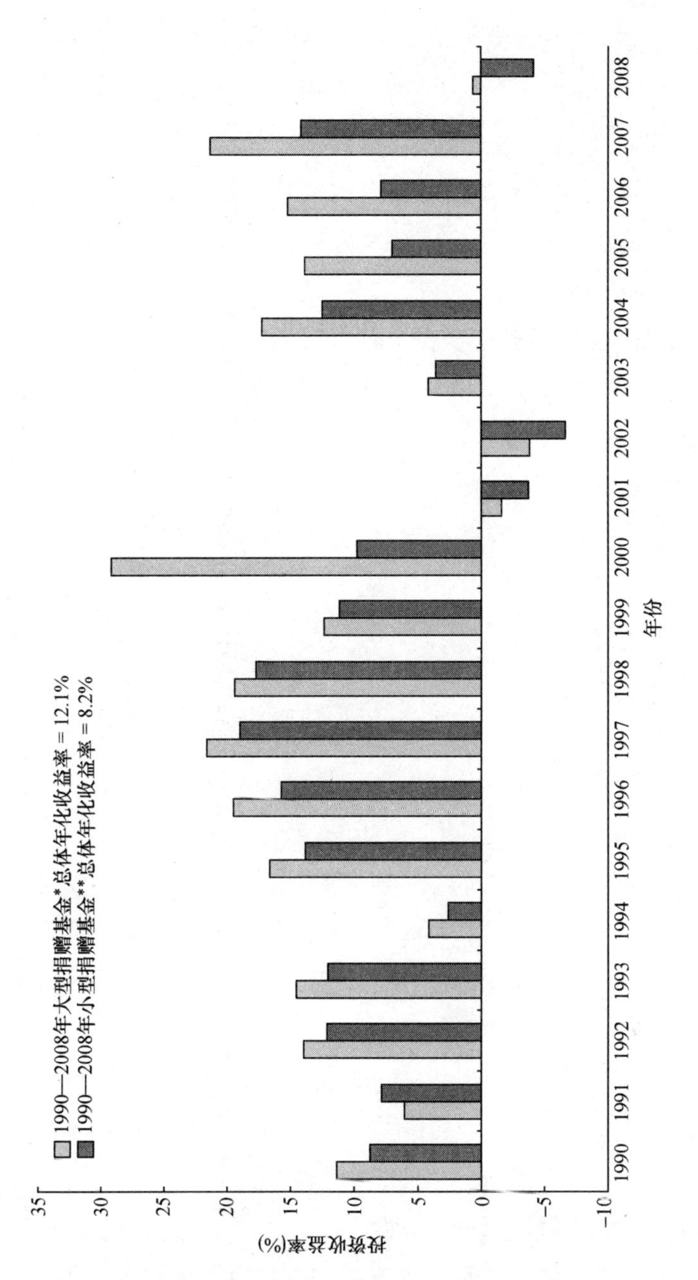

图表 1.2　高等学府捐赠基金年化投资收益率

注：* 1990—1997 年，规模大于 4 亿美元；1998—2008 年，规模大于 10 亿美元。

** 1990—1997 年，规模小于 2 500 万美元；1998—1999 年，规模小于 7 500 万美元；2000—2001 年，规模小于 1 亿美元；2002—2008 年，规模小于 2 500 万美元。

数据来源：1990—2008 年全美高等学府商务官协会和美国教师退休基金会捐赠基金普查。

股票仍然是大多数机构管理的投资组合中最重要的风险因素。

通过我们的分析可以看出，当代资产配置模式与教科书中投资组合多元化的定义并不完全匹配，理论上通过增加对另类资产的配置，可以降低风险或增加收益，从而使得整体投资组合更贴近其应有的有效边界(efficient frontier)。在实际操作中，由于美国股票仍然是一个主要的风险因素，我们可以通过一个与股票投资紧密关联的β系数来分析另类资产及含有美国股票的投资组合的风险状况。与此类似，我们可以将某类资产或整个投资组合的回报率状况拆解为两个部分来分析：一部分是其股票投资的敞口，另一部分则是与该资产本身更相关的超越β系数影响的超额回报率(α)。

基于以上这些观察，本书开发出一套专门用于评估机构管理的投资组合的工具，并用这些工具来深入分析理解这些投资组合的风险收益特征。

8 资产配置

当代资产配置模式延续了最早于20世纪50年代提出的投资组合理论的传统(主要来源于 Markowitz, 1952,1991; Sharpe, 1963,1964;Ross, 1976 等)，但同时这种理论也对实际操作提出了挑战。资本资产定价模型(CAPM)(Sharpe, 1964)最初仅关注对单一证券的分析以及该证券在一个投资组合中的影响力。假设某单一证券的预期回报率为$E(R_i)$，市场整体回报率为$E(R_e)$，且无风险回报率为r_f，则：

$$E(R_i) = r_f + \beta_i[E(R_e) - r_f]$$

根据资本资产定价模型列出的这个公式想要说明的是，在对等状况下，任何特殊的风险都会通过多元化配置而被消弭，仅剩下市场波动所带来的系统性影响，而这也仅取决于单一证券与市场波动的联动程度(也即该单一证券的β系数，或者用单一证券回报率与市场整体回报率的协方差除以市场回报率的方差)。[2]

由于市场回报率与单一证券回报率之间是线性关系，所以就不难想象在接下来的实际操作和学术研讨中就有人提出，可以利用资本资产定价模型来帮助整个投资组合进行资产甄选及配置(Brinson 等,1991)，具体通过下面的公式来实现：

$$E(R_p) = r_f + [E(R_e) - r_f]\sum_{i=1}^{n}\omega_i\beta_i$$

上面这个公式中,R_p 是整个投资组合的回报率,而 ω_i 是第 i 类资产在整个投资组合中的权重,β_i 是第 i 类资产的市场联动系数。[3] 根据这个公式,建立一个投资组合首先要做的是选择资产的种类而非选择单一证券,对某个证券的选择则是下一步才需要考虑的事。举例来讲,目前,在根据资产类别的不同配置方式来建立投资组合的研究方面已经有很多优秀的研究成果(Ross 和 Roll, 1984;Campbell 和 Viceira, 2002)。

经过以上对资产配置模式定性的分析可以得出几个众所周知的结论。首先,它构成了均值方差优化配置理论的基础,这套理论所追求的就是找到一些特定的投资组合——即有效边界曲线上的组合——这些投资组合中的任何一个都能在给定的风险水平下实现收益最大化。

其次,资产配置模式要求能够明确地界定其所包含的所有资产种类,能够以可预测的方式运作这些资产,并且这些资产还要很容易获得。其贡献因子——即预期的资产回报率、波动率和协方差——必须在投资前就明确,这样才能有效地形成静态或动态的均值方差优化配置模式。

对于投资者而言,对贡献因子进行预估是一个随时随地都存在的挑战,但是当遇到投资新型的非标准资产时这个挑战还将被放大。与那些具有百年(甚至更长)历史回报率记录的传统资产不同(Ibbotson, 2004; Dimson 等,2002),大多数非标准类资产的回报率都没有太多可供参考的依据。高盛大宗商品指数创设于 1991 年,但其记录一直追溯至 1970 年。以对冲基金为例,现在市场上采用不同策略的对冲基金约有 8 000 多支,但是其历史业绩受幸存者偏见现象*、基金自汇报制度、投资组合流动性差、获利回填以及长期收益与周期性收益的冲突等多方面因素的影响而令人很难作出清楚的分析(Lo, 2005; Schneeweis 和 Pescatore, 1999; Rhodes-Kropf 等,2004)。与上述因素类似的问题同样影响了人们对公开发布的风险投资(Jones 和 Rhodes-Kropf, 2002)和私募基金的回报率的判断(在后面所说的这两种非标准类资产中,由于其持有期较长,而且采用了基于内部回报率的计算法,可能导致回报率呈现平滑趋向)。房地产类资产受到以上所有因素的影响,是所有预测指标中最不可靠的。

---

* 幸存者偏见现象:指基金管理者放弃收益低下的基金,或将其并入其他基金一同管理,以此掩盖收益较低的事实。——译者注

当代资产配置模式还可能受到非标准类资产其他方面的特性所带来的挑战，其中包括：非对称的末期大量分红、回报率严重依赖于投资组合管理人的投资技巧、资产流动性较差以及逐级递增式分红等等。（在后续的章节中，我们把以上这些和其他一些资产配置模式自身特性之外的不确定因素统称为龙风险。）

对我们的研究而言，主要的问题不是去判断某一特定的资产类别是否绝对可取或不可取，而是探讨在特定的风险指标下，某个类型的资产对一个特定的投资组合有多大价值。

更进一步说，随着人们在创建投资组合过程中可选择的资产类别数量不断增加，我们对自己判断结果的信心也会受到影响。如果在可选的资产类别有限，而且对这些资产的预期回报率都有令人信心十足的判断的情况下，实现投资组合的优化资产配置是非常直观且非常可靠的。如果仅仅是单个资产的贡献因子出现变化，那么其对配置了此类资产的投资组合所造成的影响是很容易预测的，因此在这种情境下对某个资产配置模型进行压力测试也就变成一个很直观的过程。反之，随着可投资资产的类别不断增加，压力测试的结果就变得不再可靠，而且也很难预测。纳入或排除单个资产，或改变单个资产的某个贡献因子都有可能给资产配置的全局带来不可预测或不直观的影响，这不仅仅涉及某个单独的资产类别，更影响到很多类别的资产。

举例来讲，让我们先看看图表1.3中列示的一组不同类别的资产。其中的一些，如美国股票、美国债券和现金等是所谓的传统资产配置模式中的标准资产，而其他诸如对冲基金、私募基金以及房地产类资产等则是在当代资产配置模式中才加入的非标准类资产。

图表1.3　预估的资产实际回报率及波动率

	回报率(%)	波动率(σ)	与美国股票的关联系数
美国股票	7.25	16.50	1
国际股票	7.25	19.50	0.65
新兴市场股票	9.25	28.00	0.45
绝对收益资产	5.25	9.25	0.5
股权对冲基金	5.75	12.75	0.85
风险投资	12.25	27.75	0.35
私募基金	10.25	23.00	0.7
房地产信托基金	6.50	14.50	0.55

（续表）

	回报率(%)	波动率(σ)	与美国股票的关联系数
房地产	5.50	12.00	0.1
大宗商品	5.25	19.00	-0.25
美国政府债	3.50	7.00	0.35
美国综合债	3.75	7.50	0.3
美国通胀保值债券	3.25	6.50	0.35
现金	1.50	2.00	0.35

数据来源:摩根士丹利研究部。

这些贡献因子——包括预期回报率、波动率和全部标准与非标准资产协方差的矩阵——是一家多年从事机构投资资产配置模式研究的咨询公司提供的。

利用这些贡献因子来进行分析,图表1.4为我们展示了当代资产配置模式在投资非标准类资产时所面临的挑战。最简单的配置模式是投资组合A,其中只使用了两种标准资产,即美国股票和现金。其贴近于有效边界,预期的波动率为9.90%,预期整体回报率为4.95%。该投资组合的夏普系数(Sharpe ratio)为0.35。

图表1.4　投资组合的风险收益特征

	A	B	B′	C	C′	C″
美国股票	60	60	19	20	0	0
国际股票	▲	▲	▲	15	0	0
新兴市场股票	▲	▲	▲	5	10	16
绝对收益资产	▲	▲	▲	10	0	0
股权对冲基金	▲	▲	▲	▲	0	0
风险投资	▲	▲	35	10	22	▲
私募基金	▲	▲	▲	10	8	31
房地产信托基金	▲	▲	▲	▲	30	20
房地产	▲	▲	▲	10	22	21
大宗商品	▲	▲	▲	▲	8	12
美国综合债	▲	40	46	20	0	0
现金	40	▲	▲	▲	0	0
预期回报率	4.95	5.85	7.37	7.08	8.07	7.73
标准波动率	9.90	11.17	11.17	10.83	10.83	10.83
夏普系数	0.35	0.39	0.53	0.52	0.61	0.58

数据来源:摩根士丹利研究部。

投资组合B与投资组合A类似,只不过以美国债券替代了现金。此配置形成的60%股票对40%债券的资产配置模式被称为传统配置模式。当然,以此模式取得的投资回报还是可以接受的,但并不令人称道:其预期回报率上升至5.85%,预期波动率也上升到11.17%,夏普系数稍有改善,能够达到0.39。

当我们来看投资组合B′的时候,某些因素就发生变化了。对于这个投资组合,我们在优化配置的过程中不仅采用了股票、债券和现金,而且还加入了风险投资。为了方便比较,我们预先设定了该投资组合的波动率与投资组合B达到同样的水平,由此逆推得到的非受限资产配置模式是令人无法接受的。投资组合B′中非标准类资产的权重达到了35%的水平,这简直就是荒唐的做法。虽然这个投资组合的预期回报率和夏普指数都比前两个组合有了显著的提升,但是这种配置方案在现实世界中绝对不会有人接受。

11

随着市场的大趋势正朝着投资更多种类的资产来试图摊薄风险的方向发展,越来越多的机构投资者开始采纳投资组合C所代表的更加现代化的资产配置模式。在投资组合C中,直接的美股投资敞口降低至20%。在国际股票上配置了15%,同时还在新兴市场股票上配置了5%。绝对收益类资产,即代表特定种类的对冲基金的投资,占到10%。同样占到10%配置比例的还有风险投资、私募基金和房地产。债券配置与股票一样下降到20%的水平,远低于传统型投资组合中的比例。根据协方差矩阵中的各种估值计算,投资组合C最终的波动率为10.83%,预期回报率为7.08%,与传统型投资组合B的波动率水平惊人地接近。从表面上看,投资组合C所配置的资产类别更多,收益来源也更广泛——但实际上,从风险控制的角度上分析,它与投资组合B没有太大的区别。

12

对于第五个投资组合C′来说,我们抛弃了所有人为限制,把所有可投资的资产类别都放在了投资组合里。然后我们选择了该投资组合的有效边界达到与投资组合C相同时的波动率来进行逆推。需要注意的是,我们在配置过程中使用了所有非标准资产,而没有使用任何一种标准类资产。与投资组合C相比,该投资组合的许多数据都很吸引人,其预期回报率上升了一个百分点还多,夏普系数增加了差不多0.10。但是,不使用任何一种标准化资产的做法从情理上说是十分反常的。

最后,投资组合C″与投资组合C′是十分类似的,它唯一的不同就是没有进行任何风险投资方面的配置。同时,优化配置的执行者仍然没有在该投资组合中采纳任何一种标准类资产。更有甚者,如果不经过深入的分析,一般人很难看懂该组合与投资组合C′相比各类资产权重的变化情况。总而言之,投资组合B、C′、C″在大多数机构投资者的资产配置模式中都很难成为合情合理的方案,也很难向一个投资委员会解释清楚为什么要做这样的配置。

我们在后续的章节中会看到,要解决各类别资产的贡献因子变化、投资组合收益水平稳定性等问题所带来的挑战,就只有一个办法:那就是通过不断加入细微的限制因素,调整贡献因子的水平,以及其他一些固定的成分,由此来锤炼整个配置模型,最终形成一个能够满足大多数人胃口的投资组合。当然我们希望能够找到更为简单透明的解决办法,能够为我们指明每个资产类别,甚至是整个投资组合的风险收益特征的手段,从而使该模型更令人满意和更易于理解。对于大多数机构管理的投资组合来讲,采用基于整体 β 系数的分析手段,能使他们获得对投资组合整体风险中最重要的决定性因素的直观和清晰的判断。

基于 β 系数的风险回报特征:图解 σ 和 β 系数

回到对资本资产定价模型的讨论上来,该理论的第三个也是最重要的一个结论就是一个投资组合的整体回报率等于各类资产的 β 系数根据其在投资组合中的权重相应放大或缩小之后的加总。

从这个观点推导得出的新的结论就是,美国机构投资市场上常见的大多数资产配置模式的风险波动程度在90%或更多的情况下受制于各类资产的 β 系数相对于美股的敏感程度。这个变量几乎存在于所有类型的资产之中,汇集在一起便形成了整个投资组合相对于股票市场的风险敞口。一旦把这些潜藏的 β 系数明确下来,我们就能清晰地看到虽然传统的60%股票对40%债券型资产配置模式与采用多元化投资策略的资产配置模式有显著的不同,但实际上它们也有十分相似的风险点。本分析提出一个建议,即在有条件限制的情况下,可以利用整个投资组合的 β 值来预判发生负面事件的概率,所谓的负面事件也就是在实际操作中决定大多数资产配置模式所能承受风险极值的最基础性的事件。

13

要想使得上面提到的这些结论更容易被理解,我们可以尝试先从常见的测量波动性的方法入手,然后再来分析引入 β 系数之后如何加深我们的理解。图表1.5利用图表1.4中所提供的贡献因子画出了一个点状分布图,用于展示各类资产的预期收益率与一条波动率直线之间的比照关系,该波动率直线是通过连接现金和美股的坐标点之后得出的。

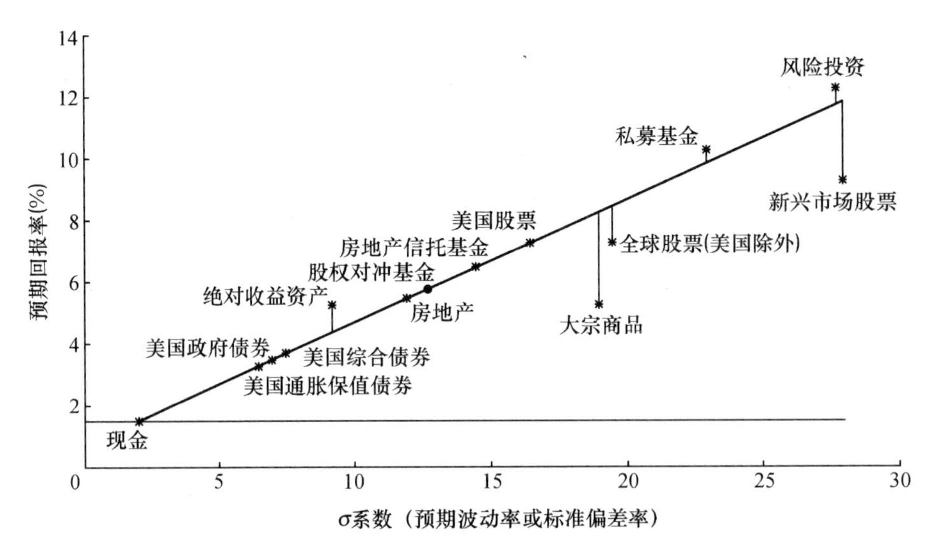

图表 1.5　预期回报率与现金—股票波动率直线比照图

数据来源:剑桥合伙人公司数据。

从图中可以看出,大多数类型的资产其风险回报坐标点与直线非常贴近,或者就在直线上,这就引出一个推论,这些资产的预期回报率与其自身的预期波动率呈线性关系。[4]

本书的一个核心论断就是,通过一种用不同的方法——也即通过 β 系数——来分析各类资产以及投资组合整体的风险状况,我们能够简化整个分析的过程,同时还能找到一些之前潜藏着的因素,或许能帮助我们更好地理解各类资产以及投资组合极为复杂的业绩表现,并帮助我们开发出更好的工具,用于未来的资产配置和投资组合的搭建。它还能成为我们衡量波动来源的一种很好的工具,能够帮助我们分析风险与回报之间的关系,并且能帮助我们把各类资产和投资组合都拆解到其最基本的构成要件的层面上。

在开始更深入的分析之前,我们先来回顾一下 β 风险系数的计量方式,将其与市场整体波动指标进行对比。用最基础的词汇来解释,β 系数反映了当股票市场整体发生 1% 的波动时我们预期某类资产相应发生的变化量。另一种描述它的方法就是可以把这个系数看做是资产回报率回归程度相对于股票市场的协同系数。[5]

另一种描述 β 系数的方式是用单类资产(或单个投资组合)的回报率与市场整体回报率的关联系数乘以它们的波动率的比值,即:

$$\beta_p = \frac{\text{Cov } p, e}{\sigma_e^2} = \rho_{pe}\frac{\sigma_p}{\sigma_e}$$

上述公式中的 p 代表单一资产类别或单一投资组合,e 是可参照的市场整体投资组合(或其他同量级参考系),ρ_{pe}则是单一资产类别或单一投资组合相对于市场整体投资组合的关联系数。[6]

根据上面的公式我们可以看到,在其他因素保持不变的情况下,如果单类资产(或单个投资组合)的回报率与市场整体回报率的关联系数越高,那么其 β 系数的值也越高。但是就 β 系数本身而言,我们不能忽视其他因素的作用。与关联系数类似,单个投资组合或单类资产的波动性与 β 系数保持着正的线性关系。但是市场整体波动情况与 β 系数之间的关系则不是如此,它很有可能对 β 系数造成悖向的、非线性的影响。如果其他因素都保持不变(而这本身就是个基本不可能发生的情况!),一旦市场波动性上升,β 系数的值则会下降。[7]

那么上述的计算理论对实际操作有何意义?首先,就我们研究人员而言,各资产固有的 β 系数反映了该类别资产相对于本国股票市场的风险状况。其次,很多流传在市面上的关于投资非标准类资产的好处的说法都认为这些资产的优势来自于它们与传统股票市场相对较低的关联系数和 β 系数。不管这种观点是否对所有资产都是真实的,我们现在可以看到,有三种无排他性的情况都可以导致一个较低的 β 系数:(1) 该类资产与市场的关联度较低;(2) 该类资产的波动性较低;(3) 股票市场波动性较高;或者以上三种情况中任意两种或全部出现的时候。因此读者应留意,某类别资产的 β 系数并不等同于其与市场的关联系数,其相对独立的波动性特征在其中起到了重要作用。由此推断,某类别的资产可能与美国股票市场关联程度较低,但其 β 系数敏感程度仍然较高。

β 系数的计算之所以有用,可以归结为以下几个原因。首先,它综合了之前我们所讨论过的关联系数和市场波动的影响。与波动率不同,β 系数的测算通常能与某个常见的风险因素结合起来,比如说标准普尔 500 指数,因此也能更方便地进行比较,可以有比例地缩放,与资产本身的黏着程度也更高。更进一步说,站在整个投资组合的层面进行分析时,其整体的 β 值经常就能指明其最主要的风险来源。只要那些边缘的投资本身不是与市场高度关联的产品,那么一个投资组合的整体 β 值就是其所包含的每类资产或每个证券的 β 值根据权重调整后的总和。因此,采用各类资产的 β 系数来计算其对整个投资组合风险的贡献程度比仅仅采用其波动率的方法要准确得多。

15　图表1.6采用了图表1.3中的部分数值，但是添加了各类别资产的β系数和超越β系数影响的超额回报率数值。

图表1.6　结构性β系数和α系数（超额回报率）

	回报率	σ系数	β系数	超额回报率
美国股票	7.25	16.50	1.00	0.00
国际股票	7.25	19.50	0.77	1.39
新兴市场股票	9.25	28.00	0.76	3.42
绝对收益资产	5.25	9.25	0.28	2.32
股权对冲基金	5.75	12.75	0.66	0.56
风险投资	12.25	27.75	0.59	7.47
私募基金	10.25	23.00	0.98	3.15
房地产信托基金	6.50	14.50	0.48	2.35
房地产	5.50	12.00	0.07	3.82
大宗商品	5.25	19.00	-0.29	5.73
美国政府债	3.50	7.00	0.15	1.36
美国综合债	3.75	7.50	0.14	1.69
美国通胀保值债券	3.25	6.50	0.14	1.18
现金	1.50	2.00	0.04	0.00

数据来源：剑桥合伙人公司数据。

根据上述这些衍生出来的β系数和回报率数值，图表1.7将图表1.5中原本代表波动率的数值替换成了β系数风险指标，图中主要展示的是连接现金和美股的坐标值之后得出的β系数直线。

与现金—股票波动率直线图相比，我们看到大多数类别的资产的回报率都在基于β系数的回报率直线的上方。如此一来，预期的整体回报率就应该由三个部分组成，正如我们在图中以风险投资类资产的假设回报率（12.25%）所画出来的示例一样。首先，所有类别的资产都是建立在无风险回报率的基础之上的（r_f = 1.50%），也就是等同于现金投资的回报率。第二部分的回报率（3.27%）——也就是介于无风险回报基准线和基于β系数的回报率斜线之间的一段——是与该类别资产自身所具有的β系数呈线性关系的回报率，从理论上可以通过对现金和股票的混合投资来实现。第三个组成部分是超越β系数影响的超额回报率（7.47%）。我们把最后这个部分称为基于β系数的或结构性超额回报率，它的产生是由于每一类资产都具有独特的风险收益特征。以上三个部分的回报率的总和即

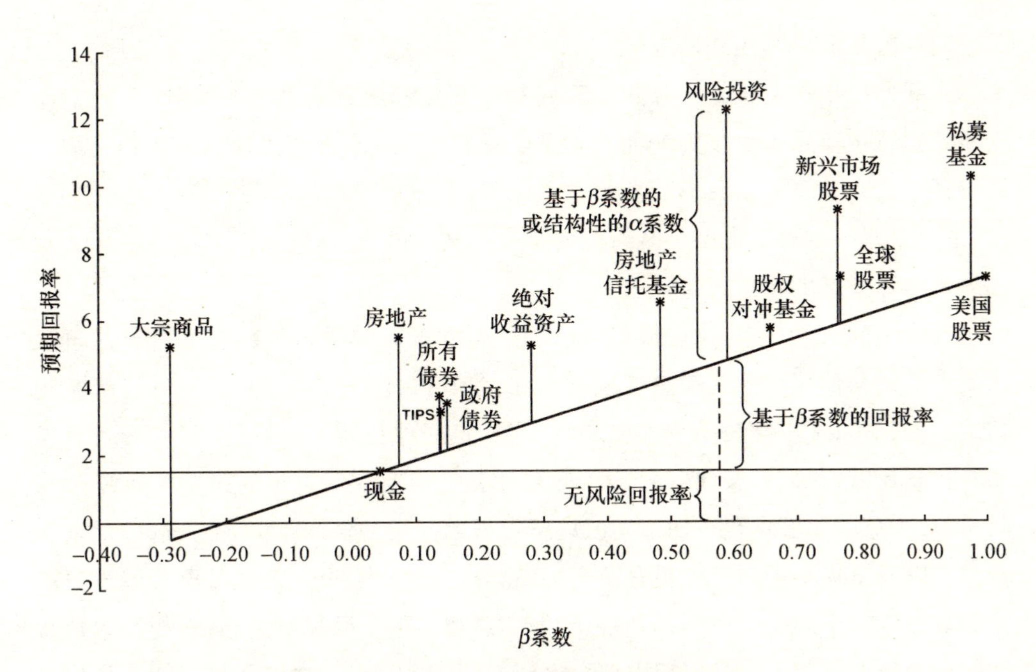

图表 1.7　β 系数直线和结构性超额回报率

数据来源：剑桥合伙人公司数据。

为该类资产的总回报率(1.50% +3.27% +7.47% =12.25%)。我们在下一章中将看到，这三个部分中的任何一个都承担其特有的风险。

本书后续的章节都是基于上述这些关于结构性 β 系数和基于 β 的超额回报率等简单的理念来分析捐赠基金资产配置模式，并给那些采用更加新型的资产类别来构建机构投资组合的管理者们提供建议。首先，我们深入挖掘结构性 β 系数和超额回报率的本质，在这个过程中我们发现很多表面上看起来大相径庭的投资组合实际上在承担着类似的风险。由此得到的结论之一，就是许多配置了非标准类别资产的投资组合看起来更注重追逐超额回报，而不关注降低风险。相比之下，我们发现通过识别和运用结构性超额回报率来搭建投资组合，在整个基金所承担风险的基础上微微上调，便可以获得不错的回报。这些隐藏着的超额回报的来源都可以通过对标准回报预期的基础性风险结构的深入分析来获得。 16

随后的章节中我们会更直观地讨论如何利用结构性超额回报率和 β 系数来指导资产配置并搭建好投资组合。传统上，我们会先选择一些标准类资产作为整个投资组合的基准，但是在本书中，我们提出先选择出一个由非标准类资产构成的超额回报核心资产池，然后再把传统调控性资产添加进去，以期更好地匹配一个投资组合的风险指标和其预期回报率。

在我们提出的基于β系数和超额回报率的资产配置模式理论指导下，我们进一步考察特定体系中的投资组合的真实业绩表现。最令人感兴趣的是市场大幅下跌过程中压力β系数给我们带来的一些提示，在那种场景之中，β系数可能大幅攀升，整个投资组合可能在某个时间段内变得一文不值，也即起到了其应有的作为预期风险保障指标的作用。

17

在全书的最后一章，我们根据自己的理论和实践成果为捐赠基金资产配置模式提出了一些建议。当代捐赠基金资产配置模式并非一剂神药，它不可能既实现稳定的回报率，又平抑短期波动的影响，它只是一种长期的投资策略，主要目标是逐步积累超额回报，并实现收入来源的多元化。因此我们提出的第一个重要建议就是，对于那些能够承担短期市场波动所带来的损失的长线投资者来说，捐赠基金资产配置模式仍不失为一个很有吸引力的选择。另外一个建议就是要提醒投资机构的领导者和个人投资者们，不要被预期的递增式超额回报所迷惑，不要简单地认为这种趋势在任何一个投资期内都会出现。第三个建议是提醒任何一个当代的投资组合，在希望获取高于无风险回报的超额回报过程中都将不可避免地面临诸多挑战。最后一个建议就是希望投资机构在搭建投资组合和管理各类资产的过程中，应该对投资组合的风险收益特征进行深入仔细的分析，这样才能帮助他们更加真实地反映自己的投资目标和相关需求。

本章注释

1. 我们在书中以高等学府捐赠基金作为典型代表进行研究，但我们同时需要指出它们仅仅是非营利性资产管理机构中的一部分，其他同类型机构还包括独立运作的基金会、公共养老金和企业年金等。本书中除非另有说明，所有数据均采用财政年度进行计算，而非采用自然年计算。

2. 用公式表示即为$\beta_i = \dfrac{\mathrm{cov}(R_i, R_e)}{\sigma_e^2}$。

3. 在当时,在投资组合整体层面的分析中发生这种转变可谓是一大进步,但直到今天这种分析方法仍然广受争议(Ibbotson 和 Kaplan, 2000; Kristzman 和 Page, 2003)。

4. 图中显著的例外仅有大宗商品和新兴市场股票,两者的坐标点都远在直线下方。这是根据各类资产的贡献因子画出的图表,数据来源是一家独立的研究机构。

5. 用正式的语言来解释,$y_i = \alpha_i + \beta_i x_e$,公式中 y_i 是某个单一证券或单类资产的回报率,β_i 是一个联动系数,用于描述市场整体回报率 x_m 对单一证券或单类资产的影响力,α_i 是该单一证券或单类资产相对于市场整体投资组合的超额回报率。对于由多支证券或多类资产组成的投资组合而言,$y_p = \sum_{i=1}^{n} \alpha_i \omega_i + x_m \sum_{i=1}^{n} \beta_i \omega_i$,公式中的 ω_i 是第 i 类证券或资产在整个投资组合中的权重。

6. 最近几年,β 系数这个词也被用来指通过综合指数型投资组合参与到所有类型资产中的投资活跃程度,举例来讲,可以通过一支债券型基金的业绩表现来反映债券市场整体的运行情况。进一步讲,理论上一个市场可以被看做是世界上所有可利用的投资机会的组合(狭义上讲则是一个国家可投资证券的总和)。对于本书来讲,我们所称的市场主要指美国股票市场。

18

7. 换句话来讲,β 系数因关联系数的变化而变化可以写为 $\frac{d\beta_p}{d\rho_{pe}} = \frac{\sigma_p}{\sigma_e}$,$\beta$ 系数因 σ 系数的变化而变化可以写为 $\frac{d\beta_p}{d\sigma_e} = -\frac{\rho_{pe}\sigma_p}{\sigma_e^2}$。

参考文献

Bernstein, P. L. 2003. "Which policy do you mean?" *Economics and portfolio strategy*. New York: Peter L. Bernstein, Inc.

Brinson, G. P., B. D. Singer, and G. L. Beebower. 1991. "Determinants of portfolio performance II: An update." *Financial Analysts Journal* 47 (3): 40–48.

Campbell, J. Y., and L. M. Viceira. 2002. *Strategic asset allocation: Portfolio choice for long-term investors*. New York: Oxford University Press.

Dimson, E., P. Marsh, and M. Staunton. 2002. *Triumph of the optimists: 101 years of global investment return*. Princeton, NJ: Princeton University Press.

Ibbotson, R. 2004. *Stocks, bonds, bills and inflation yearbook: 1983*. Chicago: Ibbotson Associates.

Ibbotson, R., and P. Kaplan. 2000. "Does asset allocation explain 40, 90 or 100 percent of performance?" *Financial Analysts Journal* 56 (1): 26–33.

Jones, C., and M. Rhodes-Kropf. 2002. *The price of diversifiable risk in venture capital and private equity*. Columbia University Working Paper.

Kritzman, M., and S. Page. 2003. "The hierarchy of investment choice." *Journal of Portfolio Management* 29 (4): 11–23.

Leibowitz, M. L., and P. B. Hammond. 2004. "The changing mosaic of investment patterns." *Journal of Portfolio Management* 30 (3): 10–25.

Lo, A. 2005. *The dynamics of the hedge fund industry*. Charlottesville, VA: Research Foundation of the CFA Institute.

Markowitz, H. M. 1952. "Portfolio selection." *Journal of Finance* 7 (1): 77–91.

———. 1991. "Foundations of portfolio theory." *Journal of Finance* 46 (2): 469–477.

National Endowment Surveys (NES). National Association of College and University Business Officers 1992–2008.

Rhodes-Kropf, M., A. Ang, and R. Zhao. 2004. *Do funds of funds deserve their extra fees?* Columbia University Working Paper.

Ross, S. A. 1976. "The arbitrage theory of capital asset pricing." *Journal of Economic Theory* 13: 341–360.

Ross, S. A., and R. Roll. 1984. "The arbitrage pricing theory approach to strategic portfolio planning." *Financial Analysts Journal*, May-June: 14–26.

Schneeweis, T., and J. F. Pescatore. 1999. *The handbook of alternative investment strategies*. New York: Institutional Investor, Inc.

Sharpe, W. F. 1963. "A simplified model for portfolio analysis." *Management Science* 9 (2): 277–293.

———. 1964. "Capital asset prices: A theory of market equilibrium under conditions of risk." *Journal of Finance* 19 (3): 425–442.

Swenson, D. F. Revised 2009. *Pioneering portfolio management: An unconventional approach to institutional investment*. New York: The Free Press.

第二章
结构性β系数和α系数

19

美国机构投资市场上常见的大多数资产配置模式的风险波动程度有90%或更多的情况下都受制于同一个变量。这个变量就是β系数相对于美股的敏感程度,它几乎存在于所有类型的资产之中,而每类资产的这个变量汇集在一起便形成了整个投资组合相对于股票市场的风险敞口。一旦把这些隐性的β值挖掘出来,我们就能清晰地看到虽然许多投资组合表面上看有显著的不同,但它们实际上还是具有十分相似的风险特征。本文的分析提出了一个建议,即在有条件限制的情况下,可以利用整个投资组合的β值来预判发生负面事件的概率,所谓的负面事件就是在实际操作中决定大多数资产配置模式所能承受的风险极值的最基础性的事件。

通过识别和运用结构性超额回报率(α系数)来搭建投资组合,可以在风险仅微微调高的基础上获得比较不错的回报。这些隐性的超额回报的来源都可以通过对标准预期回报率的基础性风险架构的深入分析而获得。基于结构性超额回报率搭建的投资组合并不依赖于选择精明的经理人或者特殊的资产管理技巧,但这种模式却可以在不给整个投资组合造成重大风险增幅的前提下带来更高的预期回报率。当代有更多的投资组合采用了更加激进的多元化配置策略,如果能在整个投资组合的层面辨识清楚其结构性超额回报率,那么对理解这些投资组合内交错在一起的各类资产的预期回报率都将十分有助益。

在暗箱中寻找β系数

在过去的几十年间,评估一个投资组合的波动性成为一件更加精细化的工作。从使用方差、协方差和标准差等简单指标开始,演变出了风险价值(VAR)、预期短缺(有条件VAR)、因素敞口以及贝叶斯估值等手段,有诸多的计算机软件能够通

过复杂的运算来帮助我们把对投资组合风险的理解现代化。当然,精细化的工作必然使得事情变得复杂。而复杂的现实必然影响我们对真实情况的理解。以上所有的评估手段都有一种暗箱效应,它会阻碍人们对某种资产配置模式的基础架构做出准确的判断。

20

即使一种评估手段的理论简明易懂,但是实际操作过程中要把某个投资组合的回报率和其风险系数匹配起来还是会遇到意外的复杂情况,有时还需要通过大胆的猜测才能获得合情合理的结果。许多针对养老金、捐赠基金和基金会,甚至对个人投资者的资产配置模式的优化配置研究通常都采用了一种被称为锤炼式的优化手段。这些研究的基础是20世纪50年代哈里·马科维茨(Harry Markowitz)提出的简明易懂的均值方差法,也就是通过一个协方差矩阵来观察不同种类的资产的波动性。根据这个研究手段,可以得到一条有限边界曲线,代表在一个波动率区间内通过多种资产组合而达到的最高投资组合回报率。当然这个有效边界的形成在很大程度上依赖于协方差矩阵内对各贡献因子的预测值,也取决于对各类资产预先设定好的各种限定条件。所谓锤炼是指通过不断调整对各类资产的预设限制而达成理论上最优的投资组合,当然这么做也能使得整个投资组合在极短的时期内满足投资者的胃口。

很幸运的是我们找到了一种简化风险控制的手段:就是去寻找潜藏在各类资产内部的β系数。

结构性β系数

β系数这个概念在与金融市场有关的理论和实际操作中都有广泛的应用。从传统意义上讲,其主要作用是通过对比更广义的股权型投资组合之后,来帮助股票型投资组合或单一股票进行风险调整。最近一个时期,β系数已经被用来指代任何一类资产的类指数型回报率。任何一位投资经理人都可以通过低成本被动管理某类资产获得一个β系数回报率,与之对应的则是通过积极的管理模式从该资产身上获得一个成本较高的超额回报率。在这种情况下,β系数和市场的表现并无关联,其主要反映的是某类别资产的业绩表现。

市场整体β系数这个概念很少被用来分析独立的某类资产,在讨论资产配置模式的时候就更为少见。传统做法中对这个概念的忽视令我们感到很好奇,因为正如在第一章中所分析的那样，与各类资产相关的协方差矩阵表已经包含了所有必要的信息，足以凭此推算出隐性的β系数，为了避免和其他的β系数概念混淆，我们在本文中将其定名为结构性β系数。更进一步说，如前文所述，结构性β系数的计算方法其实非常简单（β系数等于某类资产与美股的关联系数乘以二者波动率的比值）。

回顾我们在第一章图表1.6中所介绍的标准及非标准类资产的回报率、波动率和协方差数值，我们利用其中的一组数据来举例说明β系数的计算方法：矩阵中美股与国际股票之间的关联系数为0.65，美股的波动率为16.50%，国际股票的波动率为19.50%。那么国际股票的β系数就等于关联系数0.65乘以19.50和16.50的比值，结果等于0.77。相类似的，债券的β系数等于债券与美股之间的关联系数0.30乘以二者波动率的比值（7.50除以16.50），结果得到的β系数等于0.14。根据相同的方法可以计算得出表中所有类别资产的结构性β系数。（其中需要注意的是，由于大宗商品和美股的关联系数为负，所以其β系数是-0.3。）

21

以同样的方式来思考，从第一章图表1.5中所示的波动率直线图转为如图表2.1中展示的β系数直线图，所有类别资产的坐标都会处于现金—股票标准线的上方。造成这种重大改变的原因是β系数仅反映了整体风险状况中的一个因素。因此以β系数来衡量各类资产的表现必定得到一个风险指标较低的结果，因为标准的波动性直线图示中包含了所有的风险因素，所以β系数图中的各类资产的坐标点势必左移。在接下来的章节中我们将讨论投资组合的搭建和风险控制的指标，现在看到的结果都将对后面的讨论产生重要影响。

各类资产的回报构成

22

在图表2.2中，为了显示国际股票受β系数影响而产生的风险（σ_i）——也就是基于β系数的波动率（或以$\beta_i\sigma_e$表示）——我们将国际股票的风险度调整为12.68%，这个数值是用其β系数0.77乘以美股的波动率16.50%得到的。

暂时抛开上述关于结构性β系数和基于β系数的波动率的测算方法，我们先来考察预期回报率这个指标。我们可以把国际股票的预期回报率拆解为以下几个部分：

- 首先是1.50%的无风险回报率（r_f）。

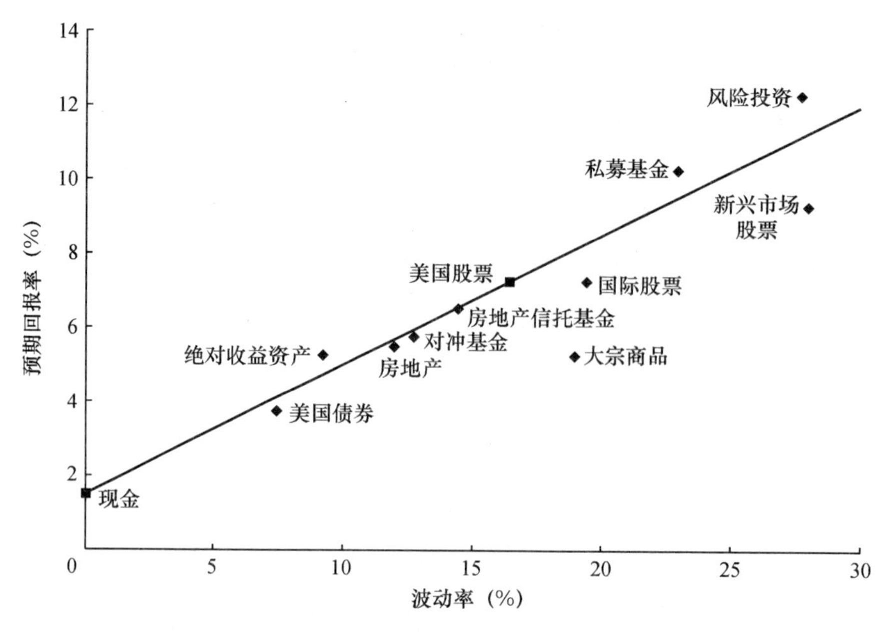

图表 2.1 预期回报率与 β 系数的对比

数据来源：摩根士丹利研究部。

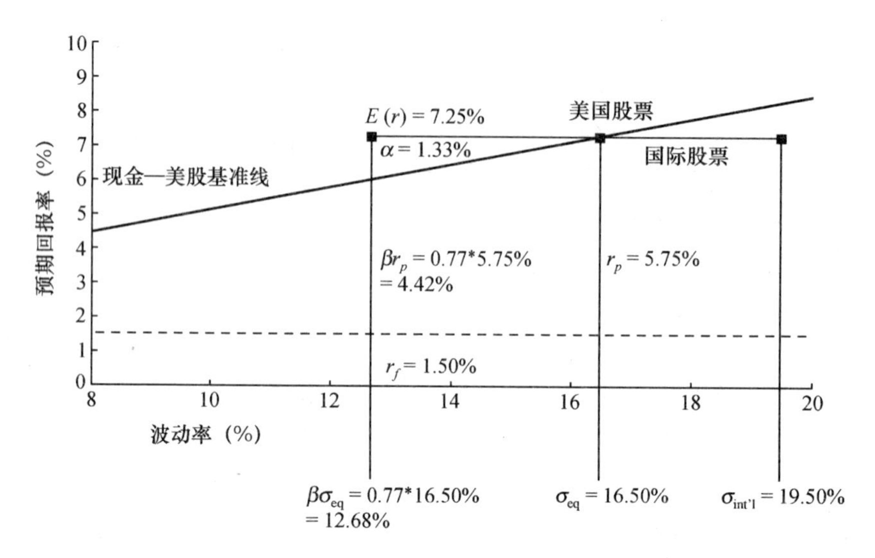

图表 2.2 国际股票的预期回报率

数据来源：摩根士丹利研究部。

- 其次是基于 β 系数的回报率（βr_p），是由美股和现金构成的 β 系数为 0.77 的投资组合所带来的回报，其基于 β 系数的波动率为 12.68%。如图表 2.2

所示，其基于β系数的预期回报率为4.42%，是由国际股票自身的β系数0.77乘以美国股票5.75%的风险溢价(r_p)得到的。

- 最后是隐性的结构性超额回报率，也就是超出现金—美股基准线的1.33%的回报率。这1.33%的回报率是与国际股票自身的性质紧密关联的，不可能通过用美股和现金混合型的投资组合来替代，其来源也和美股的风险回报无关。这个系数才是配置诸如国际股票等多种类别资产的真正价值，即使其与美股的关联度不尽完美。

23

在此分析中将超额回报率称为结构性系数，是因为它既不依赖于投资管理人的技巧(比如说能获得超额收益等)，也不是股权投资的风险溢价，更不是一个无风险回报率之上的常规回报。需要强调的是，这是位于现金—美股基准线之上的回报。美股和国际股票的预期回报率相同，均为7.25%，与现金类资产相比回报率高出5.75%。但是我们真正关心的分界线是现金—美股基准线，以此为界，美股的超额回报率为0，而国际股票为1.33%。(通过积极配置国际股票取得的回报是在其结构性超额回报率之外的。)

各类资产的风险构成

当然，作为增量回报的结构性超额回报率也有自己独特的波动性，其整体风险因素与预期回报率一样也来自三个组成部分：无风险回报率(理论上定义波动率为0)、基于β系数的风险和基于超额回报率的风险。国际股票类资产的整体波动率为19.50%，而其基于β系数的波动率为12.68%，据此计算出其结构性超额回报率风险为14.82%(也就是$14.82^2+12.68^2=19.50^2$)。[1] 结构性超额回报率风险与投资美股的关联度为0，它所反映的是诸如汇率、利率以及流动性等其他风险因素的影响。在某些特定的情境下，这些其他种类的风险因素也必须作为明确的分析对象，举例来讲，在编制资产负债表的时候就要使用。但如之前章节所述，大多数机构投资者管理的投资组合的风险主要都受基于β系数的美股敞口的影响。在这个主要风险面前，与结构性超额回报率相关的增量风险就显得微不足道了。因此，结构性超额回报率代表的是在风险可能因多元化策略而被摊薄的情况下所能获取的有实际意义的回报，如果一个投资组合的主要风险均来自于与美股投资有关的资产时就更是如此。

举例来讲，在常见的策略性投资组合中，相对美股的 β 系数占到了整体风险指标中的 90%。剩下 10% 左右的波动性就来源于内嵌的超额回报率。对于这些投资组合而言，站在整个投资组合的高度来看，这 10% 的超额回报率带来的收益要比其所带来的增量风险有价值得多。

24

当然，由于这些增量回报是各类资产总体预期回报率与生俱来的成分，所以任何一个标准的优化配置策略都会把它们包含在内。清晰地列出这些超额回报率，我们可以更深入地了解这些增量回报与整个投资组合的风险控制是如何相互作用的。只要对这些基础的风险与回报因素有更清晰的了解，投资组合经理人或许就能发现提高收益的办法，而这在以前暗箱操作式的优化配置策略中是很难看清楚的。

在图表 2.3 中，我们详细区分了 12 种不同资产的回报率，以超额回报率为基准降序排列。如前所述，国际股票的整体预期回报率是 7.25%，其中包括适用于所有类别资产的 1.5% 的无风险回报率，4.42% 的基于 β 系数的回报率，以及 1.33% 的超额回报率。美股的 β 系数为 1.00，其拥有 1.50% 的无风险回报率和 5.75% 的基于 β 系数的回报率，根据我们定义超额回报率的方法，其超额回报率将永远为 0。其他类别资产的超额回报率各不相同，最高的是风险投资，超额回报率大于 7%，最低的是现金，超额回报率为 0。

图表 2.3　各类资产的回报率分解

资产类别	整体预期回报率	相对于美股的 β 系数	预期回报率的组成部分		
	$E(r_i)$	β	r_f	βr_p	α
风险投资	12.25	0.59	1.50	3.38	7.37
大宗商品	5.25	-0.29	1.50	-1.66	5.41
房地产	5.50	0.07	1.50	0.42	3.58
新兴市场股票	9.25	0.76	1.50	4.39	3.36
私募基金	10.25	0.98	1.50	5.61	3.14
房地产信托基金	6.50	0.48	1.50	2.78	2.22
绝对收益类资产	5.25	0.28	1.50	1.61	2.14
美国债券	3.75	0.14	1.50	0.78	1.47
国际股票	7.25	0.77	1.50	4.42	1.33
股权对冲基金	5.75	0.66	1.50	3.78	0.47
美国股票	7.25	1.00	1.50	5.75	0.00
现金	1.50	0.00	1.50	0.00	0.00

数据来源：摩根士丹利研究部。

图表 2.4 展示了我们上图中涉及的各类资产的超额回报率和基于超额回报率

的风险程度。图表2.5则是以各类资产的超额回报率和基于超额回报率的波动率为坐标绘制的对比图。需要特别注意的是,在这张图中,美股和现金的超额回报率和基于超额回报率的风险度均为0。许多其他种类资产的这些指标都可能偏离得很远。让人好奇、或许也只是偶然的现象是,有四类资产——风险投资、大宗商品、房地产和绝对收益类资产——其坐标点几乎都落在同一直线上,这说明它们的超额回报率和基于超额回报率的波动率的比值相差无几,而且都偏高。 26

图表2.4 各类资产基于超额回报率的风险程度和超额回报率

资产类别	α	β	标准σ	$\beta\sigma$	σ_α
风险投资	7.37	0.59	27.75	9.71	25.99
大宗商品	5.41	-0.29	19.00	-4.75	18.40
房地产	3.58	0.07	12.00	1.20	11.94
新兴市场股票	3.36	0.76	28.00	12.60	25.00
私募基金	3.14	0.98	23.00	16.10	16.43
房地产信托基金	2.22	0.48	14.50	7.98	12.11
绝对收益类资产	2.14	0.28	9.25	4.63	8.01
美国债券	1.47	0.14	7.50	2.25	7.15
国际股票	1.33	0.77	19.50	12.68	14.82
股权对冲基金	0.47	0.66	12.75	10.84	6.72
美国股票	0.00	1.00	16.50	16.50	0.00
现金	0.00	0.00	0.00	0.00	0.00

数据来源:摩根士丹利研究部。

投资组合的β系数值

现在我们可以给各类型资产的β系数分配权重并把它们加总起来以得到任何给定的多元化资产组合的整体结构性β系数,即任何资产配置模式的整体结构性β系数。图表2.6展示的是四种不同的资产配置方案,它们的复杂程度大相径庭,其中前三种资产配置方案我们在之前的章节中已经介绍过。先回顾最简单的投资组合A,其配置的资产为60%美股和40%现金,其结构性β系数就是美股的β系数1乘以60%,再加上现金的β系数0乘以40%,最终整个投资组合的净β系数β_A = 0.6。在这个基础之上,投资组合A的预期波动率($\beta_A\sigma_e$)为9.9%,即β_A乘以股票自身的波动率16.50%,完全受制于其60%的股票投资敞口。在这个不具备代表 27

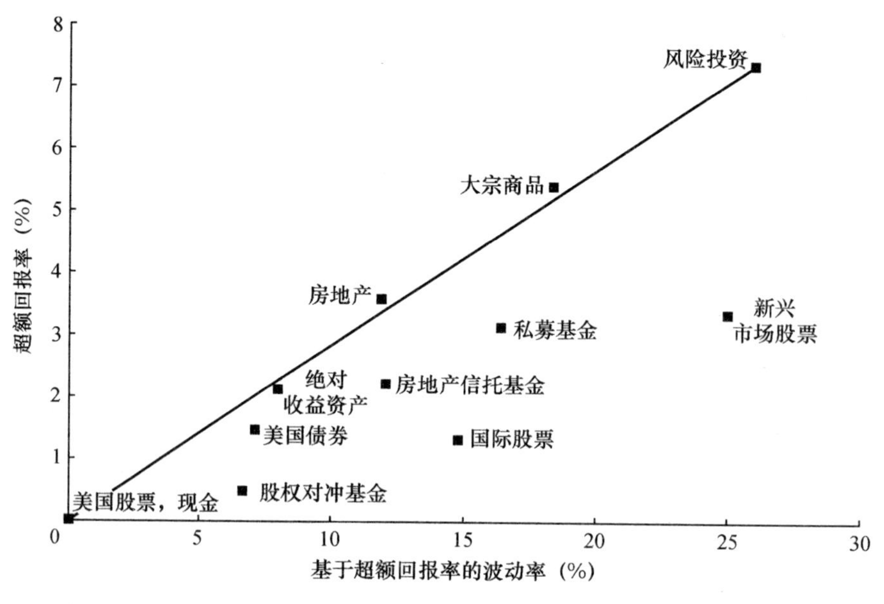

图表 2.5　在超额回报率与基于超额回报率的波动率空间内各类别资产的分布

数据来源：摩根士丹利研究部。

性的例子中，此投资组合的基于 β 系数的波动率预测值与通过计算机利用复杂的协方差矩阵计算得出的标准波动率（σ_A）是完全一致的。

图表 2.6　投资组合模型

资产类别	A	B	C	D
美国股票	60%	60%	20%	
国际股票			15%	
新兴市场股票			5%	
绝对收益资产			10%	20%
股权对冲基金				
风险投资			10%	20%
私募基金			10%	
房地产信托基金				
房地产			10%	20%
大宗商品				20%
美国债券		40%	20%	20%
现金	40%			
总计	100%	100%	100%	
预期回报率	4.95	5.85	7.08	6.40
标准波动率	9.90	11.17	10.83	8.04

（续表）

资产类别	A	B	C	D
投资组合的β系数	0.60	0.65	0.57	0.16
基于β系数测算的波动率	9.90	10.80	9.45	2.61
基于β系数的波动率与标准波动率的比值	100.0%	96.7%	87.2%	32.4%

数据来源:摩根士丹利研究部。

更令人感兴趣的是传统型投资组合 B 的各种数值,这个投资组合与 A 很类似,都配置了60%的美国股票,但用40%的债券替换了前者40%的现金。如前所述,债券类资产的β系数为0.14。当用40%的债券权重乘以0.14的β系数再加上60%权重的股票的β系数,那么这个投资组合的整体β系数为0.65,比投资组合 A 的β值略高。根据协方差矩阵计算得出的该投资组合的标准波动率(σ_B)为11.17%。如果简单地用该投资组合的β系数0.65乘以股票类资产的波动率16.50%,那么其基于β系数的波动率(或称$\beta_B\sigma_e$)约为10.80%,占到标准波动率的97%。

配置另类资产的当代配置模式

随着市场的主流趋势朝着配置更多种类的资产,以期分散风险这个方向去发展,越来越多的机构投资者开始采用如上述图表中投资组合 C 式的资产配置模式。和我们在前一章中看到的一样,投资组合 C 中直接的美国股票投资占20%,国际股票投资占15%,还有5%投向新兴市场股票。绝对收益类资产、风险投资、私募基金和房地产的权重均为10%,而债券投资的比重下降到20%。根据协方差矩阵计算,投资组合 C 的标准波动率(σ_C)为10.83%,与传统型投资组合 B 的11.17%的标准波动率惊人地相近。从表面上看,投资组合 C 所配置的资产类别更多,收益来源更广泛——但实际上,它与传统型的投资组合 B 的波动水平没有本质的区别。

目前在实际运作中我们所能看到的投资组合基本上介于简单型的投资组合 B 与多元化的现代型投资组合 C 之间。因此,许多目前能见到的投资组合的标准波动率都集中在10%到11%的水平,鉴于融资环境的多元化和投资组合不同的收益目标,我们认为这种集中型波动率水平的形成实在是令人费解。

回到基于β系数的计算方法上来,我们要再次强调投资组合C对美国股票的风险敞口仅有20%。但是构成剩余80%权重的其他任何一类资产都与美股存在关联,因此它们也为整个投资组合带来隐性的股票投资风险,这个指标可以用β_i来表示。根据各类资产本身的β系数和它们的权重,我们计算出图表2.6中投资组合C的β系数(β_C)为0.57。我们再一次看到,虽然投资组合C配置的资产种类很多,但是它的β系数仍然与传统型投资组合B的0.65的水平非常接近。二者β系数非常相近这一事实再次证明,即使投资组合C所配置的资产种类比较丰富,但其最基本的风险特征还是和传统型投资组合B十分类似。

分析其整体波动率情况,投资组合C基于β系数的波动率($\beta_X\sigma_e$)为:0.57×16.50%=9.45%。这个基于β系数的估值与投资组合B有了一定的差距,但它仍然占到标准波动率的87%。由于根据协方差矩阵计算得到的结果本身也只是用于预测市场表现的近似值,所以基于β系数的计算方法看上去仍不失为一种值得利用的方法。

极端资产配置模式

我们还可以提出极端的资产配置模式,使得前面所有的结论都站不住脚。投资组合D就是一个极端资产配置方案,其性质与前三者都大为不同。它没有配置美国股票、国际股票、新兴市场股票或私募基金中的任何一种。其中仅包含五类资产,每一类的权重都是20%。需要注意的是,其标准波动率(σ_D)为8.04%,远小于投资组合A至C的10%到11%的水平。其预期β系数也很低,仅为0.16,基于β系数的波动率($\beta_D\sigma_e$)为2.61%,仅占到标准波动率8.04%的32%。很明显,许多之前用于分析前三种投资组合的评价方式都不适用于投资组合D。当然,在现实当中很难遇到与投资组合D一样的配置模式。

投资组合的回报构成

在接下来的这一节中我们主要讨论如何将对各类资产的回报构成分析运用到

以上提到的四个投资组合样本上。首先选择投资组合 A,主要因为其配置最为简单,包括 60% 的美国股票和 40% 的现金。如图表 2.7 所示,美股投资从无风险回报率 1.50% 中获取 0.60 ×1.50% =0.90% 的贡献度,基于β系数的贡献度为 0.60 ×5.75% =3.45%。

图表 2.7　回报构成示意表:投资组合 A

资产类别	权重	β 贡献度	回报贡献度			合计
			r_f	β	α	
美国股票	60%	0.60	0.90	3.45	0.00	4.35
现金	40%	0.00	0.60	0.00	0.00	0.60
合计	100%	0.60	1.50	3.45	0.00	4.95

数据来源:摩根士丹利研究部。

40% 的现金配置可以贡献 0.60% 的无风险回报,计算方法为 0.40 ×1.50%。因此,投资组合 A 的整体回报率可以被拆分为两个主要部分,来自无风险回报的 1.50% 和基于β系数的 3.45%,在这个特例中,两种类型的资产都没有贡献任何超额回报。

投资组合 B 代表了比较传统的资产配置模式,其中有 40% 的债券投资。如图表 2.8 所示,债券的β系数为 0.14,据此计算其基于β系数的回报率为 0.14 × 5.75% =0.78%,债券类资产在整个投资组合中的权重为 40%,因此其对投资组合的贡献度为 0.40 ×0.78% =0.31%。

图表 2.8　回报构成示意表:投资组合 B

资产类别	权重	β 贡献度	回报贡献度			合计
			r_f	β	α	
美国债券	40%	0.05	0.60	0.31	0.59	1.50
美国股票	60%	0.60	0.90	3.45	0.00	4.35
合计	100%	0.65	1.50	3.76	0.59	5.85

数据来源:摩根士丹利研究部。

回顾图表 2.3 所示的数据,我们知道债券类资产的超额回报率为 1.47%,因此其基于超额回报率的贡献度为 0.40 ×1.47% =0.59%。综合来看,投资组合 B(传统的 60% 股票对 40% 债券的配比)的β系数为 0.65,基于β系数的回报率为 3.76%,超额回报率为 0.59%,当然还有一直存在的无风险回报 1.50%,整体的回报率为 5.85%。

用同样的方法来分析图表 2.9 所示的配置资产种类更多、更加现代化的投资组合 C,我们得到该投资组合整体的 β 系数为 0.57,基于 β 系数的回报率为 3.29%,超额回报率为 2.28%。

图表 2.9 回报构成示意表:投资组合 C

资产类别	权重	β 贡献度	回报贡献度			合计
			r_f	β	α	
风险投资	10%	0.06	0.15	0.34	0.74	1.23
房地产	10%	0.01	0.15	0.04	0.36	0.55
新兴市场股票	5%	0.04	0.08	0.22	0.17	0.46
私募基金	10%	0.10	0.15	0.56	0.31	1.03
绝对收益类资产	10%	0.03	0.15	0.16	0.21	0.53
美国债券	20%	0.03	0.30	0.16	0.29	0.75
国际股票	15%	0.12	0.23	0.66	0.20	1.09
美国股票	20%	0.20	0.30	1.15	0.00	1.45
合计	100%	0.57	1.50	3.29	2.28	7.08

数据来源:摩根士丹利研究部。

图表 2.10 展示的投资组合 D 包含五类不同的资产,每一类的权重均为 20%,其中不包括美国股票或国际股票。

图表 2.10 回报构成示意表:投资组合 D

资产类别	权重	β 贡献度	回报贡献度			合计
			r_f	β	α	
风险投资	20%	0.12	0.30	0.68	1.47	2.45
大宗商品	20%	-0.06	0.30	-0.33	1.08	1.05
房地产	20%	0.01	0.30	0.08	0.72	1.10
绝对收益类资产	20%	0.06	0.30	0.32	0.43	1.05
美国债券	20%	0.03	0.30	0.16	0.29	0.75
合计	100%	0.16	1.50	0.91	3.99	6.40

数据来源:摩根士丹利研究部。

投资组合 D 的 β 系数很低,仅为 0.16,因此其基于 β 系数的回报贡献率仅为 0.91% 也就不会令人感到惊讶了。投资组合 D 绝大多数的回报来源于 3.99% 的超额回报率。其整体回报率达到了 6.40%,是一个非常不错的数值,但是其构成与前面几个投资组合大相径庭。

31

对比以上各投资组合的风险与回报

回到我们上面列示的四个投资组合上,图表2.11总结了各投资组合基于β系数计算得到的风险收益特征。这些风险指标是非常有价值的,通过对它们的分析可以看到各投资组合的回报构成。投资组合A的标准波动率是9.90%,是用其β系数0.6乘以股票类投资16.50%的波动率得出的结果。

图表2.11 投资组合风险收益特征汇总

	A	B	C	D
无风险回报率	1.50	1.50	1.50	1.50
基于β系数的回报率	3.45	3.76	3.29	0.91
超额回报率	0.00	0.59	2.28	3.99
总回报率	4.95	5.85	7.08	6.40
标准波动率	9.90	11.17	10.83	8.04
β系数	0.60	0.65	0.57	0.16
基于β系数的波动率	9.90	10.80	9.45	2.61
基于β系数波动率与标准波动率之比	100%	96.7%	87.2%	32.4%

数据来源:摩根士丹利研究部。

投资组合B的标准波动率比前者高出一些,达到11.17%,其β系数为0.65,也比A组合的系数略高。如果用这个0.65的β系数乘以股票16.50%的波动率,则该投资组合基于β系数的波动率为10.80%。投资组合B由于微高的β系数而获得了更高的基于β系数的回报率,而且它还有来自基于超额回报率的0.59%的增量回报。

投资组合C的超额回报率大幅提升至2.28%,其基于β系数的回报率则下降至3.29%,这也是因为其β系数仅为0.57,与B组合0.65的系数相比有明显下降。但值得指出的是,投资组合C的标准波动率为10.83%,与投资组合B的波动率没有显著差异。因此,如果我们承认回报率协方差矩阵中的数值准确的话,那么投资组合C就一定是一个优于投资组合B的配置方案,因为在同等风险状况下,C组合的回报率比B组合高出了1.23%。

虽然投资组合C配置了更多种类的资产,但是其真正实现了多元化的地方在于获得了更多不同来源的超额回报,而在基础性风险的控制上并没有太大的区别。

32 投资组合D的风险构成则与前面几个投资组合都大相径庭，其 β 系数仅为0.16，基于 β 系数的波动率也仅为2.61%。投资组合D的整体回报率很大程度上依赖于其基于超额回报率取得的增量回报，在整体6.40%的回报率中超额回报率占到了差不多4%。虽然理论上，投资组合D有许多人们期望的回报特征，但是在现实中，绝大多数的投资机构的经理人只会认定这是一种极端的配置模式，完全不具备可操作性。

对机构管理的投资组合的指导意义

这一节主要总结一下前述对传统投资组合B和现代投资组合C的分析中得到的一些令人很意外的现象。首先，传统型与现代型投资组合的标准波动率十分近似。其次，上述两个从资产配置种类上看十分迥异的投资组合的 β 系数也十分相近。最后，也是最令人惊讶的一点，二者基于 β 系数的波动率与其标准波动率的吻合程度都相当高。因为以上列示的各投资组合几乎涵盖了目前美国市场上所能见到的各类资产配置模式，所以以上三点结论能广泛适用于很多实际的投资组合。(但是本文的分析仅针对各类资产本身的风险特征进行分析。当采用被人们称为盈余优化配置手段的资产配置模式时可能会涉及一定的债务关系，这种情形下利率和其他因素就有可能成为重要的附加风险因子。)

一味地追求通过积极的管理模式获取超额回报率的做法，可能导致人们忽略其他一些也能带来超额回报率的可行性措施。对于任何一个给定的资产配置方案，都会有一个根据市场状况作出的基准预测指标体系，我们可以利用这个既有的体系非常容易地挖掘出其他更便于利用结构性超额回报率的机会。我们在分析的过程中既听到了好消息也听到了坏消息。坏消息是指标准的多元化配置手段并没能真正降低 β 系数对投资组合整体的影响程度(即使基于 β 系数的风险水平是可以控制的，情况也是如此)。好消息就是在同等的风险水平下，不同的投资组合因为其结构性超额回报率的差异，我们仍然能利用其获得具有实际意义的超额回报。

回报率和风险程度的分析都可以被拆解为无风险、基于 β 系数和基于超额回报率三个组成部分。更为重要的是,这种结构的拆分让我们看到,在任何一个给定的回报率协方差矩阵所列示的市场预测指标中,都可以寻找到隐性的结构性超额回报率。这些结构性超额回报率与任何个人的特殊技巧无关,既不依赖于基金发起者的特殊技能,也不依赖于投资经理人选择或管理资产的水平。相反的,这些结构性超额回报率都是从经典的资产配置模式的传统风险结构中挖掘出来的,在这些传统的模式中,基于β系数的风险因素经常掩盖了基于超额回报率的风险,也就令人无法看到基于这部分风险所带来的超额回报。最终的结论是,基于人们假设的各种市场指标,我们可以在投资组合整体层面上谋求更多的增量回报,而仅承担微量上升的风险。

33

结构性超额回报率为人们很好地展示了风险与回报之间的关系,我们应该在以下情况下最大限度地对其进行利用:一是没有其他类型的风险因素需要考量(比如说在各类别资产中附带的风险因素或在负债型体系下进行资产配置所带来的额外风险);二是各类别资产的可投资规模大,且流动性好;最关键的情境就是投机经理人要对回报率协方差矩阵中提出的各种测算指标都有信心。

以β系数作为最主要的风险因子

如果我们重点关注β系数作为一个风险因子所扮演的角色,我们就可以分析机构的长线投资计划在恶劣的市场状况下的表现。在我们看来,恶劣的市场状况并不是指波动这一现象,而是当市场恶化的状况比较惨烈且持续时间较长时,投资机构搭建的投资堡垒已经被攻破,被迫不得不重新审视投资理念的情境。在所有我们能想见的例子当中,上述这种恶劣的情境如果真的出现,那它可能是由美国股票的剧烈波动造成的,或者至少与其有重大关联。β系数直接反映了投资组合相对于股票投资的敏感程度。因此,在预测前面所讲的那种可能导致整个投资理念剧变的情境出现的可能性时,用投资组合的β系数要比用标准波动率更有效。

通常来讲,β值来源于历史的积累,可以根据市场在正常和非正常状态下的表现情况的历史记录构成的协方差矩阵计算出来。众所周知,当市场剧烈波动时,不论上行还是下行,关联系数总会收紧。这种短期波峰或波谷的出现,如果能够在事后迅速反弹就不会构成实质的威胁。但是,如果市场表现长期低迷,则关联系数收紧的现象也会出现。我们回顾一下 β 系数的计算方法，也就是用关联系数(ρ_{pe})乘以给定的投资组合的波动率与股票市场波动率的比值(σ_e/σ_p)。如果关联系数收紧的同时市场波动率上升，那么即使投资组合自身的波动率保持一个相对较低的水平，其 β 系数仍会大幅上升。[2]

紧缩的关联系数和市场波动率的上升一般情况下都会导致 β 系数的增加，这使我们更加坚信，β 系数就是在机构投资经理人最惧怕的恶劣市场环境下用来描述风险状况的最重要指标。

一家投资机构通常会尽最大努力去开发能够在可以承受的风险水平上实现收益最大化的资产配置模式。如果 β 系数能够作为描述最具影响力的风险事件的基准性指标，那么在进行资产配置的过程中进行风险设置的时候，就应该充分考虑投资组合整体 β 系数的关键性作用。

34

本章注释

1. 用另一个公式来表示也就是 $\sigma_{eq}^2-(\beta_p\sigma_p)^2=\sigma_\alpha^2$，公式中的最后一项即为与结构性超额回报率相关的方差。

2. 其他条件均同，如果关联系数放大，则 β 系数相应放大。同理，如果市场波动率与投资组合波动率同向增长，则 β 系数也会增大。如果上述两个系数都在增加，则 β 系数的增加幅度会倍增：$\uparrow\uparrow\beta_p=\uparrow\rho_{pe}\frac{\uparrow\sigma_e}{\sigma_p}$。

第二部分

基于β系数的资产配置模式

◀ 第三章 ▶

多元化配置策略之外的考量：龙风险

37

理论上讲，使用无制约因素优化配置策略搭建起来的有效投资组合，其资产配置的集中度总是很高。纯粹的优化配置过程总是给高风险高回报的各类非标准资产制定很高的权重。但是，现代的资产配置模式只给每一个非标准类资产分配5%到10%的较低的权重。我们将这种过程称为对投资组合的锤炼。为了合理降低整个投资组合的风险而采取此类超越常规的多元化配置策略，通常来讲表现还是不错的。但这种资产配置模式也导致其回报率低于那些理论上不受条件约束而能投资高回报资产的有效投资组合。

设定这种零散的低权重主要是为了应对各类非标准资产中所隐藏的龙风险——也就是那些超出了模型所能预测的范围之外的、与配置非标准类资产紧密相关的风险。这种不确定性与传统类别资产给常规资产配置模式带来的风险大不一样。一旦采用这种零散的低权重方式来应对龙风险，投资组合经理人们就可以放手配置更多种类的资产。这样做可能只会减少整个模型所应承担的风险中的一小部分，从而也就说明多元化配置的手段使得各个投资组合可以利用整个基金中更大规模的资产去追逐更高的回报，通过别的手段可能就无法充分地利用好这些资产。

多元化策略的本质

在当代社会中采用多元化配置手段来组建投资组合既可能是一个愉悦的过程，也有可能是一个令人十分纠结的过程，这取决于你到底要选择哪些种类的资产，以及这些资产近期的业绩表现。结合对结构性 β 系数和超额回报率最新的理解，我们可以通过分析非标准类资产的非标准类型风险来检验现代资产配置模式带给我们的一些推论。图表 3.1 所示的点状图将我们要讨论的几个投资组合的模型放置在了一个标准的风险收益空间内，其中包括最简单的投资组合 A、传统型投资组合 B 和现代型投资组合 C。除此之外，第一次引入处于有效边界曲线上的投资组合 $\hat{C}$，代表与投资组合 C 波动率相同但回报率最高的投资组合。这四个投资组合的各类资产权重及基本指标都在图表 3.2 中明确列示。

38

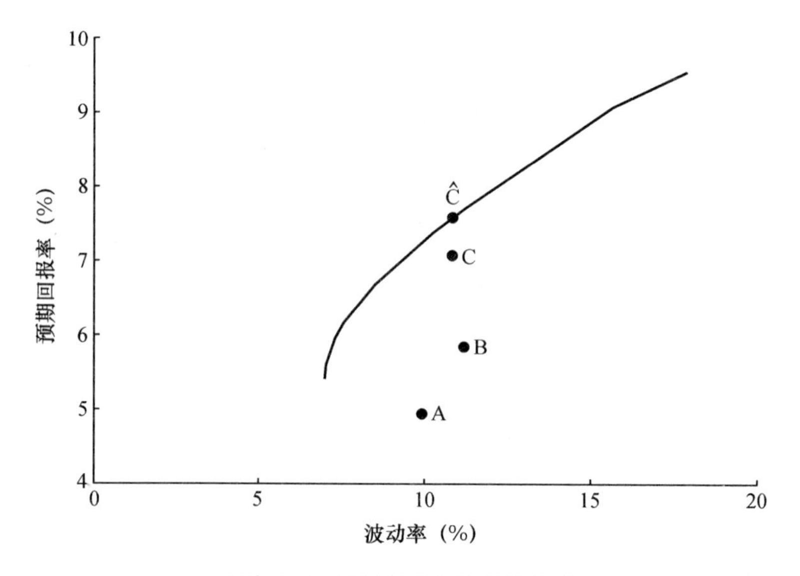

图表 3.1　不受约束的有效边界线

数据来源：摩根士丹利研究部。

图表 3.2　各投资组合的资产权重及基本指标

资产类别	A	B	C	Ĉ
美国股票	60%	60%	20%	20%
国际股票			15%	
新兴市场股票			5%	10%
绝对收益资产			10%	
股权对冲基金				
风险投资			10%	24%
私募基金			10%	2%
房地产信托基金				
房地产			10%	24%
大宗商品				20%
美国综合债		40%	20%	20%
现金	40%			
总计	100%	100%	100%	100%
预期回报率	4.95	5.85	7.08	7.59
标准波动率	9.90	11.17	10.83	10.83
投资组合的 β 系数	0.60	0.65	0.57	0.55
基于 β 系数测算的波动率	9.90	10.80	9.45	7.92

数据来源：摩根士丹利研究部。

投资组合 B 和 C 代表了现实操作中可能遇到的投资组合的最末端的类别。二者的波动率趋近相同，但是投资组合 C 的多元化配置程度高得多，而且其回报率也比前者高出 123 个基点。相比之下，投资组合 Ĉ 是回报率最高的投资组合，虽然其资产配置的集中度比投资组合 C 高，但是其回报率比 C 组合还高出了 50 个基点。

通过投资组合 Ĉ 的例子我们可以看出，在同等风险情况下，通过调整两到三个超额回报率较高的资产类别的配置权重，使得整个投资组合的集中度更高，就能获得更多的回报。

以上分析更有力地说明投资组合 C 体现出来的那种过度多元化的倾向主要就是为了应对龙风险——也就是那些在标准的模型中不会体现，但是一旦跨入未知的领域就必然会滋生出来的各类问题。如果不对每一类非标准类资产都添加这些人为的最高权重限制，那么即使它们能带来较高的回报，也无法解释为什么要把高达整个投资组合 60% 的权重分配给它们。从这个角度上来讲，我们又可以说投资组合 C 采用高度多元化配置的策略是为了获得更高的回报，而不是为了降低整个模型可预测的风险。

龙风险

“龙风险”这个词比较生动形象,它主要用来区分可塑型风险与人们对任意一个资产配置模式有效性的本源性质疑。彼得·伯恩斯坦(1996)和弗兰克·奈特(1921)对这个关键性的区分有着深入的讨论。我们是借用了克里夫·阿斯尼斯(Cliff Asness)(2002)的一篇论文中对这个词语赋予的意义,当时他说中世纪绘制地图的人们把没有探索过的区域都笼统地称为可能是龙居住的地方。龙风险囊括了一系列与非标准类资产相关的问题:

40

1. 均值方差模型可能被赋予错误的估值;

2. 非对称因素以及肥尾型分配模式带来的风险;

3. 相对新型的投资工具潜在的危险;

4. 回报率相对低下的各类资产依赖于投资经理人的技巧而获得的业绩可能区别很大;

5. 由于某种新型的资产越来越受人们追捧,而且其他可投资的资产类别也同步增加的情况下,真实的业绩表现可能与其历史记录发生较大的偏差;

6. 由于负面消息被媒体曝光而导致股票下跌的风险;

7. 个别公司不佳的业绩,并不能通用于其他同业的状况。

事实上,大多数在这个行业中有实际历练的人对任何一种成型的市场估值模型都抱有一定程度的质疑。在遇到采用非标准类别资产进行配置的时候,他们还会产生更强烈的质疑。与非标准类资产相比,我们自认为对固定收益类资产的风险回报特征掌握得比较好。我们甚至认为自己能够判别清楚美国股票的涨跌趋势,因为在相对较长的时间内,股票的波动幅度还是处于一个相对稳定的区间。在这些已经为人们熟知的领域之外,我们对判别各类资产或各种配置策略的长线业绩表现的信心就不会那么充足了。这种缺乏自信的感觉还会在两种情形下被放大:一是要配置相对更新型的资产,二是机构投资市场中受追捧的资产类别发生变化。换句话说,有些类型的风险因素,不论其在正式的协方差模型中是如何被定义的,在实际操作中我们总会用不同的眼光去看待它。对于那些长期市场估值的合理性和稳定性容易受质疑的资产而言,我们理性的做法就是采用过度多元化策略,配置更多种类的资产,并根据常理强制限定某个种类的资产在整个投资组合中可接受的最大权重。

基于以上这些原因,当代资产配置模式延伸了多元化配置策略的风险控制需求,不仅仅要考虑各种明显的成型的风险,还要通过零散分配权重的方式来把那些不是特别明显的龙风险也归置到可承受的范围之内。

多元化资产配置模型案例分析

为了进一步解释上述的风险相关的问题,我们通过分析一个虚拟的案例来探讨多元化配置策略所起到的作用,在我们引入的案例中,假设其 β 系数固定为某个数值不变。然后我们将整个投资组合中 60% 的权重分配给单独一种非标准资产,假设该类别资产基于结构性超额回报率的风险为 12%。则该类资产对整个投资组合造成的超额回报率风险为 $0.6\times12=7.20\%$。如图表 3.3 所示,在目前状况下,整支基金的波动率取决于所选取的 β 系数的大小。原点处 $\beta=0$,基金的整体波动率即由超额回报率带来的风险决定,等于 7.20%。随着所选取的 β 系数不断增加,整体波动率也在上升,但是基于超额回报率的增量效应逐步递减。对于 β 系数达到足够量的情况,比如说 $\beta=0.9$ 的时候,基于超额回报率的风险占整体风险的比例不足 10%。在某些极端情境下,基于超额回报率的风险几乎是可以忽略不计的,如果我们相信市场表现恶劣与美国股票大幅下跌总是有必然关联,那么也更应该相信上面的分析。

41

在这种简化了的场景中,投资组合的整体波动率由基于超额回报率的风险和所选取的 β 系数共同决定。而基于超额回报率的风险本身也代表了这 60% 权重的非标准类资产配置中所采用的各种相对独立的资产的风险的总和。采用上面的分析模式能够让我们集中精力探讨多元化策略的实际效果这一主要的问题。

在图表 3.4 中,60% 的权重完全分配给了单独一类非标准资产。如果我们在此基础上把配置的资产种类增加至三到四种,每类资产基于超额回报率的风险均为 12%,那么投资组合的整体风险程度就会下降。各类资产基于超额回报率的风险相互独立,它们还会自我调节,因为它们总是以二次方的和的形式增加。相反的,我们知道基于 β 系数的风险是线性增加的,所以每一点增量都会带来实际的影

42

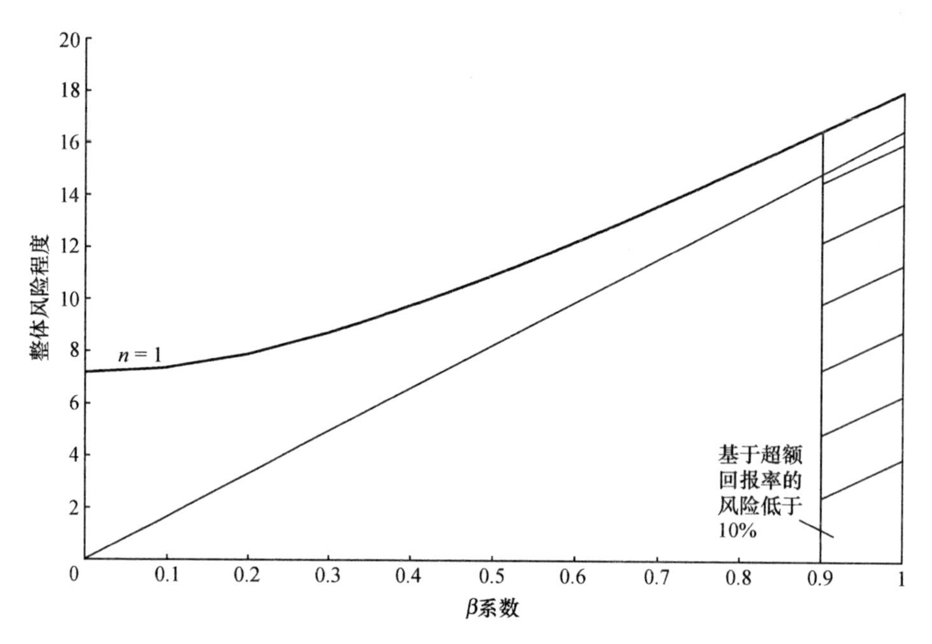

图表 3.3　配置一种非标准类资产的整体风险与 β 系数对比关系图

数据来源:摩根士丹利研究部。

响。因此,如果把分配给非标准类资产的 60% 的权重进一步细分给三到四种不同类型的非标准资产,我们就会看到基于超额回报率的风险呈递减式下降。图表 3.4 中所示的第二条曲线是将 60% 的权重均分给三类互不关联且其超额回报率风险均为 12% 的非标准类资产之后得到的结果。我们可以清晰地看到,基于超额回报率的风险在 $\beta = 0.52$ 时即降到了 10% 以下。

继续使用这种分析方式,我们可以逆推出到底需要配置多少种相等权重的资产才能使整个投资组合基于超额回报率的风险在给定的 β 系数下降低到 10% 以下。在这个层面上采用的多元化配置策略可以从图表 3.5 所示的例子中得到进一步解读。

正如我们在前面的段落中分析过的那样,当投资组合的 β 系数为 0.52 时,仅需配置三种权重均为 20% 的非标准类资产即可达成目标。在达到这个临界值之后,其他任何的多元化配置都是可做可不做的事了,而且从理论上讲有可能会造成过度多元化。我们现在深知,可能存在一些外部因素,导致必须要采取过度多元化配置的策略,但是这样做也必定要牺牲掉一部分投资组合的整体回报率,因为任何一种新加进来的资产都会拉低预期回报率。

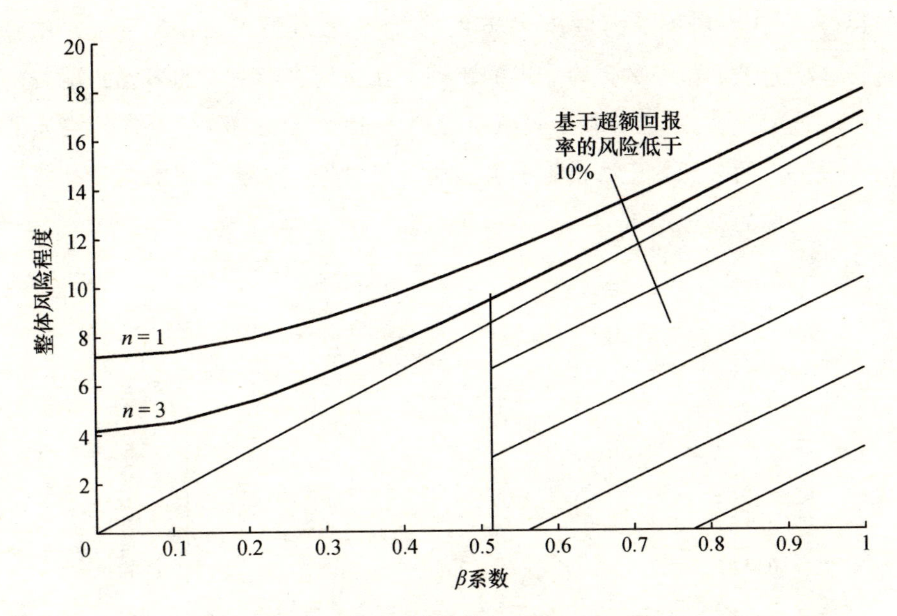

图表 3.4　配置一种及三种非标准类资产的整体风险与 β 系数对比关系图

数据来源：摩根士丹利研究部。

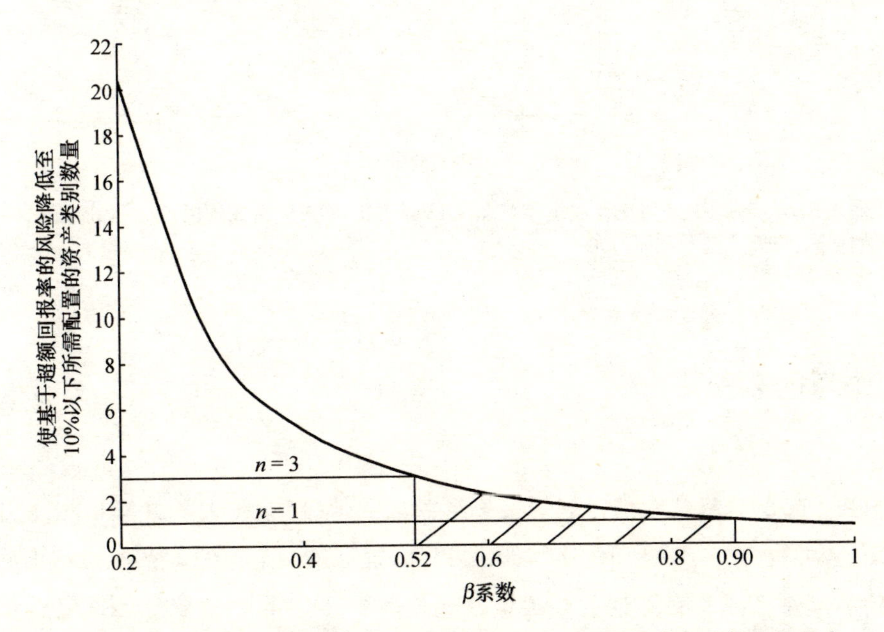

图表 3.5　使基于超额回报率的风险降低到 10% 以下所需的多元化配置程度

数据来源：摩根士丹利研究部。

最终,图表 3.6 所展示的是 $\beta = 0.6$ 时,在不同程度的多元化配置模式中整个投资组合基于超额回报率的风险所占的比例。在达到这个程度的多元化配置之后再进行多元化配置,将不会对整个投资组合已经成型的风险特征再带来实质的影响。但是进一步的多元化配置措施确实能用于应对那些无法量化的风险和我们用龙风险一词统称的其他所有问题。

44

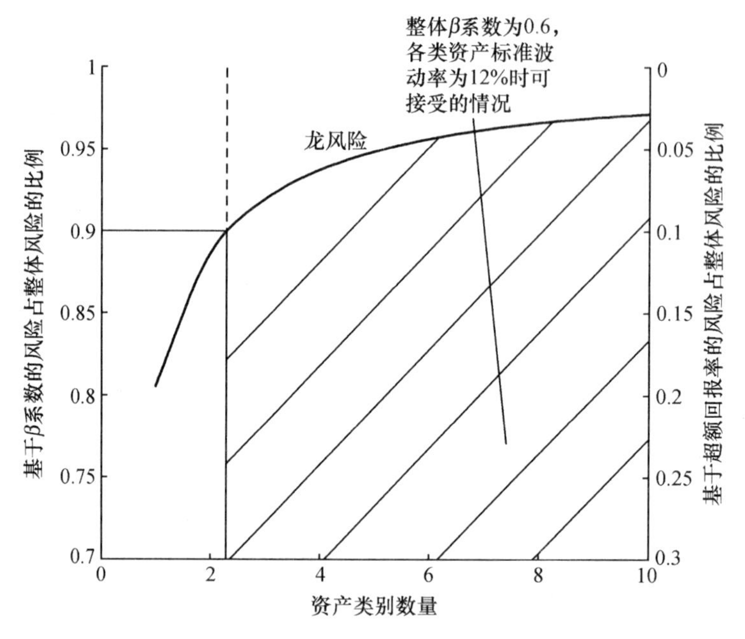

图表 3.6　不同多元化配置程度下的基于超额回报率和 β 系数的风险比例关系图
数据来源:摩根士丹利研究部。

回报来源的多元化

前面一节的分析让我们得到了很多形象的数值结论,主要的计算依据来自三个方面:各类资产基于超额回报率的风险程度、投资组合整体的 β 系数和基于超额回报率的风险可被忽略不计的临界值。我们所要传达的基础信息还是完整不变的。也就是说,在现实操作中所做的多元化配置已经超过了实际根据协方差矩阵计算结果所需。

从常规的实际操作中我们得知人们对龙风险的重视程度还是很高的。在传统的资金配置中，投资经理人或者基金的发起人总是将很大的权重分配给两到三类标准资产，即使他们要从这种模式过渡到现代化的配置模式，他们也总是采用零散分布式的权重分配机制，每类非标准类资产的权重一般仅有5%到10%，只有极少数情况下会达到15%到20%。对龙风险的顾虑成为这些当代资产配置模式建立过程中一个至关重要的（但也是理应如此的）决定性因素。

基于以上这些考虑，很多投资经理人给新兴市场股票设定了5%的权重上限，绝对收益类资产或投资策略的上限为10%到20%，风险投资和私募基金（分别或合并）的上限为10%到15%。但在这里我们又发现一个问题：如果人们对绝对收益类投资策略如此有信心——也就是说，在波动性相对稳定，且与整个投资组合中其他类型的资产不发生关联的情况下，通过此类投资策略取得超出（美国）国债收益率的超额回报——那么为什么不在这一类投资策略上多分配一些权重，然后再通过添加一些杠杆来达到预期的波动率呢？在这个问题上，即使在最狂热的支持绝对收益类投资策略的人群中也很难找到真正支持采取杠杆来平衡波动率的人。

过度多元化配置的做法为基础性的优化配置策略提供了解决其原本不能解决的一些问题的途径。确实，如果没有这种零散分布权重的方法，很难说服基金的管理者们将大量的资金用于投资高回报的非标准类资产。从这个意义上讲，我们可以说零散分布权重的做法真正打开了追逐高额回报的大门。

正如我们已经看到的那样，所要探讨的问题并不是一个模式成型的风险，而是在于模式本身的构建方式。当代资产配置模式采用广泛的多元化资产配置模式，更主要的目的在于追逐增量回报而不在于降低风险。从本质上讲，不断增加的可投资资产的类别使得整个投资组合中更多的权重可以分配给这些非标准的、附带超额回报率的资产，而这些资产如果作为独立投资的品种都不可能令人很放心地给予其较高的权重。在均值方差优化配置策略中，高度多元化配置的策略一般都必须对每一类非标准资产的最高权重比例限定严格数值。在存在一定保底条件的情况下，这种看似过度多元化的做法使得他们可以为高回报的非标准类资产分配更多权重。从这个视角来看，采用过度多元化的配置方法或许可以称得上是一种合理且谨慎的做法。

45

多元化配置策略潜在的损失

过度多元化配置策略伴生着对回报率的折损——或许对整体的风险控制也会造成影响。针对回报率而言,各类非标准资产所带来的超额回报是有级别差的。从教条主义的观点出发,任何一种通过指令下达的多元化配置方案总是逼迫管理者将更多的权重分配给回报率相对较低的资产。由此得到的资产配置方案或许在风险回报比例上来看是合理的,但我们至少要认识到这种做法也会使得原本可以取得的高额回报受到折损。

从风险控制的角度来说,过度多元化配置的策略会导致一定程度的危险,因为它鼓励投资管理人不仅配置一些业绩表现比较明确的非标准类资产(比如国际股票和房地产),而且还鼓励他们配置一些风险程度较高的更加新型的资产。除了业绩表现崩溃以及其他意想不到的特殊情况带来的风险以外,这些新型资产在特定的压力场景下的β系数可能会大大超乎预料。正如我们在前面的章节中已经分析过的那样,这种类型的基于β系数的风险才是机构投资者管理的投资组合所面临的真正威胁。

虽然对龙风险的恐惧使得人们产生了合理的过度多元化配置倾向,但是它也促生出了一批勇士。通过降低在某些非标准类资产上的配置,我们可以让投资组合获得更高的回报率——当然这有三个必要的先决条件:基于超额回报率的风险可以计算得更为准确,正的超额回报率能得到合理的担保,并且投资经理人有超越自己同辈的胆识。

过度多元化配置策略与龙风险的关系

在标准的优化配置策略中,多元化的配置要求对各类非标准资产限定严格的权重上限。对于规模大一些的基金来说,这些权重的比例可以根据可用资产量或者(有些时候被夸大的)流动性需求来进行调整。但不论如何,这种限定权重的做法反映出来的是一种依赖直觉的多元化策略,其首要目的是在两个层面管控住风险——也就是既管理明面上的成型的风险，又控制潜藏的未知的龙风险。

从本章所讨论的理念中我们能得出的结论就是，多元化配置通常导致资产分配较零散，从而使其受锤炼的程度超过了管理成型风险所需的必要程度。但是，过度多元化配置的倾向确实也为把更多的资金投入高回报的非标准类资产打开了方便之门，同时也能管控住因过度投资单一类别的非标准资产可能引发的龙风险。

◀ 第四章 ▶

通过超额回报核心资产进行逆向资产配置

47 前面章节中讨论的“α-β 模式”使得我们可以对资产优化配置的过程进行大幅度的简化。传统的资产配置优化模式的复杂性，往往使人们忽略了在最终阶段对整个策略投资组合的结构起到决定性作用的直观配置方法。通过使用“α-β 模式”，我们可以找出一种更简单的方法来反映这些投资组合的真实结构。

其中最关键的一点就是把一个投资组合的所有资产划分为两大类：调控性资产和超额回报核心资产。调控性资产指的是那些传统的流动性资产——美国股票、美国债券和现金，相对应的，超额回报核心资产就包括除以上几类资产外的其他所有资产——非美国股票、房地产、对冲基金、私募基金等等，后面这些种类的资产在一个投资组合中往往会受到更多的限制。整个超额回报核心资产池的风险收益特征都可以通过对特定类别的资产的分析而抽象出来，具体的分析手段就是把特定类别资产的风险收益特征拆解成基础的与超额回报率和 β 系数相关的问题来进行分析。

我们传统的资产配置过程一般是先用传统类别的资产组成核心资产池，然后再根据各种限制条件不断地加入其他类别的资产，而接下来我们将要讨论的方法则可以视为是将这种模式整个颠倒过来的做法，这个过程通常分三步。首先，在基于“α-β 模式”框架下，一开始就判定每一类非传统型资产的最大权重，而并非一上来就配置传统型资产。其次，把所有非传统类别的资产打包成一个亚投资组合（subportfolio）——也就是超额回报核心资产池。最后，则是加入传统型的调控性资产，从而使得整个投资组合的风险水平达到我们的预期。由此得到的有效边界由三个部分组成,曲线的基本形态由超额回报核心资产池所带来的回报率所决定:其中一部分是现金—股票基准线,一部分是核心资产池权重恒定区间的曲线,还有一部分是股票投资的延伸线,延伸区间最高可达到100%的比例。

简化投资组合优化配置的过程

48

自从20世纪50年代马科维茨提出了均值方差论(Markowitz,1959)之后,就有无数的研究者开始讨论有效边界的概念,直到今天仍然如此。在图表4.1中,我们展示了一幅基于收益协方差矩阵的仅以远期投资收益为目标的有效边界线图示。在前面的章节中样本投资组合A、B、C的风险收益点在图中也有相应的标示。

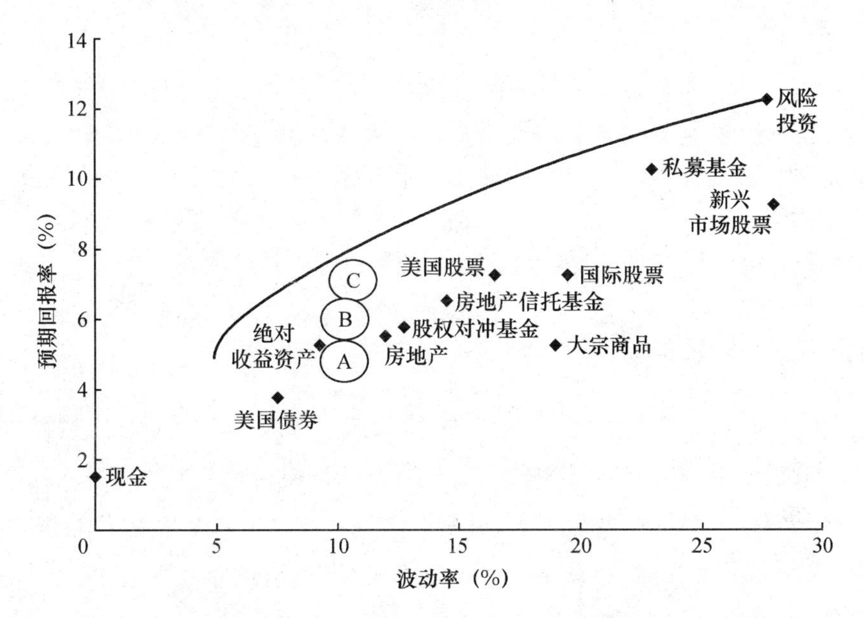

图表4.1 资产权重不受约束的有效边界曲线

数据来源:摩根士丹利研究部。

正如我们在第二章中所看到的那样,任何严格按照均值方差理论进行的分析都存在一个固有的毛病,也就是经常需要对优化配置的过程进行不断的锤炼。首先从配置人们最为熟悉的标准类资产(比如说股票和债券)入手,现代投资组合的分析方法接下来所要做的就是一步步地加入其他类别的资产,或者一次性加入其他所有类别的资产。如果采用不同类别资产原始的回报率、波动率和关联系数等

指标进行计算,那么通过计算机模拟得出的方案几乎总是无法让人接受的。因为其中某些类别资产被配给的权重会远远超出可承受的边界之外。通常情况下,人们接下来采取的措施就是给不同类别的资产强加零散的权重,通过不断的优化配置的过程,使得整个投资组合的风险收益水平能够满足人们的胃口。

49 如果通过这么一个麻烦的过程最终得到了一个合情合理的投资组合,那么我们可以认为这个过程本身还是没有什么大问题的。但是,整个过程中复杂的数学计算和计算机程序编制等过程往往使人们忽视了本应该发挥更加基础性、决定性作用的直观判断过程。解决这个问题的一个方法就是局部上接受一些用近似值进行的计算,从而使得整个配置的过程更简洁,也更贴近于人的直观判断。基于"α-β 模式"的分析框架就为我们铺设了这样一条通向简化过程的道路。除此之外,通过这一分析模式,我们或许还能更加真实地看到现实操作中投资组合到底是怎样构建的。

我们在这里要灌输的一个理念就是,任何的市场估值本身都是不精确的!因此,在我们看来,与其通过复杂的方法去追求所谓更加精确的配置方案,不如开发一套近似值计算指导方法,这样一来也就可以使直觉、判断和常理发挥出它们应有的作用。

超额回报核心资产池

实现我们上述新方法的关键一步就是通过分析结构性超额回报率和 β 系数,来将一个投资组合的资产分为两组,分别为调控性资产和超额回报核心资产。调控性资产指的是传统的流动性资产——美国股票、美国债券和现金工具——通过配置这些资产可以比较自由地控制整个投资组合的风险水平。第二组——超额回报核心资产——由其他所有类别的资产构成,它们在投资组合中的配置受到诸多因素的限制,其权重也被控制得相对较严。

所谓的限制因素可能包括但不限于下列情况:监管机关或投资机构的政策限制,缺乏合适的投资项目或投资经理人,投资标的国的金融市场欠发达,交易费用过高,各种费用组成问题繁多,各种与流动性相关的顾虑,与同业业绩对比所带来的压力,负面消息被曝光的冲击,历史业绩记录不足或不可信,等等。以上许多问题都可以被归拢在我们称为龙风险的集合之中，也就是我们向可能存在危险的未知领域进军时所怀有的合情合理的恐惧感。实际上，人们对非标准类资产的风险收益特征指标的信任程度绝对不可能达到和对标准化资产的特征同样的程度。(即使对美国股票和美国债券而言，不论采用何种模型来预测它们的回报率都会存在诸多根本无法解决的问题！)

市场和机构的头寸配置随着时间的推移不断发生变化，但是目前我们所称的超额回报核心资产池通常包括以下一些类别的资产：国际股票、新兴市场股票、房地产、天然资源，而就在最近一段时间还加上了各类私募基金和对冲基金(有时还包括商品基金)。尽管这些资产的权重受到各种各样的制约，但是它们加总在一起还是能够形成非常有价值的增量回报的来源。各类别资产都有一个隐性的相对于美国股票的风险敞口，与这个风险水平相应的是该类别资产常规的预期回报率，而超越这个回报率的就是我们所称的增量回报，也即该类别资产的超额回报率。 50

人们通常把超额回报核心资产视为用来分散和均衡调控性资产波动性的工具。但是，在实际操作中，许多机构投资者管理的投资组合最大的风险构成还是来源于基于β系数的风险，整个投资组合的风险有90%左右都源自于对美国股票投资的敞口。这种压倒性的β系数风险几乎可以使得任何采用超额回报核心资产来降低波动率的努力付诸东流。因此，使用超额回报核心资产进行配置的原因并非传统意义上的多元化配置，而是重点加强整个投资组合的收益水平(当然也不排除在标准化波动率衡量手段所能评估的范围之外，采用这些核心资产进行配置确实能带来一些无法量化的多元化配置优势)。

采用超额回报核心资产进行配置的过程逆转了我们对资产配置的过程应该如何进行的看法。原本我们会首先配置好标准的调控性资产，再逐步加入其他类型的投资品种，直到整个投资组合符合我们的预期为止，但现在取而代之的做法是，我们通过优先挑选超额回报核心资产，预先设定了整个基金在调控性资产之外所能接受的其他各类别资产的上限。接下来的一步就是把上面选好的各类资产紧密地结合在一起，形成一个亚投资组合——也就是超额回报核心资产池。搭建这个亚投资组合的过程中，我们更多的是依靠直觉的判断和定性的分析，而不再是简单地使用收益协方差矩阵中那些明确的数值进行计算。对于任何一个现代的投资组合而言，要搭建好这么一个亚投资组合，势必要求基金的发起人和管理者做出相应的重点研究、判断和协商。虽然他们可能并不使用超额回报核心资产这个词汇，但

是我们相信许多规模以上基金都已经开始大力执行这个决策，在讨论资产配置模式时如此，在实际执行时也是如此。

一旦组成了一个超额回报核心资产池，我们就可以将其风险收益特征拆解成 α 和 β 两部分来进行分析。为了实现配置过程简洁化，接下所要做的是拟定一个假设（我们承认这是一个大胆的假设）：也就是基金管理者们能够在最终形成的投资组合中为这个超额回报核心资产池配给容许限度内最高的权重。此外，在维持超额回报核心资产池最高配置权重情况下，当整体风险水平超过预期水平时，假定基金的管理者们将会降低该资产池在整个投资组合中的比重，而不会调整资产池中各类资产的配比。

这种假设背后的一个基本的理念就是，在配置超额回报核心资产池之前，基金的管理者们已经对整个投资组合到底能容纳多少另类资产进行了定性的判定。因为这个核心资产池的主要作用是提高投资组合的回报率，所以只要条件允许就应该保持核心资产池的贡献度。

第二个关键的假设是，无论核心资产池中各类资产的配比明细如何，整个亚投资组合的业绩分析可以由以下三个参数来概括，即总的超额回报率、超额回报波动率和 β 值。只要以上三个参数的值能够明确，并且足以辅助整个资产配置过程，那么搭建超额回报核心资产池的过程就可以和达成有效边界的工作分开进行。

51

把以上的讨论综合起来，只要核心假设都成立，那么资产配置的过程就可以被简化成三个步骤：首先决定能够用来组建超额回报核心资产池的各类资产的权重上限，其次依据条件限制组成一个最优的超额回报核心资产池，最后再加入调控性资产，由此搭建而成的投资组合能最好地反映出所追求的风险收益比例。

调控性资产

大多数情况下，一个投资组合整体风险水平的主要决定因子就是调控性资产——股票、债券和现金。我们需要再次做个假设以达成我们所希望的直观判断和过程简化：也就是说，一支基金在任何情况下都会更倾向于选择一定的股票和债券作为基础的调控性资产，从而避免大量配置现金，而只有在希望大幅度降低风险水平时才会配置现金。

这个假设与我们在现实操作中所见到的表现吻合度很高。即使在短期存款利率很高的条件下,大多数以远期投资收益为目标的基金仍然把对现金的配置视为临时的战术措施,而非永久的战略配置。

分析了超额回报核心资产池和调控性资产的上述特征之后,整个投资组合的有效边界的组成就显得相对简单了:

- 一个基础性的相对固定的超额回报核心资产池组成部分,配给所能容许的最高权重,整个投资组合的风险水平由所配置的债券和股票的不同比例来决定;
- 一个低风险的现金组成部分,权重配比视情况而定;
- 一个由风险较高的股票及其衍生类资产构成的组成部分,与超额回报核心资产池的权重成反比进行增减,由此保证在必要的时候能够增减对股票类投资的敞口。

在实际操作中,大多数资产配置模型都会处在中等风险这个区间,也就是在超额回报核心资产池权重恒定的这个组成部分的基础上,加入部分的债券和股票类资产的投资组合。

固定权重超额回报核心资产的组成部分

在图表 4.2 和 4.3 中,我们用已经很熟悉的投资组合 C 中的各类资产来展示如何将一个投资组合分解成超额回报核心资产部分和调控性资产部分。100% 采用超额回报核心资产进行配置的案例最为有趣,因为它让我们看到了核心资产池的根本特征,但在实际操作中,配置给核心资产池的比例都不会达到那么高。图表 4.2 展示的是核心资产池占不同比例时的情况,其中任何一种情况下,投资组合中剩余部分的权重都均分给了股票和债券。我们可以看出超额回报亚投资组合的增量收益都比调控性资产要好,但是它们的不足之处就在于有最高权重的限制。每张图表中用阴影表示的一列对应的是之前提到的投资组合 C 配置模式下的参数。

52 图表 4.2 超额回报核心资产占比不同情况下投资组合的各项指标

整个投资组合中的核心资产				
超额回报核心资产(%)	**100.0**	**60.0**	**80.0**	**40.0**
国际股票	25.0	15.0	20.0	10.0
新兴市场股票	8.3	5.0	6.7	3.3
绝对收益类资产	16.7	10.0	13.3	6.7
风险投资	16.7	10.0	13.3	6.7
私募基金	16.7	10.0	13.3	6.7
房地产	16.7	10.0	13.3	6.7
预期回报率	8.13	4.88	6.50	3.25
β 系数	0.58	0.35	0.46	0.23
基于 β 系数的回报率	3.31	1.98	2.65	1.32
超额回报率	3.32	1.99	2.65	1.33
无风险回报率	1.50	0.90	1.50	1.50
超额回报波动率	7.08	4.25	5.66	2.83
标准波动率	11.84	7.10	9.47	4.74
整个投资组合中的调控性资产				
调控性资产(%)	**0.0**	**40.0**	**20.0**	**60.0**
美国股票	0.0	20.0	10.0	30.0
美国债券	0.0	20.0	10.0	30.0
现金资产	0.0	0.0	0.0	0.0
预期回报率	0.00	2.20	1.10	3.30
β 系数	0.00	0.23	0.11	0.34
基于 β 系数的回报率	0.00	1.31	0.65	1.96
超额回报率	0.00	0.29	0.15	0.44
无风险回报率	1.50	1.50	1.50	1.50
超额回报波动率	0.00	1.43	0.72	2.15
标准波动率	0.00	4.01	2.01	6.02
投资组合整体情况				
预期回报率	8.13	7.08	7.60	6.55
β 系数	0.58	0.57	0.57	0.57
基于 β 系数的回报率	3.31	3.29	3.30	3.28
超额回报	3.32	2.28	2.80	1.77
无风险回报率	1.50	1.50	1.50	1.50
超额回报波动率	7.08	4.48	5.71	3.55
标准波动率	11.84	10.45	11.05	10.07

数据来源:摩根士丹利研究部。

53 图表4.3中,我们将超额回报核心资产池的权重固定在60%,各列数据展示的是剩余40%的权重按照不同比例分配给股票和债券时的各项指标。实际上,图表4.3中下半部分展示的一系列投资组合在有效边界曲线上构成了一段区间,我们将其称为超额回报核心资产权重恒定的曲线组成部分。

图表 4.3　超额回报核心资产固定占比 60% 且股票和债券配置比例各不相同时投资组合的各项指标

整个投资组合中的核心资产					
超额回报核心资产(%)	**60.0**	**60.0**	**60.0**	**60.0**	**60.0**
国际股票	15.0	15.0	15.0	15.0	15.0
新兴市场股票	5.0	5.0	5.0	5.0	5.0
绝对收益类资产	10.0	10.0	10.0	10.0	10.0
风险投资	10.0	10.0	10.0	10.0	10.0
私募基金	10.0	10.0	10.0	10.0	10.0
房地产	10.0	10.0	10.0	10.0	10.0
预期回报率	4.88	4.88	4.88	4.88	4.88
β系数	0.35	0.35	0.35	0.35	0.35
基于β系数的回报率	1.98	1.98	1.98	1.98	1.98
超额回报率	1.99	1.99	1.99	1.99	1.99
无风险回报率	0.90	0.90	0.90	0.90	0.90
超额回报波动率	4.25	4.25	4.25	4.25	4.25
标准波动率	7.10	7.10	7.10	7.10	7.10
整个投资组合中的调控性资产					
调控性资产(%)	**40.0**	**40.0**	**40.0**	**40.0**	**40.0**
美国股票	0.00	10.00	20.0	30.00	40.00
美国债券	40.00	30.00	20.0	10.00	0.00
现金资产	0.00	0.00	0.0	0.00	0.00
预期回报率	1.50	1.85	2.20	2.55	2.90
β系数	0.05	0.14	0.23	0.31	0.40
基于β系数的回报率	0.31	0.81	1.31	1.80	2.30
超额回报率	0.59	0.44	0.29	0.15	0.00
无风险回报率	0.60	1.50	1.50	1.50	0.60
超额回报波动率	2.86	2.15	1.43	0.72	0.00
标准波动率	3.00	3.16	4.01	5.22	6.60

（续表）

投资组合整体情况					
预期回报率	6.38	6.73	7.08	7.43	7.78
β 系数	0.40	0.49	0.57	0.66	0.75
基于 β 系数的回报率	2.30	2.79	3.29	3.79	4.28
超额回报率	2.58	2.43	2.28	2.14	1.99
无风险回报率	1.50	1.50	1.50	1.50	1.50
超额回报波动率	5.12	4.76	4.48	4.31	4.25
标准波动率	8.35	9.32	10.45	11.69	13.01

数据来源：摩根士丹利研究部。

54

超额回报核心资产表现的共性

为了使分析更加具象化，我们一直以投资组合 C 所包含的超额回报核心资产池作为基础性的例子来进行讨论。但是我们需要注意，以上的分析中仅仅用到了投资组合 C 核心资产池的三个变量，即 β 系数、超额回报率和基于超额回报率的风险程度。任何一个核心资产池，不管其基本的资产配置结构如何，都可以用和上面类似的办法，拆分成与超额回报率和 β 系数相关的问题来进行近似的模拟和分析。尽管从理论上讲这种模型不太准确，但是其所提供的近似的模拟还是能够合理地反映出大多数资产配置模式所面临的问题。我们的目标是追求更简洁、更直观的配置方法，这正与市场假设本质上的近似性相一致。

我们认为大多数的资产配置模式，特别是风险水平类似的那些，都可以由某个相对固定的超额回报核心资产池作为代表，该核心资产池仅会受 α 和 β 两个变量的影响，通过对该资产池的分析就可以代表对上述大多数资产配置模式的分析。这样一来，我们的讨论就有了超越某种特定资产类别的共性，由此得出的结论也就适用于任何一个变量值相同的核心资产池。实际上，也正是由于这种共性的存在，才使得我们在各种资产类别的限制条件和不同种类的投资组合的情况下都可以利用超额回报核心资产的概念来进行分析。

图表 4.4 是根据图表 4.3 绘制的某个有效边界曲线中超额回报核心资产池权重恒定区间的那一段，图中所示的超额回报核心资产池在整个投资组合中的权重固定为 60%。

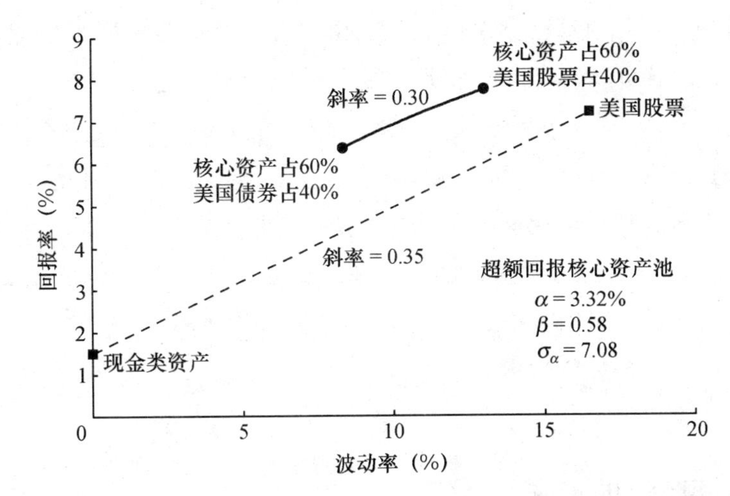

图表 4.4　核心资产权重固定为 60% 不变情况下的有效边界图

数据来源：摩根士丹利研究部。

我们在计算整体风险状况时假设基于超额回报率和 β 系数的波动率之间相互独立。如图表 4.4 所示，当美国债券的权重为 40% 时——对应图表 4.3 中最左边一列的数据——整个投资组合的预期回报率为 6.38%，而整体波动率为 8.35%，整体波动率的计算方法就是将占 60% 的核心资产池和占 40% 的美国债券的基于超额回报率和 β 系数的波动率进行加总。我们顺着有效边界曲线从左往右走，直到对美国股票的投资完全取代对债券的投资，也即美国股票的占比达到 40%。在最右边这个端点，预期回报率为 7.78%，波动率为 13.01%，与图表 4.3 中第五列的数据相对应。（提醒读者们注意的是，在两个端点的正中，有一个代表美国债券和美国股票各占 20% 情况下的有效边界点，它就代表了之前提到的投资组合 C 的风险收益特征。）

55

对比这一段曲线的两个端点，我们看到预期回报率上升了 1.40%，这代表的是股票相对于债券拥有更高的回报率。两端的波动率相差 4.66%，所以这一段核心资产池有效边界曲线的平均斜率为：

$$\frac{1.40}{4.66} = 0.30$$

如果我们更深入一步分析就会看到，这一段有效边界曲线的斜率几乎是固定的，看不到标准有效边界曲线图中经常会出现的下行弧度。

图表 4.4 还划出了一条直线作为基础参照物，这条直线所代表的是以远期收

益为投资目的，且不进行任何杠杆配置的，由现金和美国股票所组成的投资组合。这条直线的斜率为0.35，与美国股票的夏普指数相吻合。由此，我们可以粗略地认为，核心资产池的有效边界曲线斜率为0.30，相当于是把现金—股票基准线截出来一段，通过核心资产的增量回报率提升了其整体回报率，同时使得曲线的斜率向更平滑的方向倾斜。造成这一段有效边界曲线的斜率低于现金—股票基准线的原因有许多，但主要是由于整体配置中不断减少债券的占比，从而不断失去了债券类资产所能带来的增量回报率。（我们在本章附录中对核心资产池有效边界曲线延展的趋向进行了更加数学化的分析。）

56

调整核心资产池的变量

截至本节，我们所讨论的都是核心资产池权重恒定的情况。通过改变核心资产的特征，我们可以达到改变有效边界曲线形状的目的。

图表4.5表示了核心资产池增量回报率在2.00%的有效边界曲线。不出意料，整个有效边界曲线均平行下移。同时，不同风险水平下的回报率差异为0.79%，反映出两个增量回报率之间60%的差异。

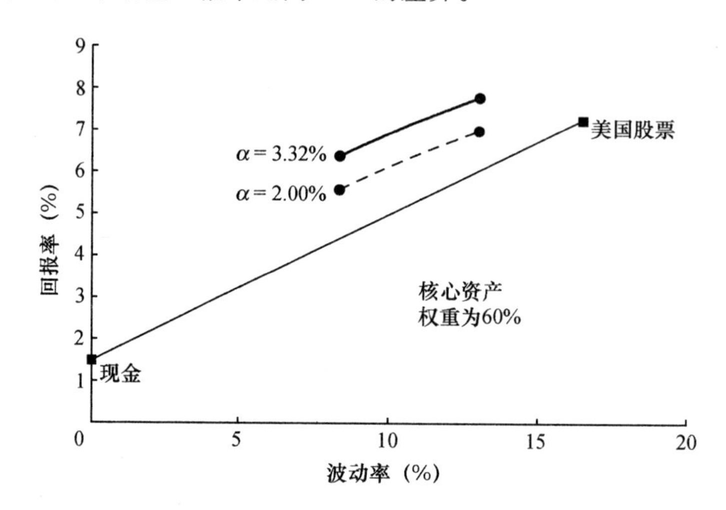

图表4.5　增量收益效应

数据来源：摩根士丹利研究部。

如果我们保持超额回报率不变，同时将整个核心资产池超额回报率风险由

7.08%调高至10.00%,那么这段曲线就会右移,得到我们在图表4.6中所示的曲线。在最右端的一点处,两条曲线更多的都是受到β系数的影响,而由基于超额回报的波动率的差异所带来的影响被降低了。但是还需要特别注意,即便增量收益效应使得下方曲线的斜率升高,其作用力仍然很微小,整条曲线仍可被视作和现金—股票基准线平行。

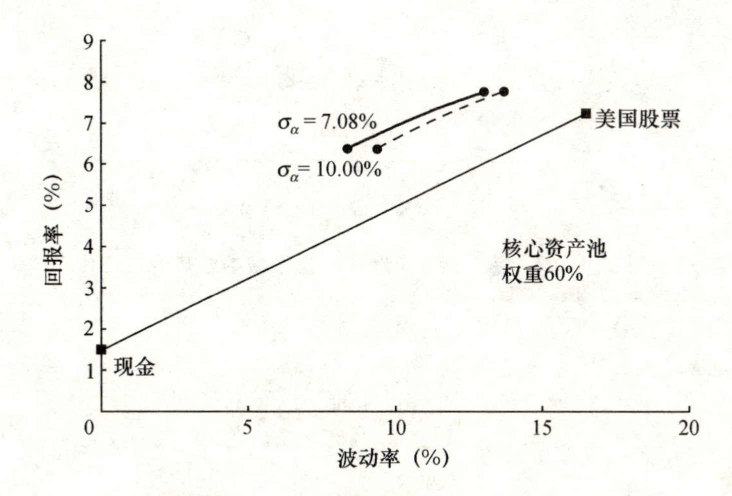

图表4.6　基于超额回报率的波动效应

数据来源:摩根士丹利研究部。

在图表4.7中,我们假设核心资产池的β系数为0,这是一种极端的假设,因为大多数核心资产池都至少会有一个隐性的β系数。β系数为0将导致这一段曲线呈对角线式下移,由此反映出与β系数相关的回报率和风险都被抛弃了。我们同时看到这段曲线在起始的端点呈现出标准型的下行曲线。由于在最左边这个端点处β系数的主导作用不强,所以这一小段曲线明显地表现出债券和核心资产池基于超额回报的波动率所带来的更加有效的多元化配置效应。这种多元化效应同时也会使得核心资产池权重恒定区间的有效边界曲线变短,随着风险水平逐渐超出起始端短小的下行曲线后,这一段有效边界的斜率会再次回到和现金股票基准线相似的水平。

57

58

图表4.8展示的是当核心资产池的权重不同时,其有效边界的相应位置和曲线走向。核心资产池在投资组合中的占比越高,其带来的增量回报率也就越高,自然也就会使整段曲线的位置上移,正如我们在图表4.5中所见到的那样。

由于核心资产池的波动率总是比债券要高,所以其权重越大,造成整个投资组

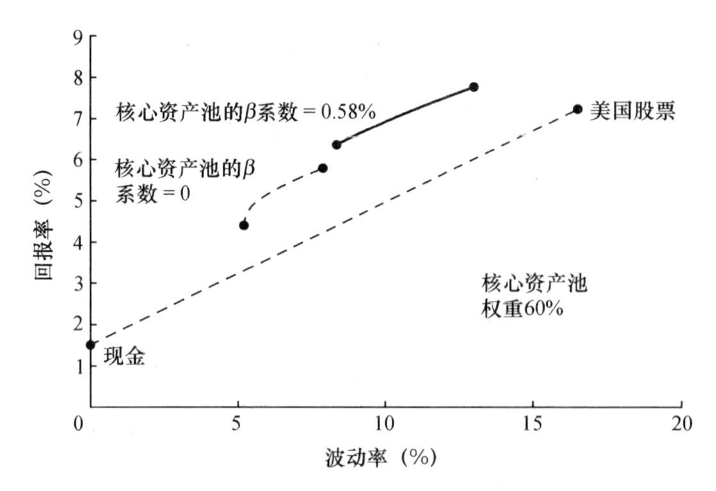

图表 4.7　基于核心资产池的 β 系数的效应分析

数据来源:摩根士丹利研究部。

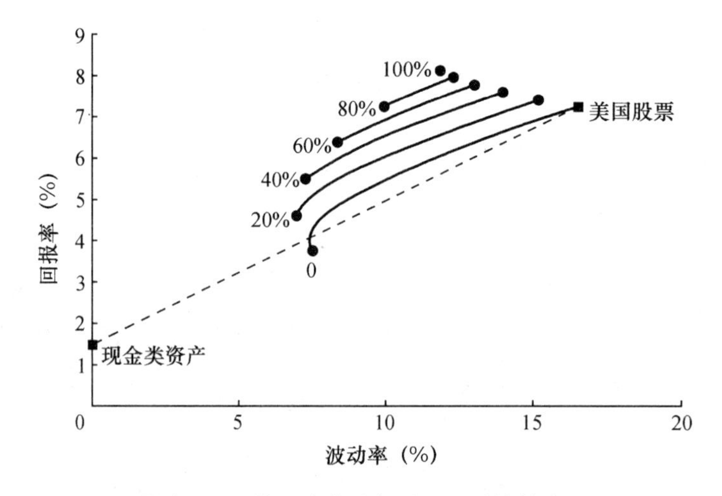

图表 4.8　核心资产池权重不同时的效应图

数据来源:摩根士丹利研究部。

合的波动率也越高,也就使得有效边界曲线的起始端不断右移。核心资产池的权重越高,意味着能够分配给调控性资产的权重越低,从而降低了核心资产池权重恒定配置模式中风险分散的程度。当核心资产池的固定权重达到 100% 时,整个有效边界曲线将凝聚成一个单一的点。与此同时,正如图表 4.8 中展示的一样,所有这些有效边界曲线——尽管其所代表的核心资产池的权重不同——其位置几乎都是平行的(只有当权重较低情况下,才会在起始端出现短小的下行曲线,除此之外,后面的区段都是近似平行的)。

加入现金之后的有效边界

上述讨论中,我们将核心资产池限定在一个固定的权重之中,并且仅使用了股票和债券作为调控性资产。虽然长线投资组合很少配置现金,但是它仍然是低风险类投资组合必备的调控性资产之一。除此之外,现金在某些(通常是很狭窄的)风险区间内,比如说股票和债券组成的投资组合所形成的下行曲线中,也会成为一类比较重要的调控性资产。

59

图表 4.9 展示的是核心资产池权重恒定在 60% 时的情况,但是图中加入了一条直线,从 100% 现金配置点发端(其波动率为 0,回报率为 1.50%),结束于核心资产池权重恒定区间的有效边界。沿着这条直线进行配置的投资组合将包含现金、超额回报核心资产和债券——没有任何明显的股票类投资。加入现金直线后,整个有效边界的图例被明显地分成了两段。

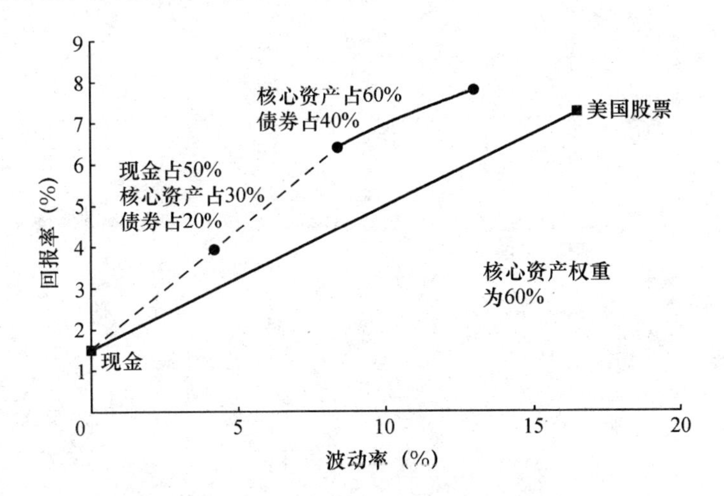

图表 4.9 加入现金后的有效边界图示

数据来源:摩根士丹利研究部。

常理上讲,现金直线与核心资产权重恒定区间的曲线可能在三个不同的地方交汇:一个是曲线内的任一点,一个是曲线的起始端(如图表 4.9 所示),或者在极少数情况下,在曲线末端交汇。交汇点位置的不同代表了为了取得理想的低风险程度而配置的现金的权重不同。(虽然本章当中并不涉及融券业务、杠杆融资或者金融期货类投资,但仍然需要读者们注意的是,一旦使用杠杆,那么这条现金直线及其延长线就将成为整个投资组合的有效边界。)

60 我们用图表4.10展示了交汇点处于曲线内部的情况,该投资组合中核心资产池的权重为20%。内部交汇点处对应的是核心资产池权重20%、债券权重60%、股票权重20%的情况。那么现在整个投资组合的有效边界就是现金直线再加上核心资产池曲线自交汇点以右的部分。当核心资产池的占比降到20%时,我们注意到其有效边界的曲线仍然保持了相对平稳的斜率,但其曲线也确实比占比60%时呈现出更明显的下行特征。

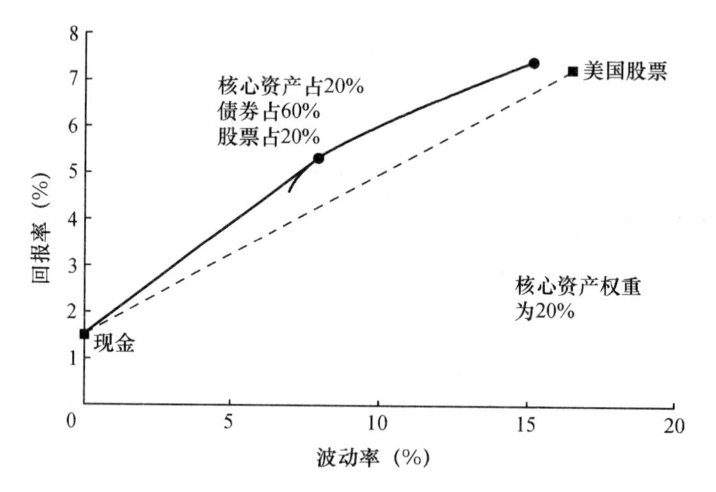

图表4.10 加入现金后的有效边界图示:交汇点处于曲线内部的情况
数据来源:摩根士丹利研究部。

债券桥

在前面几节的讨论中,我们假设了核心资产池有效边界曲线的起始端代表的是一个核心资产池权重恒定,剩余权重全部由债券分得的投资组合。从理论上讲,更为普遍的有效边界容许核心资产的占比下降至0,剩余的权重则由股票和债券的混合体来弥补。这种灵活性将可能导致有效边界曲线在前端出现打卷的情况。理论告诉我们,这个卷曲度更高的部分将引出有效边界的又一个组成部分——一个连接核心资产权重恒定区间的有效边界曲线与现金直线交汇点的桥梁。

但是,当核心资产池的各项数值都比较接近常规时,这种桥梁要么不存在,要么就和现金直线重叠,无法区分。图表 4.11 展示的是核心资产池占比最高达 80%时的情况,在该投资组合中,为了实现较低的风险水平,我们使用债券来配置剩余的权重。图中,现金直线与整个投资组合的有效边界在核心资产池权重达到 65%时即产生了交汇点,这就使得从现金直线到核心资产池占比 80% 时的点之间产生了一段债券桥。但是,即使在核心资产池占比达到 80% 这种极端情况下,图表 4.11 所示的债券桥看上去也不过就是现金直线的延长线而已。

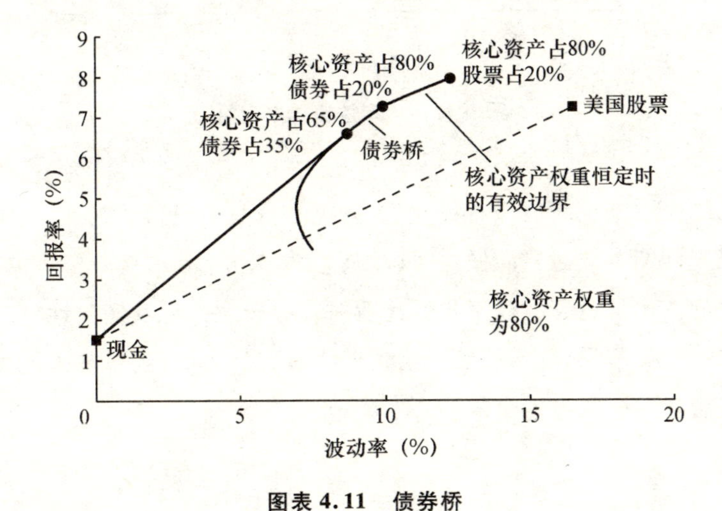

图表 4.11　债券桥

数据来源:摩根士丹利研究部。

图表 4.12 展示的是核心资产占比从 0 到 100% 的有效边界曲线的变化,曲线前端其他的权重由现金或现金与债券的混合配置来补足。如图所示,当核心资产占比等于或低于 60% 时,根本不需要债券桥。又由于这部分配置模式囊括了现实当中大多数的操作方式,所以我们基本上可以忽视债券桥的存在。 61

股票延伸曲线 62

一支基金如果为了追求更高的回报而愿意承担更大的风险,那么其投资经理人就必须超越核心资产权重恒定区间的有效边界。但是,在该曲线的末端,核心资

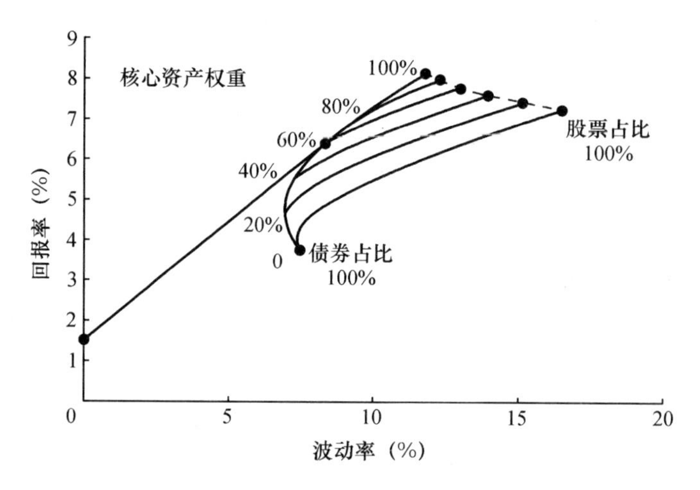

图表 4.12　有效边界序列图

数据来源：摩根士丹利研究部。

产池的占比已经达到最高值，剩余的权重只能都分配给股票。因此，当采用这种用股票类投资来延伸有效边界的做法时（如图表 4.13 所示），核心资产的占比越低，股票类资产的占比就越高。基于我们此前对核心资产池以及调控性资产应该发挥的作用所作的各类假设，有了这条股票延伸线后，我们就得到了基本能覆盖所有不同类型投资组合的有效边界图样。

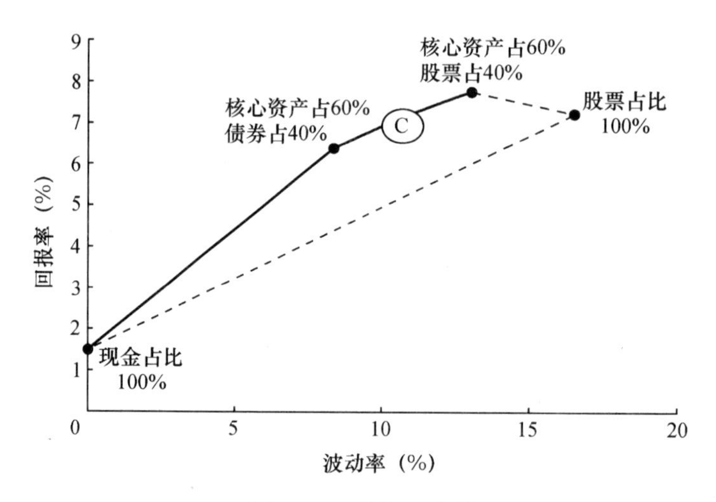

图表 4.13　股票延伸线

数据来源：摩根士丹利研究部。

但是这种用股票类投资与核心资产互换权重的做法通常来讲并不能带来更高

的产出。确实,如果以图表4.13中的例子来看,股票延伸曲线的斜率是负值,这意味着在这个特定的例子中,更高的风险反而带来更低的回报率。由于几乎没有基金愿意承担高风险低回报,因此这段特殊的有效边界的组成部分几乎是无用的。股票延伸线只有当核心资产的增量回报率远低于股票类投资的风险溢价时才能发挥作用。

有效边界的三个组成部分

我们利用核心资产占比最高的情形来绘制一条简单的由三个部分组成的有效边界线。图表4.13在风险收益坐标系内展示了这条曲线,图表4.14展示了不同风险水平下相应各类资产权重的变化情况。当风险水平较低时,我们根据需要在核心资产池权重上限60%—债券权重上限40%的模型中加入不同程度的现金。在核心资产权重恒定区间的起始端,核心资产在整个投资组合中的占比恒定为60%,剩下40%的权重一开始全部分配给债券,之后再一点点地分配给股票。在核心资产占比恒定区间的末端,投资组合中核心资产的占比为60%,剩余40%为股票。为了获取更多的风险投资收益,有效边界向股票延伸区间迈进,股票的权重与核心资产的权重互换,直到股票完全取代核心资产,即100%全部投资于股票。

63

有效边界的斜率

大多数机构管理的基金最终的风险程度差不多都一样,也就是其整体波动率在10.50%上下浮动1%的水平。理论上,对于任何一支基金来说,决定其适当的风险水平需要考虑的因素十分复杂。其中的因素之一就是收益需随着承担的风险上升而增加,这个因素与有效边界的斜率紧密相关。

我们在图表4.15中再次用前面介绍的基础例子来解释斜率的功能。现金直线的斜率恒定而且数值较高。(如果我们使用杠杆的成本能和现金一样低的话,现金直线就是整个投资组合最优的有效边界!)由于投资组合追求更高的回报,加上人们又不愿意把太多的现金放入以远期收益为目标的投资组合中,所以也就不难

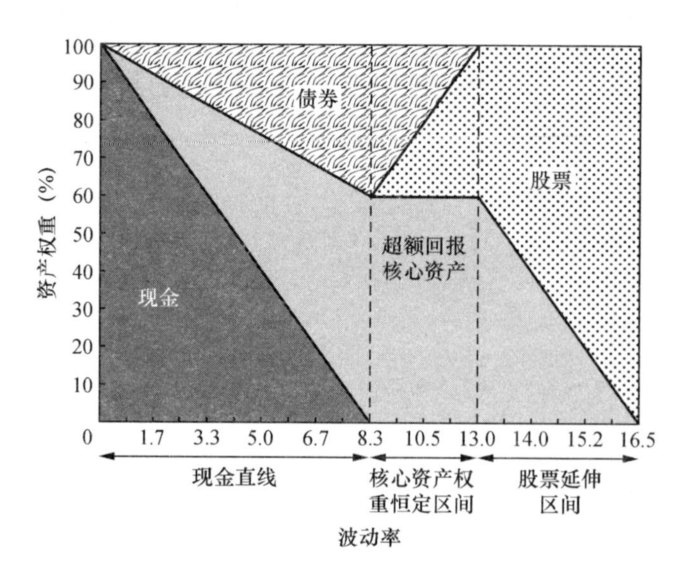

图表 4.14　有效边界线上各点资金配置图

数据来源:摩根士丹利研究部。

理解为什么几乎很少有投资组合的有效边界会与这条现金直线重叠。当有效边界进入核心资产权重恒定区间时,其斜率逐步降到一个较低的数值,这代表着人们追逐风险的欲望在降低(但仍然有这种欲望)。

64

核心资产权重恒定区间的有效边界曲线的平均斜率在图中用位置相对偏下的水平点线表示。我们可以看到,即使在核心资产权重恒定区间的中间位置,斜率的增量偏离其平均值的程度也是微乎其微,此前我们观察到,这一段曲线的斜率非常接近于一条直线的斜率,现在来看,两次分析得到的结论是一致的。除此之外,我们同样看到这个区间的平均斜率仅比现金股票基准线的斜率略低。两者斜率的近似也再次证明这一段有效边界曲线与现金股票基准线几乎处于平行的位置。令人感到有趣的是,最原始的投资组合 C 的有效边界正处于核心资产权重恒定区间的中央地段。

最后,当我们进入投资股票的风险区间时,斜率剧烈地下滑到负值,这表明在我们选取的这个特定的例子中增量的风险并没有带来相应的回报。

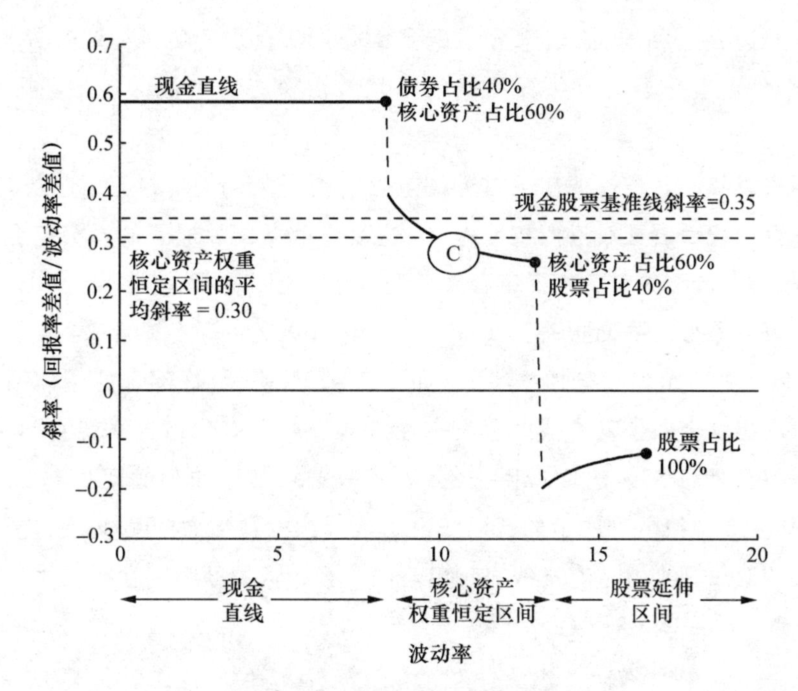

图表 4.15　有效边界上各点斜率值

数据来源：摩根士丹利研究部。

抬升后的有效边界

在假设投资组合所包含的核心资产池权重恒定的例子中，投资组合的有效边界通常由三个部分组成：现金股票基准直线、核心资产池自身的有效边界曲线，以及最高可配置100%股票的延伸曲线（最后这一段曲线是否真的能带来有效收益要视具体情况而定）。现金直线是一条真正意义上笔直的线条。在大多数情况下，核心资产池的有效边界曲线也是一条近似的直线。而且，这条曲线一般都与现金股票基准线平行，只不过其斜率可能略低。最后的股票延伸曲线总是会有发生弯折的部分，但是由于在这个区间内主导风险的主要因素是 β 系数，所以这条曲线也会非常近似于一条直线。

65

经过如上分析，有效边界曲线实际上可以被分解为一个由三部分组成，且每个部分都呈现线性特征的组合体。为了方便分析和讨论，第一部分与配置100%的现金的有效边界点相连，第三部分与配置100%股票类资产的有效边界点相连。因此，整个投资组合的有效边界曲线的形状就由核心资产池的有效边界曲线所决定。

接下来以核心资产池曲线最右方端点处的情况为例进行讨论，此端点在我们的基础案例中代表着核心资产权重为60%、剩余40%配置股票的投资组合。在此端点处，核心资产池是整个投资组合唯一的增量回报的来源，此端点处其有效边界超过现金股票基准线的回报率为1.99%，这全部是核心资产池带来的（也即图表4.3中最后一列所示的超额回报率）。如图表4.16所示，这部分的超额回报率决定了该点高出现金股票基准线的程度。在核心资产池有效边界线的左端，40%的债券投资将贡献0.58%的增量回报率，因此该端点处总的超额回报率为2.58%（也即图表4.3中第一列所示的超额回报率）。较高的增量回报率也是造成核心资产池曲线相对于现金股票基准线显现出略微下行趋势的原因。

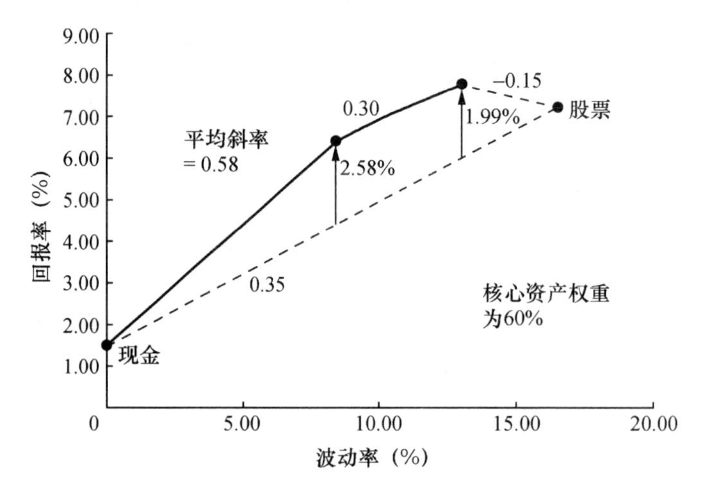

图表 4.16　受核心资产池抬升的有效边界曲线模型

数据来源：摩根士丹利研究部。

66　以上的分析表明，决定整个有效边界曲线的是核心资产池的权重及其增量回报率，因为这两个因素决定了该段曲线超越现金股票基准线的程度，同时核心资产池的β系数也在发挥作用，因为它在确定曲线在该风险区间内位置的过程中有着重要的影响。因此，我们可以把整个现金股票基准线视为一块平原，而有效边界曲线就是根据核心资产池的增量回报率所决定的高度而抬升起来的一个地块。整个平原在不同风险区间内的位置很大程度上取决于核心资产池的β系数。此处最关键的因素就是增量回报率,因为如果增量回报不足,那么整段有效边界将会坍塌到和现金股票基准线同样的平原上。

此模型同时还能反映许多投资组合的风险偏好。如前所述,人们有无数的理由要获取超越现金直线所代表的风险偏好。但一旦他们进入核心资产池权重恒定区间后,对承担增量风险的意愿就会加速下降,直至降到一个稳定的相对较低的水平为止。而当他们进入股票延伸区间时,其风险收益意愿下降更剧烈,甚至至负数,这在我们的基础性案例中已经充分展示过了。因此,在权衡风险和收益的平衡点时,看上去许多以远期收益为目标的基金都不可避免地要超越现金的有效边界,而其不愿意过度迈入股票延伸区间的理由也同样很充分。

从广义上讲,这种三分法基本上描述了大多数投资组合有效边界线的增量斜率结构,即使对那些没有大胆提出假设并且曲线弯折程度更高的有效边界线也是如此。这些边界线证明了一点,那就是在我们引用的例证中,整个有效边界线的中段,也就是核心资产池自身的有效边界线是最值得我们品味的。在这个风险区间内,对风险和相对收益的追求成为了刺激人们追逐额外风险的原因之一,但并不是一个强有力的推动因素。因此,在同一区间内,推动人们承担更多风险的重要因素就可能是其他的东西,比如说可配置的最高权重、同类型资产替换的压力、更广泛的市场基准等等。由此可见,大多数资产配置模式的风险偏好集中在核心资产池权重恒定区间这个现象并不令人惊奇。

通道风险

为了避免误导读者,本节首先要提出三条说明。首先要说明的是以上各项结论都是根据一个固定的回报率协方差矩阵做出的测算,而选择该矩阵唯一的目的就是为了演示各种不同的配置情况。因此,上面提到的各种预期回报率指标不能被用作对各类资产业绩表现的预测。当然,上面各章节中各种样本资产配置模式也不应该被视为我们推荐的权重配比方案。正如在本书开篇所述,我们主要的目的是开发一种新的分析手段,而非对具体操作进行事实性的描述。

第二条说明与我们在第三章中介绍的龙风险紧密相关。市场上对核心资产池内各类资产的估值比传统调控性资产的回报率估值存在更多的问题。对于许多核

67

心资产池内的资产而言,要根据其既往的历史业绩来做出对其未来回报率的预测存在各种特殊的问题。由于这些资产被机构投资者接受的程度,以及其被证券化的程度都在不断加深,所以其基本的回报率特征在一段时期内是否能维持稳定还是一个值得讨论的问题。另外,幸存者偏好和报告制度偏见等因素也会造成对资产估值人为的提升。除此之外,由于其回报特征的不稳定,人们很难准确地区分超额回报回报率和基于β系数的回报率。最后,对于那些回报周期有意被设置为非对称式的资产来说,任何依据协方差矩阵进行的计算都将产生误导。

第三条说明比较晦涩。核心资产池所包含的各类资产通常都没有可靠的、可流动的、可投资的载体,或者说至少没有兼具这三种特征的载体来完整地反映该类资产的整体回报特征。因此对这些类别的资产进行估值的过程中必须包含对投资渠道不确定性的预判,其中包括为何选择特定的投资载体以及实际管理该投资的操作团队人员的选择等等(Swenson, 2000)。我们必须明确地把这种通道风险和各类资产自身的波动率区分看待,主要原因是任何一个给定的协方差矩阵都不可能把投资载体或投资经理人所带来的风险包含在内。

风险缓和与资产包容的关系

本节所要讨论的一个核心问题是处理某个单一类别的资产与生俱来的不可预知的波动率的方法,通常有如下几个手段:首先该类别资产仅用作核心资产池的一个组成部分,然后限制核心资产池所占的权重,接下来通过在核心资产池内配置其他类别的资产分散它们的增量风险,最后在机构投资者管理的投资组合中通常都会以β系数为风险的主导因素,从而把所有超额回报风险遮掩起来。所以,对于整个投资组合的风险水平而言,单一资产的超额回报风险不论是对于长线投资还是短期投资都不会成为一个重大的影响因素。

取得最优的夏普系数的方法就是在投资组合中配置所有预期回报率为正的各类互不相关的资产,不用考虑它们各自的波动率到底是多少(Treynor 和 Fischer, 1973)。但是,这里需要考虑的关键问题是这些资产到底是不是真的都具有正的预期回报率。在我们的理论框架内,这也就意味着预期的超额回报率必须是一个可信的正数。

不幸的是,投资载体和投资经理人等通道风险的存在从本质上反映了人们对预期增量回报率的不确定性。因此,在考量这些不确定因素的时候势必要把某种投资载体或某个投资经理人带来负数预期增量回报率的情况考虑在内。对此方面的风险考量要比对随机游动式的波动率的考量复杂得多。而且这种通道风险无法通过其他手段分散,也不能像处置资产天生波动性那样用其他手段平抑掉。如果预期回报率是负数,或者是一个远不足以弥补负数整体回报率的正值,那么我们就要认真地思考在核心资产池中到底配置多少(甚至考虑是否要配置)该种类的资产。很明显的,任何一位基金发起人由于具备特定领域的知识、技术专长、规模(大型或小型基金都存在自身的优势和不足)等结构性优势而可以协助将通道风险的分布归置到令人可以接受的程度。(其他的基金发起人将有可能非常不幸地站在这种风险分布的受害面。)

总之,本节所要传达的一个基本信息就是人们花些力气分清风险的这两个不同的方面是很值得的。由于整个投资组合的价值来源于正的增量回报率,所以人们应该多投入一些精力去改进投资载体并挑选更好的投资经理人。在最后这一段分析中,我们建议任何一位基金的发起人在衡量投资载体和投资经理人的过程中应该尽力保持最现实的理念,尽最大努力去寻找能够提供可靠的、保险且宝贵的增量回报率的组合。

本章结论

标准优化配置过程中的复杂程序往往掩盖了本应该在资产配置中发挥作用的直观决策过程。我们相信在本章中深入讨论的基于结构性超额回报率和 β 系数的分析理论能够为这个决策过程提供更加简洁的方法。

关键的理念是把一个投资组合所包含的资产分成两类:调控性资产和超额回报核心资产。调控性资产指传统的流动性资产——美国股票、美国债券和现金,而核心资产就是其他所有各类别资产,这部分的资产也受限于投资组合划定的严格指标限制。尽管传统意义上人们认为核心资产的作用是分散调控性资产的波动性,但其真正的意义在于为整个投资组合带来增量回报。

当一支基金决定了所能容纳的非传统型资产的上限之后,这些资产就可以以不同的权重组成一个核心资产池。核心资产池的组成方式很大程度上取决于人们的直观判断和定性研究,这已经超越了基于回报率协方差矩阵进行定量研究的手段。

一旦建立好一个核心资产池,其风险收益特征就可以被拆解为基于超额回报率和 β 系数的问题来进行分析。此处的一个重要理念是,不管一个核心资产池的基础资产结构如何,我们都可以用这种近似的模型和 α、β 系数等变量来对其进行研究。尽管这种模型从理论上讲不太精准,但是对于大多数资产配置模式面临的问题来说它都是一个比较好的模拟。

69

由于核心资产池最基本的功能就是提高回报率,所以一支基金通常都会尽力保持核心资产池的权重最大化。整个配置过程中的最后一步就是调整调控性资产的权重,从而达到整支基金理想的风险水平。

以上通过假设得到的理论框架为我们描绘出一条由三个部分组成的有效边界曲线:一段现金股票基准线、一段核心资产权重恒定区间线以及一段股票权重最高达 100% 时的延伸线。其中的第一段与配置 100% 现金的端点连接,第三段与配置 100% 股票的端点连接。因此,整个投资组合的有效边界线的形状就取决于核心资产权重恒定区间线的高低。

顺理成章的是,大多数资产配置模式的有效边界都会处在核心资产权重恒定区间线的范围内。原因之一是整个有效边界线的斜率,也就是每单位风险所带来的增量回报率基本都在这个区间内。对于长线投资的基金而言,投资者有很强烈的欲望去追逐超越现金有效边界的回报率,同时也有充分的理由不去追求股票延伸区间的回报率。这些限制条件都使得核心资产权重恒定区间线成为整个有效边界中最值得追求的一段,也是现实生活中各类投资组合的有效边界较为集中的一段。

核心资产池中的各类资产通常没有一个能够可靠的反映该类资产整体基本回报率的投资载体。因此,除了各类资产天生的波动性所带来的风险外,同时还存在着由选择不同的投资载体和投资管理团队所产生的通道风险。在投资组合整体的层面,任何真正随机的风险都很有可能受该组合的 β 系数所主导。但是,通道风险反映出人们对预期的增量回报率有不确定性,而且无法以同样的手段分散这些风险。由此看出,关键在于认识到被动投资所获得的增量收益并不是对所有基金都同样可得的。任何一支基金都应该尽最大的努力去评估、执行并有效地监控任何一个可能的增量回报的来源。

本章附录

超额回报的独立性

设任何两种不同的资产之间的协方差为 σ_{ij}^2,其随机回报率为 $\tilde{r}_i$ 和 $\tilde{r}_j$,均值回报率为 $\tilde{r}_i$ 和 $\tilde{r}_j$,则可得如下公式:

$$\begin{aligned}\sigma_{ij}^2 &= E\{(\tilde{r}_i - \bar{r}_i)(\tilde{r}_j - \bar{r}_j)\} - E\{\tilde{r}_i - \bar{r}_i\}E\{\tilde{r}_j - \bar{r}_j\}\\ &= E\{(\tilde{r}_i - \bar{r}_i)\{\tilde{r}_j - \bar{r}_j)\}\end{aligned}$$

如果我们用 r_f 表示无风险回报率,$\tilde{r}_e$ 表示股票市场的回报率,$\tilde{\varepsilon}_i$ 表示正交残差且 $\tilde{\varepsilon}_i = 0$,那么: 70

$$\sigma_{ij}^2 = E[(\alpha_i + \beta_i(\tilde{r}_e - r_f) + r_f + \tilde{\varepsilon}_i - \bar{r}_i)(\alpha_j + \beta_j(\tilde{r}_e - r_f) + r_f + \tilde{\varepsilon}_j - \bar{r}_j)]$$

$$\sigma_{ij}^2 = E[(\beta_i(\tilde{r}_e - r_f) + \tilde{\varepsilon}_i)(\beta_i(\tilde{r}_e - r_f) + \tilde{\varepsilon}_j)]$$

$$\begin{aligned}\sigma_{ij}^2 &= E[(\beta_i(\tilde{r}_e - r_f)\tilde{\varepsilon}_j + \beta_j(\tilde{r}_e - r_f)\tilde{\varepsilon}_i + \beta_i\beta_j(\tilde{r}_e - \bar{r}_e)^2 + \tilde{\varepsilon}_i\tilde{\varepsilon}_j)]\\ &= \beta_i E(\tilde{r}_e\tilde{\varepsilon}_j) + \beta_j E(\tilde{r}_e\tilde{\varepsilon}_i) + \beta_i\beta_j\sigma_e^2 + E(\tilde{\varepsilon}_i\tilde{\varepsilon}_j)\\ &= \beta_i\beta_j\sigma_e^2 + \rho_{\varepsilon_i\varepsilon_j}\sigma_{\varepsilon i}\sigma_{\varepsilon j}\\ &= \rho_{ie}\rho_{je}\sigma_{ri}\sigma_{rj} + \rho_{\varepsilon i\varepsilon j}\sigma_{\varepsilon i}\sigma_{\varepsilon j}\end{aligned}$$

但由于 $\tilde{r}_e$ 和 $\tilde{\varepsilon}_i$ 从结构上看是互不相关的,即

$$\sigma_{r_i} = \sqrt{(\beta_i\sigma_e)^2 + \sigma_{\varepsilon_i}^2} = \sqrt{(\rho_{ie}\sigma_{r_i})^2 + \sigma_{\varepsilon_i}^2}$$

且

$$\sigma_{\varepsilon_i} = \sqrt{\sigma_{r_i}^2 - \rho_{ie}^2\sigma_{r_i}^2} = \sigma_{r_i}\sqrt{1 - \rho_{ie}^2}$$

我们可以将最终的结果表示为:

$$\sigma_{ij}^2 = \sigma_{r_i}\sigma_{r_j}[\rho_{ie}\rho_{je} + \rho_{\varepsilon_i\varepsilon_j}\sqrt{1 - \rho_{ie}^2}\sqrt{1 - \rho_{je}^2}]$$

据此,r_i 和 r_j 之间的关联系数变为:

$$\rho_{ij} = \frac{\sigma_{ij}^2}{\sigma_{r_i}\sigma_{r_j}} = \rho_{ie}\rho_{je} + \rho_{\varepsilon_i\varepsilon_j}\sqrt{1 - \rho_{ie}^2}\sqrt{1 - \rho_{je}^2}$$

从上面的公式可以看出，即便是非零交叉关联系数 $\rho_{\varepsilon_i\varepsilon_j}$ 在 ρ_{ie} 或者 ρ_{je} 二者某者偏高时也不会对 ρ_{ij} 产生重大影响，也就是说，即便两种资产中任何一种的 β 系数过大也无关紧要。由于此结果既适用于投资组合也适用于单个资产，所以其指导意义就是交叉关联系数在 β 系数主导风险的投资组合中起不到太大的作用。71

超越 β 系数的波动率预测

以上得到的结论对于任意两种资产（或两个投资组合）混合体的方差 σ_p 也有一些有意思的指导意义：

$$\sigma_p^2 = \omega^2\sigma_i^2 + (1-\omega)^2\sigma_j^2 + 2\omega(1-\omega)\rho_{ij}\sigma_i\sigma_j$$

$$= \omega^2\sigma_i^2 + (1-\omega)^2\sigma_j^2 + 2\omega(1-\omega)\sigma_i\sigma_j[\rho_{ie}\rho_{je} + \rho_{\varepsilon_i\varepsilon_j}\sqrt{1-\rho_{ie}^2}\sqrt{1-\rho_{je}^2}]$$

$$= \omega^2\sigma_i^2 + (1-\omega)^2\sigma_j^2 + 2\omega(1-\omega)[\beta_i\beta_j\sigma_e^2 + \beta_{\varepsilon_i\varepsilon_j}\sigma_i\sigma_j\sqrt{1-\rho_{ie}^2}]\sqrt{1-\rho_{je}^2}$$

$$= \omega^2[\beta_i^2\sigma_e^2 + \sigma_{\varepsilon_i}^2] + (1-\omega)^2[\beta_j^2\sigma_e^2 + \sigma_{\varepsilon_j}^2] + 2\omega(1-\omega)[\beta_i\beta_j\sigma_e^2 + \rho_{\varepsilon_i\varepsilon_j}\sigma_{\varepsilon_i}\sigma_{\varepsilon_j}]$$

$$= [\omega^2\beta_i^2 + 2\omega(1-\omega)\beta_i\beta_j + (1-\omega)^2\beta_j^2]\sigma_e^2 + \omega^2\sigma_{\varepsilon_i}^2$$

$$+ (1-\omega)^2\sigma_{\varepsilon_j}^2 + 2\omega(1-\omega)\rho_{\varepsilon_i\varepsilon_j}\sigma_{\varepsilon_i}\sigma_{\varepsilon_j}$$

$$= [\omega\beta_i + (1-\omega)\beta_j]^2\sigma_e^2 + \omega^2\sigma_{\varepsilon_i}^2 + (1-\omega)^2\sigma_{\varepsilon_j}^2 + 2\omega(1-\omega)\rho_{\varepsilon_i\varepsilon_j}\sigma_{\varepsilon_i}\sigma_{\varepsilon_j}$$

$$= \beta_p^2\sigma_e^2 + \omega^2\sigma_{\varepsilon_i}^2 + (1-\omega)^2\sigma_{\varepsilon_j}^2 + 2\omega(1-\omega)\rho_{\varepsilon_i\varepsilon_j}\sigma_{\varepsilon_i}\sigma_{\varepsilon_j}$$

上面最后一个公式中：

$$\beta_p = \omega\beta_i + (1-\omega)\beta_j$$

如果 β 系数在任何一类资产的波动性中起到主导作用，用公式表示为：

$$\sigma_{\varepsilon_i} \leqslant \beta_i\sigma_e \quad \text{或者} \quad \sigma_{\varepsilon_j} \leqslant \beta_j\sigma_e$$

我们就可以用下列公式计算超越 β 系数的波动率：

$$\sigma_p^2 \cong \beta_p^2\sigma_e^2 + \omega^2\sigma_{\varepsilon_i}^2 + (1-\omega)^2\sigma_{\varepsilon_j}^2$$

从更广义的角度出发，我们设某个投资组合中某类资产所占权重为 ω_i，β 系数为 β_i，剩余风险系数为 σ_{α_i}，那我们可以定义：72

$$\beta_p = \sum_i \omega_i\beta_i$$

且

$$\sigma_{\sigma_p}^2 = \sum_i \omega_i^2\sigma_{\alpha_i}^2$$

据此得出超越 β 系数的波动率的近似值计算公式变为：

$$\sigma_p^2 \cong \beta_p^2 \sigma_e^2 + \sigma_{\alpha_p}^2$$

此公式与前面 $\rho_{\varepsilon_i \varepsilon_j} \cong 0$ 的假设相符。

核心资产池权重恒定区间的有效边界曲线

运用此方法分析某个核心资产池，设其权重为 ω，各变量分别为 α_c、β_c 和 σ_c，我们可以据此列出计算核心资产池曲线在风险收益空间内的相应位置。在此段曲线末端的一点，核心资产的权重为 ω_c，股票类的权重为 $(1-\omega_c)$。此端点处的回报率为：

$$\begin{aligned} r_{\text{end}} &= \omega[\alpha_c + \beta_c(r_p)] + (1-\omega)(r_p) + r_f \\ &= \omega\alpha_c + (\omega\beta_c + 1 - \omega)(r_p) + r_f \\ &= \omega\alpha_c + \beta_{\text{end}}(r_p) + r_f \end{aligned}$$

上述公式中，$\beta_{\text{end}} = \omega\beta_c + (1-\omega)$，$(r_p)$ 是股票类投资的风险溢价，r_f 是现金的回报率。基于我们一直引用的基础案例的各项数值，可以套用公式计算：

$$r_{\text{end}} = 0.6 \times 3.32 + [0.6 \times 0.58 + 1 - 0.6](5.75) + 1.50 = 7.78$$

类似的，我们可以计算此端点处的风险水平

$$\begin{aligned} \sigma_{\text{end}}^2 &= \omega^2 \sigma_{\alpha c}^2 + [\omega\beta_c + (1-\omega)]^2 \sigma_e^2 \\ &= \omega^2 \sigma_{\alpha_c}^2 + [\beta_{\text{end}} \sigma_e]^2 \\ &= (0.6)^2 (7.08)^2 + (0.75)^2 (16.50)^2 \\ \sigma_{\text{end}} &= 13.01 \end{aligned}$$

核心资产池权重恒定区间有效边界曲线起始端的回报率可以用如下公式计算：

73

$$\begin{aligned} r_{\text{start}} &= \omega[\alpha_c + \beta_c(r_p)] + (1-\omega)(\alpha_B + \beta_B r_p) + r_f \\ &= [\omega\alpha_c + (1-\omega)\alpha_B] + [\omega\beta_c + (1-\omega)\beta_B](r_p) + r_f \\ &= [\omega\alpha_c + (1-\omega)\alpha_B] + \beta_{\text{start}}(r_p) + r_f \end{aligned}$$

上述公式中 B 指代的是美国债券的各项指标，β_{start} 可用 $\omega\beta_c + (1-\omega)\beta_B$ 来定义。

因此：

$$\begin{aligned} r_{\text{start}} &= [0.6 \times 3.32 + 0.4 \times 1.47] + [0.6 \times 0.58 + 0.4 \times 0.14](5.75) + 1.50 \\ &= 6.38 \end{aligned}$$

我们同样可以计算该段曲线起始点处的风险水平：

$$\sigma_{\text{start}}^2 = \omega^2 \sigma_{\alpha_c}^2 + (1-\omega)^2 \sigma_{\alpha_B}^2 + [\omega\beta_c + (1-\omega)\beta_B]^2 \sigma_e^2$$

$$= \omega^2\sigma_{\alpha_c}^2 + (1-\omega)^2\sigma_{\alpha_B}^2 + [\beta_{\text{start}}\sigma_e]^2$$

$$= (0.6)^2(7.08)^2 + (0.4)^2(7.15)^2 + (0.4)^2(16.5)^2$$

$$\sigma_{\text{start}} = 8.35$$

核心资产池权重恒定区间有效边界曲线的平均斜度可用下列公式进行计算：

$$\frac{\Delta r}{\Delta\sigma} = \frac{r_{\text{end}} - r_{\text{start}}}{\sigma_{\text{end}} - \sigma_{\text{start}}}$$

用我们的基础案例的数据进行计算，我们得到如下结果：

$$\frac{\Delta r}{\Delta\sigma} = \frac{7.78 - 6.38}{13.01 - 8.35} = \frac{1.40}{4.66} = 0.30$$

这个数值比现金股票基准线的斜率略低：

$$\frac{r_{\text{end}} - r_f}{\sigma_e - 0} = \frac{r_p}{\sigma_e} = \frac{5.75}{16.50} = 0.35$$

74 股票延伸曲线的起始点也就是核心资产池权重恒定区间有效边界曲线的终点，其变量分别为$(\sigma_{\text{end}}, r_{\text{end}})$，其终点是股票类资产权重达到100%时的端点，该点的变量为(σ_e, r_e)。

因此，股票延伸曲线的平均斜率为：

$$\frac{\Delta r}{\Delta\sigma} = \frac{r_e - r_{\text{end}}}{\sigma_e - \sigma_{\text{end}}}$$

$$= \frac{7.25 - 7.78}{16.5 - 13.01} = -\frac{0.53}{3.49} = -0.15$$

所以我们看到在这个特定的案例中，股票延伸区间曲线的斜率为负数，也就是说在这个有效边界曲线中股票延伸的做法并不值得考虑。从更广的角度去看，总是能找到斜率为正数的股票延伸曲线。我们最终还会发现利用β系数进行杠杆操作在同时考虑α/β两个系数的情况下，对股票延伸曲线的斜率的正负有一定的影响。

股票延伸曲线两端的回报率差值为：

$$\Delta r = r_e - r_{\text{end}}$$

只有当$\Delta r > 0$，

$$r_e - r_{\text{end}} > 0$$

$$[r_p + r_f] - [\omega\alpha_c + (\omega\beta_c + 1 - \omega)(r_p) + r_f] > 0$$

$$r_p - [\omega\alpha_c + (\omega\beta_c + 1 - \omega)(r_p)] > 0$$

$$-\omega\alpha_c - \omega\beta_c(r_p) + \omega(r_p) > 0$$

$$\omega(r_p) > \omega(\alpha_c + \beta_c(r_p))$$
$$(r_p) - \beta_c(r_p) > \alpha_c$$
$$r_p > \frac{\alpha_c}{1 - \beta_c}$$

或者，最终的一种可以使股票延伸曲线的斜率为正的因素是

$$r_p > \text{BLF} - \alpha_c$$

其中 $\text{BLF} - \alpha_c = \frac{\alpha_c}{1 - \beta_c}$，代表的是基于 β 系数的杠杆操作带来的回报率。

75

在我们的基础案例中，

$\alpha_c = 3.32$ 且 $\beta_c = 0.58$，所以

$$\text{BLF} - \alpha_c = \frac{3.32}{1 - 0.58} = 7.81$$

这个数值比 $(r_p) = 5.75$ 要高出很多。因此，股票延伸区间在这个特定的案例中起不到任何增加收益的作用。

如果一个投资组合的 α_c 和 β_c 同时较低，或者二者中的一个较低，那么这种情况就会逆转，股票延伸曲线就会成为整个有效边界中比较有用的部分。

现金直线从100%现金配置基点 $(0, r_f)$ 一直延伸到和核心资产权重固定区间的曲线交汇的点。如正文中讲过的那样，这个交汇点可能出现在核心资产权重固定区间曲线的起始端、中段或末端。由于其所受的各种限制，所以一旦交汇点处在曲线的中段，我们很难找到一种简单的分析现金直线的工具。但是，如果交汇点在曲线的起始端时（正如我们一直使用的基础案例的情况那样）或者在末端时，我们就能非常快地找到现金直线的斜率。

再次以我们的基础案例来计算，现金直线的斜率可以简单地由下列计算得到：

$$\frac{\Delta r}{\Delta \sigma} = \frac{r_{\text{start}} - r_f}{\sigma_{\text{start}} - 0} = \frac{6.38 - 1.50}{8.35 - 0} = \frac{4.88}{8.35} = 0.58$$

参考文献

Markowitz, H. 1959. *Portfolio Selection: Efficient Diversification of Investments*. Hoboken, N.J.: John Wiley & Sons.

Swensen, D. F. 2000. *Pioneering Portfolio Management*. New York: The Free Press.

Treynor, J., and F. Black. 1973, January. "How to Use Security Analysis to Improve Portfolio Selection," *Journal of Business*.

◀ 第五章 ▶
以债券为无风险资产基准的有效边界

77

许多做长线投资的投资组合都选择以债券作为无风险基准线，而不选用现金，它们这么做有很充分的理由。因此，我们在书中也专门用一个章节来检验使用美国债券作为现金替代品的效果。之前使用过的回报率协方差矩阵可以随之换算成一个替代矩阵，也就是在与债券相关的理论框架下来描述各类资产的风险收益特征。

经过这种转化之后，我们得到了一些重要的发现。因为债券的波动率相对较低，所以各类非债券资产的风险特征没有发生显著变化。投资组合的整体波动率、修订后的β系数，以及基于超额回报率的波动率仍然与使用现金作为基准时的情况十分近似。但是，当我们将预期回报率拆分成结构性的α和β系数进行分析时就看到了显著的差异。当以债券作为基准参考的时候，股票的回报率溢价明显下降，这也导致所有β系数较高的资产所获得的基于β系数的回报率显著下降。这个效应同时也引发了对超额回报率的相应修订，β系数较低的各类资产经过修订之后的超额回报率明显降低。由此引发的最终结果就是所有类别的资产与风险相关的回报率明显降低，既可能是受超额回报率的影响也可能是受β系数的影响，归根到底取决于该类别资产原始的β系数。由于各类资产的风险特征基本没有发生变化，但其各变量带来的回报率都普遍下滑，所以最后我们得到的是一条看上去更为平坦的有效边界曲线。

以上各类因素的相互作用使我们在观察超额回报核心资产池的构建的过程中获得了一个比较有趣的发现。β系数较高的核心资产池在参照基准变为债券之后，其损失的增量回报率较少。核心资产池高β系数所带来的波动性可以通过配置β系数较低的调控性资产来进行平抑。因此，在其他条件相等的情况下，如果投资组合的波动率受限的话，那么投资者们或许就该考虑选择建立β系数更高的核心资产池。

股票的风险溢价

78

最近几年，股票风险溢价这个概念越来越受到人们强烈的关注。与风险溢价相关的讨论关注的点很多：溢价的高低，既往经验与合理的未来回报预期之间的关系，稳定性问题，流动性及资本可得性的影响，投资者到底应该期望多高的溢价，在不同投资时长内风险溢价可能存在的期限结构，配置股票的存续期或者其相对于利率的敏感程度——甚至最基础性的问题，即以何种指标为基准来衡量溢价的多少，等等。对于最后这个关于参照基准的问题，人们提出了很多备选指标：短期存款，中期企业债，不同到期日的国债，本息分离国债，通胀关联债券，由回报率曲线上不同的点组成的集合，甚至在某些年份采用短期高利率作为基准而在其他一些年份采用更高的长期利率为基准。

在本章中，我们尽力避免参与以上问题的争论。更直接地说，我们对于那些能够决定溢价的大小或者改变其结构的基础性经济关系都不予置评。我们在本章中的主要任务就是讨论当选用美国债券这类资产来取代现金作为参照基准时的结构性α和β系数，及其相关的分析。我们这么做的原因之一是因为我们知道许多行业中的操盘手们都把债券当作相对于股票而言风险较低的一类资产，因此做长线投资的战略性资产配置很少配置大量的现金。我们的目的非常简单，就是要看看在实际操作中大家经常使用债券作为基准性资产时α和β系数会发生怎样的变化。

正如我们在前一章中花大力气作的第一条说明那样，我们在本书中所作的分析只是为了塑造一种新的方法论，分析中使用的各种数据和模型既不能作为对市场的预判，也不应成为搭建投资组合的定式。

与债券相关联的 α 和 β 系数

进行这部分分析的第一步是把原始的回报率协方差矩阵换算成以债券为基准的替代矩阵。具体的数学换算步骤我们在本章附录部分进行了详解。

从这个意义上看，任何类别资产的整体回报率都可以被拆解成两部分，即债券的基本回报率和超越债券的溢出回报率。在这个相对的回报空间里，债券不承担任何风险，所以所有的风险都归结给了相应的其他回报来源。举例来讲，股票的总体预期回报率是 7.25%，这就意味着减掉债券基准的 3.75% 的回报率之后，股票的预期相对回报率为 3.50%。由于这个预期相对回报率要承担所有风险，所以 3.50% 的差异就是股票的风险溢价（如图表 5.1 所示，在我们最初以现金为基准的图中，股票的风险溢价为 5.75%）。两种不同情况下溢价的差额为 2.25%，这对其他类型的资产也是一样的（如图表 5.2 所示），这也导致溢价相对于每类资产的整体回报率的贡献程度出现较大变化（如图表 5.2 所示）。

79

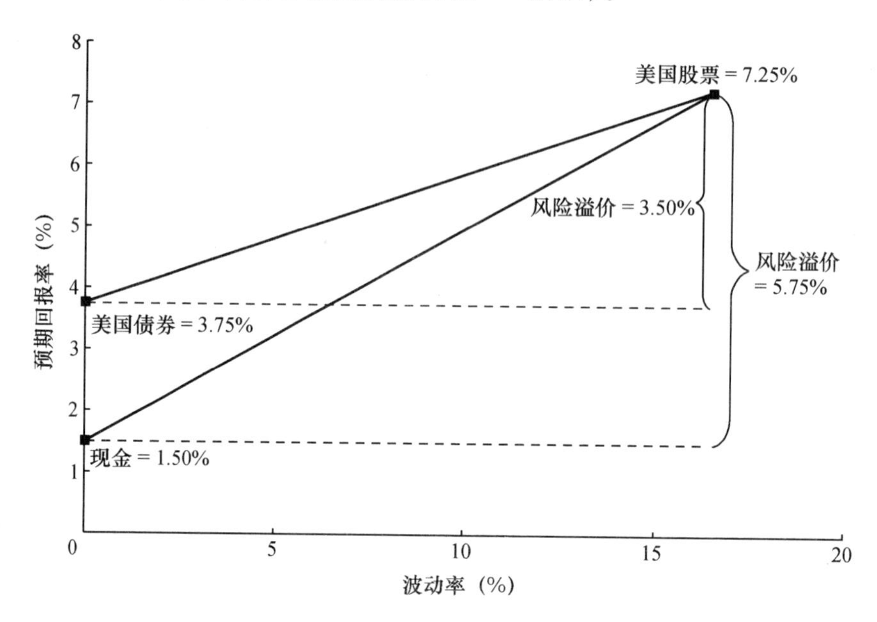

图表 5.1 股票相对于债券的风险溢价

数据来源：摩根士丹利研究部。

图表 5.2 超越基准之上的溢价及其相关的回报率特征

资产类别	原始回报率	现金基准溢价	溢价占比	债券基准溢价	溢价占比
高 β 系数资产					
美国股票	7.25	5.75	79%	3.50	48%
私募基金	10.25	8.75	85%	6.50	63%
国际股票	7.25	5.75	79%	3.50	48%
新兴市场股票	9.25	7.75	84%	5.50	59%
股权对冲基金	5.75	4.25	74%	2.00	35%
风险投资	12.25	10.75	88%	8.50	69%
高 β 系数类资产均值	**8.67**	**7.17**	**82%**	**4.92**	**54%**
低 β 系数资产					
房地产信托基金	6.50	5.00	77%	2.75	42%
绝对收益类资产	5.25	3.75	71%	1.50	29%
美国债券	3.75	2.25	60%	0.00	0%
房地产	5.50	4.00	73%	1.75	32%
现金	1.50	0.00	0%	-2.25	NM
大宗商品	5.25	3.75	71%	1.50	29%
低 β 系数类资产均值	**4.63**	**3.13**	**59%**	**0.88**	**26%**
总体均值	**6.65**	**5.15**	**70%**	**2.90**	**41%**

数据来源:摩根士丹利研究部。

下一步,就是要根据这个与债券相关联的股票来修订各类资产在以债券为基准的情况下相对于它的 β 系数。我们以上标“ * ”标示以债券为基准情况下计算的各类系数,因此 β^* 代表的就是对我们原始 β 系数在债券基准环境下的模拟值(再一次提醒读者,具体的计算方法请参考本章附录)。经过修订,美国股票的 β^* 仍然保持为 1 不变,美国债券的 β^* 变为 0,而最终修订的结果是所有其他类型资产的 β^* 系数仅发生了微调(参见图表 5.3)。

图表 5.3 β 系数与 β^* 系数的对比

资产类别	β	β^*	基于 β 系数的回报率	基于 β^* 系数的回报率	基于 β 系数的回报率占整体回报率的比值	基于 β^* 系数的回报率占整体回报率的比值
高 β 系数资产						
美国股票	1.00	1.00	5.75	3.50	79%	48%
私募基金	0.98	0.98	5.61	3.42	55%	33%
国际股票	0.77	0.79	4.42	2.75	61%	38%

（续表）

资产类别	β	β^*	基于 β 系数的回报率	基于 β^* 系数的回报率	基于 β 系数的回报率占整体回报率的比值	基于 β^* 系数的回报率占整体回报率的比值
新兴市场股票	0.76	0.78	4.39	2.73	47%	30%
股权对冲基金	0.66	0.68	3.78	2.39	66%	42%
风险投资	0.59	0.62	3.38	2.17	28%	18%
高 β 系数类资产均值	**0.79**	**0.81**	**4.55**	**2.83**	**56%**	**35%**
低 β 系数资产						
房地产信托基金	0.48	0.52	2.78	1.83	43%	28%
绝对收益类资产	0.28	0.33	1.61	1.17	31%	22%
美国债券	0.14	0.00	0.78	0.00	21%	0%
房地产	0.07	0.14	0.42	0.50	8%	9%
现金	0.00	0.08	0.00	0.26	0%	18%
大宗商品	-0.29	-0.19	-1.66	-0.67	-32%	-13%
低 β 系数类资产均值	**0.11**	**0.15**	**0.66**	**0.52**	**12%**	**11%**
总体均值	**0.45**	**0.48**	**2.61**	**1.67**	**34%**	**23%**

数据来源:摩根士丹利研究部。

尽管各类资产的 β^* 系数没有发生太大的变化,但由于相对于股票的投资风险溢价出现了大幅度下调,所以各类资产基于 β^* 系数的回报率也随之大幅下调。基于 β^* 系数的回报率在该类资产的整体回报率中所占的比例也会相应减少,β^* 系数越高的资产,该部分回报率的减少程度越高。但是,由于高 β^* 值的资产往往整体回报率也很高,因此当把这部分回报率换算成百分比时,其影响不是十分显著。

为了帮助读者们更好地理解以上的结论,我们在本章附录中开发出一个简单易懂的计算公式,用于表示 β^* 系数的变化情况:

$$\text{基于}\beta^*\text{系数的回报率变动} = \beta \times (\text{现金回报率} - \text{债券回报率})$$

以房地产信托基金为例,基于 β 系数的回报率变动是下降的,即 1.83% - 2.78% = -0.95%。如果使用上述公式,我们得到一个非常近似的结果,

$$\text{基于}\beta^*\text{系数的回报率变动} = (0.48) \times (1.50 - 3.75)$$
$$= (0.48) \times (-2.25) = -1.02\%$$

原始的超额回报率(α)指的是超越现金股票基准线以上的超额回报率。新引入

的 α^{**} 则代表在债券相关的风险收益空间内超出债券股票基准线的超额回报率。图表 5.4 对比了各类资产的原始超额回报率和调整之后的 α^* 系数。

图表 5.4　超额回报率与 α^* 系数的对比

资产类别	α	α^*	超额回报率占整体回报率的比值	基于 α^* 系数的回报率占整体回报率的比值
高 β 系数资产				
美国股票	0.00	0.00	0%	0%
私募基金	3.14	3.08	31%	30%
国际股票	1.33	0.75	18%	10%
新兴市场股票	3.36	2.77	36%	30%
股权对冲基金	0.47	-0.39	8%	-7%
风险投资	7.37	6.33	60%	52%
高 β 系数类资产均值	**2.61**	**2.09**	**26%**	**19%**
低 β 系数资产				
房地产信托基金	2.22	0.92	34%	14%
绝对收益类资产	2.14	0.33	41%	6%
美国债券	1.47	0.00	39%	0%
房地产	3.58	1.25	65%	23%
现金	0.00	-2.51	0%	NM
大宗商品	5.41	2.17	103%	41%
低 β 系数类资产均值	**2.47**	**0.36**	**47%**	**17%**
总体均值	**2.54**	**1.22**	**36%**	**18%**

数据来源：摩根士丹利研究部。

所有类别的资产经过调整后得到的 α^* 系数都低于其原始超额回报率，其减少的幅度取决于该类别资产原始 β 系数的大小。图表 5.4 中，我们看到有两类资产虽然原始超额回报率非负，但是 α^* 系数为负。与基于 β^* 系数的回报率一样，基于 α^* 系数的回报率在该类别资产的整体回报率中所占的比例也出现了下降。

与基于 β^* 系数回报率变化趋势相反的是，β 系数较低的各类别资产，其基于 α^* 系数回报率的下降程度要高于 β 系数较高的各类资产。举例来讲，图表 5.5 对比了私募基金（$\beta=0.98$）和房地产（$\beta=0.07$）两类资产的指标变化情况。私募基金的超额回报率从 3.14% 下降到 3.08%，仅为微调，但是房地产类资产的超额回

* α^* 系数即为调整后的超额回报率，为了阅读方便，α^* 保留字符式样，不再译为中文，下同。——译者注。

报率从3.85%急剧下滑至1.25%。

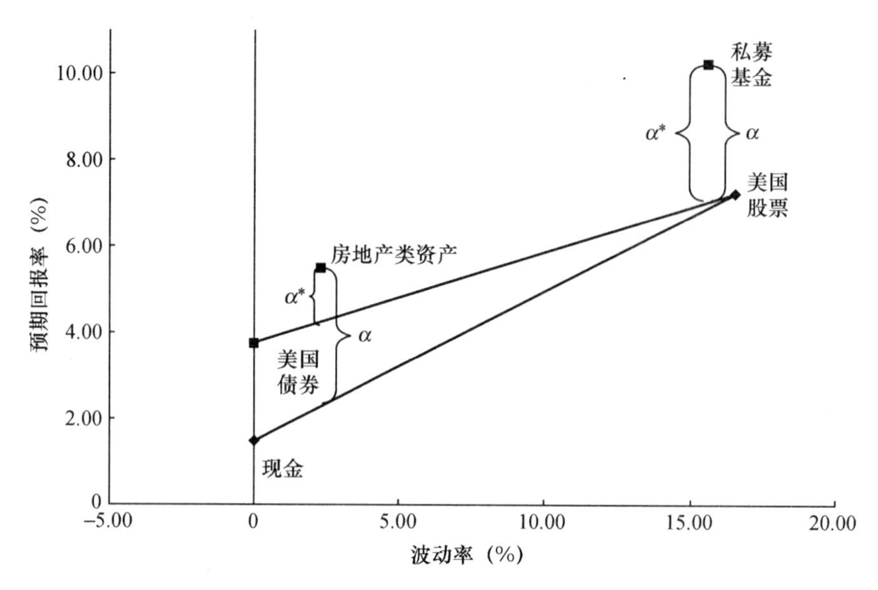

图表5.5　私募基金与房地产类资产超额回报率的变化对比

数据来源：摩根士丹利研究部。

83　从数值上看，以下的推论对所有类别的资产都是一样的，也就是说，各类资产的预期增量回报率都减少了一个相同的百分比——即债券与现金二者之间回报率的差异2.25%。减少的这部分增量回报率可以被拆分为超额回报率和与β系数相关的回报率两部分来进行分析。正如我们在图表5.3中看到的那样，β系数较高的各类资产的基于β系数的回报率下降幅度更大。由于各类别资产增量回报率的整体下降幅度相同，那么β系数较高的各类资产，其基于α^*系数的回报率于调整之后必然更小。

实际上，超额回报率下降的情况可以通过下面这个公式计算得出：

$$\alpha^* - \alpha = (1-\beta) \times (\text{现金回报率} - \text{债券回报率})$$

当把上面这个公式和前面介绍过的计算基于β系数的回报率变化情况的公式结合起来，我们可以得出：

$$(\alpha^* - \alpha) + (\beta^*_{return} - \beta_{return}) = [(1-\beta) + \beta](\text{现金回报率} - \text{债券回报率})$$

或

$$(\alpha^* + \beta^*_{return}) - (\alpha + \beta_{return}) = \text{现金回报率} - \text{债券回报率}$$

最终，

超越债券基准的超额回报率 - 超越现金的超额回报率
= 现金回报率 - 债券回报率

图表 5.6 展示了无论基于 α 和 β 系数的回报率如何发生变化，其变化的总量最终都等于两种被用为基准的资产之间的回报率的差值。

图表 5.6 回报率的变化构成

资产类别	基于 β 系数的回报率	基于 β^* 系数的回报率	β 的变动率	α	α^*	超额回报率的变动率	整体变动率
高 β 系数资产							
美国股票	5.75	3.50	-2.25	0.00	0.00	0.00	-2.25
私募基金	5.61	3.42	-2.19	3.14	3.08	-0.06	-2.25
国际股票	4.42	2.75	-1.67	1.33	0.75	-0.58	-2.25
新兴市场股票	4.39	2.73	-1.66	3.36	2.77	-0.59	-2.25
股权对冲基金	3.78	2.39	-1.39	0.47	-0.39	-0.86	-2.25
风险投资	3.38	2.17	-1.22	7.37	6.33	-1.03	-2.25
高 β 系数类资产均值	**4.55**	**2.83**	**-1.73**	**2.61**	**2.09**	**-0.52**	**-2.25**
低 β 系数资产							
房地产信托基金	2.78	1.83	-0.95	2.22	0.92	-1.30	-2.25
绝对收益类资产	1.61	1.17	-0.44	2.14	0.33	-1.81	-2.25
美国债券	0.78	0.00	-0.78	1.47	0.00	-1.47	-2.25
房地产	0.42	0.50	0.08	3.58	1.25	-2.33	-2.25
现金	0.00	0.26	0.26	0.00	-2.51	-2.51	-2.25
大宗商品	-1.66	-0.67	0.99	5.41	2.17	-3.24	-2.25
低 β 系数类资产均值	**0.66**	**0.52**	**-0.14**	**2.47**	**0.36**	**-2.11**	**-2.25**
总体均值	**2.61**	**1.67**	**-0.93**	**2.54**	**1.22**	**-1.32**	**-2.25**

数据来源：摩根士丹利研究部。

如果我们把 α^* 系数看做是某类资产相对于债券或股票的价差时，我们可以获得一个更为贴近直观判断的解释。传统上，在一些到期支付的固定收益类产品中，β 系数较低的各类资产都被用作赚取价差的工具。但如果我们使用债券作为无风险基准并且要搭建一个比较吸引人的替代组合时，那么这些 β 系数较低的资产就不再具有吸引力了。在这种情况下，许多 β 系数较高的资产就成为相对于股票投资能够赚取较高价差的工具，也就能在很大程度上维持它们的原始超额回报率价差。

风险分析

在此前以现金为基准的风险收益空间内,我们做了一个简单的假设,即各类别资产的关联都是通过它们与股票的共性关联产生的。在以债券为基准的风险收益空间内,某类资产的相对回报率是用其原始的回报率减掉债券的回报率。因此,新的方差计算方式就必须考虑因债券而引入的方差(我们在本章附录中列示了详细的计算公式)。经过计算后得到的结果列示在图表 5.7 中,可以看到,标准波动率 σ 到 σ^* 的调整有时是正的,有时又是负的。但不论在何种情况下,波动率的变化都是比较平稳的。只有债券和现金的情况例外。由于在这个新的风险收益空间内,债券的回报率被从各类资产的回报率中减除,现金就呈现出了债券的波动率,而债券相对于自身的波动率为 0。

84

图表 5.7　σ 系数与 σ^* 系数的对比

资产类别	σ	σ^*	σ 变化的百分比
高 β 系数资产			
美国股票	16.50	15.95	-3.4%
私募基金	23.00	22.65	-1.5%
国际股票	19.50	19.48	-0.1%
新兴市场股票	28.00	27.99	0.0%
股权对冲基金	12.75	13.04	2.3%
风险投资	27.75	27.98	0.8%
高 β 系数类资产均值	**21.25**	**21.18**	**-0.3%**
低 β 系数资产			
房地产信托基金	14.50	15.19	4.7%
绝对收益类资产	9.25	11.00	18.9%
美国债券	7.50	0.00	NM
房地产	12.00	13.96	16.3%
现金	0.00	7.50	NM
大宗商品	19.00	20.94	10.2%
低 β 系数类资产均值	**10.38**	**11.43**	**12.6%**
总体均值	**15.81**	**16.31**	**4.8%**

数据来源:摩根士丹利研究部。

得到 β^* 和 σ^* 的数值后,我们可以通过以下公式计算出基于 α^* 系数的风险系

数 σ_{α}^{*}：

$$\sigma_{\alpha}^{*2} = \sqrt{(\sigma^{*})^{2} - (\beta^{*}\sigma_{\varepsilon}^{*})^{2}}$$

如图表 5.8 所示，各类资产的 σ_{α}^{*} 系数都出现了不同程度的上升。其中，β 系数较低的各类资产的波动率增长的幅度更为明显。

图表 5.8　σ_{α} 系数与 σ_{α}^{*} 系数的对比

资产类别	σ_{α}	σ_{α}^{*}	σ_{α} 变化的百分比
高 β 系数资产			
美国股票	0.00	0.00	*NM*
私募基金	16.43	16.43	0.0%
国际股票	14.82	14.92	0.7%
新兴市场股票	25.00	25.07	0.2%
股权对冲基金	6.72	7.18	6.9%
风险投资	25.99	26.17	0.7%
高 β 系数类资产均值	**14.83**	**14.96**	**1.7%**
低 β 系数资产			
房地产信托基金	12.11	12.70	4.9%
绝对收益类资产	8.01	9.62	20.1%
美国债券	7.15	0.00	NM
房地产	11.94	13.77	15.4%
现金	0.00	7.40	NM
大宗商品	18.40	20.72	12.6%
低 β 系数类资产均值	**9.60**	**10.70**	**13.2%**
总体均值	**12.21**	**12.83**	**6.8%**

数据来源：摩根士丹利研究部。

85

在前面章节的讨论中我们曾经使用基于超额回报率的夏普系数来作为每一风险水平上的增量回报率的衡量标准。由于我们调整各项指标后 α^{*} 普遍下降，σ_{α}^{*} 普遍上升，那么调整后的基于超额回报率的夏普系数明显会呈现整体的下降（结果如图表 5.9 所示）。对于 β 系数较低的各类资产来讲，如绝对收益类资产、房地产和大宗商品这三类的夏普系数的下滑尤为严重。从另一方面说，高 β 系数的各类资产，如私募基金，其基于超额回报率的夏普系数几乎没有什么变化（结果如图表 5.10 所示）。

图表 5.9　夏普系数的变化情况

资产类别	原始夏普系数	调整后的夏普系数	变化的百分比
高 β 系数资产			
美国股票	0.35	0.22	-0.13
私募基金	0.19	0.19	0.00
国际股票	0.09	0.05	-0.04
新兴市场股票	0.13	0.11	-0.02
股权对冲基金	0.07	-0.05	-0.12
风险投资	0.28	0.24	-0.04
高 β 系数类资产均值	**0.19**	**0.13**	**-0.06**
低 β 系数资产			
房地产信托基金	0.18	0.07	-0.11
绝对收益类资产	0.27	0.03	-0.23
美国债券	0.20	NM	NM
房地产	0.30	0.09	-0.21
现金	NA	-0.34	NM
大宗商品	0.29	0.10	-0.19
低 β 系数类资产均值	**0.25**	**-0.01**	**-0.26**
总体均值	**0.22**	**0.07**	**-0.15**

数据来源:摩根士丹利研究部。

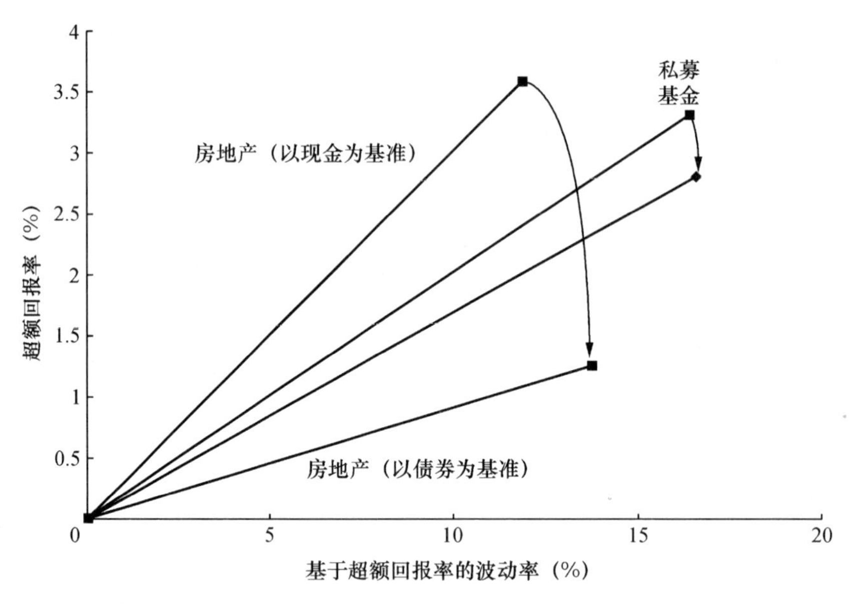

图表 5.10　私募基金与房地产类资产夏普系数的变化对比

数据来源:摩根士丹利研究部。

在投资组合整体的层面进行分析

经过以上的分析,我们得到了各类别资产自身的风险收益特征,在接下来的一节中,我们将用同样的方法去分析整个投资组合的风险收益特征。

从图表 5.11 中我们可以看出,在新的风险收益空间内,各投资组合的风险结构没有发生太大的变化:也就是说各投资组合的 β 系数和波动率都没有显著的差异。在我们此前使用的以现金为基准的风险收益空间内,各类别资产的残差回报率是互相独立互不干扰的,但在以债券为基准的空间内,它们就产生了关联。这种残差回报率之间的关联会使得对投资组合的分析复杂化。但是我们发现基于 β 系数的波动率仍然是各类投资组合所承受的风险中的主导因素。因此,即便是在整个投资组合的层面进行分析,互相发生关联的基于超额回报率的风险程度仍然较低,仍然会被基于 β 系数的波动率掩盖起来。

86

图表 5.11 各投资组合的情况汇总

	A	A*	B	B*	S	S*	C	C*
核心资产					20%	20%	15%	15%
国际股票							5%	5%
新兴市场股票							10%	10%
绝对收益类资产							10%	10%
风险投资							10%	10%
私募基金							10%	10%
房地产							10%	10%
核心资产占比	0%	0%	0%	0%	20%	20%	60%	60%
调控性资产								
美国股票	60%	60%	60%	60%	45%	45%	20%	20%
美国债券			40%	40%	35%	35%	20%	20%
现金	40%	40%						
调控性资产占比	100%	100%	100%	100%	80%	80%	40%	40%
预期回报率	4.95	4.95	5.85	5.85	6.03	6.03	7.08	7.08
β^* 系数	0.60	0.63	0.65	0.60	0.65	0.61	0.57	0.56
基准回报率	1.50	3.75	1.50	3.75	1.50	3.75	1.50	3.75
基于 β 系数的回报率	3.45	2.21	3.76	2.10	3.75	2.12	3.29	1.98
α^* 系数	0.00	-1.01	0.59	0.00	0.78	0.15	2.28	1.35
基准回报率占整体回报率的比例	30%	76%	26%	64%	25%	62%	21%	53%
基于 β 系数的回报率占整体回报率的比例	70%	45%	64%	36%	62%	35%	46%	28%

（续表）

	A	A*	B	B*	S	S*	C	C*
超额回报率占整体回报率的比例	0%	-20%	10%	0%	13%	2%	32%	19%
基于 α^* 系数的波动率	0.00	2.96	2.86	0.00	3.88	2.98	4.48	4.35
基于 β^* 系数的波动率	9.90	10.05	10.80	9.57	10.75	9.68	9.45	9.00
以债券为基准的波动率	9.90	10.47	11.17	9.57	11.43	9.69	10.83	9.19
基于 β^* 系数的波动率占整体风险程度的比例	100.00%	95.9%	96.7%	100.0%	94.0%	100.%	87.3%	97.9%

数据来源：摩根士丹利研究部。

各投资组合的绝对收益水平没有发生变化，但是回报组成的确有了显著的不同。基于 α 和 β 系数的两部分回报率在整体回报率中的占比都更小了，而债券的基准回报率在整体回报率中占据了一个较高的比例。

加入核心资产池(α)

图表5.12以投资组合C为例，抽象出了其核心资产池，并组建了一个100%的完整的投资组合，然后再来分析在以债券为基准的风险收益空间内其各项参数如何发生变化。

图表5.12　对核心资产池的分析

	β	β^*	α	α^*	C	C*	变化比例
核心资产							
国际股票	0.77	0.79	1.33	0.75	25%	25%	0%
新兴市场股票	0.76	0.78	3.36	2.77	8%	8%	0%
绝对收益类资产	0.28	0.33	2.14	0.33	17%	17%	0%
风险投资	0.59	0.62	7.37	6.33	17%	17%	0%
私募基金	0.98	0.98	3.14	3.08	17%	17%	0%
房地产	0.07	0.14	3.58	1.25	17%	17%	0%
					100%	100%	
预期回报率					8.13	8.13	0.00
β^* 系数					0.58	0.61	0.03
基准回报率					1.50	3.75	2.25
基于 β^* 系数的回报率					3.31	2.13	-1.18
α^* 系数					3.32	2.25	-1.07
基准回报率占比					18%	46%	28%
β^* 回报率占比					41%	26%	-15%

（续表）

	β	β^*	α	α^*	C	C*	变化比例
α^*系数回报率占比					41%	28%	-13%
基于α^*系数的波动率					7.08	7.26	0.18
基于β^*系数的波动率					9.49	9.68	0.19
调整后的标准波动率					11.84	12.10	0.26
基于β^*系数的波动率占整体风险程度的比例					80.2%	80.0%	-0.1%
高β系数类资产的回报率贡献							
基于β^*系数的回报率					2.97	1.85	-1.12
超额回报率					2.36	1.99	-0.38
低β系数类资产的回报率贡献							
基于β^*系数的回报率					0.34	0.28	-0.06
超额回报率					0.95	0.26	-0.69

数据来源:摩根士丹利研究部。

其中一个显著变化就是该投资组合的超额回报率从3.32%下降到2.25%。我们可以通过计算单类资产α^*系数变化量的公式来套算投资组合C所包含的核心资产池的情况： 88

$$\text{超额回报率的变化} = (1-\beta_{\text{original}}) \times (\text{现金回报率} - \text{债券回报率})$$
$$= (1-0.58) \times (1.50-3.75)$$
$$= -0.96\%$$

这与该投资组合真实的超额回报率变化量-1.07%非常接近。同样,我们可以用一个近似值计算公式来计算该投资组合基于β系数的回报率的变化量： 89

$$\text{基于}\beta\text{系数的回报率的变化量} = \beta \times (\text{现金回报率} - \text{债券回报率})$$
$$= 0.55 \times (-2.25)$$
$$= -1.31\%$$

而其真实的下降程度应该是-1.18%。(产生差异的原因是β系数与β^*系数不可能精准地重合。) 90

通过把核心资产池内的资产分为两组——也即高β值的一组(含国际股票、新兴市场股票、风险投资和私募基金)和低β值的一组(绝对收益类资产和房地产)——我们可以观察到它们所带来的回报率在新的风险收益空间内发生了怎样的变化。整个投资组合基于β系数的回报率的下跌几乎全部来自于高β值的一组,而整个投资组合超额回报率的下滑则大多数来自于低β值的一组。

对有效边界线的分析

在图表 5. 13 中,我们展示了分成三段的有效边界线,曲线中部的一段代表的是投资组合中核心资产池权重恒定,剩余权重由股票和债券类资产构成的情况。核心资产池内包含的超额回报率决定了这一段曲线相对于现金股票基准线抬升的水平。

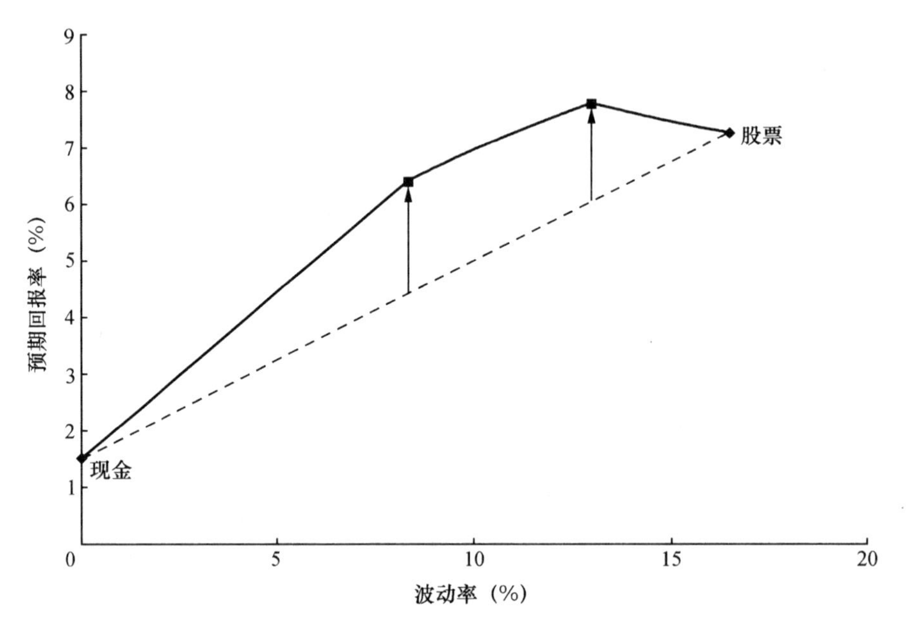

图表 5.13　以现金为无风险基准时的受超额回报率影响抬升后的有效边界曲线
数据来源:摩根士丹利研究部。

图表 5. 14 中展示的是风险收益空间内,以债券为无风险基准的有效边界曲线。整体来看,整条曲线显得更为平滑,反映出在超越债券的回报率之上,去承担更多的风险,其所获得的回报率是下降的。而且需要强调的是,此时不需要配置任何现金,因为在此空间内现金的回报率不仅不值一提,同时还要承担更高的风险(相对于债券而言)。实际上,这代表着现金已经跌出了有效边界曲线之外(文字描述和图示都是如此!)

91

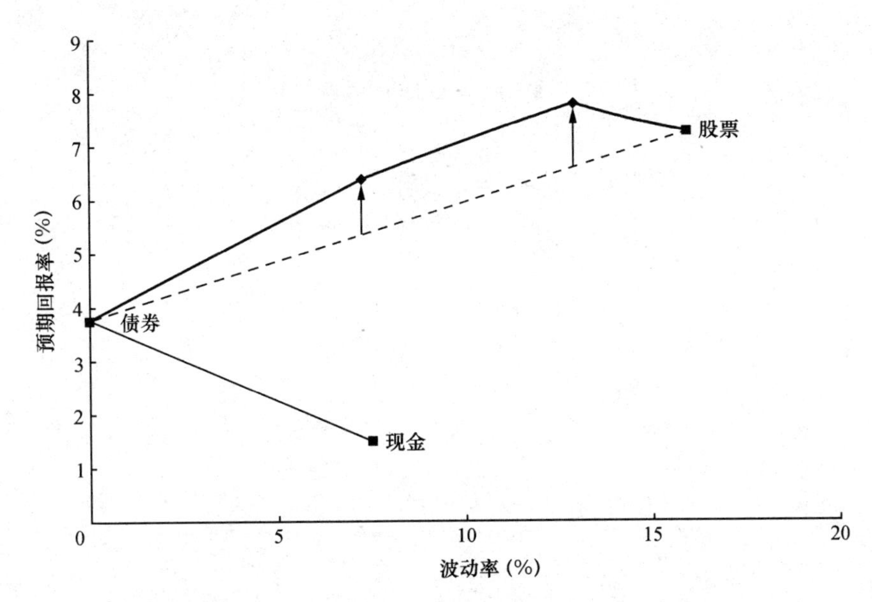

图表 5.14 以债券为无风险基准时的受超额回报率影响抬升后的有效边界曲线
数据来源:摩根士丹利研究部。

在图表 5.15 中,我们把以现金为基准和以债券为基准两个不同空间内的有效边界线放在一起进行比较。当我们进入核心资产池权重恒定区间时,两条曲线的形状惊人地近似。造成这种重合的原因主要是因为在对各类资产的相关指数进行调整的过程中,各类资产的总体回报率都是不变的,只有它们基于 β 系数的风险程度发生了微小的变化。在核心资产池权重恒定的区间内,基于 β 系数的风险仍然是整个投资组合风险的主导因素。正是由于整体回报率不变,再加上整体风险程度也十分相似,所以才使得两条曲线在这一区间几乎重合。

两条有效边界曲线形态上最大的差异出现在第一个区间,这个效应从根本上反映了以债券取代现金作为风险最低的基准类资产所带来的结果。同时,核心资产池权重恒定区间的有效边界线的起始端向左移动。这种位移即代表起始端的整体风险程度更低,主要是因为在这个空间内以债券为无风险基准,所以配置了 40% 债券的投资组合的整体风险水平下降了。

不幸的是,图表 5.15 中两条有效边界曲线的画法使人们无法清晰地看到两种风险收益动机的巨大差异。在图表 5.16 中,我们调整了图示的画法,清晰地展示了每条曲线相对于其基准线的回报率增量。在此图中,以债券为基准的有效边界曲线明显地下行,并且更加平滑。

93

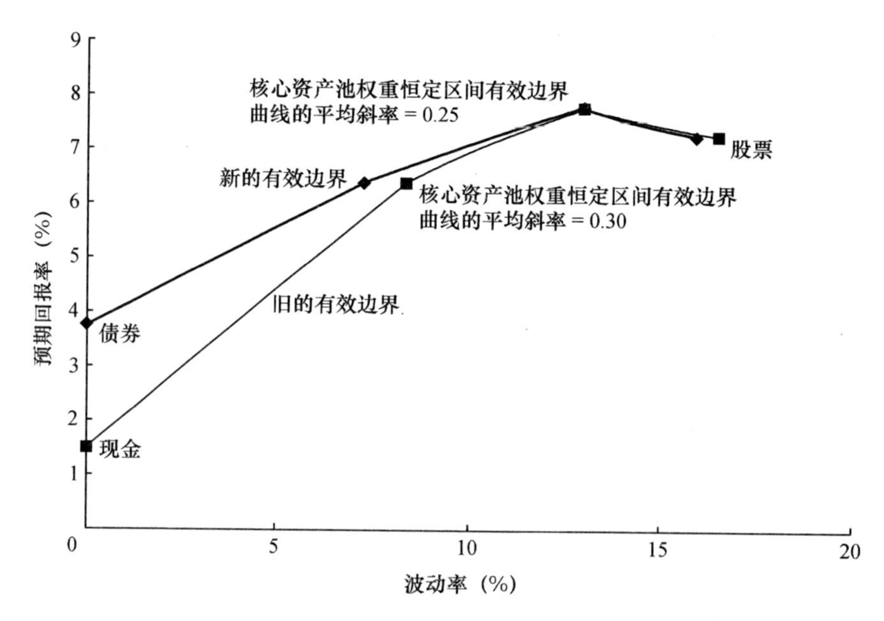

图表 5.15　以债券为基准和以现金为基准的两条有效边界曲线

数据来源：摩根士丹利研究部。

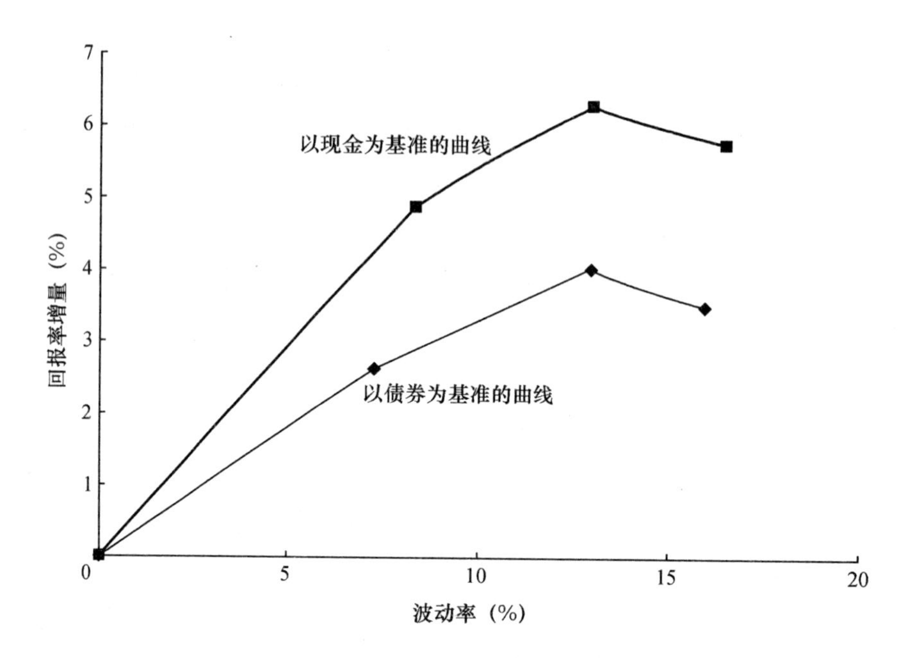

图表 5.16　展示回报率增量的有效边界曲线

数据来源：摩根士丹利研究部。

分析这两条曲线的最好的方式就是逐段进行比较。在第一段中,以现金为基准的曲线抬升非常迅速,主要因为低收益的现金不断被高收益的组合 C(60% 核心资产及 40% 债券)所替代。相比之下,以债券为基准的曲线由于从一开始就包含了债券,所以在爬升至 60% 核心资产及 40% 债券这样的组合时,其过程显得十分缓慢。当进入核心资产池权重恒定区间时,两条曲线所代表的投资组合所包含的资产类别是相同的。但是在以债券为基准的空间内,所有资产的回报率增量都从一开始就被扣减了 2.25%。由此得到的结果是,两条曲线的第二段和第三段都呈现平行的形态,而以债券为基准的有效边界远低于以现金为基准的有效边界。由于债券相对于现金来讲是一种更值得采纳的无风险基准,所以在这个空间内,不论处于何种风险水平,人们追求更多风险的积极性都会大大降低。

虽然以债券为基准的曲线的第二段和第三段的回报率增量的衰减程度大致相同,但是如果我们更深入地分析这些减量中的 α 和 β 成分就会看到很有趣的差别。配置 100% 的股票时,该投资组合的回报率减少量等于债券和现金之间的回报率的差值,其他类别的资产的回报率增量也相应下滑。很自然地,就如同前面几节曾经讲过的那样,高 β 值的各类资产所遭受的基于 β 系数的回报率的下滑也是最严重的。相比之下,这些资产的整体回报率中残余的部分就由其基于超额回报率来补足,由此可见,整个投资组合中超额回报率下降最多的就是 β 值较低的那些资产。

超额回报率的作用

为了看清超额回报率所发挥的作用,我们在图表 5.17 中展示了两条有效边界曲线中仅与超额回报率有关的部分。在以现金为基准的空间中,核心资产池权重恒定区间的曲线下滑,主要是因为超额回报率为正的债券类资产不断被仅有基于 β 系数回报率的股票类资产所取代。出于同样的原因,在以债券为基准的空间中,由于债券整体的超额回报率从一开始就被移除,所以核心资产池权重恒定区间的曲线就是一条完美的水平线,其超额回报率完全来自于权重为 60% 的核心资产池,而且这一回报率一直不变。

由此引发的下一个问题,就是 β 系数较高的核心资产池是否会带来更好的超额回报率。为了分析这个问题,我们引入一个超额回报率与以现金为基准空间内

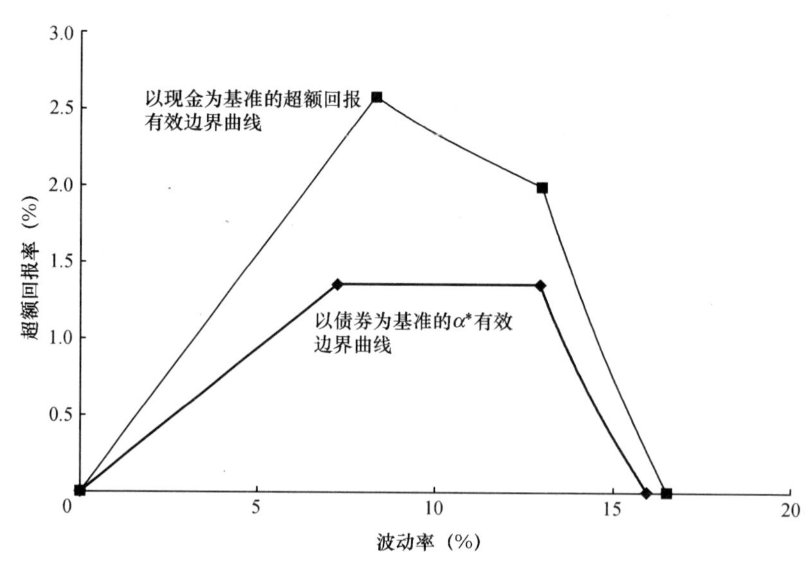

图表 5.17　仅与超额回报率有关的有效边界曲线

数据来源：摩根士丹利研究部。

的超额回报率相同的核心资产池，但该资产池的 β 系数为 0.80。然后我们在以债券为基准的图表 5.18 中将两条曲线——高 β 值的曲线和原始曲线——放置在一起进行对比。高 β 系数导致核心资产池权重恒定区间向右位移，但同时也带来了很明显的增量回报率（α^*）。尽管 β 系数较高的核心资产池带来了相应较高的风险，但是我们可以通过配置不同权重的调控性资产来调节整个投资组合的风险水平。举例来讲，为了使整个投资组合的风险水平维持在 10%，我们可以选择配置 β 系数较高的核心资产池，同时在调控性资产所占权重中降低股票的权重。

95

因此，当我们采用债券这种具有更高预期回报率的资产作为无风险基准时，可以通过采用降低股票权重和同时配置 β 系数较高的核心资产池来搭建出比较漂亮的有效边界曲线。虽然从数学计算的角度而言这一结论是成立的，但是我们仍然要提醒读者，正如此前一再强调的那样，此章节中的分析并没有改变任何一类资产的回报率，只不过调整了在以债券为无风险基准的空间内衡量这个数值的方法。如果从经济学的角度进行分析，那么我们一定要考虑各类别资产之间的相互作用，以及推动它们发生相互作用的回报率的动态变化情况。

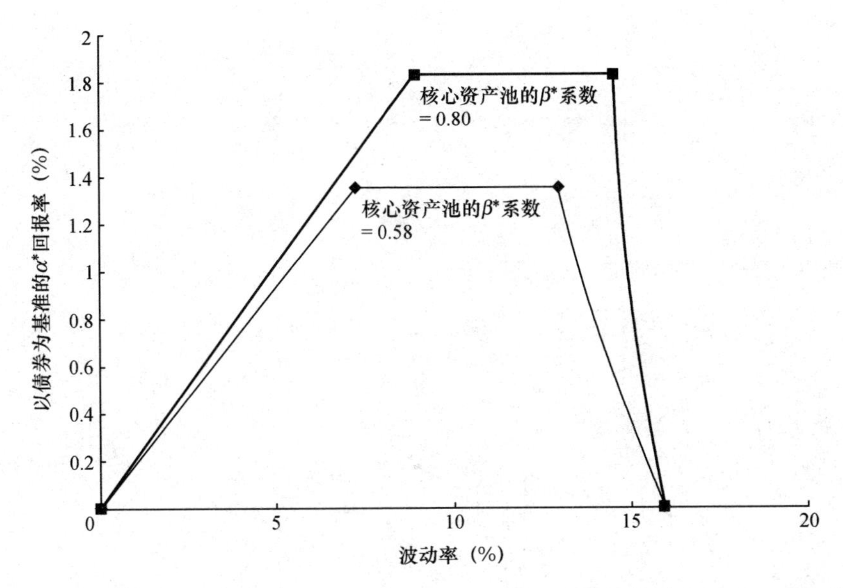

图表 5.18　以债券为基准的空间内核心资产池 β^* 系数不同时所得到的有效边界曲线

数据来源:摩根士丹利研究部。

本章附录

在以债券为基准的风险收益空间内转换到 α^* 和 β^* 系数的体系

当以现金的回报率 r_f 为无风险基准时,任一资产的回报率 r_i 可以被拆解为:

$$\tilde{r}_i = (\alpha_i + r_f + \tilde{\varepsilon}_i) + \beta_i(\tilde{r}_e - r_f)$$

在上述公式中,$\tilde{r}_e$ 是股票的回报率,$\tilde{\varepsilon}_i$ 和 $\tilde{r}_e$ 互为正交系数,即

$$E\{\tilde{\varepsilon}_i\} = 0$$

$$E\{\tilde{\varepsilon}_i\tilde{r}_e\} = 0$$

同时设

$$E\{\tilde{\varepsilon}_i^2\} = \sigma_{a_i}$$

我们假设各类资产仅通过相对于股票的敞口这一个因素发生关联,即

$$E\{\tilde{\varepsilon}_i\tilde{\varepsilon}_j\} = 0 \quad i \neq j$$

那么回归系数 β_i 可以通过下列公式计算得到

$$\beta_i = \frac{\mathrm{Cov}(\tilde{r}_i, \tilde{r}_e)}{\mathrm{Var}(\tilde{r}_e)}$$

$$= \frac{\mathrm{Cov}\{(\tilde{r}_i - r_f),(\tilde{r}_e - r_f)\}}{\mathrm{Var}\{(\tilde{r}_e - r_f)\}}$$

96　以此类推，当基准回报率变为 $\tilde{r}_B$ 时，设相对的超额回报率为 $\tilde{z}_i$，则可以得到下列公式：

$$\begin{aligned}\tilde{z}_i &= \tilde{r}_i - \tilde{r}_B \\ &= (\tilde{r}_i - r_f) - (\tilde{r}_B - r_f) \\ &= (\alpha_i + \tilde{\varepsilon}_i) - (\alpha_B + \tilde{\varepsilon}_B) + (\beta_i - \beta_B)(\tilde{r}_e - r_f) \\ &= (\alpha_i - \alpha_B) + (\beta_i - \beta_B)(\tilde{r}_e - r_f) + (\tilde{\varepsilon}_i - \tilde{\varepsilon}_B)\end{aligned}$$

并且我们用以下公式定义 β_i^*：

$$\begin{aligned}\beta_i^* &= \frac{\mathrm{Cov}\{(\tilde{r}_i - \tilde{r}_B),(\tilde{r}_e - \tilde{r}_B)\}}{\mathrm{Var}\{(\tilde{r}_e - \tilde{r}_B)\}} \\ &= \frac{\mathrm{Cov}\{(\tilde{z}_i,\tilde{z}_e)\}}{\mathrm{Var}\{(\tilde{z}_e)\}}\end{aligned}$$

代入以债券为基准的风险收益空间内的超额回报率 $\tilde{z}_i$，则得到如下公式：

$$\tilde{z}_i = (\alpha_i - \alpha_B) + (\beta_i - \beta_B)(\bar{r}_e - r_f)$$

并且

$$\begin{aligned}E\{\tilde{z}_i\tilde{z}_j\} &= (\alpha_i - \alpha_B)[(\alpha_i - \alpha_B) + (\beta_i - \beta_B)(\bar{r}_e - r_f)] \\ &\quad + (\beta_i - \beta_B)[(\alpha_j - \alpha_B)(\bar{r}_e - r_f) + (\beta_j - \beta_B)E\{(\tilde{r}_e - r_f)^2\}] \\ &\quad + E\{(\tilde{\varepsilon}_i - \tilde{\varepsilon}_B)(\tilde{\varepsilon}_j - \tilde{\varepsilon}_B)\} \\ &= (\alpha_i - \alpha_B)(\alpha_j - \alpha_B) + (\bar{r}_e - r_f)[(\alpha_i - \alpha_B)(\beta_j - \beta_B)] \\ &\quad + (\alpha_j - \alpha_B)(\beta_i - \beta_B)] + E\{(\tilde{r}_e - r_f)^2\}[(\beta_i - \beta_B)(\beta_j - \beta_B)] \\ &\quad + E\{\tilde{\varepsilon}_i\tilde{\varepsilon}_j - \tilde{\varepsilon}_i\tilde{\varepsilon}_B - \tilde{\varepsilon}_j\tilde{\varepsilon}_B + \tilde{\varepsilon}_B^2\} \\ &= E\{\tilde{z}_i\}E\{\tilde{z}_j\} - (\beta_i - \beta_B)(\beta_j - \beta_B)(\bar{r}_e - r_f)^2 \\ &\quad + E\{(\bar{r}_e - r_f)^2\}[(\beta_i - \beta_B)(\beta_j - \beta_B)] \\ &\quad + E\{\tilde{\varepsilon}_i\tilde{\varepsilon}_j - \tilde{\varepsilon}_i\tilde{\varepsilon}_B - \tilde{\varepsilon}_j\tilde{\varepsilon}_B + \tilde{\varepsilon}_B^2\}\end{aligned}$$

并且

$$\begin{aligned}\mathrm{Cov}(\tilde{z}_i,\tilde{z}_j) &\doteq E\{\tilde{z}_i\tilde{z}_j\} - E\{\tilde{z}_i\}E\{\tilde{z}_j\} \\ &= \{\beta_i - \beta_B\}(\beta_j - \beta_B)[E\{(\tilde{r}_e - r_f)^2\} - (\bar{r}_e - r_f)^2] \\ &\quad + E\{\tilde{\varepsilon}_i\tilde{\varepsilon}_j - \tilde{\varepsilon}_i\tilde{\varepsilon}_B - \tilde{\varepsilon}_j\tilde{\varepsilon}_B + \tilde{\varepsilon}_B^2\}\end{aligned}$$

$$= (\beta_i - \beta_B)(\beta_j - \beta_B)\sigma_e^2 + E\{\tilde{\varepsilon}_i\tilde{\varepsilon}_j - \tilde{\varepsilon}_i\tilde{\varepsilon}_B - \tilde{\varepsilon}_j\tilde{\varepsilon}_B + \tilde{\varepsilon}_B^2\}$$

在这个时候，我们必须小心几种特殊情况，即 $i \neq j$、$i = j$、i 或 $j = B$ 或 e 的情况。 97

由于

$$E\{\tilde{\varepsilon}_i^2\} = \sigma_{\alpha_i}^2$$

$$E\{\tilde{\varepsilon}_i\} = 0$$

同时根据假设

$$E\{\tilde{\varepsilon}_i\tilde{\varepsilon}_j\} = 0 \quad i \neq j$$

我们得到如下几种情况：

$$\mathrm{Cov}(z_i, z_j) = (\beta_i - \beta_B)(\beta_j - \beta_B)\sigma_e^2 + \begin{cases} 0 & i \text{ or } j = B \\ \sigma_{\alpha_B}^2 & i \text{ or } j = e \\ \sigma_{\alpha_B}^2 & i \neq j, i \neq B, e, j \neq B, e \\ \sigma_{\alpha_i}^2 + \sigma_{\alpha_B}^2 & i = j, i \neq B, e \end{cases}$$

$$= \begin{cases} 0 & i \text{ or } j = B \\ (1 - \beta_B)(\beta_j - \beta_B)\sigma_e^2 + \sigma_{\alpha_B}^2 & i = e \\ (1 - \beta_B)(\beta_i - \beta_B)\sigma_e^2 + \sigma_{\alpha_B}^2 & j = e \\ (\beta_i - \beta_B)(\beta_j - \beta_B)\sigma_e^2 + \sigma_{\alpha_B}^2 & i \neq j, i \neq B, e, j \neq B, e \\ (\beta_i - \beta_B)^2\sigma_e^2 + \sigma_{\alpha_i}^2 + \sigma_{\alpha_B}^2 & i = j, i \neq B, e \end{cases}$$

存在 $\sigma_{\alpha_B}^2$ 这一项就说明与之前以现金为基准的情况不同，对于 $\tilde{z}_i$ 而言，残差回报率之间总会存在某种程度上的关联。（但是，正如此前我们一直使用的风险主要由 β 系数主导的常见投资组合那样，这种残余的关联度不会对投资组合的整体风险水平带来实质的影响。）

因此，$\tilde{z}_i$ 相对于 $\tilde{z}_e$ 的回归系数 β^* 可以表示为下列公式：

$$\beta^*(z_i, z_e) = \frac{\mathrm{Cov}(\tilde{z}_i, \tilde{z}_e)}{\mathrm{Var}(\tilde{z}_e)} = \frac{(1 - \beta_B)(\beta_i - \beta_B)\sigma_e^2 + \sigma_{\alpha_B}^2}{(1 - \beta_B)^2\sigma_e^2 + \sigma_{\alpha_B}^2} \quad i \neq e, B$$

$$= \frac{(\beta_i - \beta_i\beta_B - \beta_B + \beta_B^2)\sigma_e^2 + \sigma_{\alpha_B}^2}{(1 - \beta_B)^2\sigma_e^2 + \sigma_{\alpha_B}^2}$$

$$= \frac{(\beta_i - \beta_B - \beta_i\beta_B)\sigma_e^2 + \sigma_B^2}{(1 - 2\beta_B)\sigma_e^2 + \sigma_B^2}$$

98 在上述公式中：

$$\sigma_B^2 = \beta_B^2\sigma_e^2 + \sigma_{\alpha_B}^2$$

虽然我们一直在强调这个部分的公式中 $i \neq B$ 或 e，但实际上最后这个公式只要 $i \neq B$ 就会成立，主要是因为

$$\beta^*(z_e, z_e) = \frac{(1 - \beta_B - 1 * \beta_B)\sigma_e^2 + \sigma_B^2}{(1 - 2\beta_B)\sigma_e^2 + \sigma_B^2} = 1$$

当 $i = B$ 时，我们必须回溯此前的一个结论：

$$\mathrm{Cov}(z_B, z_j) = 0$$

因此

$$\beta^*(z_B, z_e) = 0$$

用近似的方法计算 α 和 β 系数的变化程度

任何一类资产的基于 β 系数的回报率定义为：

$$\beta_{\text{return}} = \beta(\bar{r}_e - r_f)$$

在以债券为基准的空间内则定义为：

$$\beta^*_{\text{return}} = \beta^*(\bar{r}_e - \bar{r}_B)$$

因此两个不同空间内的 β 系数的差异的计算公式为

$$(\beta^*_{\text{return}}) - (\beta_{\text{return}}) = \beta^*(\bar{r}_e - \bar{r}_B) - \beta(\bar{r}_e - r_f)$$
$$\cong \beta(r_f - \bar{r}_B)$$

在上述公式中 $\beta^* \cong \beta$。

与此类似，α 系数可以被表示为：

$$\alpha = (\bar{r} - r_f) - \beta(\bar{r}_e - r_f)$$

99 类似地得到

$$\alpha^* - \alpha = (\bar{r} - \bar{r}_B) - \beta^*(\bar{r}_e - \bar{r}_B) - \{(\bar{r} - r_f) - \beta(\bar{r}_e - r_f)\}$$
$$\cong (r_f - \bar{r}_B) - \beta(r_f - \bar{r}_B)$$
$$\cong (1 - \beta)(r_f - \bar{r}_B)$$

并且

$$(\alpha^* + \beta^*_{\text{return}}) - (\alpha + \beta_{\text{return}} \cong [(1 - \beta) + \beta][r_f - \bar{r}_B]$$
$$\cong [r_f - \bar{r}_B]$$

◂ 第六章 ▸
扩大核心资产池(α)的权重

101

我们称大多数机构管理的基金的风险都是由β系数主导的,本质原因是这些基金的波动风险有90%都来源于其相对于股票投资的敞口。在其资产配置中不断加入另类资产可以在基金的整体波动率仅发生轻微上调的情况下带来更高的预期回报率,因此这些新加入的资产可以被视为通过资产配置获得的超额回报率(allocation alphas)的来源。

配置型超额回报率产生于策略性投资组合与生俱来的协方差结构,与通过积极选股管理策略获得的超额回报率(active alphas)有着本质的区别,积极型超额回报率在大多数情况下会导致一方得益而另一方受损。积极型超额回报率既可能是可转移的,也可能是与某类资产永久绑定的。如果基金的管理者认为某类别的资产存在绑定的、数值为正的积极型超额回报率(即使存在相应的风险),那么在考虑该类别资产在一个核心资产池内所应发挥作用的时候就要把其积极型超额回报率和配置型超额回报率的特征都同时包含在内。

只要一支基金的风险主要由β系数决定,那么其中包含一个根据受限制的积极型超额回报率和配置型超额回报率,以及可能与前二者重叠的可转移超额回报率而组建起来的权重适当的核心资产池,将不会对基金的整体波动率产生重大的影响。由此带来任何的回报率提升都可以被视为是在盈利边缘地带所产生的,一个比较有吸引力的风险收益比例。

另类资产天生的掣肘

对于基金而言，另类资产的存在意味着给它们提供了提高回报率或分散风险的工具和手段。但是，对于任何体量的机构投资组合而言，能够分配给某种另类资产的权重或能够分配给所有另类资产的权重都受到各种制约，这种限制措施有的是明显的，但更多情况下则是隐性的。这些权重上的限制，将对另类资产相对于整个投资组合的风险收益水平的作用产生巨大的影响。当我们把它们的回报率来源拆分为基于 α 和 β 系数的部分进行分析时就能看得更为清楚。基于 α 和 β 系数的回报率对于一个投资组合而言都是附加的成分，因此它们的出现能直接提升投资组合的整体回报率（需要指出的是，只有当超额回报率为正时，才能谈真正意义上的提升）。

102

但如果我们考虑随之而生的风险时，情况就显得更为复杂。通常我们认为加入另类资产之后，整个投资组合的波动性风险会得到有效分散。但实际上，这种做法起不到任何实质的作用。首先，许多另类资产与美国股票市场的关联程度都很高，使得它们都包含了隐性的 β 系数风险。当我们把另类资产带来的隐性 β 系数和美国股票显性 β 系数相加就会发现，许多看上去已经分散了风险的投资组合其 β 系数都十分近似，基本上集中在 0.50 至 0.65 的区间内。我们了解到美国的大多数年金、捐赠基金、基金会所管理的投资组合的波动率都集中在 10% 至 11% 的区间，而且其中 90% 的部分都来自于 β 系数的风险，如果我们考虑美国股票天生的波动性，再加上上面所讲的原因，也就不难理解为什么会出现这种共性的情况了。

传统意义上配置 50% 至 65% 股票的投资组合的风险很明显地就是受 β 系数主导。除此之外，许多股票权重很低，甚至低至 20% 的，看上去资产配置非常多元化的基金，由于其包含了许多隐性的 β 系数，所以其风险仍然受 β 系数的主导。因此，最直接的一个结果就是 β 系数的主导力量完全掩盖了任何因配置另类资产而产生的超额回报率的波动性风险。出现这种现象的好处就是这些另类资产可以为整支基金带来更多的超额回报率，同时它们自身的波动性不会对基金整体的波动率产生实质的影响。而这种现象的不利之处在于，在有限程度内配置另类资产并不会带来人们经常提起的多元化配置策略应有的好处——至少没有达到预期的降低波动性的作用。

如果另类资产能够提高整个投资组合的回报率,且只带来整体波动率的微小上浮,那么各类基金为什么还不多配置这些像黄金一样的资产呢?为了深入探讨这个问题,我们必须首先强调四点原则:

1. 由于任何一个风险收益空间内都存在诸多假设的前提条件,所以任何一支基金都有充足的理由去质疑是否能从任何一种另类投资中真正获得可靠的超额回报率。

2. 即使在基金确认可以从另类资产配置中获得超额回报率的情况下,仍然有诸多显性或隐性的制约因素使得该资产模式无法配置更多的另类资产(比如说,龙风险)。

3. 如果一支基金配置另类资产,可能会导致基金被暴露在任何波动估计方法都无法估计的风险之下。

4. 如果配置的另类资产超过某个水平,其所带来的基于超额回报率的风险有可能达到峰值,从而挑战 β 系数对风险的主导地位,也可能从此开始对整体波动性水平产生负面的影响。

组建核心资产池

103

对于任何一个针对资产配置模式的研究而言,一支基金对各类另类资产划定的限制条件都将对最终的研究结果产生根本性的影响,有些时候,这些限制条件是隐性的,只有通过对优化配置模式的不断锤炼才能被发现。我们在前面的章节中引入了核心资产池的概念,用于指代由另类资产所组成的最好的亚投资组合。除此之外,我们还提出任何一支基金都应该逆转常规的资产配置模式,他们应该一开始就把注意力都放在仔细(且符合实际)地去组建核心资产池。在常见的 β 系数主导风险的情况下,组建核心资产池时首要关注的问题并非是另类资产的波动性风险(但仍然需要考虑各另类资产对整体 β 系数的贡献度问题);相反的,首要考虑的问题应该是各种另类资产可能带来的回报率,以及随之而生的通过标准波动率估计手段无法预知的风险。一旦组建了一个核心资产池,我们就可以测算其整体 β 系数,从而也就可以根据预期的投资组合风险程度来添加调控性资产(即美国股票、债券和现金)。

通过这种方式组建的核心资产池,其主要的功能就是为整个投资组合带来增量预期回报。如果我们给这个核心资产池划定相对固定的权重,那么在整个配置的过程中其内部结构应该保持相对稳定,而整个投资组合的波动率水平就通过添加不同权重的调控性资产来进行调节。如果我们能够维持核心资产池权重恒定不变,那么就可以将整个投资组合的有效边界简化为由三个部分组成的曲线:

1. 一段与核心资产池对应的曲线,其代表的情况是核心资产池保持最大的权重,而整体波动性水平由债券或股票组合比例的变动来决定。

2. 一段与股票投资增量对应的曲线,其代表的情况是管理者不断向整个投资组合中注入股票,其权重与核心资产池的权重呈反比例增加。

3. 一段连接现金基准点与核心资产池曲线起点的曲线,其代表的情况是在核心资产池曲线起点以前的部分,通过投资现金而取代债券和核心资产池所占的权重,从而降低整体波动性水平。

但是,这种做法默认了核心资产池已经被扩大到了所能允许的最大权重。而现实中更常见的情况是,核心资产池会一直处于不断构建的过程中,其在整个投资组合中所占的权重仍然有扩大的余地。

回报率最大化的核心资产池

在我们的分析当中,核心资产池被视为一个整体,只包含一个总的超额回报率、一个基于超额回报率的波动率和一个隐性的 β 值。为了更加简化下面的讨论,我们把调控性资产的范围限定在现金和美国股票之内(也就是说不包含债券)。进行这样的简化之后,我们就可以通过其 β 系数这一个变量来描述由调控性资产构成的亚投资组合。因此,整个投资组合的 β 系数就可以看作是相对于股票投资的显性敞口风险和核心资产池包含的隐性风险的加总。

104

图表 6.1 展示了在标准的风险回报空间内各类别资产权重不受限制时,所得到的有效边界曲线。图表 6.2 列示了各类别资产自身的配置型超额回报率和 β 系数,而图表 6.3 则是仅考虑超额回报率的空间内,各类别资产权重不受限制时的有效边界曲线。

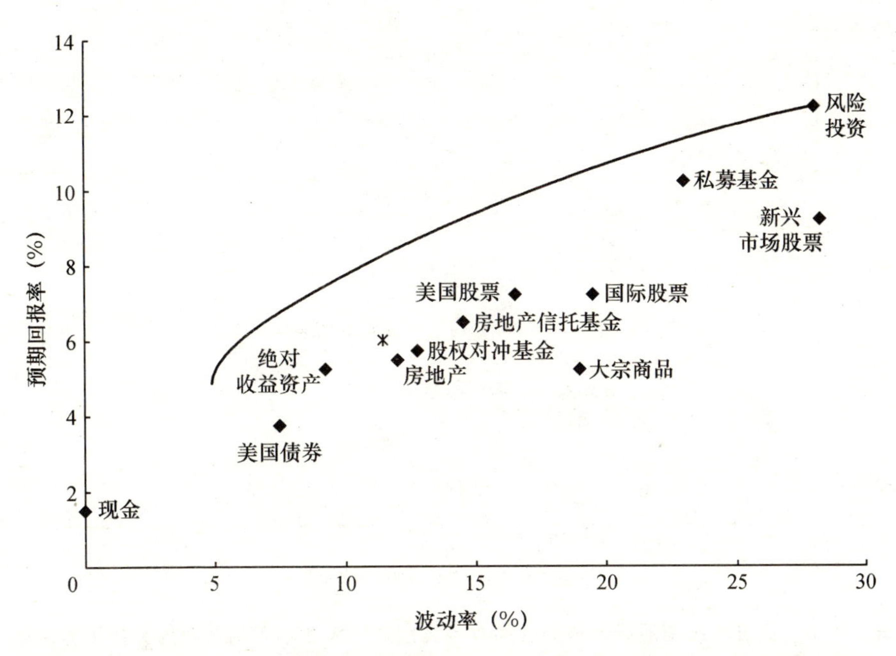

图表 6.1　在标准风险收益空间内各类别资产权重不受限制时的有效边界曲线

数据来源:摩根士丹利研究部。

图表 6.2　各类别资产的特征

资产类别	预期回报率	α	β	σ	$\beta\sigma$	σ_α
核心资产						
风险投资	12.25	7.37	0.59	27.75	9.71	25.99
大宗商品	5.25	5.41	-0.29	19.00	-4.75	18.40
房地产	5.50	3.58	0.07	12.00	1.20	11.94
新兴市场股票	9.25	3.36	0.76	28.00	12.60	25.00
私募基金	10.25	3.14	0.98	23.00	16.10	16.43
房地产信托基金	6.50	2.22	0.48	14.50	7.98	12.11
绝对收益类资产	5.25	2.14	0.28	9.25	4.63	8.01
国际股票	7.25	1.33	0.77	19.50	12.68	14.82
股权对冲基金	5.75	0.47	0.66	12.75	10.84	6.72
调控性资产						
美国债券	3.75	1.47	0.14	7.50	2.25	7.15
美国股票	7.25	0.00	1.00	16.50	16.50	0.00
现金	1.50	0.00	0.00	0.00	0.00	0.00

数据来源:摩根士丹利研究部。

上面这条仅考虑超额回报率的空间内各类别资产权重不受限制时的有效边界

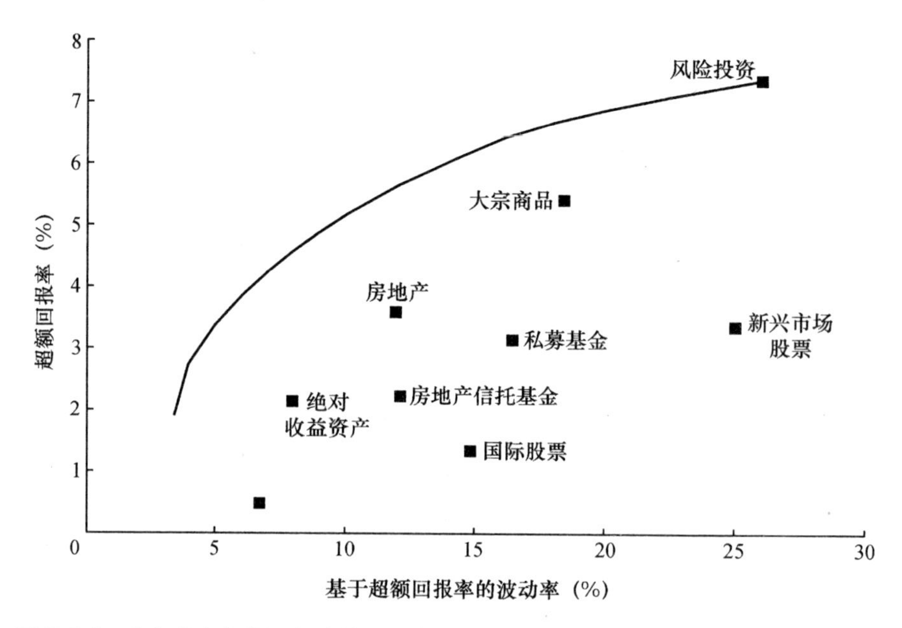

图表 6.3 在仅考虑超额回报率的空间内各类别资产权重不受限制时的有效边界曲线
数据来源：摩根士丹利研究部。

曲线的问题在于其没有考虑到另类资产天生的掣肘。从一开始，我们就把整个核心资产池的总权重限定在了 30% 的水平，而核心资产池内各类资产的权重上限也有具体的规定，详见图表 6.4。

106

图表 6.4 核心资产池内各类别资产的权重上限

资产类别	权重上限
核心资产	
风险投资	10%
大宗商品	10%
房地产	20%
新兴市场股票	10%
私募基金	10%
房地产信托基金	10%
绝对收益类资产	20%
国际股票	30%
股权对冲基金	25%

数据来源：摩根士丹利研究部。

图表 6.5 展示的是当核心资产池的总权重限定在 30% 时，在仅考虑超额回报率的空间内，各类资产权重受限和不受限时的两条有效边界曲线。在不受限的情

况下,超额回报率最大化(也即波动率最大化)的情况发生在把核心资产池的30%权重全部分配给风险投资时。相比之下,在各类资产权重受限的时候,只有根据各类资产最高权重同时配置超额回报率最高的三种资产,才能取得最高的回报率(也即达到最高的波动率水平)。据此可以预测到,各类资产权重受限情况下的有效边界曲线将落于不受限曲线的下方,而且其高风险高收益的区段将会大大缩短,如图表6.5所示。

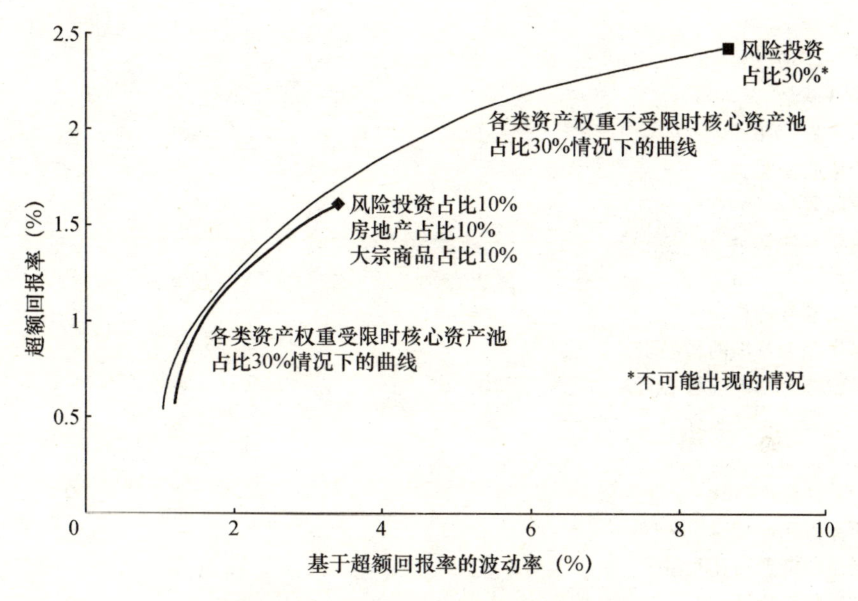

图表6.5　核心资产池的有效边界曲线

数据来源:摩根士丹利研究部。

在各类资产权重受限时核心资产池占比30%的情况下,其曲线在超额回报率最高的组合端点时的回报率为1.64%,且该点处的波动率为3.40%,夏普系数为0.48。在受限曲线的中段有各种不同情况时的点,其波动率都可能更低,且夏普系数更好。但是,在整个投资组合的风险仍然受β系数主导的情况下,由于基于超额回报率的风险可能被掩盖,因此获得更高的超额回报率才是值得重点关注的问题。所以总的来说,受限曲线超额回报率最高点处的资产配置方案可以被近似地看做是最值得优先选用的核心资产池配置方案。

假设投资组合整体的目标波动率水平为10%。在核心资产池初始权重限定为30%的情况下,可以从图表6.6中看到其整体的风险收益特征。由于核心资产池的波动率为3.40%,所以为了达到10%的整体波动率水平,整支基金的β系数

107

应该为

$$\beta_{\text{total}} = \frac{1}{16.5}\sqrt{(10)^2 - (3.40)^2} = 0.57$$

图表 6.6　核心资产占 30% 的投资组合的风险收益特征

核心资产池的结构	核心资产池占比 30%
风险投资	10%
大宗商品	10%
房地产	10%
新兴市场股票	
私募基金	
房地产信托基金	
绝对收益类资产	
国际股票	
股权对冲基金	
小计	30%
整支基金的结构	
以现金为基准的核心资产占比	30%
以债券为基准的核心资产占比	0%
核心资产占比小计	30%
股票占比	53%
调控性资产占比	17%
债券占比	0%
调控性资产占比小计	70%
风险收益特征	
占比 30% 的核心资产池的贡献	
超额回报率	1.64
基于超额回报率的波动率	3.40
基于超额回报率的夏普系数	0.48
隐性 β 系数	0.04
基于 β 系数的回报率	0.23
基于 β 系数的波动率	0.66
占比 70% 的调控性资产的贡献	
显性 β 系数	0.53
基于 β 系数的回报率	3.06
基于 β 系数的波动率	8.78
夏普系数	0.35
现金占比 100% 时的回报率	1.50
投资组合整体情况	
预期回报率	6.43

(续表)

核心资产池的结构	核心资产池占比 30%
β系数	0.57
基于β系数的波动率	9.44
整体波动率	10.00
基于β系数的波动率在整体波动率中的占比	94.4%

数据来源:摩根士丹利研究部。

由于大宗商品的β系数测算值为负,所以这个核心资产池的β值很低,仅为0.04,因此我们就通过配置53%的美国股票来弥补剩余的β系数(=0.57-0.04)。现在得到的投资组合核心资产池占比为30%,股票权重为53%,现金占据了剩余的17%(我们在前面就说过了,在这个部分中用现金作为固定收益类资产的替代品)。这个投资组合的整体回报率为6.43%,整体波动率与预期吻合,为10%。整个投资组合基于β系数的风险程度占到了整体风险程度的94%,说明这仍然是一种β系数主导风险的情况。

风险与回报的花式图

投资组合的风险主要受β系数的主导,且核心资产池的运用主要是为了提高其整体回报率,我们可以通过图表6.7中的花式图来放大这种特征,花式图是从标准的风险收益空间图演化得来的。

图中的虚直线是现金股票基准线。不包含核心资产池的、纯粹基于β系数获得回报率的亚投资组合的回报率等于4.78%(计算方法是0.57×5.75%的股票风险溢价回报率+1.5%的无风险回报率),其波动率等于9.41%(计算方法是0.57×16.5%的股票波动率)。从这个点开始盛开的花式图代表的是核心资产池权重不断增加的情况下整个投资组合的风险收益特征点的集合。当核心资产池的权重达到30%时,我们就看到前一节中讨论过的投资组合的风险收益特征,其整体回报率为6.42%,波动率达到预期的10%。

从花式图中我们也可以看到,理论上讲,如果给定的核心资产池的权重能够不断增加,那么整个投资组合的风险收益水平也会相应提高。当然,我们不可能再次增加核心资产池的权重,因为分配给风险投资和大宗商品类资产的权重已经达到

109

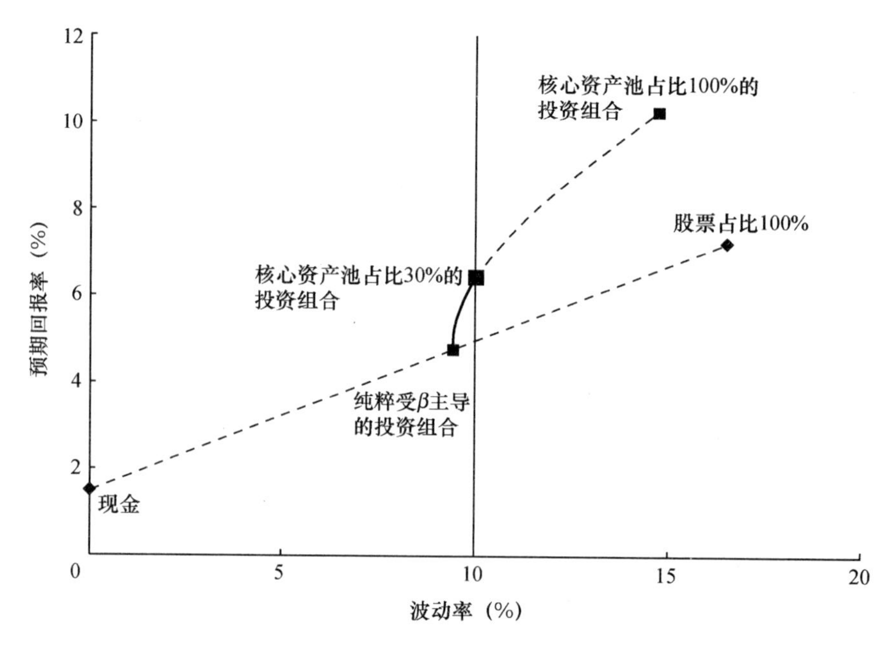

图表 6.7 风险收益特征的花式图

数据来源：摩根士丹利研究部。

了所能允许的上限。但是，展示这种花式图的主要目的是向读者们说明加入核心资产池将能够提高整个投资组合的风险收益水平。需要特别指出的是，当核心资产池的权重较低，整体风险水平仍然受 β 系数主导的情况下，花茎的攀升更贴近于垂直，这代表着在波动率增长较少的情况下，回报率得到了较快的提升。同时也要看到，当核心资产池的权重超过 30% 之后，花茎越来越向右倾倒，这说明核心资产池带来的增量波动率在整体波动率中的影响力也在逐步增加。

扩大核心资产池的权重

既然我们在前面的章节中看到核心资产池是超额回报率的重要来源，那么顺理成章地，就是去考虑如何扩大核心资产池的权重。出于讨论的需要，我们暂且假设各类资产并不受人为的权重限制，且假设核心资产池的权重可以达到 60%。理论上讲，我们可以通过去除调控性资产中的现金或通过借贷资金加大对核心资产的投资来达到扩大其权重的目的。

110

当核心资产池的权重扩大到60%之后,我们面临的问题发生了一些变化。假设核心资产池内各类资产的组成不变,那么它们所带来的超额收益和风险都随之被放大。我们通过图表6.8来展示这种放大效果,如图所示,一开始选定的核心资产池权重为30%时的有效边界线及其回报率最高点都被放大到了原来的2倍。但是,正如我们在前面的一节中讲过的那样,这种成倍的增长也要受限于各类资产所被容许的上限,上限权重如图表6.4所示。举例来讲,扩大核心资产池的整体权重至60%意味着风险投资类资产的权重应该翻倍到20%,但是该类别资产人为限定的最高权重仅为10%。因此,如图表6.8所示,各类资产最高权重受限情况下的有效边界曲线比简单地从30%翻倍到60%的有效边界曲线要低。核心资产池权重较高的情况下,如果其所包含的各类资产的权重受人为划定的上限制约,那么其有效边界的下行和缩短两个趋势就是必然的。

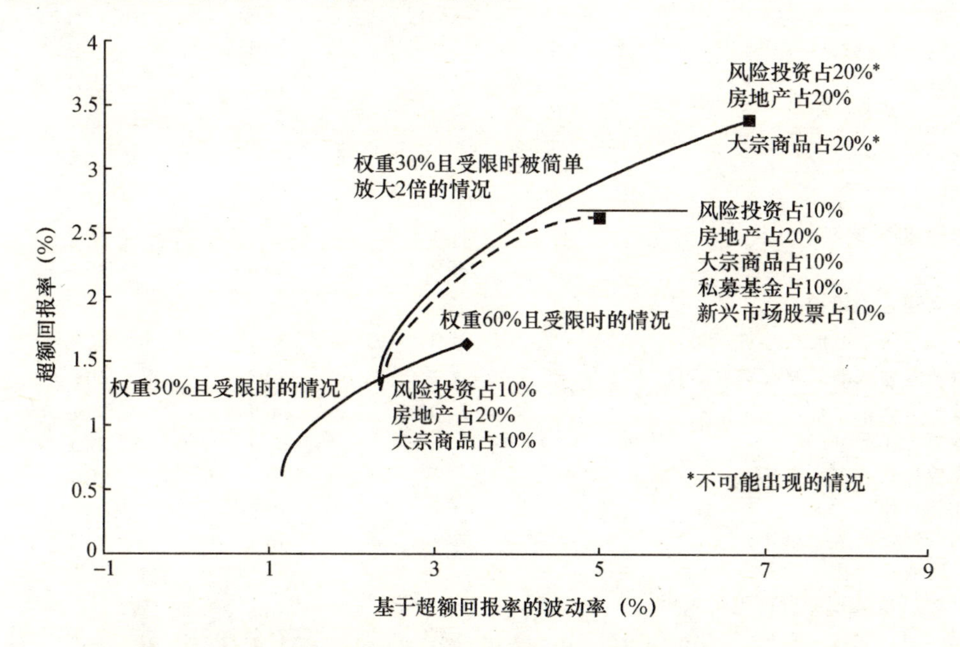

图表6.8 仅考虑超额回报率空间内各类资产权重上限受制时的有效边界
数据来源:摩根士丹利研究部。

在各类资产可容许上限的核心资产池,其整体权重为60%的情况下,回报率最大化的亚投资组合应该包含20%的房地产和各占10%的新兴市场股票、风险投资、私募基金以及大宗商品。如图表6.9所示,这个新形成的核心资产池带来了更高的2.64%的超额回报率,基于超额回报率的波动率为4.98%,同时其隐性的β

112

系数也显著增加到了0.21。为了使整个投资组合的波动率维持在10%的水平，我们必须把对美国股票的直接配置减少到31%。也就是说，新的投资组合包含60%的核心资产、31%的股票和9%的现金。但是，该投资组合整体的β系数仍然高达0.52，也就是说β系数仍在该组合的风险水平中起着主导作用，投资美国股票的风险敞口仍然占到整个波动性风险的86%。

图表6.9　以债券作为基准情况下核心资产占比各异的投资组合

核心资产池的结构	核心资产池占比30%	核心资产池占比60%，其中30%进行杠杆配置	核心资产池占比90%，其中60%进行杠杆配置
风险投资	10%	10%	7.89%
大宗商品	10%	20%	10.00%
房地产	10%	10%	18.12%
新兴市场股票		10%	3.87%
私募基金		10%	8.39%
房地产信托基金			10.00%
绝对收益类资产			20.00%
国际股票			4.34%
股权对冲基金			7.39%
小计	30%	60%	90%
整支基金的结构			
以现金为基准的核心资产占比	30%	30%	30%
以债券为基准的核心资产占比	0%	30%	60%
核心资产占比小计	30%	30%	30%
股票占比	53%	31%	22%
调控性资产占比	17%	9%	0%
债券占比	0%	0%	-12%
调控性资产占比小计	70%	40%	10%
风险收益特征			
占比30%的核心资产池的贡献			
超额回报率	1.64	2.64	2.91
基于超额回报率的波动率	3.40	4.98	4.41
基于超额回报率的夏普系数	0.48	0.53	0.66
隐性β系数	0.04	0.21	0.32
基于β系数的回报率	0.23	1.22	1.85
基于β系数的波动率	0.66	3.51	5.31
占比70%的调控性资产的贡献			
显性β系数	0.53	0.31	0.22
基于β系数的回报率	3.06	1.78	1.27

（续表）

核心资产池的结构	核心资产池占比30%	核心资产池占比60%，其中30%进行杠杆配置	核心资产池占比90%，其中60%进行杠杆配置
基于β系数的波动率	8.78	5.13	3.63
夏普系数	0.35	0.35	0.35
现金占比100%时的回报率	1.50	1.50	1.50
投资组合整体情况			
预期回报率	6.43	7.15	7.53
β系数	0.57	0.52	0.54
基于β系数的波动率	9.44	8.63	8.94
整体波动率	10.00	10.00	10.00
基于β系数的波动率在整体波动率中的占比	94.4%	86.3%	89.5%

数据来源：摩根士丹利研究部。

下面的花式图(图表6.10)生动地说明了核心资产池占比60%的情况下，杠杆所发挥的作用：

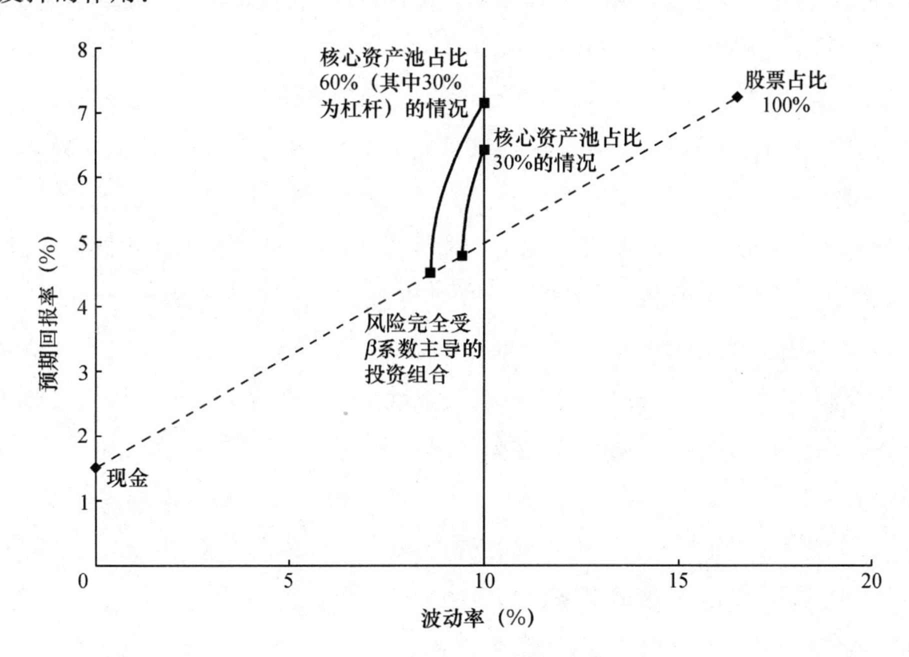

图表6.10　杠杆效应下的花式图

数据来源：摩根士丹利研究部。

- 完全受β系数主导风险的投资组合，其风险收益点在现金股票基准线上的位置下移。

- 由于β系数持续处于主导地位,花茎的成长方向仍然呈现几近垂直的向上趋势。
- 整个投资组合受益于超额回报率的提高,整体回报率达到了7.15%。

113 超越β系数主导的局限

在理想状态下,风险收益比最高的投资组合所包含的α和β系数的波动率会显得相对比较均衡。在这种情形中,我们看到β系数已经失去了主导地位,我们也无法再忽视核心资产池带来的超额回报率的波动风险,也无法盲目地假设能够带来最高超额回报率的核心资产池一定是最优的选择。随着我们进一步深入探讨这种使得全局更加合理的结构,我们越来越需要探究超额回报率和基于β系数的波动性的相互关系,也将引导我们寻找到夏普系数更好的核心资产池,因为夏普系数直接反映了核心资产池的风险收益特征。

上面一节中列示的最后一个杠杆操作的投资组合,其90%的权重都分配给了一个更加有效的核心资产池,这也是在谋求全局性的优化配置过程中的一种尝试。如图表6.9所示,这个新的核心资产池中各种另类资产都获得了一定的权重。对于部分类别的资产来说,比如新兴市场股票,其获得的权重远低于其在此前曾经列举过的回报率最大化的核心资产池中的权重。由于核心资产池的权重占到了90%,为了使整支基金的波动率维持在10%的水平,我们需要配置22%的股票。因此,在这个端点处,现金的权重为-12%,也就是说这个投资组合必须使用杠杆。

如图表6.11所示,各类资产权重受限情况下,核心资产池权重90%时的有效边界线的位置处于其他两条线的下方,最上方的一条是核心资产池权重30%情况下,放大3倍的曲线,中间的一条是核心资产池权重60%情况下,放大1.5倍的曲线。我们可以看到,本节选用出来作为案例的核心资产池,其位置低于回报率最大化的端点,也反映出更佳的夏普系数,为0.66。

最后,再用图表6.12来展示核心资产池权重90%时的有效边界的花式图。由于该核心资产池的超额回报率较高且波动率较低,所以花茎的生长更加呈现出近似垂直向上的趋势,最终达到7.53%回报率的端点,且目标波动率维持在10%。

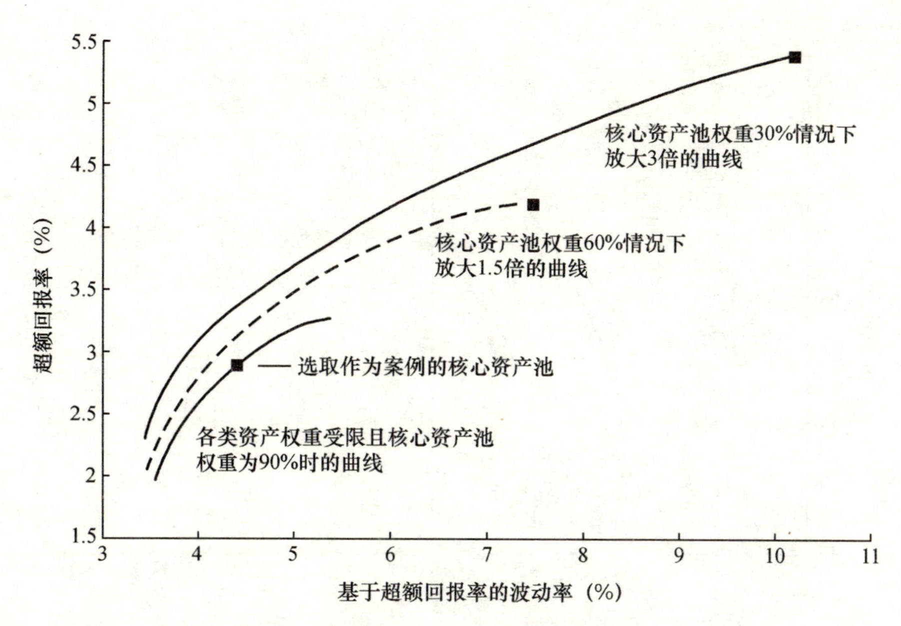

图表 6.11　各类资产权重受限情况下超额回报率有效边界曲线的序列图

数据来源:摩根士丹利研究部。

总而言之,假设采用杠杆操作过程中所使用的各种模型和前提条件都可信且可容许,那么从理论上讲,这个采用了高杠杆的投资组合确实是一个比其他组合都更加优异的选择。

同时我们仍然需要指出,上述杠杆操作的投资组合,其整体风险水平仍有89%受β系数主导。根据我们一开始给出的协方差矩阵和各类假设的限定值,任何一个成规模的核心资产池都必然给整个投资组合注入相当分量的隐性β值(除非投资组合的管理者能够容许大比例配置β系数较低的资产,如大宗商品和房地产等)。所以,通常来讲很难同时实现既降低β系数的主导作用,又维持投资组合整体10%的风险水平不变。

要想取得理论上最优的配置结构,我们必须满足以下条件:允许通过积极管理获得的各类资产的超额回报率出现显著的叠加;采用不同的协方差预估值;扩大可选的资产种类;放松对β系数较低的各类资产的权重限制;并且对目标波动率的要求也要相应变得更灵活。最近我们观察到的一些趋势都表明,人们通过不同方式,正逐步过渡至这种自由程度更高的配置模式,这也是当代资产配置领域所应有的自由。

115

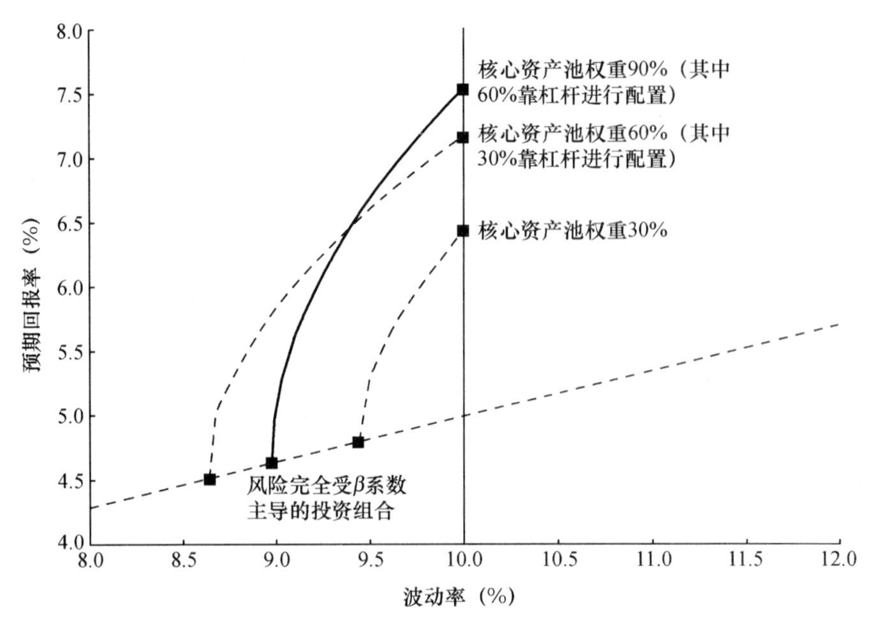

图表 6.12 采用杠杆操作的核心资产池权重 90% 时的花式图

数据来源：摩根士丹利研究部。

积极型和配置型超额回报率共生的情况

核心资产池与生俱来就包含着隐性的高 β 值，而这一特征也是我们在平衡基于 α 和 β 系数的波动率，并使其都产生积极作用的过程中的一大障碍。核心资产池采用杠杆的比例越高，其带来的隐性 β 系数杠杆化的程度也就越高。因此我们很难使得基于超额回报率的波动率提升到一个足以挑战（进而分散）β 系数的主导地位的高度。正如我们在图表 6.9 中已经看到的那样，即使核心资产池的权重达到 90%，整个投资组合的波动率仍然有 89% 的成分受制于 β 系数。

在前面所有章节的讨论中，我们关注的重点局限于结构性配置型超额回报率这一个因素，也就是某类资产剔除其隐性的 β 的回报率之后的残余回报率。这些配置型超额回报率是根据一支基金的回报率协方差模型中各类资产内涵的特征所得来的。我们并没有涉及积极管理策略，或精选更好的投资载体，又或选择更优秀的投资管理人所带来的超额回报因素。

如果我们考虑通过附加这些(假设为正数的)积极型超额回报率来提升固有的配置型超额回报率水平,那么通过杠杆来配置核心资产池所带来的增量收益可能会得到相当可观的提升。积极型超额回报率既可能在不同种类的资产之间转移,也可能固化于其本源类的资产。在后一种情况下,绑定于该类资产的积极型超额回报率的风险收益特征应该被合并计算为该类别资产总的超额回报率的一部分。这种把积极型超额回报率和配置型超额回报率合并计算的方式肯定会使得该类资产显得更为诱人,因此也必将影响整个核心资产池的组成。除此之外,如果我们视这些积极型超额回报率(不论可转移或已绑定)的变动情况与美国股票的走势无关,则与它们伴生的风险主要被算入基于超额回报率的风险,而不会被加入基于β系数的风险。因此,只要积极型超额回报率的数值为正,则其必将使得整支基金的风险收益特征得到正面的提升。

采用这种两类超额回报率共生的计算方法所带来的好处预示着,在我们计算基础回报率和协方差的时候或许应该把潜在的积极型超额回报率考虑在内。但在此处需要提醒读者的是,这样做需要投资管理人秉持一种完全不同的判断力和信心。一方面来讲,一支基金的回报率协方差矩阵最主要的目的就是帮助人们开发出具有战略眼光的配置策略。因此,这个矩阵通常都很客观地反映出各类资产在市场上的常规特征。就算我们在现实中看到大家使用的回报率协方差矩阵有着诸多的相似之处也不足为奇。从另一方面来讲,对积极型超额回报率的测算数值根据其身处的基金不同总是不一样的,这充分体现出每支基金都因其独特的结构而具有一定的优势,也体现出基金管理人在各类资产中提取超额回报率方面的经验。

116

鉴于以上提到的原因,任何人在试图把这些特征迥异的因子加入一个结构严谨的、两类超额回报率共生的配置时,都应该格外小心。与此同时,我们清晰地看到,在任何一项针对核心资产池的配置方式,或在给定的投资组合中核心资产池如何合理扩张(或杠杆化)的讨论中,只有将两类超额回报率都纳入讨论才能称得上是比较全面的。

本章结论

典型的资本市场假设条件总是暗示不同类别的资产的配置型超额回报率都是

正数。如果一支基金发现自己也和市场上大多数同行一样,处于风险受β系数主导的情况下,那么它就值得花些力气去开发和扩大核心资产池的作用。这种做法所带来的好处的大小首先取决于能够带来超额回报率的各类资产权重上限的设定,继而取决于整个核心资产池的权重上限的制定。

常规来讲,随着核心资产池权重的不断增加,资产池自身的结构及其所带来的风险收益效益将经历以下几个阶段的变化:

- 选择配置能够带来最高超额回报率的各类资产,并给予其所能容许的最高权重。
- 加入权重仍有增长空间的、超额回报率次高的其他类型资产。
- 形成一个夏普系数较优的风险分散的亚投资组合,这个过程中基于超额回报率的波动率所产生的影响将越来越明显。
- 最终形成一个充分利用各类资产权重上限进行配置的核心资产池。

在这个扩张放大的过程中,核心资产池最终将触及一个回报率下跌的端点,在此端点以外进一步延伸的空间内,由于基金整体的波动率维持不变,越来越大的核心资产池只会导致其总体回报率下跌。

截至目前的讨论中,我们用作风险衡量指标的唯一基准是整个投资组合的波动率。但是正如我们前面已经讲过的那样,年化波动率只是风险衡量体系中的一个方面。特别需要指出的是,在处理非标准类别的资产时,作为构成核心资产池的要件,在设定它们的配置上限的时候我们还需要考虑很多其他的因素,比如资产可用性、流动性、模型风险、曝光风险、减持计划(duration scheduling)、载体选择、估值复杂性以及龙风险等。因此,任何一支基金在决定到底要扩大核心资产池权重到何种程度的过程中都应当考虑自身适用的标准,并根据实际情况做出判断。

117

第七章
受超额回报率(α)驱动的有效边界

非标准类别的资产通常都会受到各种显性或隐性的制约,因此它们在策略投资组合中所能发挥的作用也会受到相应的抑制。对于那些大量提供超额回报的资产类型,其所受的限制条件更为严格。在前面的章节中,我们引入了超额回报核心资产池(简称"核心资产池")这个概念,专门用于指称由带来超额回报率的各类资产所组成的最优的亚投资组合。 119

我们也在前面的章节中提出了建议,希望基金管理人能够逆转常规的资产配置过程,从一开始就把主要精力放在组建这个核心资产池上。由于市场上常见的基金的整体风险水平都是受β系数主导,所以配置另类资产时关注的重点不应该是其所带来的波动性风险(当然必须考虑其对整体β值的影响),而应该关注其能够贡献的超额回报率,及其他在标准波动率测算之外的风险。形成一个有效的核心资产池后,我们就能算出其隐含的整体β值,然后就可以加入传统的调控性资产(美国股票、债券、现金),从而使得整个投资组合的整体波动率水平维持在目标水平。在本章的分析中,我们将向读者展示如何导出一个核心资产池的有效边界线,以及如何将超额回报率的有效边界与相辅的β系数的有效边界整合,从而导出整支基金的有效边界。

可以对核心资产池法加以推广,用来分析在不同波动率水平下投资组合的结构如何发生相应的变化。当基金的整体波动率较低时,各类资产的权重限制条件还不会产生严重的遏制作用,此时首要考虑的因素是其风险收益比例。配置最优的投资组合一定是同时包含了β系数及所有可带来超额回报率的资产组合。但在基金整体风险水平较高的情况下,各类能带来超额回报率的资产的权重就受到严格限制,最优化的投资组合也被迫体现出风险受β系数主导的特征。在这个风险收益组合内,基于超额回报率的波动风险几乎无关紧要,一个由超额回报率最高的各类资产组成且权重恒定的核心资产池基本上就能成为组建接近最优投资组合的基础。组建这样一个权重恒定的核心资产池最简单的方法就是从超额回报率最高的资产入手,逐类配置,每一类都达到其所被容许的最高权重,直到核心资产池整体的权重达到上限为止。最终,对于那些追逐高风险的基金来说,其容纳的基于 β 系数的成分更多,也因此推高了其波动性。

120

仅考虑超额回报率下的有效边界

在任何一个针对风险收益特征的研究中,各类资产所受的限制因素都是一个关键的要素,而另外一个重要的限制因素则是整个核心资产池所被容许的最高权重。从一开始,我们就给核心资产池限定了30%的权重上限,且其内部所含的各类资产也有一个权重的上限,具体如图表7.1所示。

图表7.1　各类别资产的权重上限

资产类别	权重上限
核心资产	
风险投资	10%
大宗商品	10%
房地产	20%
新兴市场股票	10%
私募基金	10%
房地产信托基金	10%
绝对收益类资产	20%
国际股票	30%
股权对冲基金	25%

数据来源:摩根士丹利研究部。

图表7.2展示的就是这个总权重为30%的核心资产池在风险收益空间的有效边界。这条有效边界线可以被大致分为三段。在超额回报率的波动率较低的区间内,有效边界的形状为直线,核心资产池内的各类资产组合带来的夏普系数(即它们的超额回报率除以超额回报率伴生风险的比例)是最优的。夏普系数最优的状态通常也表明所配置的资产类别比较广泛,没有任何一类资产会成为具有主导力

量的资产。因此各类资产所分得的权重也相对较小,也远远低于该类别资产所被容许的权重上限。在波动率足够低的区间内,各类高风险资产的权重配比总是恒定的,人们通常通过在核心资产池外辅以现金来取得较低的整体风险水平。

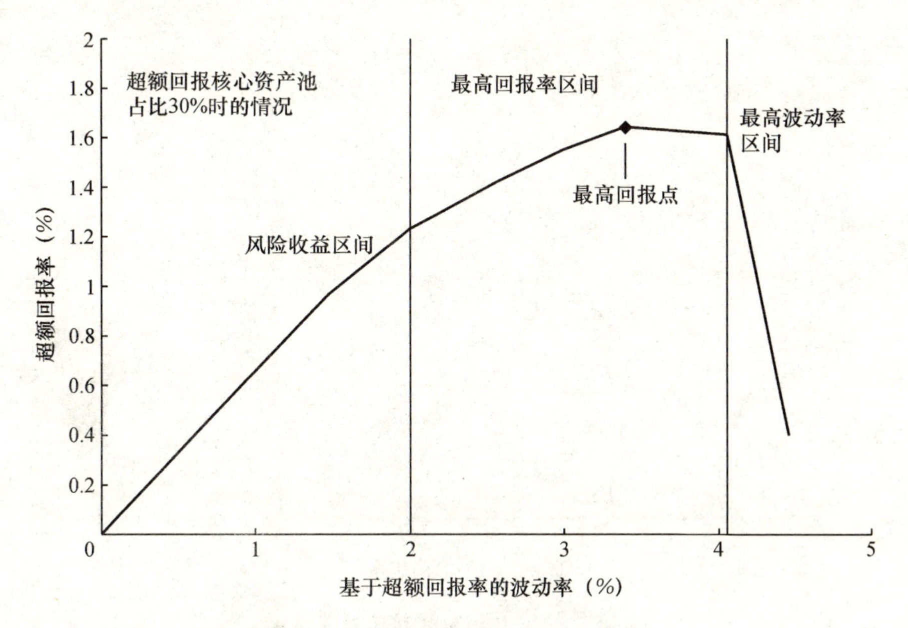

图表 7.2 超额回报的有效边界曲线

数据来源:摩根士丹利研究部。

随着我们逐步进入高风险区间,各类资产的权重限制所发挥的作用越来越明显,有效边界线也从之前的直线形态开始向下弯曲,逐渐演变成曲线。最终,有效边界曲线将达到一个最高回报率点,之后,回报率随着波动率的增加,呈现逐步下降的趋势。有效边界上回报率最高的点所对应的核心资产池中应该包含超额回报率最高的各类资产,同时也要受制于其自身的权重上限,对于核心资产池整体权重为 30% 的情况而言,其资产配置应该包含权重均为 10% 的风险投资、大宗商品和房地产。

如果要把基于超额回报率的有效边界加入整支基金的有效边界中,我们就必须综合考虑所有带来超额回报的资产和其他基于 β 系数带来回报率的资产,只有当它们的波动率水平达到相应水平时才能保证整支基金的波动率水平达到要求。图表 7.3 中,虚点构成的直线代表基于 β 系数的风险收益特征曲线,我们将其与超额回报空间内的有效边界强行叠加在一起。在高波动率区间内,β 曲线的形状比 α

曲线的形状要更好。因此,在某个特定的点位之后,如果一支基金还在追逐更多的风险,那么它就应该选择加入更多基于 β 系数的成分,而非带来超额回报率的资产。

122

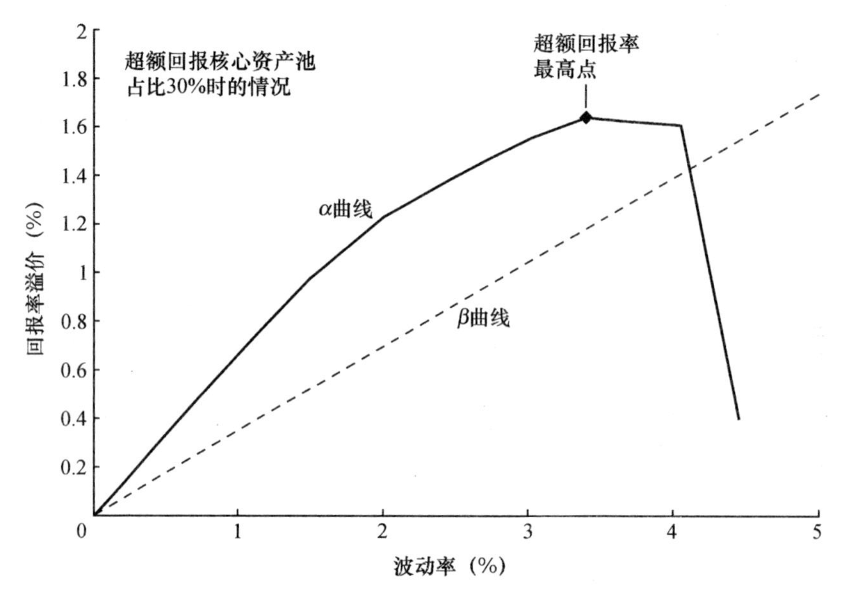

图表 7.3　α 曲线和 β 线叠加图

数据来源:摩根士丹利研究部。

在基于超额回报率的波动率给定的情况下,总能找到一个相应的基于 β 系数的波动率以达到整支基金的目标波动率水平,同时带来最优的整体回报率。图表 7.4 展示的是基于超额回报率和 β 系数的波动率的不同组合导致投资组合整体波动率分别为 2%、10% 和 15% 时的情况。当整体波动率为较低的 2% 的水平时,我们可以选择很多不同类型的超额回报资产和传统资产来达到这个 2% 的值。但是,当风险水平处于相对较高的 10% 和 15% 时,整条有效边界线的走向变得平滑,这代表着只有选择有限的 β 系数较高的资产进行配置才能满足整个投资组合的波动率要求。更进一步讲,选择 β 系数较高的资产势必造成 β 系数主导风险的局面,也就是说,面对美国股票投资产生的风险敞口将占到整个波动率水平的 90% 或以上。

123

将图表 7.2 仅考虑超额回报率情况下的有效边界与图表 7.4 中各波动率水平上所需的 β 系数相结合,以找出在任意给定的投资组合波动率条件下所获得的整体回报率。对于任何一个基于超额回报率的波动率测试值,其对应的必须配置的

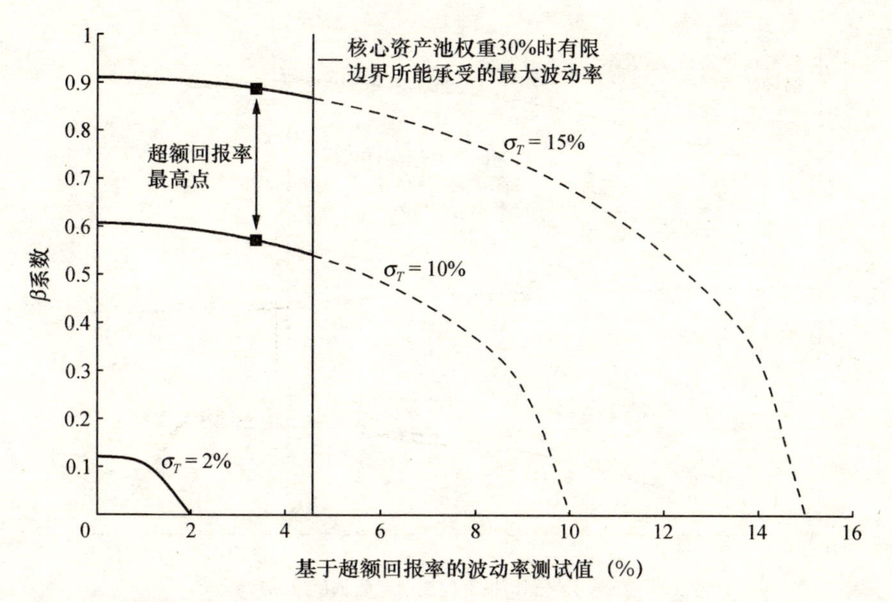

图表 7.4 为达到所需的基金整体波动率(σ_T)而需配置的基于 β 和 α 系数的波动率对比

数据来源:摩根士丹利研究部。

β 值都能在图表 7.4 中找出来,并且基于这个 β 值都能得到一个相应的回报率,此回报率加上图表 7.4 中所示的对应的超额回报率就是基金的整体回报率。图表 7.5 展示了在基于超额回报率的波动率测试区间内,根据 α 和 β 系数的不同组合而获得的不同的整体回报率的图像。图中整支基金有效边界线上的任意一点都满足投资组合对整体波动率 10% 的要求,因此,实现超额回报率最大化处的波动率测试值代表的就是 α 和 β 系数的最优组合。在我们选作案例的这个组合中,回报率最高为 6.4%,基于超额回报率的波动率为 3.4%,核心资产池的整体权重为 30%,其中包含三类超额回报率最高的资产:风险投资、大宗商品和房地产,其权重均为 10%。

我们可以在任何一个给定的投资组合整体波动率水平下进行类似的分析。图表 7.6 展示了基金整体波动率分别为 2%、5%、10% 和 15% 的情况下的整体回报率水平,而每条曲线上都有一个点代表该类型投资组合中回报率最高的一组配置。在基金整体波动率较高的情况下(指 $\sigma_T = 5\%$、10%、15% 的三种情况),回报率最高点的位置与仅考虑超额回报率空间内有效边界上回报率最高点的位置重合或非常接近。相比之下,波动率在 2% 时,整个投资组合回报率最高的点出现在曲线相对靠下的一段。

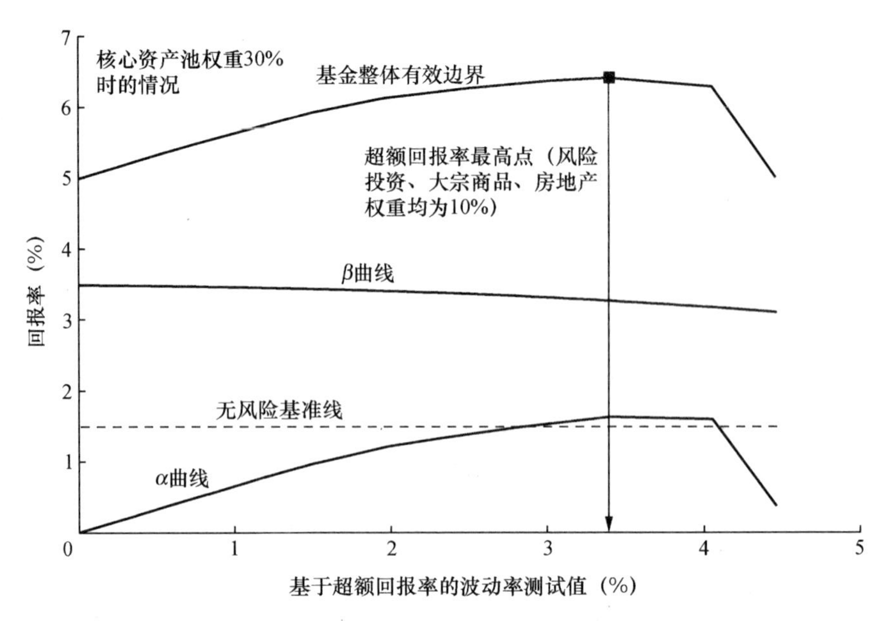

图表 7.5　基金整体波动率为 10% 时的回报率组成图示

数据来源:摩根士丹利研究部。

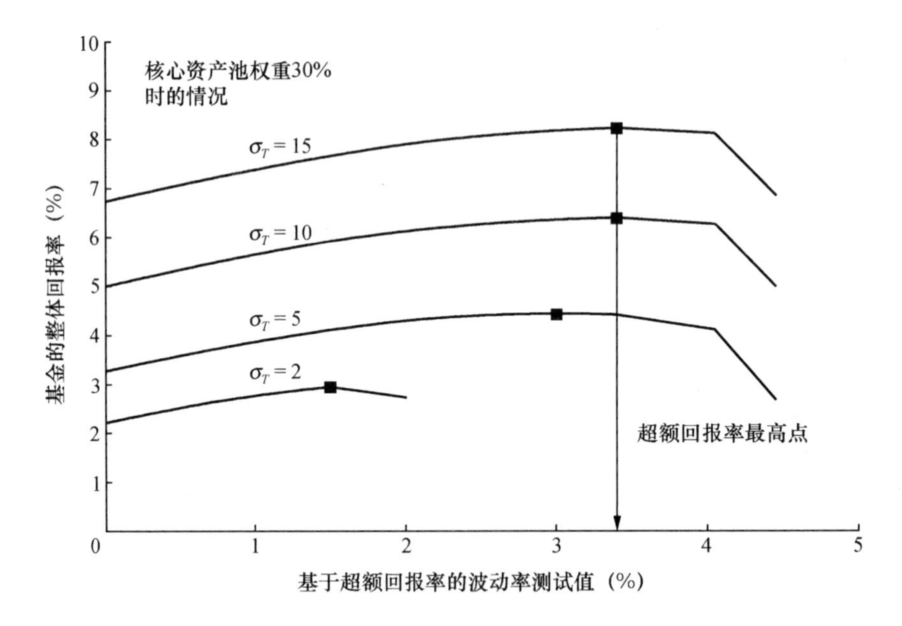

图表 7.6　不同的基金波动率情况下的基金整体回报率与基于超额回报率波动率测试值之间的对比图

数据来源:摩根士丹利研究部。

图表7.7展示了在给定的基金整体波动率水平下,以上各条有效边界所代表的投资组合。对于基金整体波动率大于等于5%的情况,最优的组合包含了30%的核心资产池,其中平均配置了权重各占10%的超额回报率最高的资产。对于基金整体波动率为5%的情况,虽然最优核心资产池和回报率最大化亚投资组合的构成有些不同,但是它们的回报率很相似。只有在基金整体波动率为较低的2%的情况下,我们才能看到带来超额回报率的各类资产的权重相对平均,各类资产的风险收益比例也相对均衡。(值得指出的是,在波动率为2%和15%这两种极端情况下,负数股票权重和负数现金权重说明了管理人有能力通过近期或远期的期货产品进行配置。)

图表7.7 基金波动率不同时的有效投资组合:核心资产池权重恒定为30%

投资组合整体波动率	2.00	5.00	8.00	10.00	15.00
核心资产池					
风险投资	2.5%	8.2%	10.0%	10.0%	10.0%
大宗商品	3.7%	9.7%	10.0%	10.0%	10.0%
房地产	5.8%	8.2%	10.0%	10.0%	10.0%
新兴市场股票	1.2%	1.5%	0.0%	0.0%	0.0%
私募基金	2.7%	2.4%	0.0%	0.0%	0.0%
房地产信托基金	3.4%	0.0%	0.0%	0.0%	0.0%
绝对收益类资产	7.5%	0.0%	0.0%	0.0%	0.0%
国际股票	1.3%	0.0%	0.0%	0.0%	0.0%
股权对冲基金	1.9%	0.0%	0.0%	0.0%	0.0%
总值	30.0%	30.0%	30.0%	30.0%	30.0%
调控性资产					
美国股票	-2.4%	18.1%	40.2%	53.3%	84.8%
现金	72.4%	51.9%	29.8%	16.7%	-14.8%
总值	70.0%	70.0%	70.0%	70.0%	70.0%
超额回报率	0.98	1.55	1.64	1.64	1.64
基于超额回报率的波动率	1.50	3.00	3.40	3.40	3.40
基于超额回报率的夏普系数	0.65	0.52	0.48	0.48	0.48
β系数	0.08	0.24	0.44	0.57	0.89
β系数波动率	1.32	4.00	7.24	9.40	14.61
整体回报率	2.94	4.44	5.66	6.42	8.23
整体波动率	2.00	5.00	8.00	10.00	15.00
基于β系数的波动率在整体波动率中的占比	66.1%	80.0%	90.5%	94.0%	97.4%

数据来源:摩根士坦利研究部。

对于市场上典型的基金而言,由于主要都是由β系数主导,以至于基于超额回报率的波动率显得无关紧要,只需考虑超额回报率的影响即可。图表7.8中的图像更进一步说明了这一点,图中的实线是基金整体最优的有效边界线,虚线是经过简化的核心资产池权重恒定区间的有效边界线,其代表的是一个回报率最高的核心资产池和不同权重的现金或股票组成的投资组合(为了简化分析,我们没有把债券作为其中的一类资产)。在整体波动率大于等于5%的情况下两条曲线几乎平行的形态再次说明了选择回报率最高的核心资产池能够使得整支基金的配置模式接近最优。

125

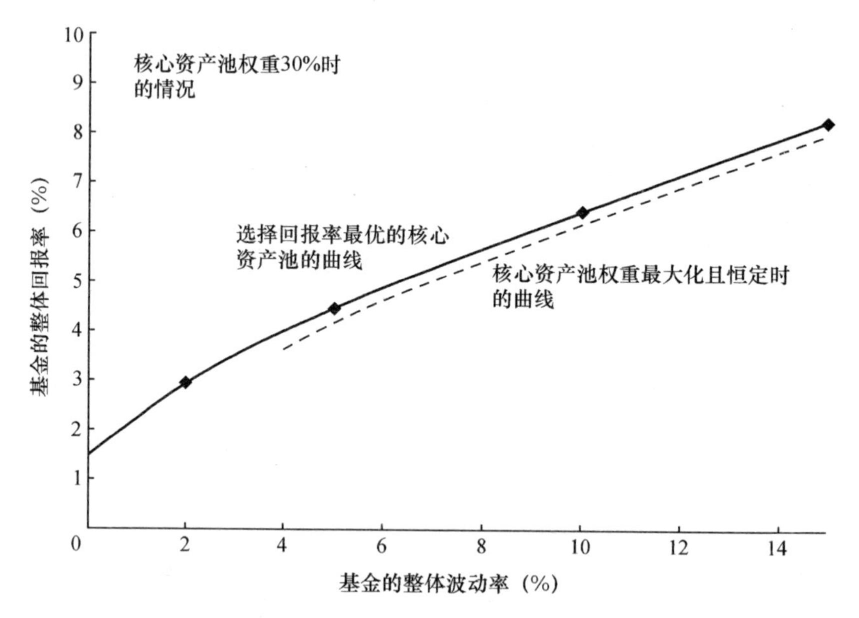

图表7.8 基金整体最优的有效边界线与核心资产池权重最大化且恒定时基金的整体有效边界

数据来源:摩根士丹利研究部。

增加超额回报核心资产池的权重

如果我们把核心资产池的总权重提高到60%再来进行同样的分析,就会发现最优投资组合的结构存在一些显著的不同。如图表7.9和图表7.10所示,从一开始就呈现线性结构的夏普系数在核心资产池权重为60%的情况下延伸的程度比

126

权重为30%的情况要长远一些。除此之外,新的权重情况下,各类资产的配置更为分散,但随着波动率攀高而逐渐集中于极大收益的核心资产。

图表 7.9 基金波动率不同时的有效投资组合:核心资产池权重恒定为60%

投资组合整体波动率	2.00	5.00	8.00	10.00	15.00
核心资产池					
风险投资	2.5%	9.6%	10.0%	10.0%	10.0%
大宗商品	3.7%	10.0%	10.0%	10.0%	10.0%
房地产	5.8%	15.8%	18.9%	20.0%	20.0%
新兴市场股票	1.2%	3.2%	3.8%	5.1%	9.3%
私募基金	2.7%	6.5%	7.4%	9.9%	10.0%
房地产信托基金	3.5%	4.9%	3.6%	2.5%	0.7%
绝对收益类资产	7.6%	9.9%	6.3%	2.5%	0.0%
国际股票	1.4%	0.0%	0.0%	0.0%	0.0%
股权对冲基金	2.4%	0.0%	0.0%	0.0%	0.0%
总值	30.7%	60.0%	60.0%	60.0%	60.0%
调控性资产					
美国股票	-3.8%	0.3%	23.1%	34.2%	64.3
现金	73.1%	39.7%	16.9%	5.8%	-24.3%
总值	69.3%	40.0%	40.0%	40.0%	40.0%
超额回报率	1.04	2.45	2.53	2.58	2.64
基于超额回报率的波动率	1.63	4.00	4.25	4.50	4.90
基于超额回报率的夏普系数	0.64	0.61	0.60	0.57	0.54
β系数	0.07	0.18	0.41	0.54	0.86
基于β系数的波动率	1.16	3.00	6.78	8.93	14.17
整体回报率	2.94	5.00	6.39	7.19	9.08
整体波动率	2.00	5.00	8.00	10.00	15.00
基于β系数的波动率在整体波动率中的占比	57.8%	60.0%	84.7%	89.3%	94.5%

数据来源:摩根士坦利研究部。

但是,从图表7.10所示的曲线中可以看出,当整体波动率超过7%,也就是几乎涵盖所有机构管理的投资组合的情况下,投资组合之间的结构性差异几乎可以忽略不计。这个现象同时也暗示着,即使在核心资产池权重达到60%的情况下,通过选择配置权重恒定的核心资产池也能进行符合实际且相对透明的优化配置,可以取代标准化的暗箱优化操作。

最后我们再来看看图表7.11中列示的两条曲线:一条代表超额回报核心资产池权重最高可达100%情况下的有效边界,一条代表核心资产池所有权重都可以

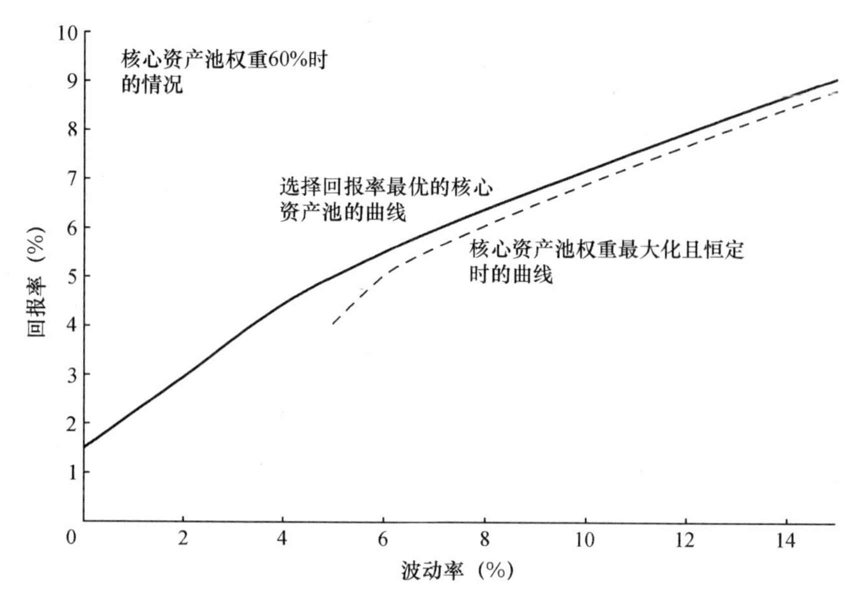

图表 7.10　核心资产池权重 60% 时的有效边界曲线

数据来源：摩根士丹利研究部。

进行杠杆操作的有效边界（此时核心资产池内的各类资产仍受其自身权重上限的制约）。在风险较低的区间内，各条边界曲线之间几乎没有区别。在中度风险区间内，各条边界曲线开始离散，曲线的斜率下降，使其呈现下行的趋势。最终，在高风险区间内，各条边界曲线的位置逐步趋于平行。在这个风险区间内，投资组合通过购入 β 系数较高的资产来提升整体波动率水平，其所取得的边界风险收益与股票的夏普系数相吻合。

127　相比而言，对超额回报核心资产池进行杠杆操作并没有明显的优势，因为在核心资产池权重放大到 100% 的情况下，各类超额回报率最高的资产都已经达到了自身的权重上限。因此，即便我们加大对核心资产池的杠杆比例，其所带来的配置型超额回报未必为正数，因为其中大多数资产已经得到了充分的利用。

我们还要再次指出，杠杆操作取得的效果可能由于下列一些因素而发生变化：协方差测算值发生变化，可选择的资产种类增加，β 值较低的另类资产的权重上限被放宽，或者对整体波动率水平的要求变得更灵活。再者，如果我们要利用积极型超额回报来提升配置型超额回报率，那么由针对核心资产池的杠杆操作带来的好处将变得十分明显。积极型超额回报率既可能在不同类别的资产间转移，也可能是绑定于其原始的资产类别上。综合考虑积极型和配置型超额回报率自然使得该

129

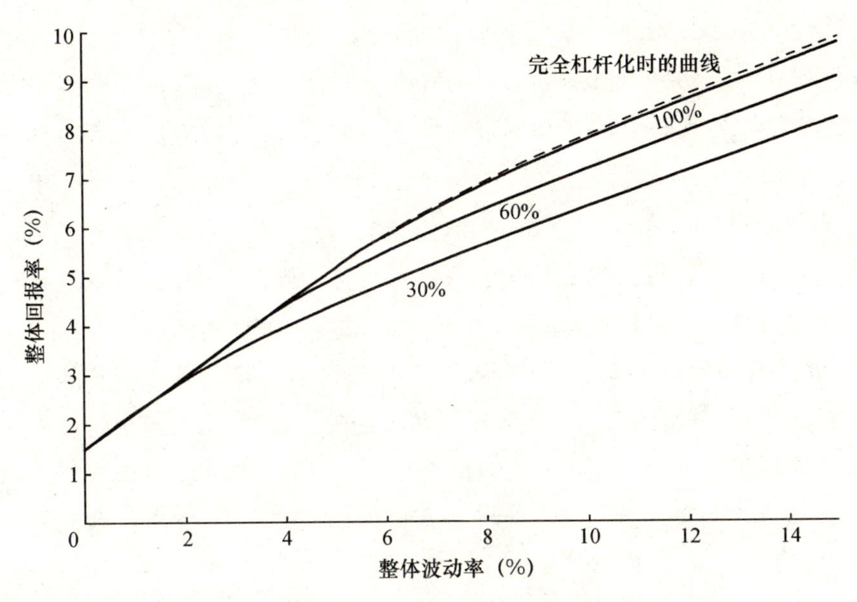

图表 7.11　核心资产池权重不同时整支基金的有效边界

数据来源:摩根士丹利研究部。

类资产的吸引力发生变化,从而也就可能影响整个核心资产池的组成结构。更进一步说,如果这些带来积极型超额回报率的资产的波动与美国股票的波动无关的话,那么它们所带来的风险主要应该被视为基于超额回报率的风险,而不应被加入基于β系数的风险之中。因此,可信赖的正数积极型超额回报率将大大改善整支基金的风险收益水平。

本章结论

为一支基金塑造最优的有效边界应经历三个阶段。首先,在基金整体波动率较低的区间,各类资产的权重上限还没有产生制约作用,最优的投资组合的夏普系数中应该包含现金、其他基于β带来回报率的资产和所有能够带来超额回报率的资产。这个风险收益比一直维持恒定(在有效边界曲线上表现为直线的一段),直到整条边界线进入一个过渡区间,在此区间内,各类资产的权重上限开始体现出制约作用,导致边界线的斜率下降(也就是使得夏普指数下滑)。在这个过渡区间内,核心资产池的组成部分也更多地选用超额回报率较高的各类资产,同时也要受

制于它们自身的权重上限。在高风险区间内，整个核心资产池的权重将达到上限，有效边界的形状再一次变为近似的直线。在这个区间内，由于购买更多 β 系数较高的资产，整支基金的波动率将更高，有效边界线的斜率近似于股票的夏普系数。

本章更为细致地分析了有效边界线的构成，同时也阐述了基于权重恒定的超额回报核心资产取得简化的有效边界线的可行性。除此之外，也展示了在核心资产池权重恒定情况下，可简单地将带来超额回报率的各类资产按照回报率由高到低、权重由大到小的顺序逐个配置到权重上限，来组建一个最优的资产池。这个结果同时再次指出，基金的管理人应该舍弃传统的资产配置方式，而从一开始就着力打造核心资产池。一旦得到一个有效的核心资产池，就可以进一步测算出其带来的基于 β 系数的风险水平，也就可以加入适当的传统调控性资产以满足基金整体波动率的需要。

◂ 第八章 ▸

考虑社会因素的有效边界

131

标准有效边界曲线的形状，是一条凸起的包线。这条边界线代表了由给定的各类资产根据不同的风险偏好组合而成的各种回报率最高的投资组合。但是，如果我们考虑到现实当中各类机构投资者所受到的诸多限制因素时，以前简单的边界线就会被拆散成许多不同区段组成的曲线，而其最终的形状取决于机构投资者的风险偏好类型。

固定收益类基金的基准有效边界曲线位置是最低的，它是基于某个特定的收益率曲线描绘而得。固定收益类基金极少有机会配置大量的股票，它们也绝对不会配置另类资产。因此，决定此类基金有效边界曲线形状的因素就是收益率曲线的形状和位置，通常情况下，此类基金的收益率曲线就代表了数值最低的基准有效边界曲线。

在固定收益类基金的有效边界曲线之上的是包含美国股票的调控性资产组成的投资组合的有效边界曲线。在股票类资产的权重不受上限约束的情况下，调控性资产组成的投资组合的有效边界将超越固定收益类投资组合的有效边界，因为前者同样配置了所有固定收益类资产。

有效边界曲线的第三种形态是可以在有限权重内配置另类资产的受限的超额回报有效边界。由于此类有效边界所代表的投资组合中可以加入调控类资产作为子集合，所以受限曲线的位置应该介于调控性资产组合曲线与不受限曲线的中间。

实际上，这些坡度平滑的曲线都有明显的人为干预的痕迹，因为各种机构所能投资的资产都集中在定量的波动率范围之内。不同的风险幅宽会使得有效边界曲线呈现非凸起且不连续的形态，我们称之为**考虑社会因素的有效边界**，其真实地反映了资产管理活动。对于管理更加灵活的基金而言，也可以利用这种考虑社会因素的有效边界来辅助开发潜在的投资机会。

标准有效边界

教科书中展示给学生们的标准有效边界包含了由所有带有风险的资产组成的以远期收益为目标的投资组合的回报率上限的点。图表 8.1 就展示了这样一条包含所有有风险资产的曲线,其中包括另类资产,而且对另类资产的权重未做最高限制(仅有的条件是各类资产的权重不可为负,且总和必须为 100%)。

132

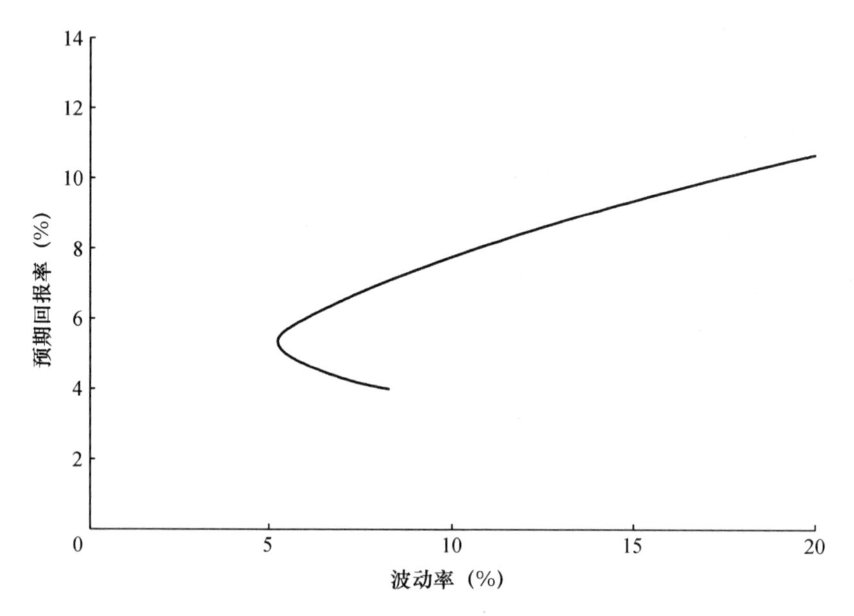

图表 8.1 不受制约的有效边界曲线

数据来源:摩根士丹利研究部。

这条曲线的前端部分可以由一条代表不同权重的无风险资产——即现金——的直线,以及一个由有风险资产组成的亚投资组合的切点补充完整(参见图表 8.2)。如果从理论上假设可以根据现金的无风险回报率进行无限制的杠杆操作,那么这条直线就可以无限延伸,从而构成完整的最优状态下的有效边界线(Sharpe, 1964)。

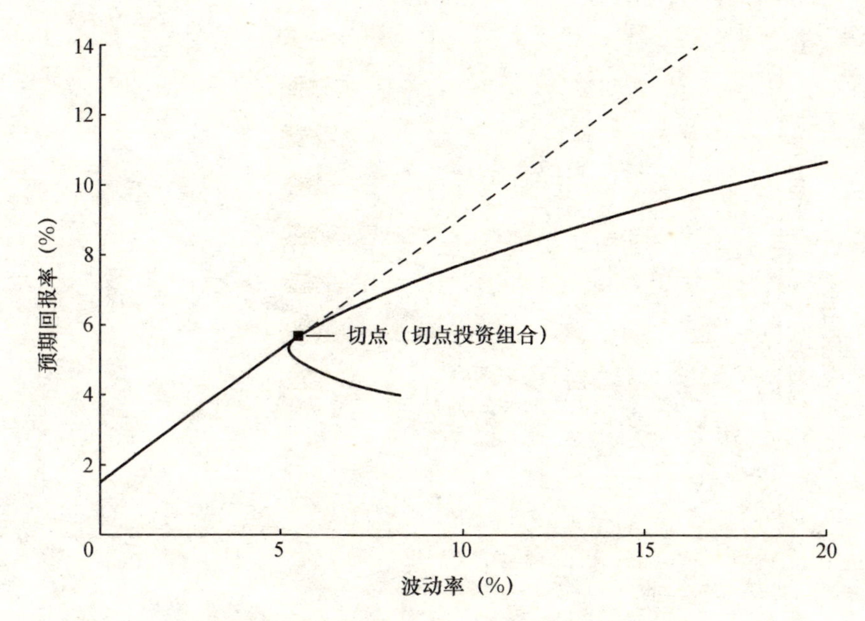

图表 8.2　包含切线的不受制约的有效边界曲线

数据来源:摩根士丹利研究部。

加入调控性资产的有效边界

另外一个更加基础性的有效边界线代表的应该是由调控性资产组成的投资组合——即包含了现金、固定收益类产品和美国股票的组合(如图表 8.3 所示)。这样一个由调控性资产带来的有效边界,其所代表的不受限制的各种投资组合对于一支以远期收益为目标,且仅能配置这三种传统型资产的基金来说是其最好的选择。

在逐步纳入另类资产的过程中,几乎任何一个投资机构都会不可避免地受到一系列因素的制约。从很大程度上说,这些限制条件对于组建最优的超额回报核心资产池起着至关重要的作用,也就是说,它们决定了如何去组建由另类资产构成的最优的亚投资组合。即使受到这些条件的制约,一个核心资产池的成功建立还是能够为整个投资组合带来超越调控性资产基础回报率的超额回报。由此得到的最终结果就是,由权重受限的另类资产组成的核心资产池的有效边界线代表着比调控性资产组合有效边界更高的预期回报率,但是仍低于不受限曲线所代表的

134

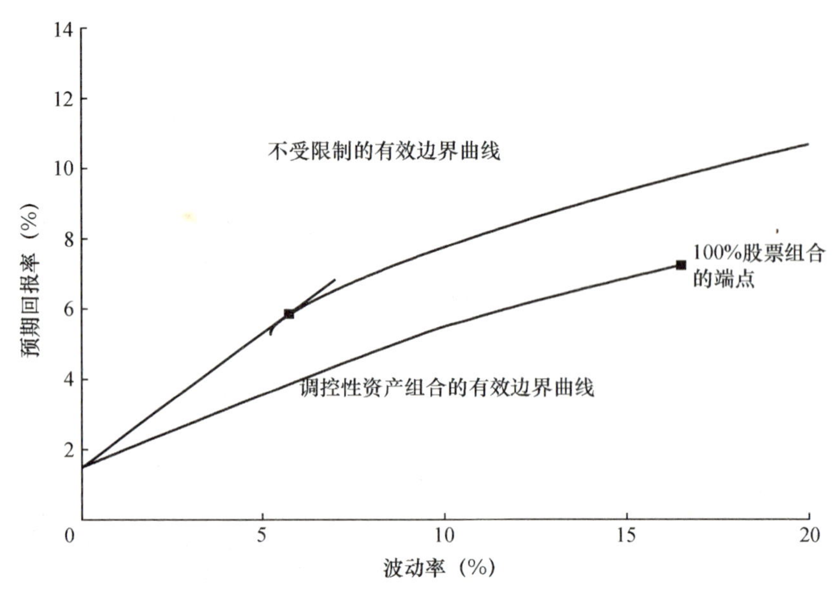

图表 8.3　调控性资产组合的有效边界曲线

数据来源:摩根士丹利研究部。

水平。

在有效边界中仍然使用现金进行调控的部分中,由于各类资产的权重上限还不会产生抑制作用,所以能够很好地搭配使用各种有风险的资产。在低风险区间内,受限和不受限情况下的超额回报有效边界都会从同一条直线发端——直到受限情况下的有效边界开始出现向下弯折的趋势为止,如图表 8.4 所示。

对考虑实际社会因素的有效边界概念的界定

前面的章节中所描述的各条有效边界线都是传统意义上单一投资者所能选择的最优投资组合的集合,其前提为这位单一投资者能够自由选择承受所有不同程度的风险,与之相对的概念就是在限定的风险偏好区间内选择回报率最高的投资组合。

考虑社会因素的有效边界必须能够反映不同类别的基金所受到的各种制约(Markowitz, 2005)。举例来讲,那些被强制维持低波动率水平的基金所能选用的资产极有可能也受到高度的限制。它们投资的主体很有可能都是固定收益类证券

135

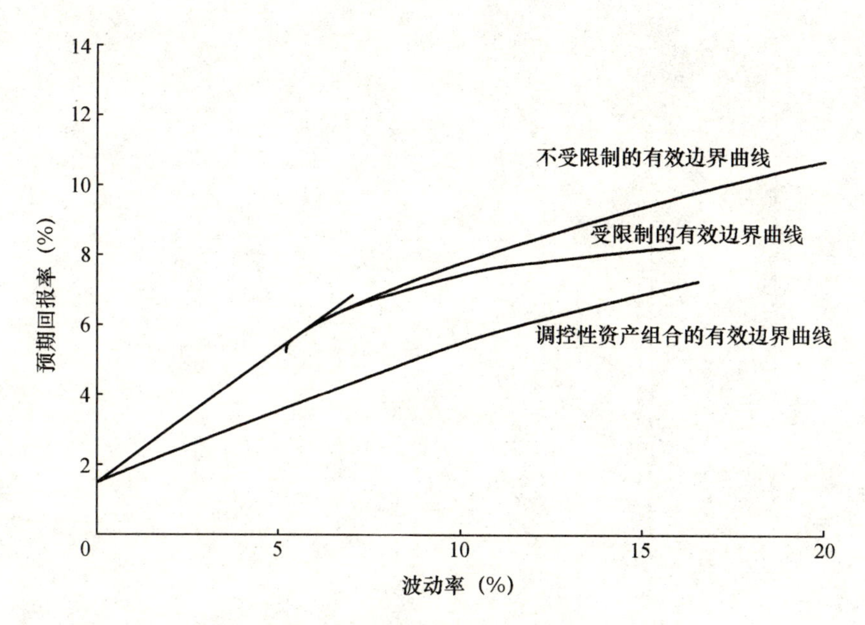

图表 8.4　受限制的有效边界曲线

数据来源:摩根士丹利研究部。

或将少量的权重分配给股票。能够确定的一点就是它们必定要极力避免配置任何另类资产。因此,从最初的无风险基准线上升的超额回报率的来源将变成一个次优的资产组合,所以这条有效边界的斜率将低于前面所讲过的任何一条边界线(参见图表 8.5)。

随着这条曲线向中等风险的区间延伸,与之相关的基金也或许能开始逐步容纳一定权重的股票类投资。从一开始,这些投资组合就不能配置任何有实际影响力的另类资产。随着这条边界线不断延伸,股票所占的权重将达到传统投资组合常见的 60% 至 65% 的水平,基金整体的波动率水平将维持在 10% 至 11.5% 的水平。目前来看,处于此波动率区间之外的美国机构管理的基金为数甚少。

近几年来,越来越多的投资机构开始拥有灵活配置较高权重的另类资产的权力。但是,几乎所有这些基金的整体波动率都处在标准波动率测算区间的上限附近,也就是集中在 10% 至 11.50% 这个范围,与传统的股债混合型(60% 股票加 40% 债券)基金的波动率没有显著差异。乍一看,人们确实会感到奇怪,难以理解为什么大量配置了另类资产且美股配置较低的多元化配置型基金的波动率也会集中在那么狭窄的一个区间内。

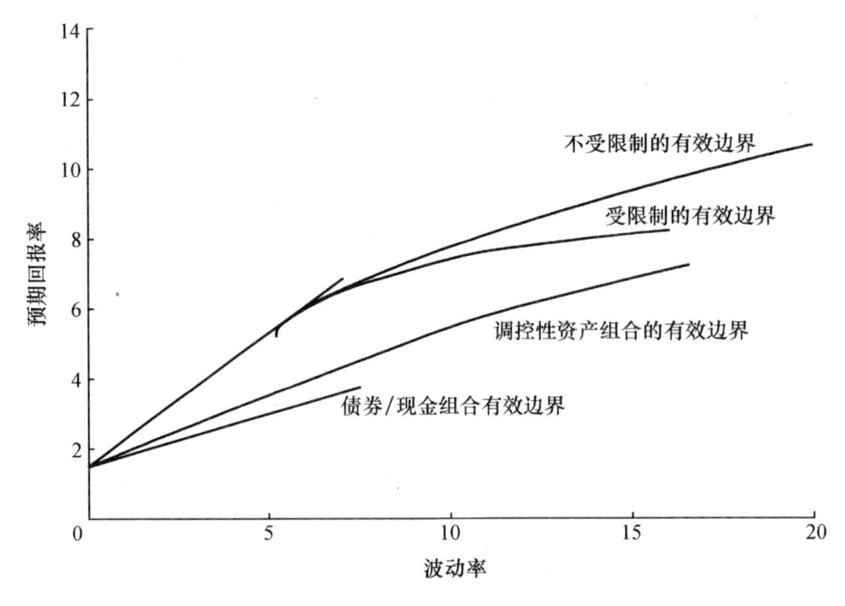

图表 8.5 受限制的有效边界

数据来源:摩根士丹利研究部。

整体 β 系数与多元化配置策略的悖论

对这种波动率相似现象最好的解释就是这些基金的基于 β 系数的风险敞口其实都是相同的。从统计的角度来说,各种另类资产都与美股的波动有或多或少的关联,这种关联的波动可以被看做是隐性的 β 敞口。整体 β 系数这个词描述的是基金的净敏感度,也就是把各类资产的隐性 β 值与基金配置的股票权重进行加总时得到的相对于美股波动的敏感程度。当我们用同样的方法去分析各种不同的由另类资产组成的亚投资基金时,我们发现其实几乎所有基金的整体 β 系数都处在 0.55 至 0.65 的区间内。即使在另类资产的权重极高,美股权重仅为 15% 的基金中,这个整体 β 系数仍然处在同一区间内。

许多另类资产都会带来基于超额回报率的波动性风险,这些风险不仅仅来源于与美股的关联波动。但是,由于常规中另类资产的权重配置总是很分散,所以基于超额回报率的波动率不会对基金整体的波动率造成重大影响。因此,一支基金整体的波动率水平主要是受到 β 系数的主导。由于这些大量配置另类资产的基金

的整体 β 系数仍然处在前面讲过的狭窄的 0.55 至 0.65 的空间内，我们也就不难理解它们的波动率和传统的股债混合型基金一样，维持在 10% 至 11.50% 的水平。

因此我们有别于一般的观点，认为配置更多种类的另类资产并不见得会带来更好的多元化风险分散效应。更进一步说，多元化配置策略的真正用处在于选用配置型超额回报率为正数的各类资产来提高整体的回报率水平。所谓配置型超额回报率就是资产的预期回报率与美股联动的回报率的差额。（需特别说明的是，这些配置型超额回报率从本质上讲都是被动获得的，与其对应的是积极型超额回报率，后者是通过基金经理的专业技巧或基金的结构优势所获得的。）

龙风险的制约和超越超额回报

既然正数的超额回报率资产可以提高预期回报率，又不会严重影响基金的整体波动率，似乎非常值得我们大力来研究。但是，对于任何一支基金而言，其所能容纳的另类资产总是会受到各种因素的制约。这些制约因素反映了众多考量，而其中许多都是标准协方差矩阵无法解决的。我们把这些多重的风险统称为龙风险，出于对它们的担忧，我们不得不在这个区间内为资产配置设定权重上限。

配置了大量另类资产的基金可以从这些资产身上获得增量超额回报率，而且不用担心传统的波动性风险会大幅度提高，但是这些资产确实会带来高度的龙风险。基金管理者们是否愿意承担这些风险与其是否愿意承担大量的标准波动性风险有着很大的内在联系。这个通过观察得到的结论对考虑社会因素的有效边界线的形状有着重要意义。

正如前面说过的一样，低风险的投资组合（图表 8.6 中的 A、B 和 C）极有可能是仅由现金和债券组成的投资组合，它们的回报率都低于调控性资产组合的有效边界。

在中等风险区间，投资组合中美股的权重会得到有实际意义的增加，它们的有效边界线会朝调控性资产组合的边界线靠拢。但是，在现实中很少有机构管理的投资组合会选择承担中等风险。

美国年金、捐赠基金、基金会所管理的投资组合的波动率集中在 10% 至 11.50% 的幅宽内。一旦风险水平相当之后，区别这些基金的特征就是它们采用另类资产进行多元化投资程度的不同。传统的股债混合型基金很少或根本不配置另类资产,其有效边界与调控性资产组合的曲线重合(图表 8.6 中的 D)。市场中有部分机构愿意且能够承担另类资产配置所带来的龙风险。在这种情况下,我们就可以说这些基金在不承担过度风险的同时获取了更好的预期回报率,也即从调控性资产曲线爬升到了受限的超额回报率曲线(图表 8.6 中的 E)。

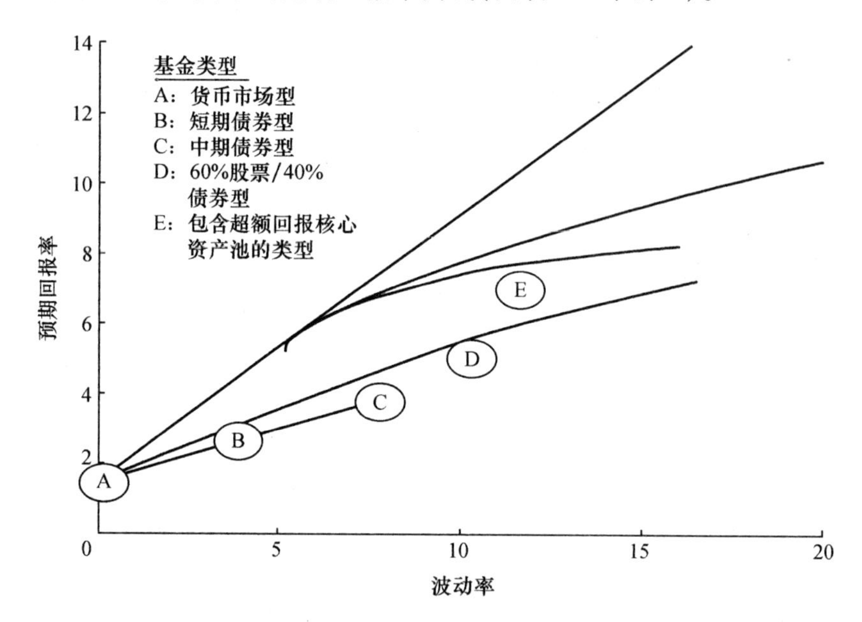

图表 8.6　不同机构投资者风险偏好类型下的有效边界曲线
数据来源:摩根士丹利研究部。

风险定量情况下的考虑社会因素的有效边界

综合考虑以上的所有分析,考虑社会因素的有效边界线的形态最终是几段离散的、专注于不同风险程度的曲线的集合(如图表 8.7 所示):固定收益类基金曲线(图表 8.7 中的 A、B 和 C),沿调控性资产组合曲线,β 系数收敛至 0.55 至 0.65 区间的各类基金(图表中的 D),最后则是那些能够超越超额回报率的上升曲线,它们的趋势就向着受限曲线的最高处发展(图表中的 E)。

考虑社会因素的有效边界形状很怪异(如图表 8.7 所示),很明显是根据猜想画出来的,但它同时也引发了对一系列问题的思考。首先,它的形状与标准有效边界的凸起形状有着显著的差别。标准的凸起形状代表的是基金管理者通过混合配置较高和较低波动率的资产,从而形成一个凸起的桥梁,连接了中等风险区间的曲线和高回报率的曲线。这个混合配置的过程同时也弥补了风险收益空间内任何缺失的区段。但是在考虑社会因素的有效边界中,这种搭桥的做法是无法实现的,因为仅能承受中等风险的投资者绝不会接受超额回报核心资产池带来的任何一丁点风险。

139

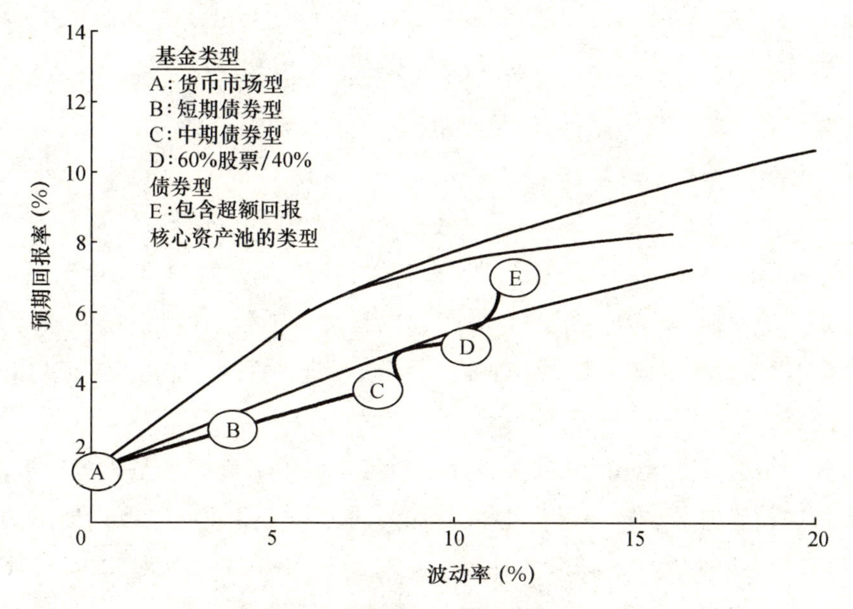

图表 8.7　考虑社会因素的有效边界曲线

数据来源:摩根士丹利研究部。

积极型超额回报与其他风险收益的权衡

到本节为止,我们所讨论的超额回报率的来源主要还是由常规的另类资产投资带来的非零和的、被动获得的超额回报率。但是,市场上总有一些基金愿意主动出击,通过自身的投资技巧来追逐更高的积极型超额回报率。这种积极寻求超额回报的行为可以视作超越超额回报率。

为了从另外一个角度来认识超额回报率高墙这个比喻,我们下面以一个处于调控性资产组合有效边界线上的基金为例来进行分析。在一开始的时候,这支基

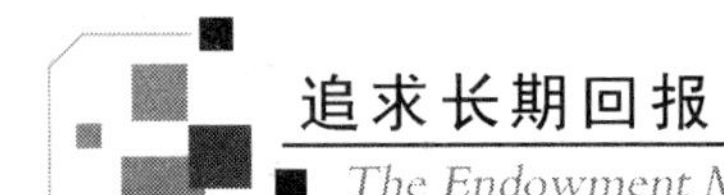

金的资产配置模型中还不包含任何另类资产。接着,假设基金的管理委员会在评估其资产配置后,一致同意纳入定量的另类资产,这支基金的有效边界曲线即会被抬高到和另类资产权重受限情况下超额回报核心资产池边界线同样的高度。这反映出假设在加入这些新的资产之后,它们能带来的预期超额回报率对整个有效边界曲线的抬升作用。随着整个投资组合中不断加入新类别的资产,它就会从目前(非有效)的位置向着修正之后的有效边界线移动。另外,由于超额回报核心资产池对整体波动率影响甚微,所以这种移动显现出几乎垂直向上,朝着更高回报率的有效边界靠近的趋势。这里所要传达的一个核心观念是,随着管理者接受了放大超额回报资产池的权重之后所带来的龙风险,他们既获得了更高的回报率,同时还保证了整体波动率仅发生微调。

与之相关的一个问题是,会不会出现基金管理者以龙风险替换基于β的风险的情况,也就是说,用较高的超额回报率来替换较低的β风险和与之伴生的较低的基于β系数的回报率。万一股票类资产的风险溢价低于风险收益替换后的回报率,那么它肯定就无法满足基金管理者的需要,在这种时候,前面所提到的问题就显得尤为突出。

另外一个值得思考的问题就是为什么对另类资产的配置也是十分分散的,而不采取集中配置超额回报率最高的一种资产的方式。对此问题我们给出的答案是,配置多种不同的另类资产虽然对基金整体的波动率没有实质的影响,但是确实能降低与这些资产伴生的龙风险。因此,在配置另类资产的过程中采用多元化的策略,可以保证超额回报资产池获得更高的权重,给基金带来整体最优的增量超额回报,同时保证龙风险被控制在可承受的范围内。

140

社会性曲线的断裂及其预示的投资机会

图表8.7中展示的有效边界线仍然表现为连续的曲线。但是在现实中,这条边界中应该具有明显的断裂带,同时呈现不连续的特征,此现象是由于美国监管机关制定的人为限定性因素和美国机构投资者惯性的操作造成的。

在固定收益类基金中,按照投资资产类别分类主要包括货币市场基金、短期债券基金和中期债券基金。(尽管市场中关于长期债券的讨论十分广泛,但就目前这个时点来看,它们的总量还是相对较小。)总体来说,到期时间不同的各个群体互相之间没有交叉作用,相互之间几乎不会产生现金交换。

对于以股票类投资为基础的基金来说,其波动率的集中程度会更高,大多数此类基金的波动率都集中在10%至11.50%之间,也就是说它们和传统的60%股票/40%债券型资产配置的投资组合的波动率一样。尽管有的美国机构投资者管理的基金股票权重仅20%,但是它们也通常仅配置权重很少的债券,而配置权重比较大的超额回报核心资产池。如在前面的章节中说过的那样,这些基金的β值集中在0.55至0.65的区间内,因此又再次把它们的整体波动率拉回到10%至11.50%的区间内。

从上面的分析可以看出,以股票投资为基础的基金与债券类基金相比,其波动率集中度要高。以股票为基础性投资的基金之间的主要不同点是其包含的超额回报率的大小不同(同时,它们对采用标准的回报率除以波动率这种测算手段无法预知的龙风险的接受程度也不同)。

描绘有效边界线的主要作用在于展示一支基金在面临不同程度的风险收益比例下可选的各种资产配置模式。由于监管机关的行政限制和机构投资者惯性的操作,美国机构投资者管理的基金的灵活度被大打折扣,图表8.7中展示的有效边界线清晰地表明了不同种类的基金到底享有多大的自由。

从这些曲线的断层中引发出一个值得我们思考的问题,那就是基金在不同的风险程度下追求风险与收益的过程中是否真正选择了最适当的比例。

对于那些可灵活投资的基金而言,社会因素的有效边界有机会改善现有的投资组合。从理论上讲,随着灵活度的增加,再加上均衡配置模式的介入,我们最终应该能够使得考虑社会因素的有效边界向着连续的凸起形状演进。但从现实中看,社会因素的有效边界所带来的问题和机遇都将伴随我们很长一段时间。

141

参考文献

Markowitz, H. M. 2005. “Market efficiency: A theoretical distinction and so what?” *Financial Analysts Journal* 61 (5): 17–30.

Sharpe, W. F. 1964. “Capital asset prices: A theory of market equilibrium under conditions of risk.” *Journal of Finance* 19 (3): 425–442.

◀ 第九章 ▶
均衡配置

143　对于风险主要受β系数主导的基金来说，正的超额回报显得尤其诱人。如果根据标准的风险收益指标进行测算，那么一个真正的有超额回报率的资产对于传统的美国年金、捐赠基金以及基金会而言都是十分具有吸引力的，当然，总有一些其他的顾虑使得人们必须限制这种资产的权重上限。

新资金的注入势必给资产的超额回报造成下行压力。掌控着巨额资产池的基金目前在资产配置的理念方面变得越来越灵活，因此，它们会将更多的资金投入能够带来正的超额回报的资产之中。这种投资方面的需求会对资产的定价带来上行压力，在其他条件相等的情况下，这种趋势对预期（即未来远期的）超额回报溢价会造成负面影响。

风险受β系数主导的基金会集中精力于获得最高的超额回报所面临的压力。在这些基金的影响下，超额回报率下降的趋势首先会出现在预期超额回报率最高的另类资产身上。基于超额回报率的波动性并不会受人关注，因为其对基金整体波动率的影响微乎其微。

其他类型的基金则会集中精力去谋求最高的夏普系数。对于资产可配置权重受限较小，或者风险不受β系数主导的基金而言，与超额回报率伴生的波动性是一个必须要考虑的因素，因此它们更愿意选择夏普系数较好的资产。随着更好的夏普系数铺天盖地而来，此类基金谋求均衡化配置的过程也和前面提到的基金大相径庭。

均衡化配置需要策略投资组合具有更高的可变性。动态的均衡化操作，以及与之伴随的灵活的收益和未来的超额回报率，给过于生硬的策略投资组合敲响了警钟。

以 β 系数主导的资产组合和权重受限的另类资产

任何一种可行的另类资产配置方案，只要事前经过投资组合整体层面的 β 系数调试，就不会给整支基金的波动率带来重大的影响。因此，只要在不构成重大风险增量的前提下还能带来正的超额回报，那么这种被动的投资对机构管理的基金就十分有吸引力。尽管通常来讲，这些另类资产的投资还是会受到这样或那样的条件限制，但是，目前多元化配置策略中广泛采纳另类资产的趋势，就足以证明其受欢迎程度。

与此同时，投资圈对这些超额回报资产的接纳程度（甚至是追捧程度）越来越高，这将吸引更多资金投向它们，这势必导致它们未来远期的超额回报率下降。如果带来超额回报率的资产的可用量是有限的，那么随着市场在需求的压力下逐步走向合理的供需均衡，这种资产的超额回报率的下降就是必然的。因此，一种能贡献超额回报率的资产融入标准机构投资理念的程度越深，其未来远期的超额回报率势必保持下降的趋势，直到它无法再提供任何的增量超额回报为止。如果市场上没有出现其他新的需求，那么这些容易受资金流影响的超额回报率在足够长的时间内将衰减为零。但现实情况是，任何一种不受 β 系数主导的资产总能寻找到需要它的市场，所以其回报率的衰减现象应该停止在数值为正的一个特定的点，该点代表所有市场需求达到均衡时的回报率水平。

β 系数主导情况下超额回报率的衰减

从 β 系数主导风险和另类资产权重受限这两个现实情况，我们可以得出一些重要的含义。首先，它们暗示在选择优先配置的超额回报资产时，传统的夏普系数和特雷诺（Treynor）系数所发挥的作用应该被弱化。其次，由于另类资产基于超额回报率的波动率变得无关紧要，其所能带来的超额回报率才是值得我们关注的核心变量。因此，一支基金在配置的过程中应该优先配满超额回报率最高的资产，然后接着配置超额回报率次高的资产，依此类推。

根据上述步骤得到的亚投资组合称为超额回报核心资产池，它将增加基金整体层面的隐性β系数。接下来，基金管理者可以通过调整股票和(或)固定收益类资产的权重来取得期望的整体β系数。由于我们的分析都是严格地把注意力集中在基金整体波动率的测算上，所以资产的超额回报率——而非其基于超额回报率的风险——才是组建最优超额回报率核心资产池过程中应该考虑的核心变量。从根本上讲，在上述狭窄的定义范围内，只有超额回报率和与其相关的制约因素才是值得考虑的因素。当然，模型无法预测的龙风险总是会存在，比如说流动性的限制、负面消息被曝光等风险。与资产自身相关的夏普系数和特雷诺系数所起的作用微乎其微，也就是从统计学的角度证明已实现的超额回报率数值的可靠性。

145

已实现收益和未来超额回报的对比

在本节中我们需要强调，即使随着时间的推移，某类资产的超额回报率会衰减，但这并不意味着早期投资了同类资产的投资者获得的超额回报率也会同样衰减。实际上，现实与推论是完全相反的：随着超额回报率的下降，从某类资产身上获得的已实现收益可能反而会有巨大的增长，其增长幅度取决于该类资产相对于其未来长期风险溢价而言的存续期特征。确实，在某些案例中我们已经看到，这些优异的已实现收益会吸引更多迷信既往业绩表现的投资者的资金。

我们认为值得多花些笔墨来仔细分析一下这种均衡化配置的过程是如何实现的。设两个超额回报率的资产分别为 H 和 L，其初始超额回报率分别为 H1 和 L1(如图表 9.1 所示)。由于 H 的超额回报率更高，所以对于风险受β系数主导的基金来说，此类资产应该更具吸引力，来自这些基金的资金将对 H 的定价产生上行压力，同时驱动 H 的未来远期超额回报率逐步下降。在某个特定的点，H 的超额回报率会下降到 H2 点处，与 L 的初始超额回报率 L1 重合(如图表 9.2 所示)。从此点之后，两类资产的超额回报率将呈现同步下降的趋势(如图表 9.3 所示)。之前如果还存在其他初始超额回报率更低的资产的话，它们的变化趋势都会在回报率天花板坍塌的过程中按由高到低的顺序被纳入其中。

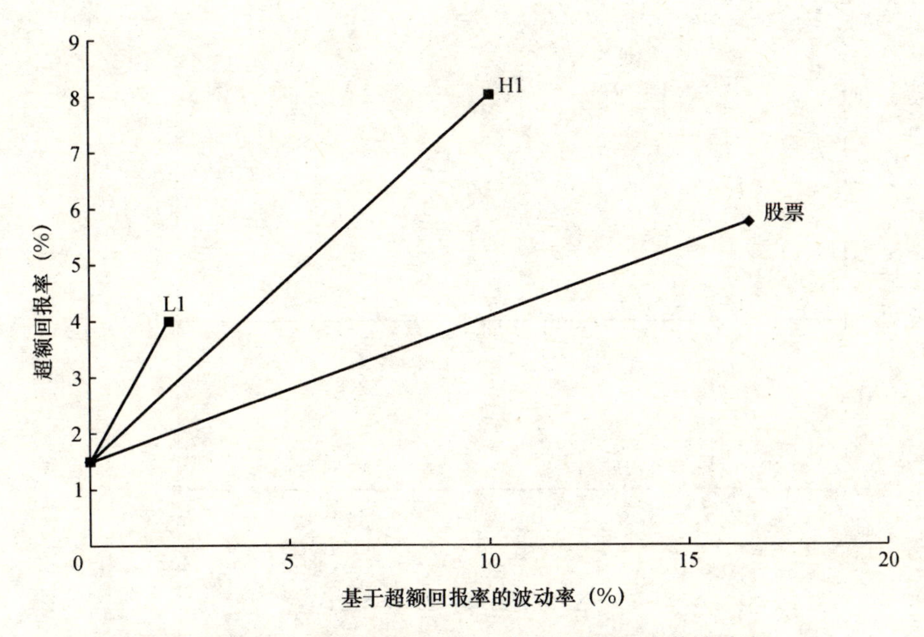

图表 9.1　初始的超额回报率和基于超额回报率的波动率

数据来源:摩根士丹利研究部。

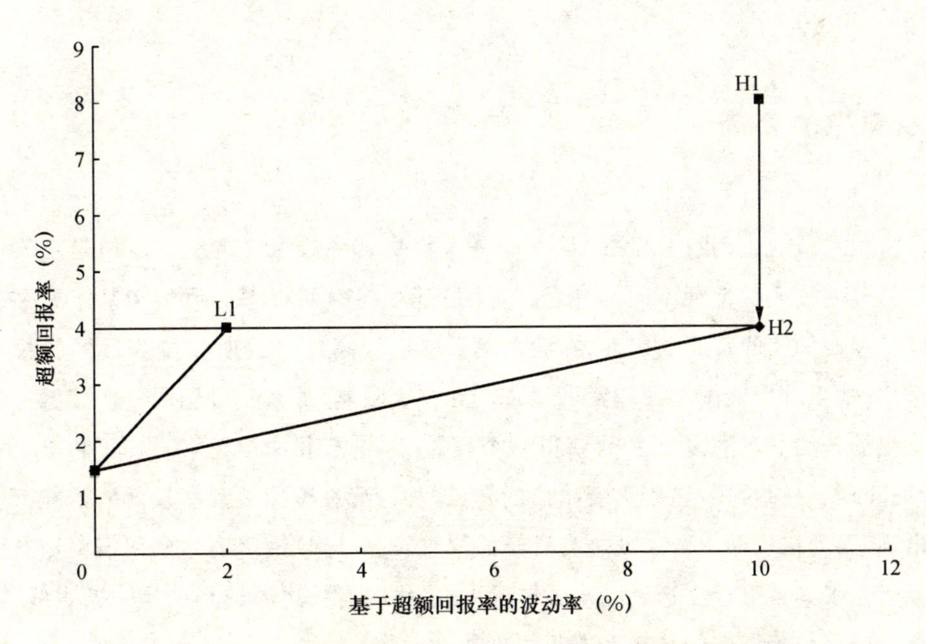

图表 9.2　H 的超额回报率下降并与 L 的初始超额回报率重合

数据来源:摩根士丹利研究部。

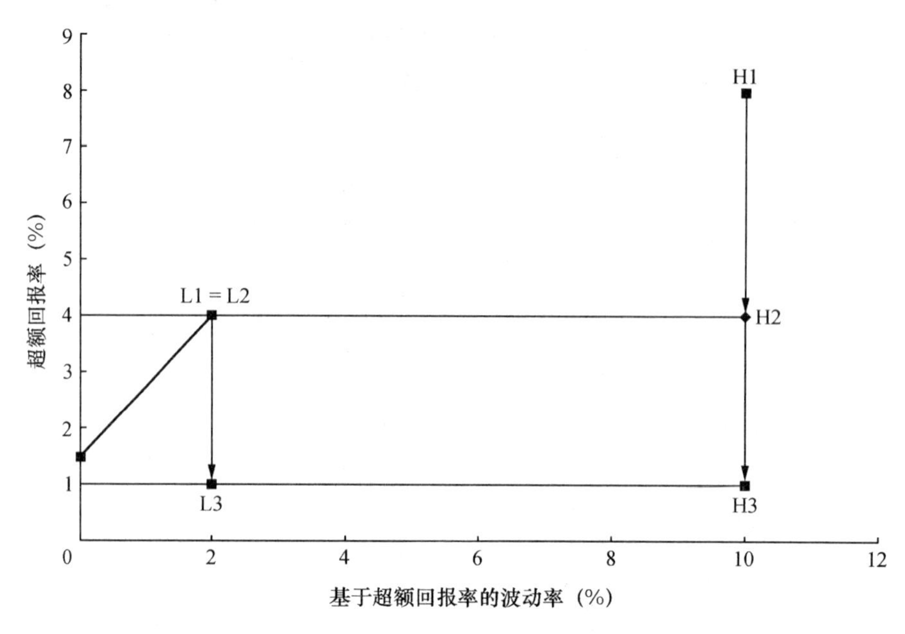

图表 9.3　H 和 L 的超额回报率同步下降

数据来源:摩根士丹利研究部。

夏普系数的衰减

直到本节为止,我们讨论的重点都是风险受 β 系数主导的基金。但是现实中存在另外一种风险特征不同的基金,也就是基于超额回报率的风险和基于 β 系数的风险相对均衡的基金。因此,在波动率敏感度较高且以远期收益为目标的投资组合中,如果其所能配置的超额回报资产无权重限制,那么其最佳的资产配置方案就是根据各类资产的夏普系数获得一个权重,并进行相应分配(Treynor 和 Black, 1973;Sharpe, 1994)。特别需要指出的是,这种情况在整体波动率较低的情况下也会出现,因为在这种组合中现金类资产的权重较高,导致最优的超额回报率资产的权重远低于其上限。在低风险水平情况下,最优的有效边界的形状是一条直线,其斜率由所有相关资产的夏普系数共同决定。

147

在此环境下的市场压力会促使均衡化配置过程采取完全不同的路径,也就是说,夏普系数更好的各类资产会成为新注入资金的优先选择。举例来讲,假设 H

的超额回报率高于 L，但是其波动率也高于 L，因此如果用超额回报率除以波动率后得到的夏普系数来衡量，H 就低于 L（如图表 9.4 所示）。在此情境下，如果基金可以自由选择任何一类资产，L 势必成为新进场的资金优先选择的目标，而这些新资金会对该类资产未来远期的超额回报率构成下行压力。

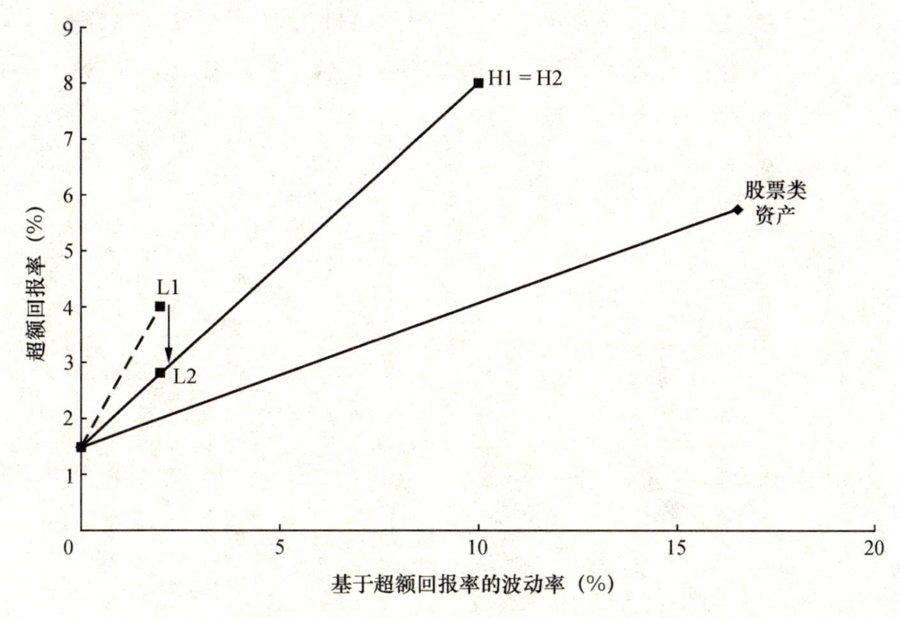

图表 9.4　H 和 L 的夏普系数重合的情况

数据来源：摩根士丹利研究部。

前面的分析中我们仅简单地关注了超额回报率的变动情况。现实当中，在进行均衡配置的过程中会有许多变量一同发生变化。比如说，某类资产的市场价值可能会增加，某类资产的供给可能会增加，资产的波动率可能会变化，或者其他一组不同的定价因素会被引入，等等。但在目前，让我们假设 L 具有更强的吸引力仅仅是因为其夏普系数更佳。随着资金不断入场，L 的超额回报率会不断下降，导致其夏普系数相应下降，直到与 H 的夏普系数重合（如图表 9.4 所示）。在夏普系数重合的情况下，两类资产的超额回报率大相径庭，H 的超额回报率比 L 高出的部分十分明显。从此点往后，两个重合的夏普系数应该同速下降，但是由于 H 的波动率更高，所以其超额回报率下降的速度也更快。 148

理论上讲，当市场压力足够大时，L 和 H 已经重合的夏普系数将进一步衰减到和股票一致的水平（如图表 9.5 所示）。现在需要弄清楚的问题就是从这一点之后，基于超额回报率的夏普系数的表现。一个根本性的原则是，任何夏普系数为正数且与其他类别的资产在统计上保持独立的资产都应该被囊括在最优的权重不受限制的投资组合中。因此，假设股票市场的风险溢价保持不变，作为超额回报率来源的 H 和 L 的夏普系数仍将保持同速率的下降，直到二者都衰减为零（如图表 9.6 所示）。根据我们前面所做的假设，出现这种情况唯一可能的情境就是这些资产的超额回报率也都衰减为零。

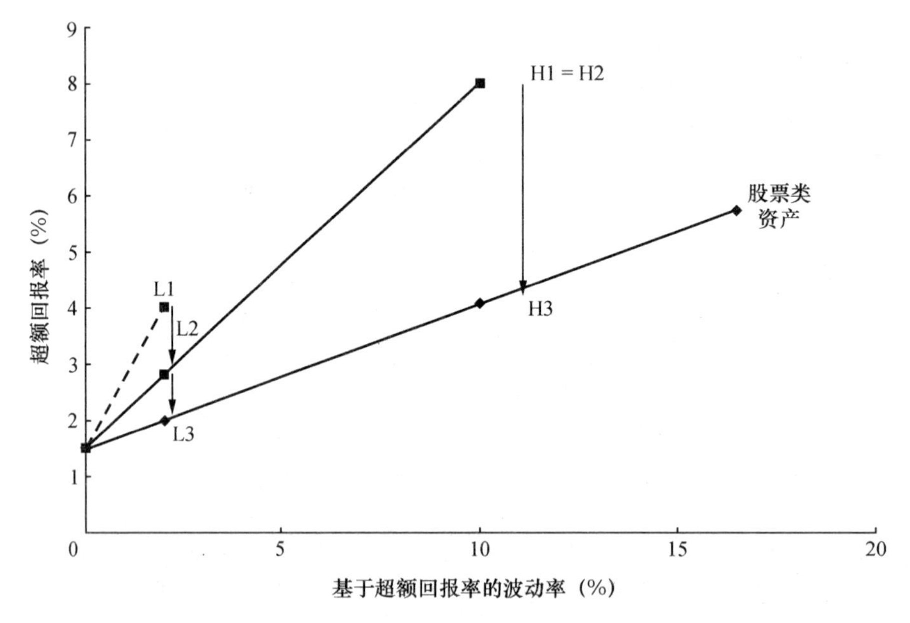

图表 9.5　H 和 L 的夏普系数下降到和股票的夏普系数一样

数据来源：摩根士丹利研究部。

当然，现实当中任何一类资产都会有许多需求者。当某个新的需求迫使资产的超额回报率下降的同时，它们也在驱逐其他此前就已经存在的投资者。在某个特定的点，受吸引而来的需求者（或供给者）产生的最终作用就是平衡此前已经入场的投资者的退出需求，而各类资产的未来长期回报率会保持在一个非零的平衡值上。

150

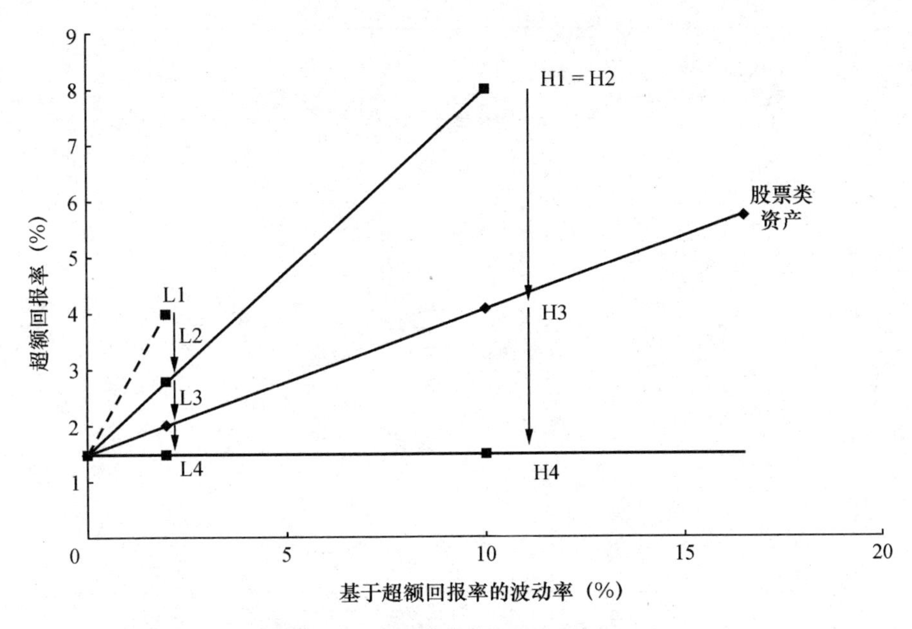

图表 9.6　H 和 L 的夏普系数下降为零

数据来源：摩根士丹利研究部。

超额回报率的衰减现象

不论我们假设资产配置的环境如何，也就是说，不管是在受 β 系数主导的情境中，还是考虑夏普系数最大化利用的情境中，理论上均衡化配置过程得到的最终结果总是一样的：超额回报率将会下降。但是，在均衡化过程中事件发生的顺序和超额回报率变化的路径是完全不同的。确实，我们可以设想，在开始时风险完全受 β 系数主导的基金，市场压力在这时仅对超额回报率这一个变量发生作用，进而我们会看到，以选择更佳的夏普系数为手段的基金开始占据主要地位，并且成为资产定价的关键因素（如图表 9.7 所示）。如果某些基金更专注于克服 β 系数的主导所带来的阻碍，并且希望使得整体的基于超额回报率的风险与整体的 β 系数风险保持均衡（可能会用杠杆融资来配置超额回报资产），那么这些基金就会在综合考虑夏普系数和超额回报率的基础上，在有效投资组合中优先选择超额回报资产。

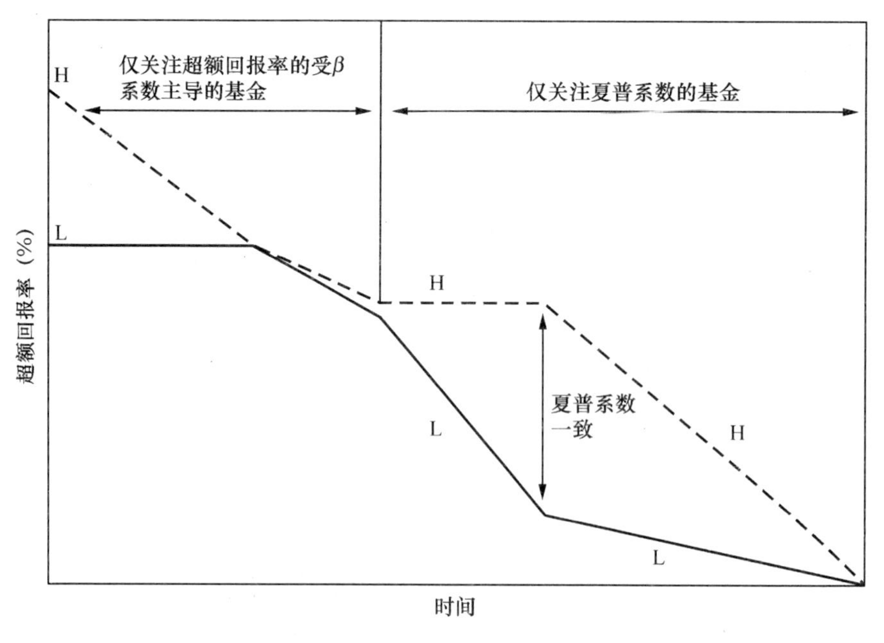

图表 9.7　随时间变化的超额回报率

数据来源：摩根士丹利研究部。

在考虑社会因素的有效边界上进行均衡配置

151

当然，能够对边际价格起到决定作用的肯定是那些不遗余力追逐某一类特定资产的基金。在目前的机构投资者市场中，能够发挥定价作用的基金基本都是风险受 β 系数主导的。就其本质来看，这些基金已经承担了较高的风险，但是看上去它们还有更进一步的意愿去追逐更高的超额回报率。

我们可以设想出一条有效边界线，它代表的不是一支单个基金做出选择的集合，而是可以代表机构投资者这个群体的行为特征的集合。这条曲线也会展现出几个奇怪的特征。举例来说，在波动率较低的区间内，大多数另类资产都不在考虑范围之内，即使少量配置一些也会受到严格的权重限制。确实，即便是股票的权重也会受到限制。在波动率较低的区间内，考虑社会因素的有效边界主要以配置固定收益类资产的投资组合为主，其斜率将远低于资产权重不受限情况下的最优有效边界线。

在波动率较高的区间内，一般都是常见的、以远期收益为目标的基金，也即风险偏好较高的基金才会在有效边界内加入直接的股票类配置。最终形成传统的60%股票对40%债券的组合，其波动率大概维持在10%的水平。在此水平之外，增量波动率不太可能再上升，因为绝大多数基金都不会冒险地超越11.50%的波动率屏障。相对而言，如果一支基金还愿意再承担一些风险，那么这部分风险就来自于新加入的超额回报率资产，即基金有一定几率会配置一些能够带来超额回报率的资产。因此，在有效边界线最右边的这个端点，其波动率还是维持在10%至11.50%的水平，但是预期回报率会呈垂直向上的趋势增加。配置超额回报率资产所伴生的风险更多的是龙风险，在常规的风险收益空间内不会被体现出来。

考虑社会因素的有效边界线与传统的凸起型有效边界线大不相同。它的形状呈现阶梯状，第一个阶梯出现在基金开始配置股票的端点，而第二个阶梯出现在基金开始配置超额回报类资产的端点。

这条有效边界线有两个作用：一是展示了不同类型的投资者的投资习惯，二是反映了不同时期资产定价的决定性因素。以均衡化配置的角度来看，这条考虑社会因素的有效边界线在基金扩大超额回报率核心资产池的区间内会随着波动率而上升；在新的资金开始过量投资超额回报类资产的区间内会因为超额回报率的衰减而下降。

这种动态的配置环境给开发策略投资组合提供了重要的指导。一个稳定的策略投资组合能为许多组织提供符合其需求的宝贵服务。但是，随着超额回报率（还有股票和债券的风险溢价）不可避免地出现衰减或流失，我们或许应该多花些心思去寻找策略投资组合稳定性带来的好处与灵活度更高的策略投资组合的适应能力之间的平衡点。

152

参考文献

Sharpe, W. F. 1994. “The Sharpe ratio.” *Journal of Portfolio Management* 21 (1): 45–58.

Treynor, J., and F. Black. 1973. “How to use security analysis to improve portfolio selection.” *Journal of Business* 46 (1): 66–86.

第十章
回报短缺风险与有效边界的综合分析

153 从计算回报短缺风险的角度入手，可以比较容易地把投资组合的整体风险收益特征综合起来进行分析。所谓的回报短缺风险就是回报率或者配置的资产总量低于限定最低值的概率。如果综合运用回报短缺风险理念和有效边界线理论，我们可以在任何一个最低值情境下找到符合其标准的各种投资组合。

如果投资周期短，且对回报短缺风险进行的限制比较严格，那么投资组合的整体风险水平就很低。常见的机构投资者管理的组合在一年的投资期内有25%的概率其回报率为负。如果要保证短期内投资组合的回报率一定为正，投资者就不得不接受一个现金类资产权重超高，回报率超低，以至于令人很难接受的投资组合。

投资时间越长，回报短缺风险概率就越低。在较长的投资期内，根据不同的回报短缺风险限制条件，回报率高，且风险相对偏高的投资组合也是可以被接受的。举例来讲，如果投资周期由一年延长到四年，那么机构投资者管理的投资组合录得负数收益的几率就由25%下降到9%。因此，以回报短缺风险的角度进行分析，可以证明长投资周期和可靠的正数预期回报率是应对波动性风险的一种有效手段。

回报短缺风险手段在投资组合管理中的重要性

对机构投资者而言，在形成基准投资组合的过程中，需要考虑的关键因素之一是把某一个区间以及整体的风险都控制在可以接受的范围内。应对部分风险的手段之一就是计算回报短缺风险概率，也就是计算出回报率或资产配置量低于最低限定值的概率。

154

通过计算回报短缺风险概率，我们能够很简单地把对波动率和回报率的分析结合在一起。机构投资者一般都会明确（或者至少也会暗示）其回报率或资产配置量的最低限定值，他们都极度厌恶这种情况的发生。通常用来表述这个关键限定值的方法是计算超越某个特定基准值的年化收益率，用作基准值的可能是现金或债券的年化收益率，也可能是通胀率等等。综合考虑回报短缺风险概率和有效边界线，我们就可以在任何一个给定的极值情况下找到符合其指标的各种投资组合。回报短缺风险概率在用来说明较长的投资周期对资产配置决策的影响方面也十分有用。

大多数机构投资者管理的投资组合看上去都集中在一个相对比较狭窄的风险区间内，一般来讲，一年期投资的波动率都在10%至11%之间。在一年的投资期内处在这个波动率区间内的投资组合，有25%的可能会录得负数收益。如果一定要保证回报率在一年的投资期内为正数，管理者就不得不接受投资组合中现金权重过高，且回报率过低的现实。

大多数有效边界线都是根据标准的一年投资周期进行描绘的。但是，如果能够得到远期的预测数值，有效边界线就可以顺延，从而涵盖更长的投资周期。即便我们延长了投资周期，年化收益率基本不会发生改变，仍然和投资期为一年时取得的业绩大致吻合。但是在假设年化波动率为纯粹单独随机游动的情况下，其数值将下降$1/\sqrt{n}$，其中的n表示年份。因此，随着时间的延长，有效边界线的斜率会越来越高。

计算回报短缺风险概率的方法帮助我们证明了投资周期长，且预期回报率是一个可靠的正数时，可以比较有效地应对波动性风险。在投资周期较长的情况下，对应不同程度的回报短缺风险限制条件，回报率高且风险更高的各种投资组合也可以被接纳。举例来讲，如果我们将投资周期由一年放宽到四年，那么常见的机构投资者管理的投资组合录得负数收益的几率就会从25%下降到9%（参考本章附录中的详细计算）。

确实，我们看到，当大多数机构投资者管理的投资组合的波动率集中在10%至11%这个区间时，我们不得不怀疑是否是普遍存在的避免长期投资中负收益的观念导致了这种现象的发生。

以超额回报资产为核心的有效边界线

图表10.1展示的是一条由三个部分组成的有效边界线,其代表的投资周期为一年,无风险基准为现金。有效边界线的中段代表的是由另类资产组成的超额回报核心资产池权重恒定为60%时的情况。这个区间内剩余40%的权重根据不同的比例分配给美国债券和股票。在实际操作中,大多数资产配置模式会处于图中有效边界线的中段,也就是超额回报核心资产池权重恒定的区段内,此处核心资产池权重为60%,剩余部分为债券和股票。

155

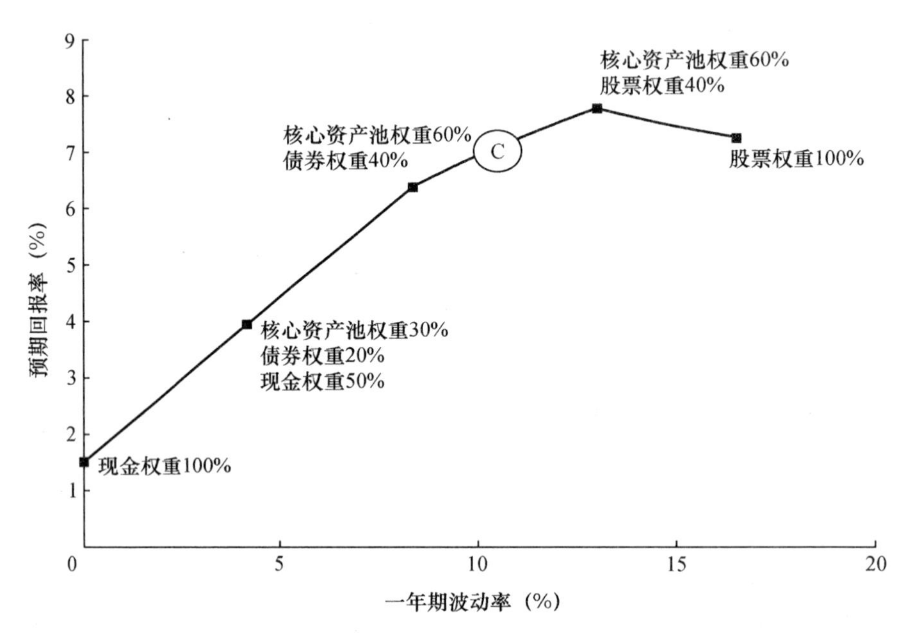

图表10.1 超额回报核心资产池权重恒定60%时的有效边界线

数据来源:摩根士丹利研究部。

图表10.2为读者们详细展示了如何运用投资组合C既有的资产结构建立一个超额回报率核心资产池。如果要使投资组合整体的风险水平高于或低于核心资产池权重恒定阶段的曲线,那么终点处的投资组合就必须包含权重更高的现金或股票。在核心资产池权重恒定阶段曲线最高点处,核心资产池权重为60%,股票权重为40%。为了追逐更高的风险,有效边界线可以沿着股票延伸线向前迈进,

这代表的是股票的权重逐步替代了核心资产池的权重，直到股票的权重达到100%为止。如果要获得较低的风险水平，就应该在核心资产池权重恒定区间的曲线的末端（核心资产池权重60%，债券权重40%）的下方加入现金。

图表 10.2　根据投资组合 C 建立的超额回报核心资产池

超额回报核心资产池占比（%）	现金延伸 0.0%	超额回报核心资产池权重恒定区间 低风险点 60.0%	投资组合 C 60.0%	高风险点 60.0%	股票延伸 0.0%
国际股票			15.00		
新兴市场股票			5.00		
绝对收益类资产			10.00		
风险投资			10.00		
私募基金			10.00		
房地产			10.00		
调控性资产占比（%）		40.0%	40.0%	40.0%	
美国股票		0.00	20.00	40.00	100.00
美国债券		40.00	20.00	0.00	
现金	100.00	0.00	0.00	0.00	
投资组合整体水平					
预期回报率	1.50	6.38	7.08	7.78	7.25
β 值	0.00	0.40	0.57	0.75	1.00
基于 β 系数的回报率	0.00	2.30	3.29	4.28	5.75
超额回报率（α）	0.00	2.58	2.28	1.99	0.00
无风险回报率（r_f）	1.50	1.50	1.50	1.50	1.50
基于超额回报率的波动率（σ_α）	0.00	5.12	4.48	4.25	0.00
标准波动率	0.00	8.35	10.45	13.01	16.50

数据来源：摩根士丹利研究部。

回报短缺风险概率

对于任何一个投资组合而言，没有任何人敢保证一定能使其获得给定的最低回报率。但如果我们假设回报率的来源是一种正常的分布，那么某些特定的回报率和波动率组合方式能够保证在一定的概率范围内，投资组合的回报率不会低于某个给定的临界值。举例来讲，假设在回报短缺风险状况下投资组合有超过90%

156

的概率取得正数收益;换个角度说,即要使该投资组合录得负数收益的回报短缺概率低于10%。我们在本章附录中通过计算分析指出,只要投资组合的回报率大于波动率的1.28倍,那么其一定能够满足上述的回报短缺概率的限制(Leibowitz等,1991,1996)。

图表10.3展示了投资组合C的正态分布图,其预期回报率为7.08%,波动率为10.45%。根据这个预期回报率和波动率的组合,在一年的投资周期内,该组合有25%的概率会录得负数收益。换句话说,投资组合C回报率为负的空间占据了其整个回报率空间面积的25%。

157

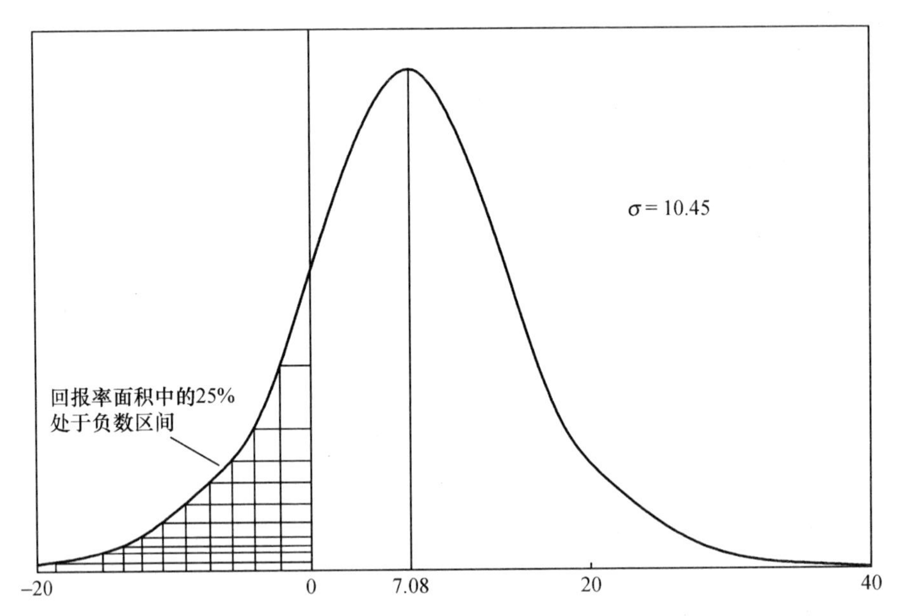

图表10.3　投资组合C在一年的投资周期内有25%的概率录得负数收益

数据来源:摩根士丹利研究部。

由此可见,我们可以通过提高预期回报率的水平减少投资组合C的回报短缺空间面积,直至负数回报率所占比例下降到10%的水平。实现这一目标的关键点是使投资组合的整体分布向右位移,从而使得左手边的负数空间面积减少到只有10%的水平。

要实现这种位移,我们可以假设把预期回报率提升到13.40%,并保持10.45%的波动率不变。这样做使得风险收益分布图整体向右平移,如图表10.4所示。这个人为提高到13.40%的预期回报率正好是10.45%波动率的1.28倍。

由此获得的最终结果就是负数回报率所占的比例仅占到整个回报短缺概率的 10% 。

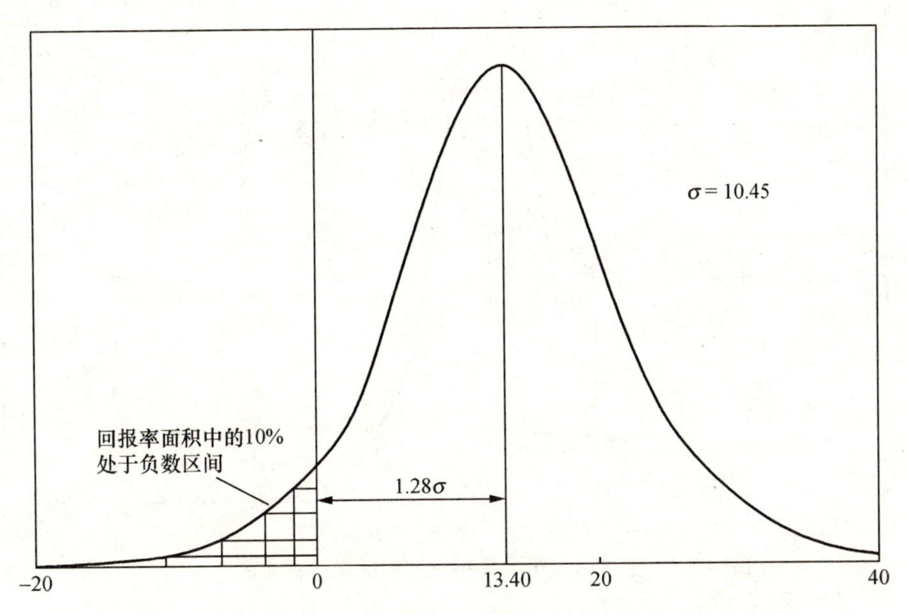

图表 10.4 通过提升预期回报率来满足短缺风险概率的限定要求

数据来源:摩根士丹利研究部。

另外一种实现位移的方法就是维持投资组合 C 的预期回报率在 7.08% 的水平,但要降低其波动率。波动率下降到 5.52% 时得到一个分布区间相对狭窄的图像,如图表 10.5 所示。我们通过这种方法再一次满足了回报短缺风险概率的限定要求,因为 7.08% 的预期回报率是此时 5.52% 波动率的 1.28 倍。

从计算方法简单和高度直观这两个特征来说,回报短缺概率这个理念对人们是很有吸引力的。但我们仍然需要指出,它只能被视为一种不完善的测量风险的手段。举例来讲,回报短缺概率无法反映潜在回报短缺风险的大小。除此之外,还有其他一些学术观点(主要来源于效用论学说)倾向于使用协方差来衡量整个投资组合的风险程度,而不使用标准方差。

159

在风险收益空间内观察回报短缺区间

从上一节的分析中我们知道了要满足回报短缺风险概率的要求,投资组合的

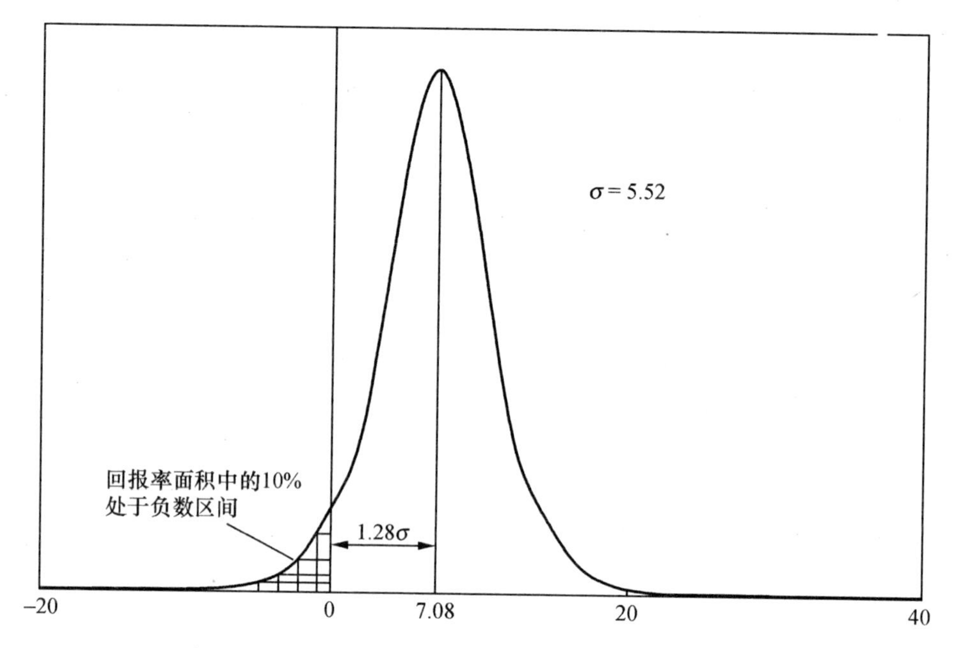

图表 10.5 通过降低波动率来满足短缺风险概率的限定要求

数据来源:摩根士丹利研究部。

预期回报率必须是其波动率的 1.28 倍或以上。在风险收益空间图中,如果从原点处画出一条斜率为 1.28 的直线,它就能清晰地划分出满足回报短缺风险概率要求的空间图样。

图表 10.6 展示的是在一年投资期内满足回报短缺概率小于或等于 10% 的空间图样。与直线吻合或处于直线上方的投资组合将能满足回报短缺概率的限定要求,而直线下方的投资组合则无法满足。我们看到在一年的投资期内,投资组合 C 是无法满足回报短缺风险概率要求的。

160 图表 10.7 把图表 10.1 中展示的有效边界线与前述满足回报短缺风险概率为 10% 的直线叠加在一起进行分析。有效边界线上所有位于回报短缺风险概率线上方的点所代表的投资组合都能够满足对回报短缺风险概率的要求。从图中可以看到,有效边界线和回报短缺概率线的交汇点出现在有效边界线风险最低的区间(同时也是回报率最低的区间),在这一区间内,投资组合中配置 75% 的现金、15% 的超额回报核心资产以及 10% 的债券。

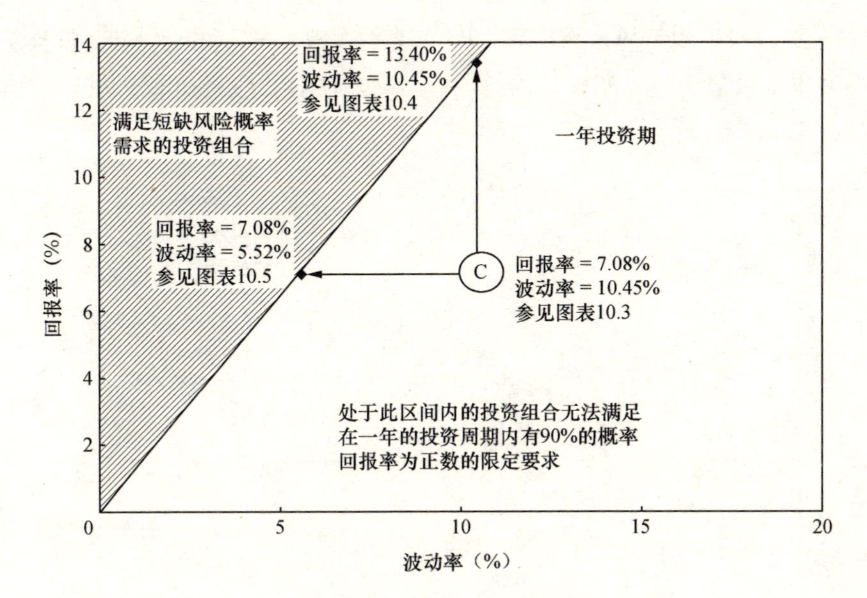

图表 10.6　短缺风险概率线

数据来源:摩根士丹利研究部。

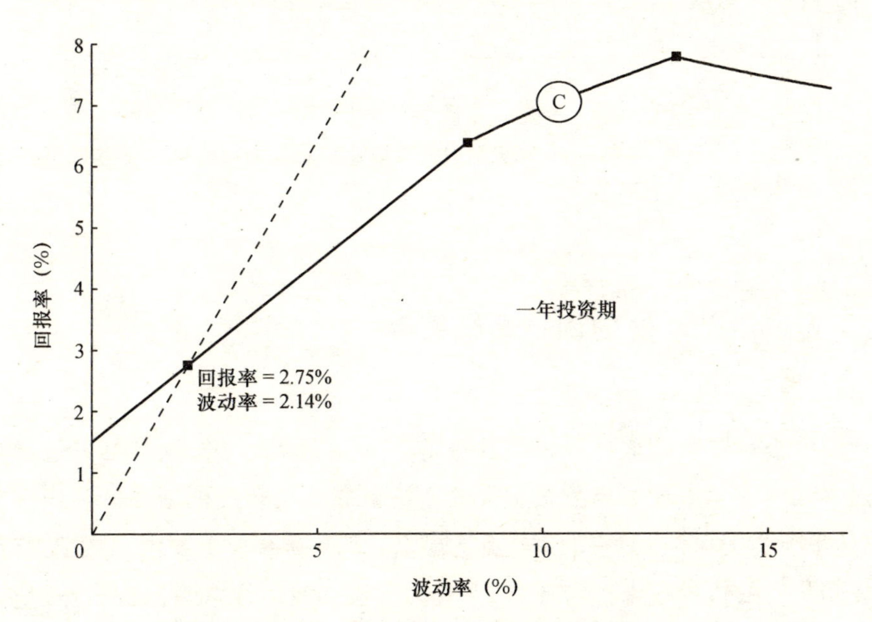

图表 10.7　有效边界线与短缺风险概率线的对比

数据来源:摩根士丹利研究部。

图表 10.8 展示的情况是逆向推导在一年投资期内,限定取得预期回报率的概率为 90% 的情况下,投资组合 C 的最低回报率情况。(这条直线与图表 10.6 和

10.7 中展示的回报短缺风险概率为 10% 的直线是平行的。)由此看出,投资组合 C 最低的回报率极值为 -6.30% 。因此,在一年投资期内,投资组合 C 所要承担的下行风险是十分巨大的。

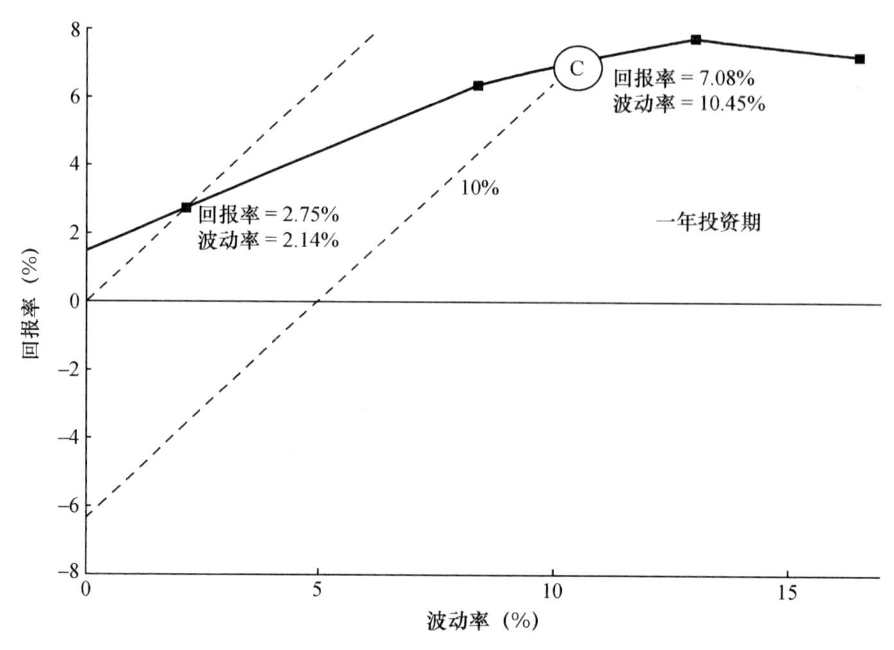

图表 10.8　一年投资期内投资组合 C 最低的回报率

数据来源:摩根士丹利研究部。

相对于无风险基准线的回报短缺概率

计算回报短缺风险这种分析方法还有一个有趣的作用,就是可以通过利用有效边界线的斜率来计算出投资组合的回报率低于风险最低型资产的回报率的概率,这里所指的风险最低型资产就是现金,其回报率为 1.50% 。如果用我们一直使用的有效边界线来进行计算,在其第一段区间内,沿此线段的投资组合的回报率有 28% 的概率会低于 1.50% 的水平(如图表 10.9 所示)。换个角度来说,此区间内的投资组合在一年的投资期内有 72% 的概率能收获超越 1.50% 的回报率。

161

同样如图表 10.9 所示,当我们进入核心资产池权重恒定区间之后,有效边界线的斜率下降,回报短缺风险概率随之上升。在有效边界线的最右端,即投资组合100%由股票组成时,此投资组合的回报率有36%的概率会低于1.50%。

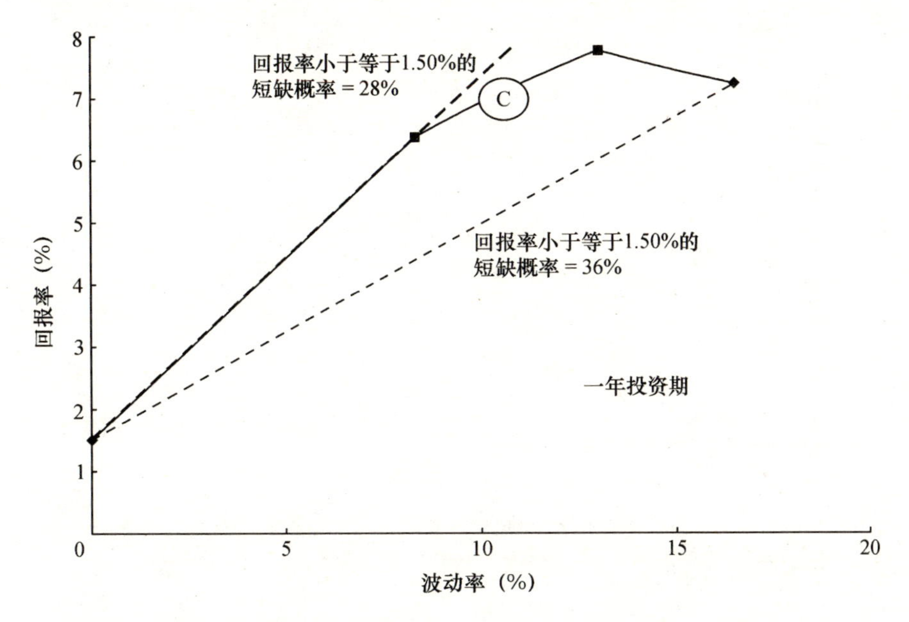

图表 10.9 以有效边界线作为其自身的短缺风险概率参照线

数据来源:摩根士丹利研究部。

我们也可以用夏普系数——用回报率溢价除以波动风险之后得到的斜率(参见本章附录)——来解释基于无风险基准的回报短缺风险概率。因此,夏普系数越高,说明回报率超越无风险回报率的概率越高。图表10.10根据标准的回报率正态分布情况而描绘了这种概率之间的相互关系。我们从图中看出,投资组合C的夏普系数为0.53,相对于1.50%的现金回报率而言,其回报短缺概率为30%。(此前我们曾以投资组合获得正数收益为基准来分析投资组合C的回报短缺概率,该数值为25%,与现在以无风险资产为基准算出的概率有一定反差。)

沿着有效边界线分布的回报短缺概率

163

在图表10.11中,我们重新以临界回报率0%为基准进行分析,也就是考虑投资组合取得正数回报率的概率。图表明确地展示了有效边界线上各个位置的回报

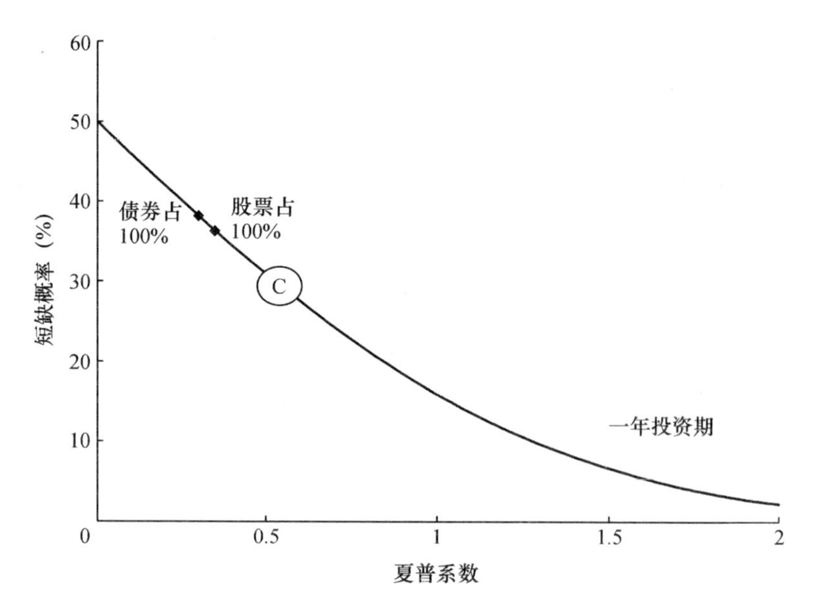

图表 10.10　以无风险资产为基准情况下通过夏普系数来分析短缺概率

数据来源：摩根士丹利研究部。

短缺概率。由此可以看到，有效边界线上大部分位置的回报短缺概率都超过10%。特别是投资组合 C 的回报短缺概率为 25%，如果我们限定一年投资期内取得正数收益的回报短缺概率不得超过 10%，那么这个投资组合是无论如何也无法被接受的。

不同投资期下的情况对比

在本节，我们开始考虑更长的投资期，并分析投资期延长之后会给有效边界线和回报短缺概率线的关系带来怎样的影响。假设回报率以最基本的形式增长，那么在投资期为 n 年的情况下，预期回报率将增长 n 倍，同时波动率仅增加$\sqrt{n}$倍。当把这些多年的累积数值换算成年化数据时（当然，仍用最简单的方式进行转化），所获得的预期回报率与一年投资期所获得的数值几乎一样，但波动率则下降至仅为一年期波动率的$\sqrt{n}$分之一。

当把这些年化的数值进行排布之后，我们就可以看出，在不同的投资期内投资

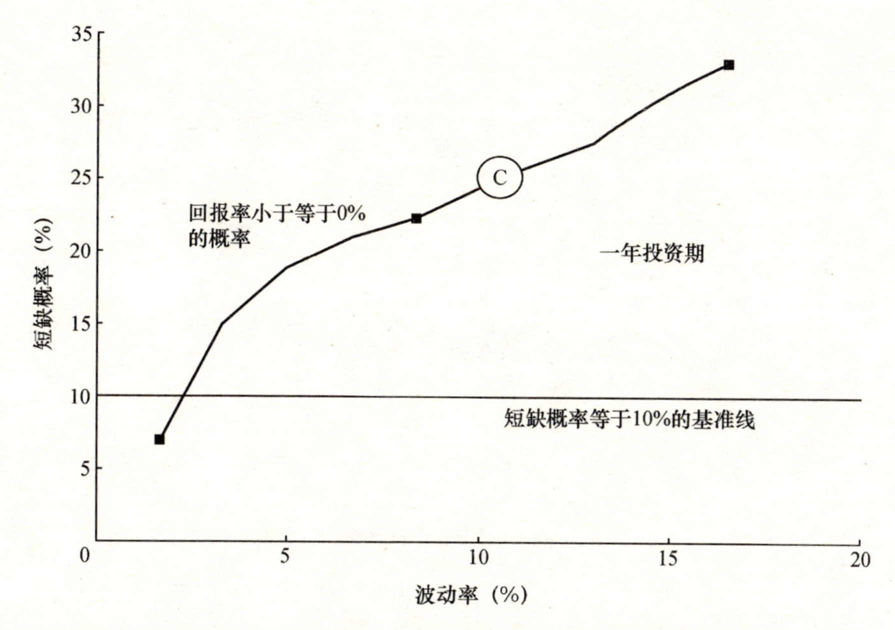

图表 10.11　有效边界线上各个位置的短缺概率分布图

数据来源：摩根士丹利研究部。

组合的风险收益特征发生了怎样的变化。图表 10.12 展示的是一年投资期与四年投资期的有效边界线。在此要提醒大家注意，对于投资期较长的投资组合而言，使用存续期为四年的债券作为无风险基准更为合理。同样需要请读者们注意的是，我们沿用了正态分布的图样，从理论上讲，更为合理的做法应该采用对数正态分布的图样。（本章附录中列示了用于描绘这幅图样的各种数值的测算方法，同时也指出了在进行更加全面的分析时所必须考虑的一些其他因素。）

回报短缺概率峰值点还可以被看做是不同投资期有效边界线上一个年化回报率的点。从这个角度去分析，即使我们在不同的投资期内进行转换，回报短缺概率线的形状也不会发生改变。特别是我们一直在讲的获取正数收益的回报短缺概率为 10% 的峰值线一定是发端于原点且斜率为 1.28 的直线。

因此，如图表 10.13 所示，我们可以在满足回报短缺概率需求的情况下对比分析不同投资期的回报率最大化的各个投资组合的特征。正如我们前面已经见过的一样，在一年的投资期内，如果要保证回报率为正数，我们不得不选择一个风险较低的投资组合。但当我们将投资期延长至四年时，有效边界线第一段和中间一段上的大多数投资组合（包括投资组合 C）都能满足正数收益回报短缺概率为 10% 的要求。

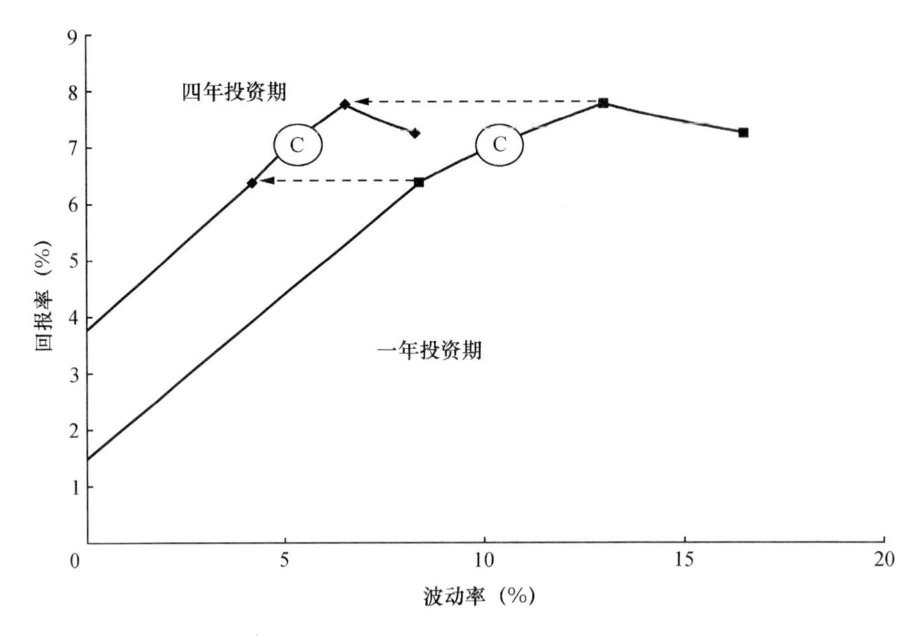

图表 10.12　一年投资期和四年投资期的投资组合年化后的有效边界线

数据来源：摩根士丹利研究部。

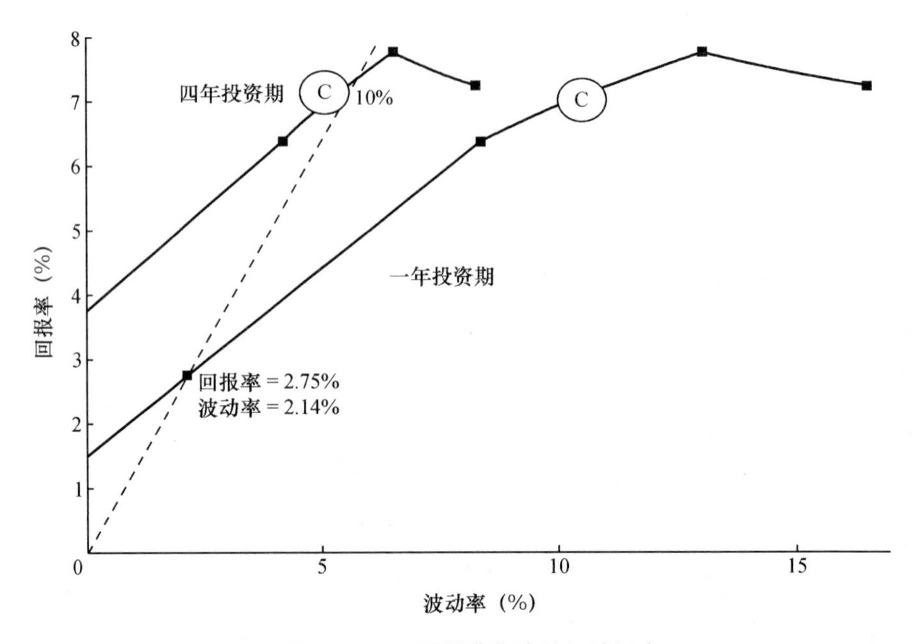

图表 10.13　不同投资期内的短缺概率

数据来源：摩根士丹利研究部。

图表 10.14 用另外一种方法展示了投资组合 C 的回报短缺概率情况。图中的实线代表的是 100 美元投资的增长情况,分别是回报率为 -5%、0%、1.5% 的现金回报率和 3.75% 的债券回报率的图样。图中的虚线表示的是在给定的投资期内投资组合 C 取得正数收益的回报短缺概率满足 10% 的要求时,该投资组合资产最低价值的组合。随着时间的推移,投资组合 C 的回报短缺概率会不断增加,在投资期恰要到四年时突破 0%;在投资期满六年前达到和现金相同的回报短缺概率。

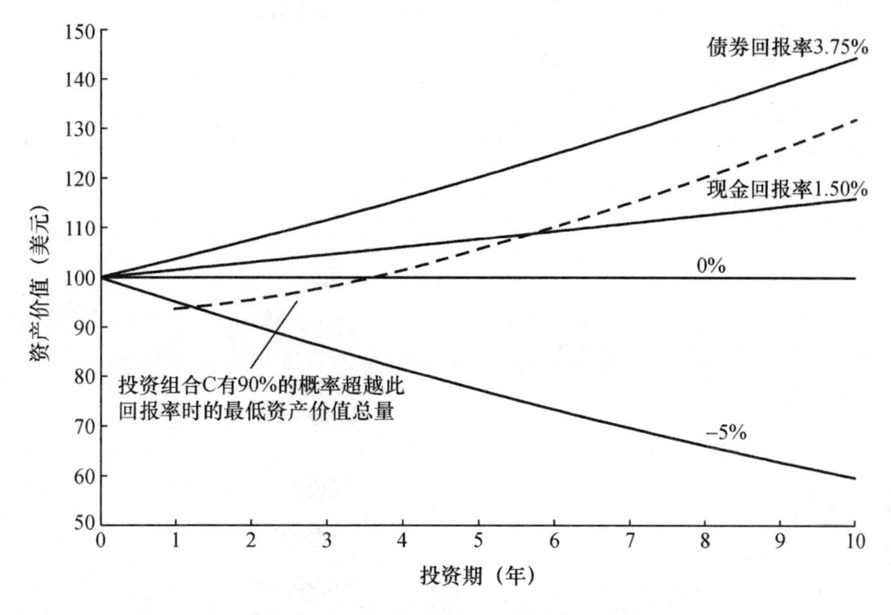

图表 10.14　不同投资期内的资产价值比较

数据来源:摩根士丹利研究部。

图表 10.15 对比了一年投资期和四年投资期下的回报短缺概率情况。较长的投资期能够有效地降低回报短缺概率。特别是我们看到,在一年投资期内,投资组合 C 取得负数收益的概率较高(25%)。对于以远期收益为目标的投资组合而言,要满足回报短缺概率的要求,其被迫接纳的现金权重将高得令人无法接受,同时回报率也非常低。但一旦把投资期延长到四年,核心资产池权重恒定区间的很多投资组合也能成为符合条件的可选对象。

167

因此,如果一年期的投资组合 C 无法满足收益为正的回报短缺概率上限为 10% 的要求,那么延长其投资期到四年之后就能符合条件。由于大多数常见的机构管理的投资组合的风险特征与投资组合 C 类似,所以我们很自然地会揣测是否机构投资者虽然表面不说,但是私底下都预设了这种较长的投资期,以此来满足其风险需求。

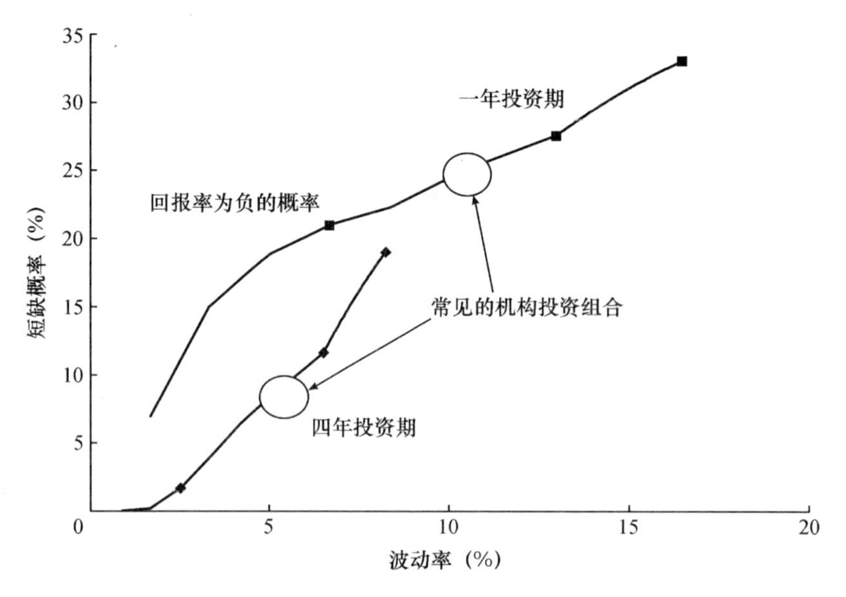

图表 10.15　不同投资期对有效边界线上的短缺概率造成的影响

数据来源：摩根士丹利研究部。

本章附录

回报短缺风险概率的限定条件

设回报率呈正态分布，用 $\tilde{r}$ 表示，回报率均值用 $\bar{r}$ 表示，标准差为 σ，则有

$$P(\tilde{r} \leqslant r_o \mid \bar{r}, \sigma) = p$$

其中 p 代表回报率低于某个最低值的概率，最低回报率用 r_o 表示。设 $\tilde{x}$ 为服从标准正态分布 $N(0,1)$ 的随机变量，这个概率可以用下面的公式来计算：

$$P\left(\tilde{x} \leqslant \frac{(r_o - \bar{r})}{\sigma} \middle| 0,1\right) = p$$

如果我们设 $-k_p$ 为标准正态分布 $N(0,1)$ 左边尾部被切掉的部分，其所占面积为 $p\%$，则

$$P(\tilde{x} \leqslant -k_p \mid 0,1) = p$$

所以

$$-k_p = \frac{(r_o - \bar{r})}{\sigma}$$

或

$$k_p = \frac{(\bar{r} - r_o)}{\sigma}$$

因此,设任一给定投资组合的预期回报率为 $\bar{r}$,波动率为 σ,只要下面的公式成立,那么其一定会有一个低于 r_o 的概率 p: 168

$$\bar{r} - k_p\sigma = r_o$$

更广义地讲,任何一个($\bar{r},\sigma$)组合高于被切掉部分的投资组合都能满足这种回报短缺风险概率的需求,即

$$\bar{r} - k_p\sigma \geqslant r_o$$

或者

$$\bar{r} \geqslant r_o + k_p\sigma.$$

相互关系

$$\bar{r} = r_o + k_p\sigma$$

上面这个公式在风险收益空间内定义了一个斜率为 k_p 的直线,其与 $\sigma=0$ 的纵轴在 r_o 点交汇。处于这条线上——或以上空间内——的任何一个特征为($\bar{r},\sigma$)的投资组合都能满足回报短缺概率的限制条件,也就是说其击穿最低回报率 r_o 的概率最多为 p。举例来讲,在标准的正态分布 $N(0,1)$ 中限定回报短缺概率上限为 10%,则 $k_p=1.28$。因此,在以正数回报率为极值的情况下,我们得到 $r_o=0$,回报短缺概率线可以表示为 $\bar{r}=1.28\sigma$。

回报短缺风险这个理念是一种基础性的用于综合分析投资组合的预期回报率和波动率水平的手段。它最大的好处就是在风险收益空间内能够得到直观简单的展示。确实,我们看到这个概率与最原始的投资理念中对下行风险的理解是一致的,反映出一个投资组合无法获得或者无法超越某个既定的目标。它的另外一个好处还在于为我们清晰地说明了投资期延长和获取正数预期回报率能够有效地平抑波动性风险。

但也正是由于过于简单,回报短缺风险概率这种分析方法也在多个方面显得

力不从心。首先,它无法表示低于最低回报率的预期量。其次,虽然正态分布是资产回报率最简单的表示方式,但即便在很短的投资期内,这也不一定是最优的表现形式。确实,在任何给定的投资期内,如果根据一年期的回报率对图像进行随机游动,那么得到的结构更像是一个对数正态分布的图像。虽然我们可以用回报短缺概率的理念去分析更广泛的概率分布结构,但是在本书中讨论的概率分布不论其投资期有多长,都采用了最简单的正态分布结构。

169 读者们可以从本文列出的参考文献(Bawa 和 Lindenberg, 1977;Harlow 和 Rao, 1989)中看到更多关于投资组合风险的非对称性结构的分析和讨论。

不同投资期的回报率

对于更长的投资期来说,我们假设基于正态分布的回报率会以简单的随机游动的形式不断变化,累进的预期回报率总量将呈现线性增长,n 年内增长 n 倍,波动率变为原先的$\sqrt{n}$倍。当进行年化换算时,将上述两个值分别除以 n,年化预期回报率基本保持不变,这是大多数人都愿意接受的结果。与此同时,年化波动率将下降为$\sqrt{n}$分之一。

结合回报短缺风险概率的理念来分析,当一个一年期风险收益特征为$(\bar{r},\sigma)$的投资组合满足下列公式时,其也就能满足 n 年内的回报短缺风险概率需求:

$$\bar{r} \geqslant r_o + k_p \frac{\sigma}{\sqrt{n}}$$

根据这种假设,延长投资期,将能有效扩大可接纳投资组合的范围。

但是和我们前面所用的回报短缺风险概率模型一样,这种在不同投资期内分析回报率走势的方法对于这个话题来说还是有诸多掣肘。首先,如前所述,资产的回报率总是有一种向对数正态分布位移的倾向。其次,数学方法计算得到的均值回报率并不是长期内集中度的最佳测量手段。除此之外,如果投资期足够长,波动率风险本身也会侵蚀掉一部分预期回报率的增长量。最终,根据纯粹的随机游动建立的模型无法解释在较长的时间段内可能发生的均值或波动率逆转现象,也无法解释其他可能出现的回报率压缩现象(Campell 和 Viceria, 2002, 2005)。

我们坚持使用能够推导出三段结构有效边界线的简化假设,这是因为我们相信这些精选出来的模型虽然有各种各样的不足,但已经足以向读者们传递本章所讨论、分析的一些关键理念了。

任何一个给定的投资组合的回报短缺概率的计算

前文说明了如何在风险收益空间内，通过综合利用一个给定的峰值和回报短缺概率来划分出可以被接纳的投资组合的区间。这种方法是可逆的，我们可以利用一个给定的投资组合及其限定的回报率极值来逆推出其回报短缺风险概率。

170

基本的过程是计算 k_p，即如下公式：

$$k_p = \frac{(\bar{r} - r_o)}{\sigma / \sqrt{n}}$$

设一个投资组合的风险收益特征为 $(\bar{r},\sigma)$，指定的最低回报率为 r_o，投资期为 n，那我们就可以算出 k_p 的大小。这个数值代表的是从一个标准化的正态分布 $N(0,1)$ 的左边均值中减掉的部分。在这个减掉的数值以下的部分就代表着风险收益特征为 $(\bar{r},\sigma)$ 的投资组合在 n 年投资期内回报率低于 r_o 的回报短缺概率。

举例来讲，以投资组合 C 为例，其预期回报率为 7.08%，波动率为 10.45%。如果我们限定正数回报率最低值为 $r_o=0$，那么在一年投资期内，

$$k_p = \frac{(7.08 - 0)}{10.45/\sqrt{1}} = 0.68$$

正态函数 $N(0,1)$ 左边线低于 -0.68 的概率部分占到了总面积的 25%。因此，投资组合 C 在一年投资期内取得负数收益的概率为 25%。

相比之下，在投资期为四年的情况下，

$$k_p = \frac{(7.08 - 0)}{10.45/\sqrt{4}} = 1.35$$

正态函数 $N(0,1)$ 左边线低于 -1.35 的部分显示其录得负数收益的概率仅为 9%。因此，当把投资期由一年延长到四年之后，其取得负数收益的概率由非常高的 25% 下降到了可以接受的 9%。（但是，公平起见，我们也要强调，如果投资期为四年还是仅获得 0% 的回报率，那么其投资的业绩比一年投资获得 0% 的回报率要差很多！）

以夏普系数作为回报短缺概率

如果我们限定无风险回报率为回报率最低值，即 $r_o=r_f$，那么前面的公式变为

$$k_p = \frac{(\bar{r} - r_f)}{\sigma / \sqrt{n}}$$

171 在 $n=1$ 的特殊情况下，减除值 k_p 正好等于风险收益特征为 $(\bar{r},\sigma)$ 的投资组合的夏普系数：

$$k_p = \frac{(\bar{r} - r_f)}{\sigma}$$

因此，在以无风险回报率作为回报率最低值的情况下，夏普系数直接决定了该投资组合的回报短缺概率。

参考文献

Bawa, V., and E. B. Lindenberg. 1977. "Capital market equilibrium in a mean, lower partial moment framework." *Journal of Financial Economics* 5 (2): 189–200.

Campbell, John Y., and Luis M. Viceira. 2002. *Strategic asset allocation*. New York: Oxford University Press.

———. 2005. "The term structure of the risk-return trade-off." *Financial Analysts Journal* 61: 34–44.

Harlow, W. V., and R. Rao. 1989. "Asset pricing in a generalized mean-lower partial moment framework: Theory and evidence." *Journal of Financial and Quantitative Analysis* 24 (3): 285–311.

Leibowitz, M. L., L. N. Bader, and S. Kogelman. 1991. "Asset allocation under shortfall constraints." *Journal of Portfolio Management* 17: 18–23.

———. 1996. *Return targets and shortfall risks*. New York: Irwin Professional Publishing.

◂ 第十一章 ▸
风险的收敛

计算回报短缺风险的概率的主要缺点之一，是它仅仅描述了某个事件在一个时间段结束时发生的概率。我们有必要认识到，某个事件在一个时间段内任何一个时间点上发生的概率都要比这一事件在段末发生的概率要大。 173

我们使用蒙特卡洛模拟方法通过另外两种回报短缺概率测量工具来分析期内(within-period)回报短缺概率，即跌破约定资产临界值的概率和从一个资产价值高位下跌一定比例的概率。

对于同一个临界值而言，后两种期内风险衡量标准比简单的期末回报短缺概率要求得更为严格。因此，为了某种程度上可比，我们将资产临界值的回报短缺概率设为：期末100%，期内90%，从高位下跌15%。

这些风险标准都对投资期限非常敏感，且表现为不同的形式。由于回报分布函数上的预期回报总是不断增加的，所以期末回报短缺概率随着时间增加而降低。形成对比的是，两种期间风险衡量方法下的回报短缺概率随着投资期限的增加而增加，这是因为重大负面事件的出现次数也随时间而增加了。不过，对于四年左右的投资期限，似乎存在着一个收敛的状态，即这三种风险临界值(虽然是任意设定，但也合理)能够同时被满足。我们只能揣测，如此多机构投资基金的波动性都大致在10%到11%的区间上，是否是这些风险临界值之一或几种共同作用的结果。

期末回报短缺概率

我们可以通过对正态分布性质的分析来得出跌破某个特定临界值的概率。举例来说，投资组合 C 的预期回报率和波动率分别是 7.08% 和 10.45%，那么该投资组合在一年内跌破其初始价值（即负回报）的概率是 25%。而如果我们将投资期延长到四年，此概率则降低到 9%。

174

回报短缺概率的优点在于它可以非常直观地度量风险，但是它无法涵盖能够描述回报短缺事件的完整数据（Bawa 和 Lindenberg，1977；Harlow 和 Rao，1989）。举个例子，平均跌破幅度在某些情况下可能是一项重要的信息。然而，我们仅仅关注回报短缺概率却是出于（在一个已经足够复杂的分析中）简单化处理的需要，以及对于资产回报概率模型内在限制的认识。

我们使用蒙特卡洛模拟方法，基于正态分布随机取样模拟产生了一段时间内的回报轨迹。（理论上正确的用法应当是使用对数正态分布而非正态分布，然而正态分布的使用与较短期限下的通常用法相一致。）然后，我们将回报短缺概率限制条件加到这些回报路径之上，求得各种不同的统计数据。对于时间段结尾处出现回报短缺概率，即产生负回报的几率而言，这些根据经验得出的模拟结果和分析计算的结果是一致的（参见图表 11.1 和 11.2）。

175

可以看到，当时间期限从一年变成四年后，预期回报大幅度增加的回报短缺概率减少到仅 9%。这一模拟结果也展示了正态分布向对数正态分布的转变趋势，其原因在于年化回报的复合增长效应。

期内止损概率

我们已经知道跌破 100 的概率在一年期末为 25%，在四年期末为 9%。但是，四年期内任意一年期末时跌破 100 的概率是多少呢？如马克·克里茨曼（Mark Kritzman）所指出的，机构投资人很自然地要关心其投资期内任何一个时间点上资产从初始值下跌一定比例的概率（Kritzman，2000；Kritzman 和 Rich，2002）。这种

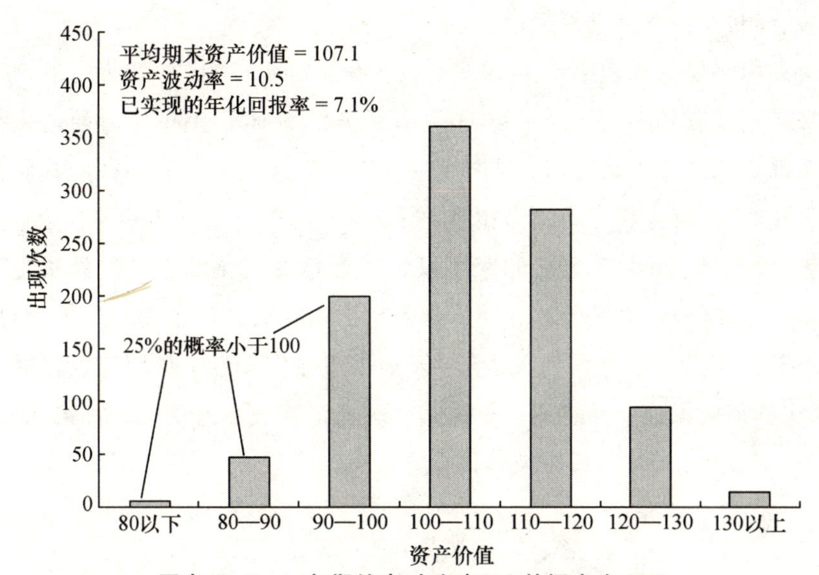

图表 11.1　一年期结束时跌破 100 的概率为 25%

数据来源:摩根士丹利研究部。

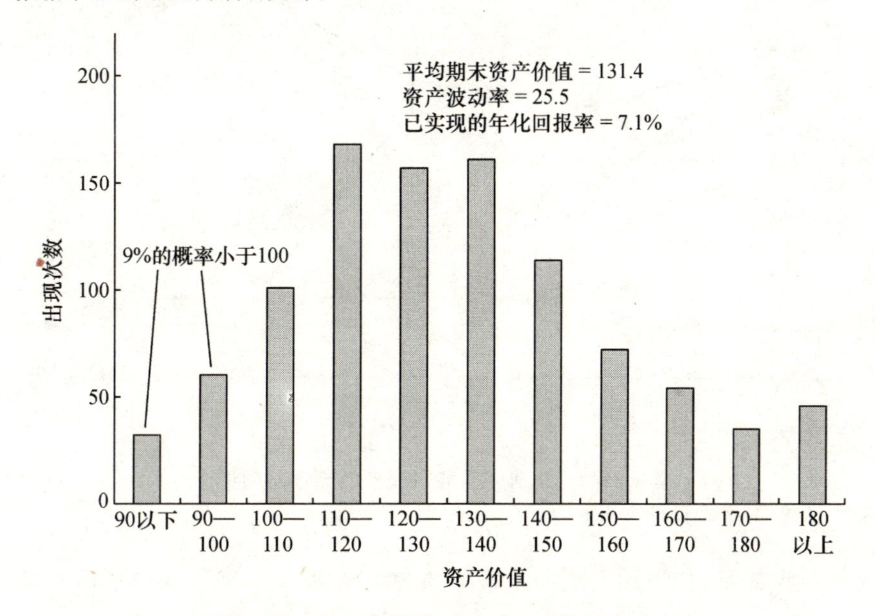

图表 11.2　四年期结束时跌破 100 的概率为 9%

数据来源:摩根士丹利研究部。

在一个时间段内发生的事件可能会让基金转而采纳一种较低风险的配置,也就是说相当于一种止损条件。因此,我们也将采用"期内止损"这个名称。由于多数基金都非常不愿偏离最初的配置,我们可以想见这些基金对于风险参数的最初设置　176

都很低,从而将止损概率减至最小。

如果期内临界值同期末临界值一样设为资产水平 100,四年期内任意一年期末时跌破的概率涨到了 32%。正如这一高跌破概率所示,100 作为期内止损临界值这一条件要比同样水平的期末临界值更为苛刻。而我们只有当把止损临界值降到较为合理的 90 时才相对可以做比较。

图表 11.3 展示的是四年之间某个投资组合价值变化的三种假设轨迹。在中间一条轨迹上,投资组合的价值在第一年和第二年年底跌到了 100 以下,然后在第三年年末涨到 103,第四年年底又跌至 100。由于我们设定了该轨迹仅以期末条件为准,那么其期内价值变动将不会影响其随时间迁移发生的变化。在第四年年底,价值掉回(或跌破)100,回报短缺事件记录在案。

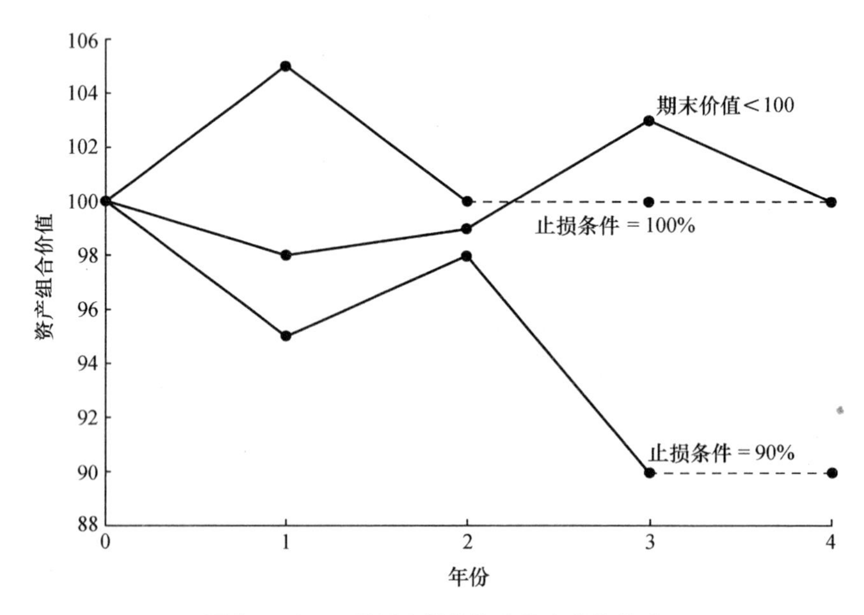

图表 11.3　三种示意性的资产组合价值轨迹

数据来源:摩根士丹利研究部。

形成对比的是,如果设定期内止损条件为 100,那么中间这条轨迹将在第一年年末价值跌破 100 时即被终止。这种终止事件可见于图中最上面一条轨迹,投资组合的价值在第一年年末涨至 105,但此后跌回 100 时就于第二年年末终止了。图

177

中最下面的轨迹设定止损条件为 90,直到第三年年底才触发止损。在我们的模拟中,任何止损事件被触发后投资组合的终值即计为止损条件,如止损条件为 90,则最终的投资组合价值亦为 90。

图表 11.4 显示了四年期内止损条件设为 90 的模拟结果。所有重复事件之中,止损事件出现了 11%。与图表 11.2 比较,尽管触发概率几乎相同,但值得注意的是,期内止损情况下的平均实现回报率为 6.8%,比期末情况下的 7.1% 要小很多。

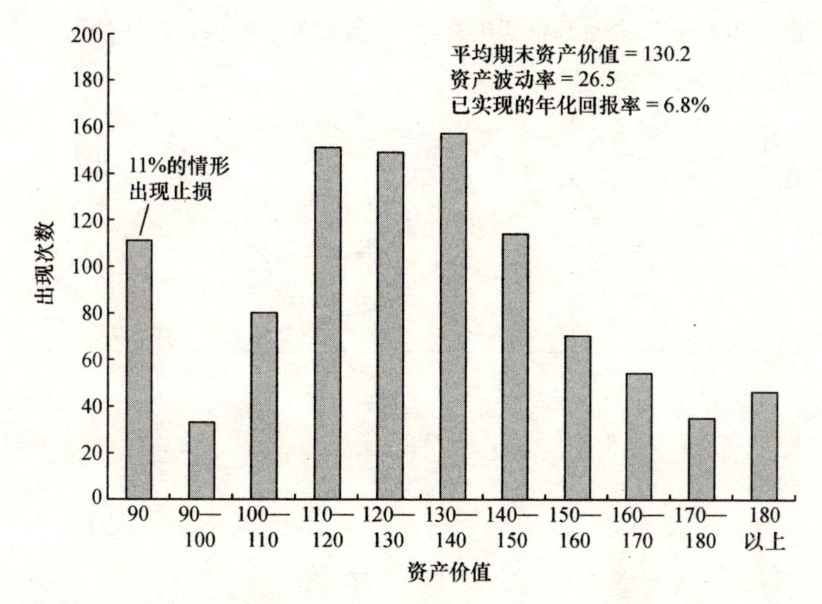

图表 11.4　四年期内任意一年跌破 90 之情形的出现概率为 11%
数据来源:摩根士丹利研究部。

我们的分析假设条件为投资组合仅仅在每年年末进行估值。如果投资组合估值是持续不断进行的话,我们将发现止损概率会更高。例如,若在连续性的止损条件下实现同样的 11% 概率,则我们须将止损临界值降到 85 才行。

高标回报下的回报短缺事件

价值高位指的是一个基金在截至当前时间点所曾达到的最高价值。许多基金经理的薪酬就取决于与此价值高位相关的基金业绩表现。如果一个基金在达到某个高位后一直减值,那么只有当该基金升回此高位以上时才会有更多的业绩奖励。更普遍的是,很多基金如捐赠基金在制订开支计划之初就对未来预期的价值高位提出了隐性的要求。较大幅度的下跌可能导致重大的组织压力。在此类情况下,

178

这些价值高位条件显然可以成为整个基金风险的重要组成部分。

图表 11.5 显示的是一条假设的回报轨迹，触发了从投资组合价值高位下跌 15% 的条件。该投资组合在第一年达到了 135 的价值高位，在第二年跌到 120，第三年降至 114.75。因为 114.75 已然从价值高位 135 下跌了 15%，回报短缺条件被触发，终值计为 114.75。从某种程度来说，价值高位下的回报短缺情形可视为在价值高位之后的止损条件被触发。

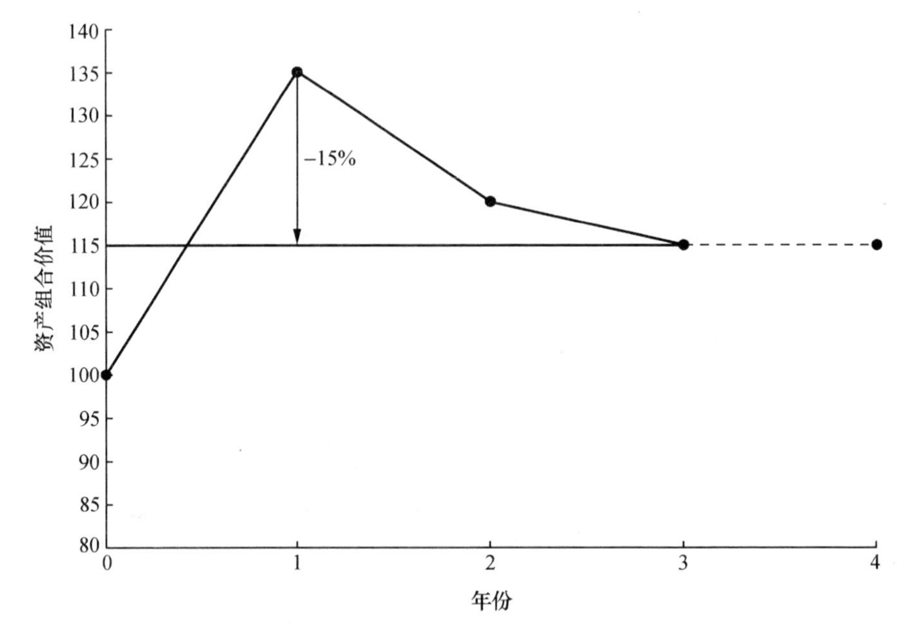

图表 11.5　从资产价值高位下跌 15% 的条件触发

数据来源：摩根士丹利研究部。

图表 11.6 显示的是我们模拟产生的四年期结果分布。价值高位下的回报短缺事件的出现概率为 10%。然而，因为止损事件在很大的资产价值水平区间上都可能出现，这个比例是无法从柱状图中直接读出的。我们用图中实心柱部分来示意止损事件发生时的各资产价值水平。有意思的是，因为允许在较高资产价值水平时出现止损，在设定价值高位回报短缺条件的情形下，回报率竟比将止损条件固定为 90 下的回报率（见图 11.4）要稍高。

179

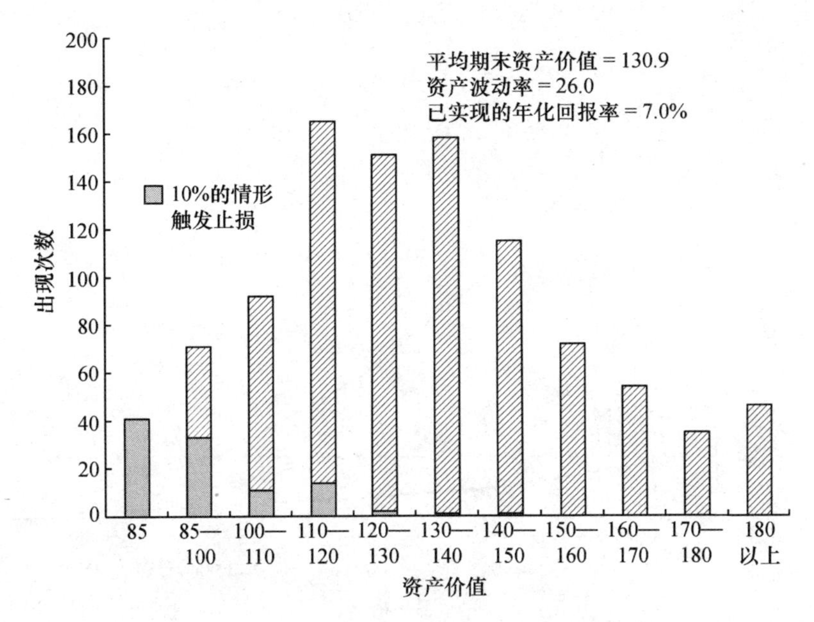

图表 11.6　从资产价值高位下跌 15%的触发条件模拟结果

数据来源:摩根士丹利研究部。

改变临界值和投资期长度

前述三种回报短缺概率的大小很大程度上都取决于定义负面触发事件的具体临界值。我们从图表 11.7 可以看到,当临界值放宽时,所有三种回报短缺概率都大幅降低。当临界值降至很低水平时,任何一种触发事件的发生概率都接近于 0,三种情形的回报率分布收敛于未设任何条件的情形。图表 11.7 还显示了我们对于三种临界值水平的选择是如何导致回报短缺概率大致收敛于 10%。

图表 11.8 展示了回报短缺概率是如何随着投资期长度增加而变化的。在最初几年也就是波动程度实际支配着累计预期回报率的时候,期末跌破 100 的概率处于高位。此后,跌破概率随着时间推移、预期回报率增加而大幅下降。相比之下,期内跌破情形在短期内因为负面结果的幅度受限而发生概率较小。90 止损条件下的触发事件多发生于较早的时期内,概率曲线逐渐在第八年后趋平于 13%左右。对于价值高位下的回报短缺条件,时间越长,触发事件发生的机会越多,从而导致回报短缺概率持续增大。

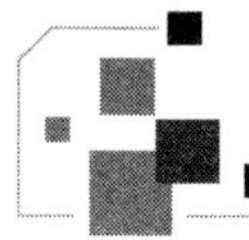

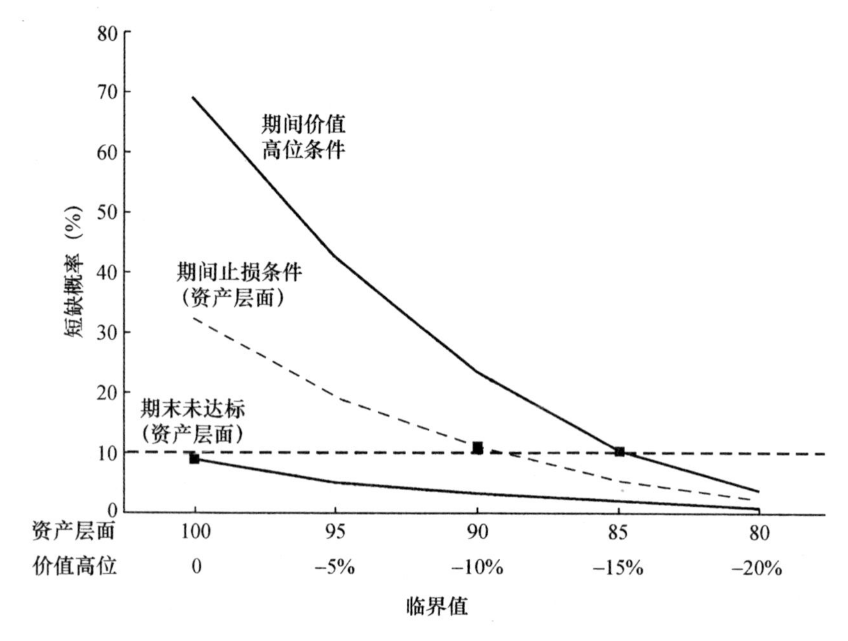

图表 11.7　不同临界值下的回报短缺概率

数据来源：摩根士丹利研究部。

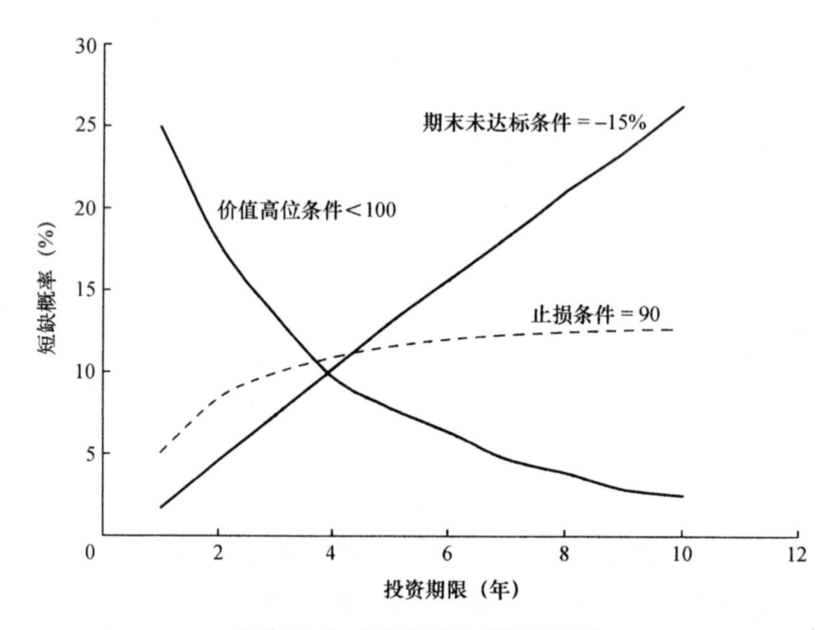

图表 11.8　短缺概率与时间的关系

数据来源：摩根士丹利研究部。

有意思的是，三种回报短缺概率于三到五年之间再次收敛于大约10%的水平上。对于短期时间段而言，期末回报短缺条件的结果较差。而在较长时间段上期内回报短缺条件的触发次数更多。

有效边界上的回报短缺概率

如图表11.9所示，有效边界中段，权重固定为60%的超额回报核心资产部分，由投资组合C中的另类资产组成，剩余40%权重则是由各种不同比例的美国债券与股票搭配组成。在实践中，大多数资产配置就处在这个超额回报核心资产池权重恒定区间上，由60%的核心资产与债券、股票混合而成。

182

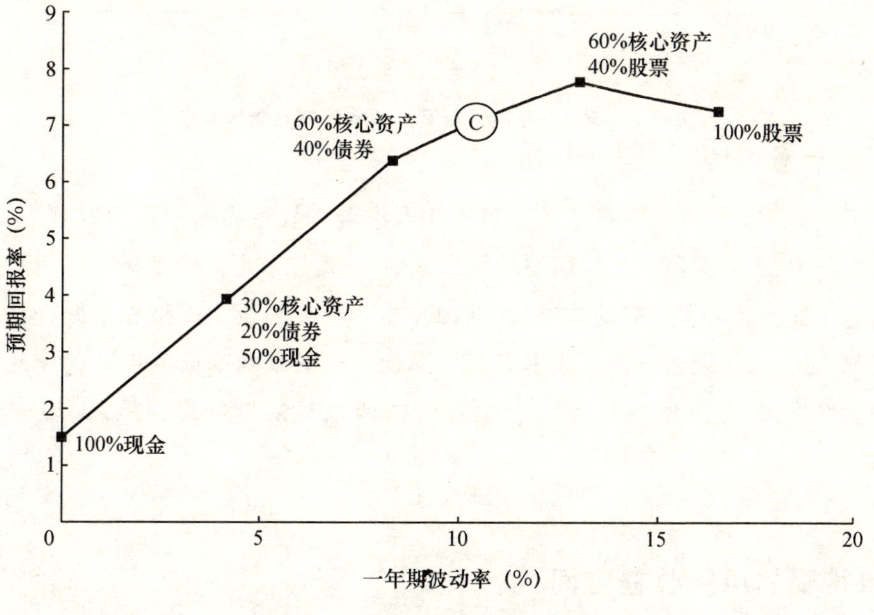

图表11.9　一年期的有效边界曲线

数据来源：摩根士丹利研究部。

在图表11.10中，我们展示了一年期内，在每一个波动率水平上沿着有效边界线的三种回报短缺概率曲线。可以看到，在止损和价值高位下回报短缺两种设定条件下，尽管回报短缺概率随着波动率提高而迅速增加，但是有效边界上大多数的点的回报短缺概率都低于10%。在期末回报短缺的设定条件下，固定核心资产部分的回报短缺概率达到了完全无法接受的20%到30%的范围区间。

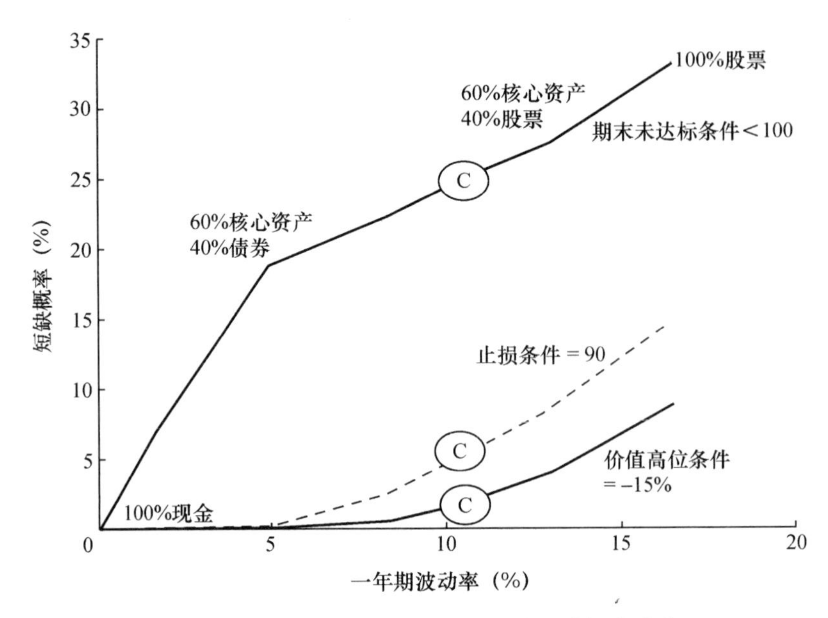

图表 11.10　一年期沿着有效边界的短缺概率分布

数据来源：摩根士丹利研究部。

图表11.11比较了更有意义的四年期内沿着有效边界的回报短缺概率分布。在这个图中，我们保留了一年期波动作为横轴，从而能够更清晰地标注沿着有效边界的各个配置。因为投资期被拉长，期内止损和价值高位下回报短缺两种情形的概率都增加了，而期末条件下概率则有所降低。我们看到投资组合C处于这样一个波动性位置，即三种风险衡量方法得出的回报短缺概率都很接近，约在10%左右。

183

可以接受的风险收益空间

对于三种回报短缺条件任意之一而言，预期回报和波动风险的组合决定了触发概率。如果我们将回报短缺概率定于一个特定水平（如10%）上，那么在所有恰好满足给定条件的投资组合构成的风险收益空间中，这一固定概率的要求将会把回报短缺曲线定义出来。由高于此曲线的风险收益特征搭配而形成的投资组合将满足回报短缺概率条件的限制要求，低于此曲线的投资组合则不满足。图表11.12

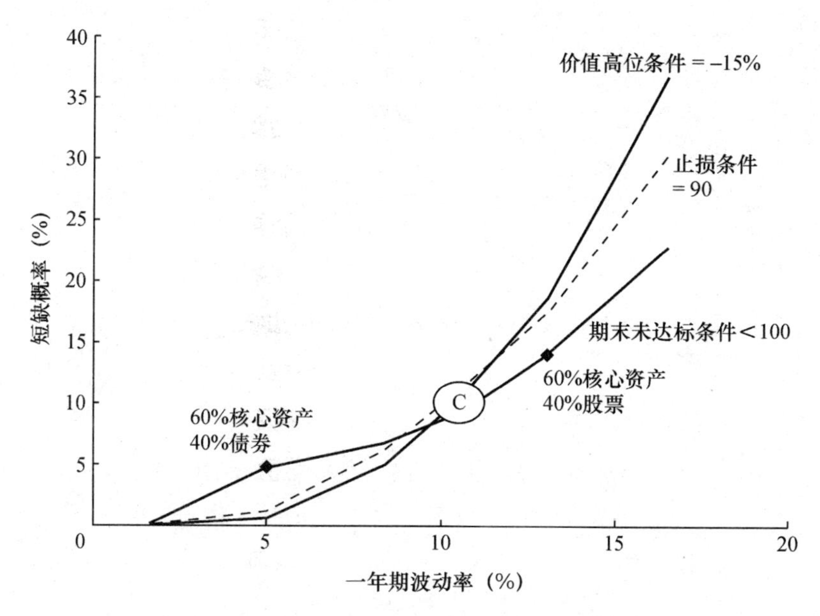

图表 11.11　四年期沿着有效边界的短缺概率分布

数据来源：摩根士丹利研究部。

中可以看到四年期末下跌超过10%这一限制条件下的回报短缺曲线，它恰好就是一条穿过原点的直线（Harlow 和 Rao，1989）。

在图表11.12中，尽管所有结果都以四年期为基础，但我们仍然使用一年期波动率作为横轴标记，从而能够在图上加画以一年期为标准形式的有效边界。回报短缺曲线与有效边界的交叉点显示着满足回报短缺条件下的最大波动程度。我们从图表11.12上还可以得出这一最大波动度落在11%到12%之间，投资组合C刚好处于可以接受的条件范围。

对于两种期内回报短缺概率而言，波动的影响相比于预期回报显得更为重要，从而使得回报短缺曲线如图11.13所示向上弯曲。结论与前图也大体近似，投资组合C处在两条回报短缺曲线的交界处附近。当我们沿着有效边界穿过投资组合C往上走（波动率增加）时，较高风险的投资组合无法满足两个回报短缺条件中的任意一条。 184

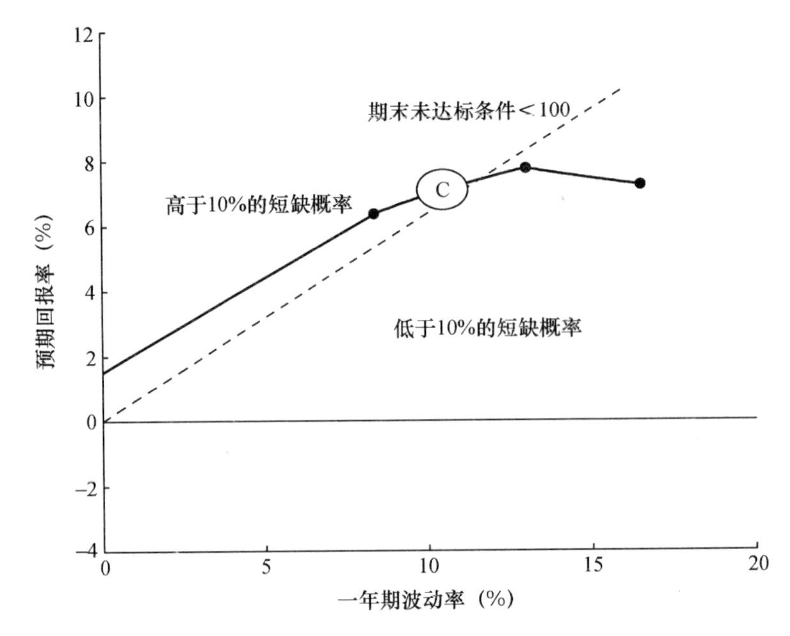

图表 11.12　风险收益空间:期末资产值低于 100 的短缺曲线

数据来源:摩根士丹利研究部。

本章结论

标准的风险衡量方法着眼于分析某个投资期结束时,实现回报率的波动程度。大多数机构投资者在配置时,是通过选择特定的投资组合,即在可承受的风险水平限制下回报最大化的投资组合,来实现其目标。然而,这些风险限制条件有可能是建立在超过一年——很大可能是三到五年范围——的投资期限基础上的。这些较长的期限同时带来了更多的期内风险衡量方法。这些方法的特点与标准的期末波动有所不同。我们在本章探讨了两种此类期内风险衡量方法——固定止损和价值高位限制。与期末波动相比较,这些期内回报短缺概率随着时间增加而显著变大。

185　需要承认,我们在本章中为三种风险衡量方法设定的临界值比较随意,但从可比性的角度都是处在合理的水平上。借助于这些示意性的数据可以看出,对于波动性在 10% 到 11% 之间的投资组合而言,几种回报短缺条件下的触发概率和它们

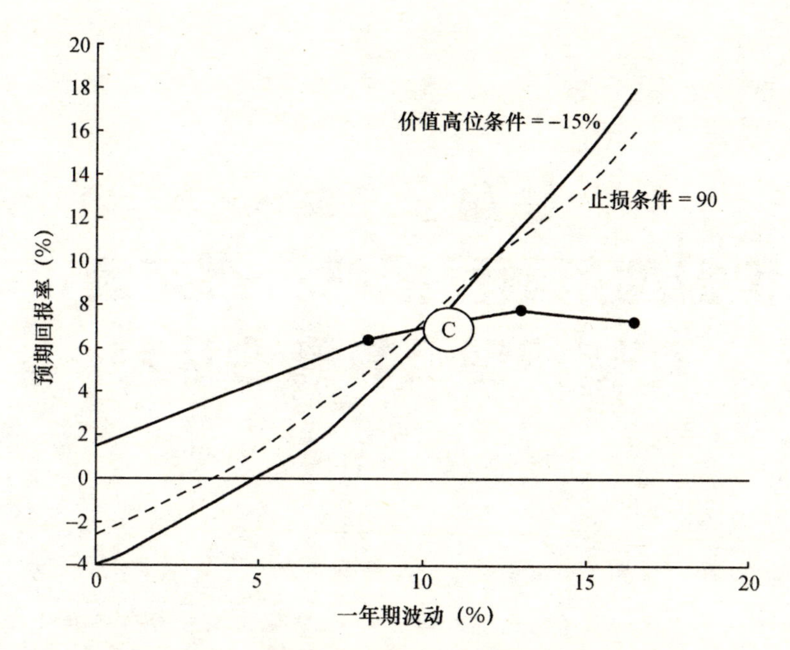

图表 11.13 风险收益空间：期间限制条件下的短缺曲线

数据来源：摩根士丹利研究部。

的时间变化轨迹都惊人地收敛。这也恰好正是多数机构投资者所管理的投资组合相对集中的区间。

参考文献

Bawa, V., and E. B. Lindenberg. 1977. "Capital market equilibrium in a mean, lower partial moment framework." *Journal of Financial Economics* 5 (2): 189–200.

Harlow, W. V., and R. Rao. 1989. "Asset pricing in a generalized mean-lower partial moment framework: Theory and evidence." *Journal of Financial and Quantitative Analysis* 24 (3): 285–311.

Kritzman, M. P. 2000. *Puzzles of Finance*. New York: John Wiley & Sons, Inc.

Kritzman, M. P., and D. Rich. 2002. "The mismeasurement of risk." *Financial Analysts Journal* 58 (3): 91–99.

第十二章
积极型超额回报率：绑定型、可转移型及其整合运用

187 配置型超额回报率与积极型超额回报率在原理上是完全不同的。在构成一支基金的策略投资组合的市场假设不变的情况下，配置型超额回报率来自被动投资。相比较之下，积极型超额回报率源于技巧型举动或结构优势，在本质上（至多）是零和的。

积极型超额回报率以两种截然不同的形式出现：可转移型和绑定型。可转移超额回报率的主动回报增量可以现成获取并叠加到资产组合上；然而，对于绑定型超额回报率而言，有可能需要对其所属资产类型进行继续投资才能取得主动回报。一个绑定型超额回报率通常是与基金无法有效对冲的某种资产类型有关联的。

绑定型超额回报率和配置型超额回报率可以审慎地整合起来使用。在认识到两者在假设条件、包含风险上有着差异的基础上，绑定型超额回报率能够提高其参照资产类型的潜在回报。因此，基金在整体建立超额回报核心资产池的时候，应当同时考虑配置型超额回报率和某种资产类型下的绑定型超额回报率。

配置型超额回报率

由于美国股票决定着美国机构投资者管理的投资组合中超过 90% 的波动风险，基于超额回报率的波动风险几乎都是隐性的，并且对于总体的投资组合风险来说变得相对不太重要，人们可能就会觉得超额回报核心资产池，即由各种带来超额

回报的资产种类组成的亚投资组合，应当在每种策略投资组合中都占有一个高的比例。然而，配置型超额回报率高的资产往往都属于非标准或另类资产类型，其战略角色受限于直接或间接的配置权重限制。

188

图表 12.1 给出了各种资产类型的假定预期回报率与波动率，以及这两个参数的 α、β 构成。图表 12.2 提供了一个示意性的针对这些带来超额回报的资产类型的敞口限制。这些限制与合计为 50% 的超额回报资产敞口一起决定了图 12.3 所示的仅考虑超额回报率空间内的有效边界。图表 12.3 上的 S 点表示的是我们将要展开讨论的一个战略投资组合中的超额回报核心资产池。S 组合的详细配置参见图表 12.4。

图表 12.1　α 和 β 系数

资产类型	预期回报率	总体波动率 σ	回报率分解成分		波动率分解成分	
			α	β	β_σ	σ_α
超额回报核心资产池						
风险投资	12.25	27.75	7.37	0.59	9.71	25.99
大宗商品期货	5.25	19.00	5.41	-0.29	-4.75	18.40
房地产	5.50	12.00	3.58	0.07	1.20	11.94
新兴市场股票	9.25	28.00	3.36	0.76	12.60	25.00
私募基金	10.25	23.00	3.14	0.98	16.10	16.43
房地产投资信托基金	6.50	14.50	2.22	0.48	7.98	12.11
绝对收益类资产	5.25	9.25	2.14	0.28	4.63	8.01
国际股票	7.25	19.50	1.33	0.77	12.68	14.82
股权对冲基金	5.75	12.75	0.47	0.66	10.84	6.72
美国政府债券			1.15	0.15		
美国通胀保值债券			0.96	0.14		
调控性资产						
美国股票	7.25	16.50	0.00	1.00	16.50	0.00
美国债券	3.75	7.50	1.47	0.14	2.25	7.15
现金	1.50	0.00	0.00	0.00	0.00	0.00

数据来源：摩根士丹利研究部。

189

图表 12.2　资产约束条件

资产类型	最大约束条件
超额回报核心资产池	
风险投资	10%
大宗商品期货	10%
房地产	20%
新兴市场股票	10%
私募基金	10%
房地产投资信托基金	10%
绝对收益类资产	20%
国际股票	30%
股权对冲基金	25%
美国政府债券	5%
美国通胀保值债券	5%
累计超额回报核心资产池的上限	50%
调控性资产	
美国股票	—
美国债券	—
现金	—

数据来源：摩根士丹利研究部。

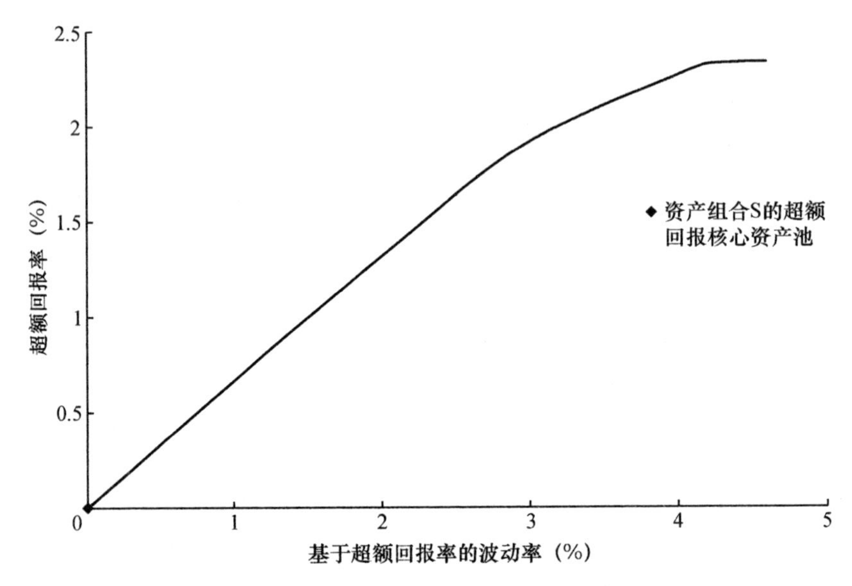

图表 12.3　仅考虑超额回报率空间内的有效边界曲线

数据来源：摩根士丹利研究部。

图表 12.4　投资组合 S 的详细配置

190

	S 基本配置	超额回报率	β	基于超额回报率的波动率
超额回报核心资产池				
风险投资	5.0%	0.37	0.03	1.30
大宗商品期货	—	—	—	—
房地产	5.0%	0.18	0.00	0.60
新兴市场股票	—	—	—	—
私募基金	—	—	—	—
房地产投资信托基金	5.0%	0.11	0.02	0.61
绝对收益类资产	15.0%	0.32	0.04	1.20
国际股票	20.0%	0.27	0.15	2.96
股权对冲基金	—	—	—	—
总计	50.0%	1.25	0.25	3.56
调控性资产				
美国股票	30.0%	0.00	0.30	0.00
美国债券	20.0%	0.29	0.03	1.43
现金	—	—	—	—
总计	50.0%	0.29	0.33	1.43
超额回报率	1.54			
基于超额回报率的波动率	3.83			
β	0.58			
β 波动率	9.57			
整体回报	6.38			
整体波动率	10.31			
β%	92.8%			

数据来源：摩根士丹利研究部。

积极型超额回报率

大体来说，配置型超额回报率是由于美国投资组合中 β 占支配地位而出现的。在这个意义上讲，配置型超额回报率绝非零和游戏。在市场最终达到一个超常（或不可能)的动态平衡之前,很多投资组合仍可以通过这些配置型超额回报率来改善预期回报率的总体水平。因此,这种配置型超额回报率与平时较多讨论的积极型超额回报率是非常不同的。积极型超额回报率依赖的是从相关资产类型中取得超乎消极回报表现的能力,如基金经理的明智选择、更好工具的选用、成功的决策时机、对于具体证券产品的洞悉和积极管理、更有效的投资组合再匹配技巧,或者是资产类型中各子部分的更优配置等。由此,这些积极型超额回报率一般被认为是至多为零和的结果(从整个投资人群体来看,考虑到交易成本的存在,可能小于零和)。

191

积极型超额回报率在一些方面与配置型超额回报率是相似的,比如说提供一定预期回报,承担追求回报过程中的相应风险,在一个给定的投资组合范围内受到可调程度上的限制等。然而需要指出的是,有关积极型超额回报率的假设是非常大胆的,相对于那些在策略投资组合组建过程中所使用的公认的、长期的假设而言更是如此。对于一个基金的管理技巧和结构优势的分析判断需要相当深入,才能确定积极型超额回报率是否真实、可信。正因为这两种超额回报率在风险本质上的内在差异,很多基金将积极型超额回报率单独列为一个风险种类,从而与策略投资组合及任何调整后战略性组合的风险有所区别。

可转移型超额回报率

对于积极型超额回报率的大多数讨论都聚焦于所谓可转移型超额回报率,也就是说,其主动回报的增量部分可以通过很多衍生工具被移植到策略投资组合的某一部分上。取得这种可转移性的一个关键是能够卖空某一类资产,从而只挑出主动回报(及风险)的增量部分。我们重申以下简化假设:所有积极型超额回报率之间、积极型超额回报率与配置型超额回报率之间都是互相独立的,积极型超额回报率本身(或经处理后)与 β 无关,所有积极型超额回报率都无须现金储备即可完全移植。显然,这些假设条件很强,在实际应用情形中有可能需要修改。

这些可转移型超额回报率也受制于各种约束,从而限定了它们在一个特定投资组合中的角色。由于它们的可转移性,积极型超额回报率的子组合实际上是与整个投资组合的配置结构脱钩的,而积极型超额回报率的回报和风险可以叠加到战略配置之上。结论就是，在策略性配置或战略性配置与这些可转移的积极型超额回报率之间没有重合部分。

绑定的积极型超额回报率

192

然而，不是所有的积极型超额回报率都可以自由移植，所以积极型超额回报率配置有必要同相关战略性配置更为紧密地整合在一起（Asness，2004；Dalio，2004，2005；Dopfel，2005；Gupta 和 Straatman，2005；Siegel，2003；Warling 和 Siegel，2003，2005；Warling 等，2000）。有些资产类型是无法完全对冲的，因此对于主动回报增量部分的获取将有约束条件，也就是配置给这种资产类型的权重有一定的限制。举个积极型超额回报率约束条件的例子，某个捐赠基金认为其有网络资源能够更好地评估高科技风险投资机会，从而获取额外的约 2% 的积极回报（尽管这一增量带来了 10% 的额外波动风险）。但是，如果没有卖空风险投资这种资产的方式，则积极型超额回报率的获得必然引入对于风险投资资产的直接敞口。这类积极型超额回报率可以被看做受制于相关资产类型，理论上说，积极型超额回报率的可得性受制于投资机会的多少和资产类型在组合中的配置权重。出于简化考虑，我们假设积极型超额回报率的有效约束条件决定于其所属资产类型的实际配置。

图表 12.5 展示了两种积极型超额回报率的回报率、风险及限制条件的假定参数。在新兴市场这一特殊例子之中，我们假设可转移积极型超额回报率和绑定的积极型超额回报率可能同时存在。这种情况的出现的先决条件是该资产类型中的某些部分有可能使用衍生品帮助其实现可转移性。因此，我们可以在投资组合的某一部分取得可转移的积极型超额回报率，而在其他流动性不够、需要现金投资的部分面临着被绑定的情况。

图表 12.5　积极型超额回报率的特性

超额回报核心资产池	可转移的			绑定的		
	回报率	波动率	约束条件	回报率	波动率	约束条件
风险投资	—	—	—	2.00	10.00	
大宗商品期货	—	—	—	2.00	8.00	↑
房地产	—	—	—	2.00	6.00	
新兴市场股票	2.00	10.00	5%	1.50	6.00	
私募基金	—	—	—	—	—	由配置决定
房地产投资信托基金	1.00	5.00	10%	—	—	
绝对收益类资产	—	—	—	—	—	
国际股票	1.50	6.00	15%	—	—	↓
股权对冲基金	—	—	—	1.00	3.00	
调控性资产						
美国股票	—	—	—	—	—	—
美国债券	0.75	4.00	20%	—	—	—
现金	—	—	—	—	—	—
总计	0.58	1.4	无		由配置决定	

数据来源:摩根士丹利研究部。

整合超额回报率

我们可以通过很多种方法将配置型超额回报率和积极型超额回报率整合到一个全面的投资组合分析之中。第一步,我们将配置型超额回报率和绑定的积极型超额回报率在资产类型层面绑定在一起,如图表 12.6 所示,得到整合后的超额回报率的各项参数。根据定义,可转移超额回报率无论其资产类型的实际配置如何,其仅受制于自身约束条件的限制。因此,这 58 个基点的回报增量可以加到任何配置之上(只要不违背其他约束条件如循迹误差等)。绑定的积极型超额回报率则只能通过其资产类型的实际配置取得。如果对于配置型超额回报率和绑定的积极型超额回报率的预期回报估计有着同样的可信度,两者就可以在资产层面进行整合。以房地产资产为例,3.58% 的配置型超额回报率和 2.00% 的绑定超额回报率共计提供了 5.58% 的整合超额回报率。所以,整合超额回报率的增值可以作为改善超额回报核心资产池累计权重的一个指标。

193

图表 12.6　整合超额回报率的特征

	配置型超额回报率	绑定型超额回报率	整合超额回报率	配置波动率	绑定型波动率	整合波动率
风险投资	7.37	2.00	9.37	25.99	10.00	27.85
大宗商品期货	5.41	2.00	7.41	18.40	8.00	20.06
房地产	3.58	2.00	5.58	11.94	6.00	13.36
新兴市场股票	3.36	1.50	4.86	25.00	6.00	25.71
私募基金	3.14	—	3.14	16.43	—	16.43
房地产投资信托基金	2.22	—	2.22	12.11	—	12.11
绝对收益类资产	2.14	—	2.14	8.01	—	8.01
国际股票	1.33	—	1.33	14.82	—	14.82
股权对冲基金	0.47	1.00	1.47	6.72	3.00	7.36

数据来源：摩根士丹利研究部。

接下来可将图表 12.6 中的整合超额回报率值应用到投资组合 S 上，从而得出图表 12.7 中第一组的风险收益特征。基础投资（非主动）组合 S 的整体回报率为 6.38%，由 1.50% 的无风险回报率、基于 β 系数(0.58)的回报率 3.34%（=0.58 × 5.75%）和 1.54% 的配置型超额回报率共同组成。积极型超额回报率再贡献额外的 0.78%（绑定的 0.20% 加上可转移的 0.58%），将预期整体回报率提高到 7.16%。

194

图表 12.7　投资组合 R 和 S 一览表

	组合 S	+ 绑定型的积极型超额回报率	+ 可转移超额回报率	组合 R	+ 绑定的积极型超额回报率	+ 可转移超额回报率
超额回报核心资产池						
风险投资	5.0%	5.0%	—	10.0%	10.0%	—
大宗商品期货	0.0%	—	—	0.0%	—	—
房地产	5.0%	5.0%	—	15.0%	15.0%	—
新兴市场股票	0.0%	—	5.0%	5.0%	5.0%	5.0%
私募基金	0.0%	—	—	0.0%	—	—
房地产投资信托基金	5.0%	—	10.0%	0.0%	—	10.0%
绝对收益类资产	15.0%	—	—	10.0%	—	—
国际股票	20.0%	—	15.0%	10.0%	—	15.0%

（续表）

	组合 S	+ 绑定型 的积极型 超额回报率	+ 可转移 超额 回报率	组合 R	+ 绑定的 积极型 超额回报率	+ 可转移 超额 回报率
股权对冲基金	0.0%	—	—	0.0%	—	—
总计	50.0%	10.0%	30.0%	50.0%	30.0%	30.0%
调控性资产						
美国股票	30.0%	—	—	35.0%	—	—
美国债券	20.0%	—	20.0%	15.0%	—	20.0%
现金	0.0%	—	0.0%	0.0%	—	0.0%
总计	50.0%	0.0%	20.0%	50.0%	0.0%	20.0%
超额回报率	1.54	1.74	2.32	2.01	2.58	3.16
基于超额回报率的波动率	3.83	3.88	4.12	3.94	4.17	4.40
β	0.58	0.58	0.58	0.58	0.58	0.58
β 波动率	9.57	9.57	9.57	9.57	9.57	9.57
整体回报	6.38	6.58	7.16	6.85	7.42	8.00
整体波动率	10.31	10.33	10.42	10.35	10.44	10.53
β%	92.8%	92.7%	91.8%	92.5%	91.7%	90.9%
相对回报(RR)	vs S	0.20	0.78	vs R	0.57	1.15
TEV	vs S	0.58	1.51	vs R	1.37	1.96
RR/TEV	vs S	0.34	0.52	vs R	0.42	0.59

数据来源：摩根士丹利研究部。

投资组合 S 将 50% 权重配置给了各种带来超额回报的资产。那么有个问题值得一问，是否同样这 50% 的累计敞口能够得到更好的利用？图表 12.7 的第二组数据，我们以整合超额回报率为指导重新配置了超额回报资产 50% 的权重，从而得到了投资组合 R。在从 S 到 R 的转变中，国际股票的配置权重减少到了 10%，绝对收益和房地产信托投资基金的配置各减少了 5%。这样，多出的 20% 权重被用来重新分配，新兴市场股票和风险投资各得到 5%，而房地产资产获得 10%，从而实现了更高的整合超额回报率。在这一重新配置的同时，超额回报核心资产池的 β 值有所降低，从而需要将 5% 的投资组合配置从债券变成股票，以使基金的 β 值保持 0.58 不变。

从投资组合 S 变化到 R 的综合效果就是在整体回报率上增加了 84 个基点，其中 47 个基点来自配置型超额回报率，37 个基点来自新配置提供的绑定超额回报率。

风险预算

在β占主导地位的投资组合中，波动性的主要源头就是对于美国股票的直接或间接敞口。我们有意识地在S变化到R的过程中保持β风险敞口不变（β=0.58）。因此，基本的（非主动）基金波动率仅从10.31%略微增加到10.35%。但是如前面提到，有关主动投资机会——无论是绑定的或可转移的超额回报率——其假设条件与构成基础配置决策的假设在原理上就有所不同。因此，可转移或绑定的主动风险是可以用投资组合的循迹误差来进行分析的。如图表12.7所示，对于投资组合S，绑定的超额回报率有0.58%的循迹误差波动率（TEV），而可转移超额回报率则又额外增加一个（独立的）1.40%循迹误差波动率。两者合计的循迹误差波动率为1.51%，亦属合理。从积极型超额回报率对于循迹误差波动率的比率来看，绑定时为0.20/0.58=0.34，可转移情形下为0.58/1.40=0.41，整合情形下为0.78/1.51=0.52。当S变成R时，相应比率有着显著的改善：绑定情况下为0.57/1.37=0.42，可转移情形下还是0.58/1.40=0.41，整合情形下为1.15/1.96=0.59。可以注意到，这些改善尚未考虑进组合R中配置型超额回报率的0.47%增量。当把所有积极型超额回报率整合计入，投资组合R的整体回报率为8.00%（S为7.16%），而整体波动率仅从10.42%增加到了10.53%。

196

扩展积极投资空间

到目前为止，我们一直都假设积极型超额回报率的来源仅是可能构成战略性投资组合的资产类型。然而，积极型超额回报率的来源范围可以很广。比如，货币管理外包（currency overlays）可能不会被考虑为策略投资组合的一个资产类型。然而可以假设一个基金有条件在不同货币市场获取积极型超额回报率的投资机会，尽管在投资组合的配置中无法接受货币投资的净敞口。由于大量货币衍生品的存在，可能会有主动货币投资的机会使得超额回报率完全可转移，因此能够被基金所考虑。

一些基金有着足够广的渠道能接触到各种可转移超额回报率机会，也就是说，他们可以极大地扩充其独立的积极型超额回报率来源范围。除了提高主动回报率水平之外，积极型超额回报率来源的广度也提供了多样性的优势，从而减少循迹误差水平。尽管循迹误差在基金整体波动风险之中已经很小了，但超额回报率来源的多样性可以让短期内的超额回报率回报更为稳定。在一些有着高度不确定性的市场中，基本的风险收益模型本身就面临着某些质疑和频繁审查，超额回报率的稳定性可以是一个很受欢迎的折中特性。

197

不过，扩展积极型超额回报率空间可能带来（前面简述过）现金储备需求或是为取得可转移性而使用了衍生手段的担保要求。这些储备要求在一定意义上相当于对一部分积极型超额回报率的配置提出了现金或流动性担保水平的约束条件。

变换策略投资组合

在前面的讨论中，绑定的或是可转移的积极型超额回报率都被假设为基于独立决策，并分别进行风险预算。很容易想象到，有些情况下基金管理者会希望将两种积极型超额回报率与最初策略投资组合的战略变化联系起来。在我们的例子中，从基本的、非主动的策略投资组合 S 变换到含有两种积极型超额回报率的组合 R，使得总体波动率从 10.31% 增加到 10.53%，与组合 S 相比，新增了 2.17% 的循迹误差波动率。

修改后的组合 R 是以原来组合 S 决策基础上的回报协方差矩阵来分析评价的，而且 R 的配置约束条件和市场假设也与构成 S 的基础相一致。读者可能不禁要问，为什么原来的组合 S 要被奉为神圣，并作为风险测算的参照？换句话说，既然 R 和 S 的内在标准都一致，是否有必要将新的战略组合 R 变成可供参照的组合标志呢？若果然如此的话，主动循迹误差的评估看上去应当以修改后的 R 为参照更为合适。

有意思的是，如果我们将消极组合 R 视作一个从原组合 S 积极变换的结果，循迹误差本身为 0.95%（与任何一种主动行为的动机不太相符）。考虑到 47 个基点的回报增量，信息比率为 0.52。而另一方面，如果我们把从 S 到 R 的过程视作变换成一个全新的、可接受的策略投资组合过程中，产生了增量风险，那么整体波动率从 10.31% 到 10.53% 只增加了 0.22%，从中获得的风险收益比率将令人难以抗拒，也即 1.15/0.22 = 5.23！

这一关系反映在了图表 12.8 上，最初的组合 S 变成基础配置 R，然后加入了绑定的积极型超额回报率。图中的两条有效边界代表了未包含积极型超额回报率和完全整合了积极型超额回报率的两个最优化的投资组合。值得一提的是，通过简单挑选而成的组合 R 很接近于一个优化了的策略投资组合，加入积极型超额回报率使得其回报增加到更为靠近完全整合了积极型超额回报率的边界。这个图示表明，尽管 S 到 R 的变换产生了 2.17% 的循迹误差，但实际上整个基金的风险程度仅略有增加。 198

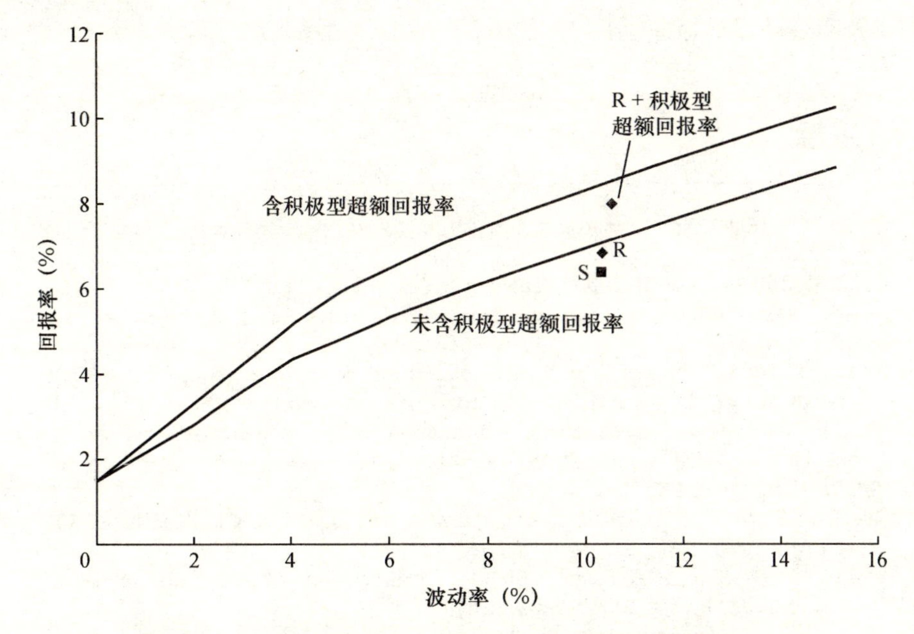

图表 12.8　从组合 S 变换到整合了积极型超额回报率的组合 R
数据来源：摩根士丹利研究部。

本章结论

我们可以看到，对于配置型超额回报率的追求可以视作某种形式的技术性配置决定，或对策略投资组合基础配置的一定修改，或是两者的组合。但是，加入积 199

极型超额回报率则需要对零和机会做一不同的、更个人化的评估。因此，我们有足够理由将基于这两种不同的回报增加方式的投资组合决策区分开来。同时，在选择修正后的战略投资组合还是选择适时捕捉主动回报这个问题上，我们也获得了比较重要反馈，并且这条信息原本就是和这些配置模式紧密联系在一起的。我们应当采用一个全面的方法来选择战略配置，并适当考虑进一些绑定的积极型超额回报率可以带来的回报增量。尽管这样做需要有各种不同层次的假设条件，但可以认为，在绑定型超额回报率的可信程度相当高的时候，我们应当把这些超额回报率视为配置决定的一个组成部分之一。

总之，我们看到，审慎地将配置型超额回报率与绑定型超额回报率进行整合，有利于提高主动回报，并有利于整个策略投资组合的逐步改善。

参考文献

Asness, C. 2004. “An alternative future.” *Journal of Portfolio Management* 31 (1): 8–23.

Dalio, R. 2004. “Radical shift.” *Pensions & Investments*, June 14.

———. 2005. “Engineering targeted returns and risks.” *Alpha Manager*, January/February.

Dopfel, F. 2005. “Waiter! What’s this hedge fund doing in my soup? How hedge funds fit into the institutional investor’s portfolio.” *Investment Insights* 8 (4). The investment research journal from Barclays Global Investors, March.

Gupta, P., and J. Straatman. 2005. “Skill-based investment management.” SSRN Working Paper 737103.

Siegel, L. B. 2003. *Benchmarks and investment management*. Charlottesville, VA: CFA Institute.

Waring, M. B., and L. B. Siegel. 2003. “The dimensions of active management.” *Journal of Portfolio Management* 29 (3): 35–51.

———. 2005. “The myth of the absolute return investor.” *Investment Insights* 8 (4). The investment research journal from Barclays Global Investors, March.

Waring, M. B., D. Whitney, J. Pirone, and C. Castille. 2000. “Optimizing manager structure and budgeting manager risk.” *Journal of Portfolio Management* 26 (3): 90–104.

◀ 第十三章 ▶
基于 β 系数的业绩表现分析

无论是从预测还是历史的角度，基金的相对表现都可以透过 α、β 的体系解析出来。这一分析方法既可以帮助更深入地了解到产生额外回报的来源，也能够为改善风险控制提供建议。 201

一般来说，从策略投资组合变换到基金的主动投资组合要经历一个两步走的组合构建过程。首先，基金管理人必须根据每种资产类型在基准组合中的权重来决定是否增持或减持，可能还需要决定是否投资一些全新的资产类型。这些积极的权重配置决策可能为整个组合带来额外的超额回报率，但也可能在原来的基准组合与最终组合之间产生一个 β 差值。如果需要的话，这种 β 差值可以通过改变股票的权重或是增加一个 β 值（通过股指期货）来进行调整。其次，就是对于每种资产类型是进行消极投资还是积极操作。

于是，有关业绩表现的一个关键衡量指标就成为实际组合与策略投资组合的回报率差异。在除去 β 差值之后，一支基金的相对表现将取决于对于积极型超额回报率或是基础权重配置决策的贡献的更深入分析。

比较积极型超额回报率与消极型超额回报率

配置型超额回报率是在去除与美国股票相关的 β 效应之后，留存的预期回报率。这类超额回报率也可以被视为是一支基金在对某种资产类型进行投资和监督的基础上，消极管理所获取的资产回报。而积极型超额回报率则源于基金经理的 202

明智选择、更好投资载体的选用、成功的决策时机、对于具体证券产品的洞悉和积极管理、更为有效的资产组合再匹配技巧，或者是通常资产类型中各子部分的更优配置等种种因素。

积极型超额回报率以两种不同的形式出现：可转移型超额回报率和绑定型超额回报率。可转移型超额回报率是指其主动回报的增量部分可以通过很多衍生工具移植到策略投资组合的某一部分上。取得这种可移植性的一个关键是能够卖空某一类资产，从而只获取主动回报及风险的增量部分。对于绑定型超额回报率而言，有可能需要对其所属资产类型进行继续投资才能取得主动回报。

实践操作中，很多机构会选择通过投资于某种资产来获得潜在的可转移积极型超额回报率。这有可能是因为基金投资于有关衍生品的限制。为使讨论简单化，我们举例中使用的所有积极型超额回报率均被视为它们有着约束条件（那么任何移植产生的超额回报率就视作投资组合整体的后继追加部分）。

基准组合回报率的解析

图表 13.1 显示的是一个基准组合的总体回报率和基于 β 系数的回报率随时间变化图。两条曲线的差值即是该基准组合的被动型超额回报率。

该基准的策略投资组合可以被视为一个不进行任何主动管理情形下的配置安排。该策略投资组合的配置一般是基于对潜在投资资产长期回报的预期。具体配置通常是部分地通过一个优化过程，使用基于市场的回报参数协方差矩阵计算得出的。此后，该策略投资组合就可作为任何后续主动管理的中性原点。图表 13.2 具体列出了一个示意性的策略投资组合参数。

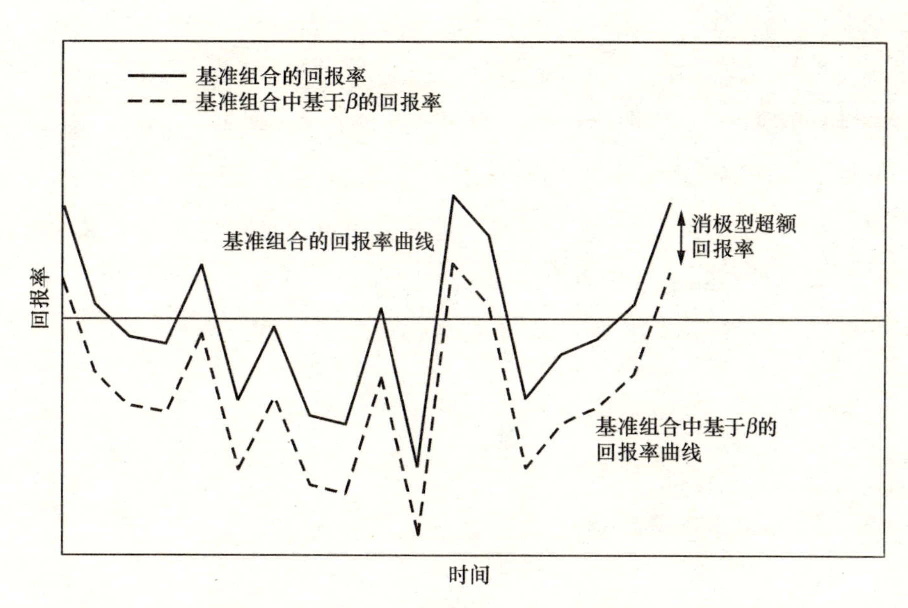

图表 13.1 基准组合回报率中的消极型超额回报率

数据来源:摩根士丹利研究部。

图表 13.2 基准投资组合的详细配置

	权重比例	基准 β	基准被动型超额回报率
超额回报核心资产			
房地产	10.0%	0.07	3.58
新兴市场股票	10.0%	0.76	3.36
绝对收益类资产	10.0%	0.28	2.14
国际股票	20.0%	0.77	1.33
加权后核心资产	50.0%	0.27	1.17
调控性资产			
美国股票	20.0%	0.14	1.47
美国债券	30.0%	1.00	0.00
加权后调控性资产	50.0%	0.33	0.29
投资组合整体	100.0%	0.59	1.47
整体回报率	6.38	3.41	1.47
波动率	10.71	9.78	4.38

数据来源:摩根士丹利研究部。

相对回报率分析

本章集中针对基于超额回报率和 β 系数的相对回报进行预测分析，这些超额回报率、β 系数与基金自身的市场假设指标有关。但是，这种方法同样适用于对一个投资组合的历史表现与基准组合的同时期表现进行比较（参见图表 13.3）。

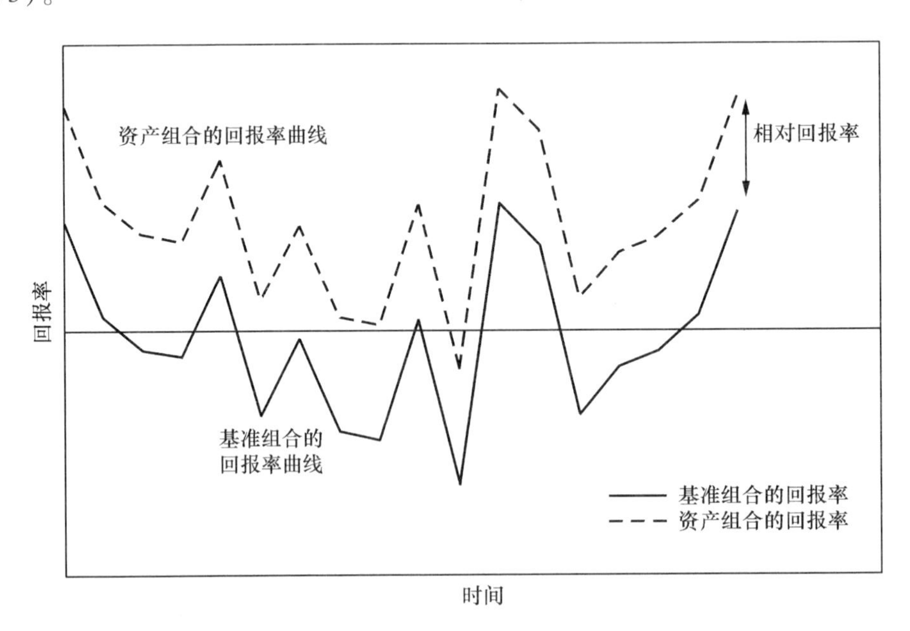

图表 13.3 相对回报率的历史表现

数据来源：摩根士丹利研究部。

204 高出基准组合的相对回报本身并没有对价值的基本来源给出足够信息。如图表 13.4 所示，基于 $\alpha-\beta$ 系数的理论分析体系能够用以确认相对回报率的三种成分来源。消极型超额回报率和基于 β 系数的回报率已经体现在基准策略投资组合之中。各种能够产生相对回报率的主动决策则可作为这些基准成分之外的正向或负向回报率进行分析。

我们通常把相对回报率的第一种成分来源称为积极权重效应。它可以理解为是相对于一种资产在基准的权重下增持或减持而获得或损失的内在超额回报率增

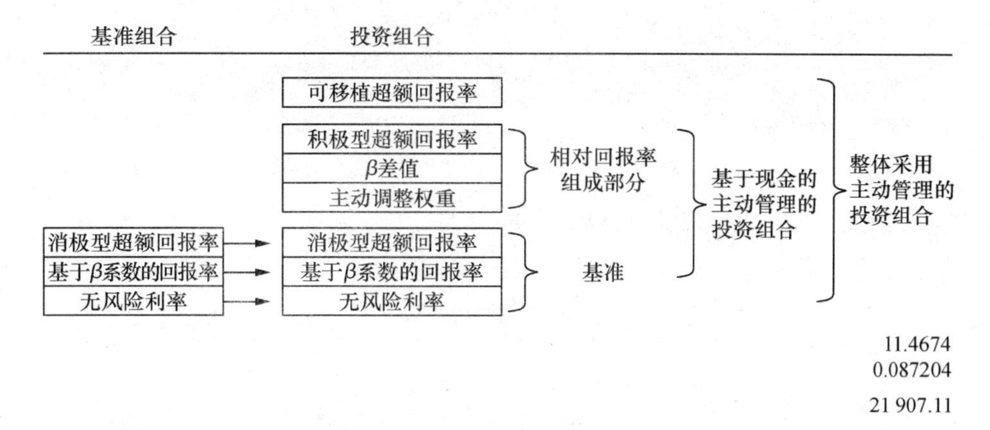

图表 13.4 相对回报率分析

数据来源:摩根士丹利研究部。

量。如定义所述,积极权重效应既有正向效应也有负向效应。主动决策的做出包括了有关资产类型相对于基准的增持或减持,其结果即被视作消极的内在超额回报率。

在未使用杠杆的情况下,对于一种资产类型的增持很显然意味着对另一种资产的减持。如果基金管理人减持超额回报核心资产中的一类资产,那么他将损失一部分与此资产相关的消极型超额回报率。(对于非超额回报资产,例如股票的减持会影响到与β相关的回报率,但是不会导致任何超额回报率的损失。)

相对回报的第二种成分来源是β差值,即基准组合和最终投资组合之间在β系数(及β系数相关的回报率)上的差值。该差值的部分或全部可能并非有意而为。一个特意安排的β差值可能预示着基金管理人在对美国股票市场做的一个主动的方向性判断。非特意产生的β差值产生的原因可能是,基金管理人认为自己已经完全根据基准重构了投资组合的β敞口,但却没有意识到所有资产中的间接β值。理论上,这种非特意产生的β差值可以通过调整最终投资组合的股票比例或者使用股指期货交易进行消除。一个小的β差值可能影响巨大,甚至吞噬掉任何与之相关的投资策略所带来的正向相对回报。因此,在构建最终投资组合时,要尽可能避免非特意产生的β差值。

出于简化考虑,我们假设积极型超额回报率中不存在隐性β的影响。因此,β差值仅仅是由于拥有不同β系数的资产类型在重新分配权重时而产生的。在实际操作中,一项实际投资资产的β系数和策略投资组合的β系数也是有差异的。

相对回报的第三种成分来源是超出基准组合中消极型超额回报率的积极型超额回报率。在我们的分类体系中，积极型超额回报率的贡献是一个关于全部资产类型权重的函数，而非仅仅是高出或低于基准的差值。因此，积极型超额回报率这一成分完全反映了所有主动投资的决策。

206

移植产生的可转移型超额回报率可以视作投资组合整体配置结构之上的累加部分。因此，策略投资组合的标准配置和这些可移植积极型超额回报率之间，没有发生重叠关系。

最终的主动投资组合和策略投资组合两者都在其整体回报率上有确定的波动风险。这两种风险的差值代表了整体风险增量。然而，相对回报率却有自己的风险计算方法，通常称为循迹误差。即使主动投资组合和策略投资组合在总体风险水平上相近，它们的相对回报率却可能在具体情形之中殊为不同。循迹误差通常比总体波动率差值要大很多，这就在恰当地度量风险增量上产生了一些问题。不管怎样，循迹误差和总体波动率风险都可以通过基于 $\alpha-\beta$ 系数的理论分析体系进行解析。

不重新分配权重情况下的积极型超额回报率

图表 13.5 显示的是一个保持基准组合中的权重不变，但是在四种资产类型中进行主动操作的例子。同时，尽管债券属于调控性资产，但仍然可以在债券上进行主动操作从而获取积极型超额回报率，共计通过一系列交易取得了 100 个基点的相对回报率。这个案例中没有 β 差值或重新分配权重的影响。总的波动率只差了 11 个基点，但是最终投资组合的循迹误差是 1.7%，从而使得相对回报率与循迹误差的比率为 0.58。

图表 13.5 在基准投资组合中加入较高超额回报率的资产

	基准权重	组合权重	差值	基准β	基准消极型超额回报率	积极型超额回报率	相对回报率(RR)贡献 积极型超额回报率
超额回报率核心资产							
房地产	10.0%	10.0%	0.0%	0.07	3.58	2.00	0.20
新兴市场股票	10.0%	10.0%	0.0%	0.76	3.36	1.50	0.15
绝对收益类资产	10.0%	10.0%	0.0%	0.28	2.14	2.00	0.20
国际股票	20.0%	20.0%	0.0%	0.77	1.33	1.50	0.30
加权后核心资产	50.0%	50.0%	0.0%	0.27	1.17		0.85
调控性资产							
美国股票	20.0%	20.0%	0.0%	0.14	1.47	0.75	0.15
美国债券	30.0%	30.0%	0.0%	1.00	0.00	—	0.00
加权后调控性资产	50.0%	50.0%	0.0%	0.33	0.29		0.15
总计	100.0%	100.0%	—	0.59	1.47		1.00

	基准	组合	差值
整体超额回报率	1.47	2.47	1.00
整体基于β系数的回报率	3.41	3.41	0.00
无风险回报	1.50	1.50	0.00
整体回报率	6.38	7.38	**1.00**
β系数	0.59	0.59	0.00
基于超额回报率的波动率	4.38	4.63	0.26
整体波动率	10.71	10.82	0.11
TEV			1.72
RR/TEV			0.58

数据来源:摩根士丹利研究部。

加大积极型超额回报资产比重

我们现在来看图表 13.6 中的例子,房地产和新兴市场股票两种资产分别增加了 5%,而美国股票减少了 10%。在这个例子里,所有三种相对回报率的成分来源都出现了。房地产和新兴市场股票的消极型超额回报率值分别为 3.58% 和 3.36%,数值较高,这两种资产类型各新增 5% 的积极权重效应带来了 35 个基点的超额回报率增量。高β系数的美国股票减持 10% 则产生了负向的 33 个基点的β差值。由于积极型超额回报率的缘故,使得在主动投资的资产类型上增持,将上一个例子中的 100 个基点增量变成了 118 个基点。最后的结果是总回报率增加了 119 个基点。这三种相对回报率的组成成分共同作用下的总循迹误差为 2.6%,其中积极型超额回报率部分的贡献最大。

图表 13.6　增持较高超额回报率的资产

	基准权重	组合权重	差值	基准 β	基准消极型超额回报率	积极型超额回报率	相对回报率(RR)贡献：主动调整权重	相对回报率(RR)贡献：β 差值	相对回报率(RR)贡献：积极型超额回报率
超额回报核心资产									
房地产	10.0%	15.0%	5.0%	0.07	3.58	2.00	0.18	0.02	0.30
新兴市场股票	10.0%	15.0%	5.0%	0.76	3.36	1.50	0.17	0.22	0.23
绝对收益类资产	10.0%	10.0%	0.0%	0.28	2.14	2.00	0.00	0.00	0.20
国际股票	20.0%	20.0%	0.0%	0.77	1.33	1.50	0.00	0.00	0.30
加权后核心资产	50.0%	60.0%	10.0%	0.27	1.17		0.35	0.24	1.03
调控性资产									
美国股票	20.0%	20.0%	0.0%	0.14	1.47	0.75	0.00	0.00	0.15
美国债券	30.0%	20.0%	-10.0%	1.00	0.00	—	0.00	-0.58	0.00
加权后调控性资产	50.0%	40.0%	-10.0%	0.33	0.29		0.00	-0.58	0.15
总计	100.0%	100.0%	—	0.59	1.47		0.35	-0.33	1.18
							1.19		

	基准	组合	差值
整体超额回报率	1.47	2.99	1.52
整体基于 β 系数的回报率	3.41	3.07	-0.33
无风险回报	1.50	1.50	0.00
整体回报率	6.38	7.56	**1.19**
β 系数	0.59	0.53	-0.06
基于超额回报率的波动率	4.38	5.65	1.28
整体波动率	10.71	10.47	-0.24
TEV			2.59
RR/TEV			0.46

	主动调整权重	β 差值	积极型超额回报率
TEV	1.39	0.96	1.96
RR/TEV	0.25	-0.35	0.60

数据来源：摩根士丹利研究部。

新增资产类型

在图表 13.7 所示的例子中，新加入了一种不属于策略投资组合的资产类型。我们保留了图表 13.5 中的主动操作，但是将 10% 的美国股票换成了风险投资。然而，出于示意性的原因，我们假设这项配置带来了 -2% 的积极型超额回报率。这个负值是考虑到该基金希望对于风险投资这种资产类型有所涉足，但是同时也认识到自身缺乏在该领域的竞争优势。这 -2% 的积极型超额回报率的加入使得其他积极型超额回报率带来的100个基点降低了20个基点。但是总体回报率变成了130个基点。总的循迹误差为3.3%,其中重新分配权重的贡献效应最大。

图表13.7 增加一种新的资产类型

	基准权重	组合权重	差值	基准β	基准消极型超额回报率	积极型超额回报率	相对回报率(RR)贡献：主动调整权重	相对回报率(RR)贡献：β差值	相对回报率(RR)贡献：积极型超额回报率
超额回报核心资产									
风险投资	—	10.0%	10.0%	0.59	7.37	-2.00	0.74	0.34	-0.20
房地产	10.0%	10.0%	0.0%	0.07	3.58	2.00	0.00	0.00	0.20
新兴市场股票	10.0%	10.0%	0.0%	0.76	3.36	1.50	0.00	0.00	0.15
绝对收益类资产	10.0%	10.0%	0.0%	0.28	2.14	2.00	0.00	0.00	0.20
国际股票	20.0%	20.0%	0.0%	0.77	1.33	1.50	0.00	0.00	0.30
加权后核心资产	50.0%	60.0%	10.0%	0.27	1.17		0.74	0.34	0.65
调控性资产									
美国股票	20.0%	20.0%	0.0%	0.14	1.47	0.75	0.00	0.00	0.15
美国债券	30.0%	20.0%	-10.0%	1.00	0.00	—	0.00	-0.58	0.00
加权后调控性资产	50.0%	40.0%	-10.0%	0.33	0.29		0.00	-0.58	0.15
总计	100.0%	100.0%	—	0.59	1.47		0.74	-0.24	0.80
							1.30		

	基准	组合	差值
整体超额回报率率	1.47	3.01	1.54
整体基于β系数的回报率	3.41	3.17	-0.24
无风险回报	1.50	1.50	0.00
整体回报率	6.38	7.68	**1.30**
β系数	0.59	0.55	-0.04
基于超额回报率的波动率	4.38	5.41	1.03
整体波动率	10.71	10.58	-0.13
TEV			3.34
RR/TEV			0.39

	主动调整权重	β差值	积极型超额回报率
TEV	2.60	0.68	1.99
RR/TEV	0.28	-0.35	0.40

数据来源:摩根士丹利研究部。

β差值的抵消

在图表13.7的例子中,由于β系数与基准组合的β相差0.04,最终的投资组合包括了β差值导致的24个基点的负向回报。如果基金管理人希望β系数与基准组合保持一致,那么可以将调控性资产(债券、美国股票)的比例参照图表 13.8 进行调整,从而通过抵消 β 系数差值而产生 143 个基点的正数相对回报。为 β 系数保持不变付出的代价就是整体投资组合的波动率从 10.7% 上升到了 11.1%。

图表 13.8 β 差值的抵消

	基准权重	组合权重	差值	基准 β	基准消极型超额回报率	积极型超额回报率	相对回报率(RR)贡献:主动调整权重	相对回报率(RR)贡献:β 差值	相对回报率(RR)贡献:积极型超额回报率
超额回报核心资产									
风险投资	—	10.0%	10.0%	0.59	7.37	-2.00	0.74	0.34	-0.20
房地产	10.0%	10.0%	0.0%	0.07	3.58	2.00	0.00	0.00	0.20
新兴市场股票	10.0%	10.0%	0.0%	0.76	3.36	1.50	0.00	0.00	0.15
绝对收益类资产	10.0%	10.0%	0.0%	0.28	2.14	2.00	0.00	0.00	0.20
国际股票	20.0%	20.0%	0.0%	0.77	1.33	1.50	0.00	0.00	0.30
加权后核心资产	50.0%	60.0%	10.0%	0.27	1.17		0.74	0.34	0.65
调控性资产									
美国股票	20.0%	15.2%	-4.8%	0.14	1.47	0.75	-0.07	-0.04	0.11
美国债券	30.0%	24.8%	-5.2%	1.00	0.00	—	0.00	-0.30	0.00
加权后调控性资产	50.0%	40.0%	-10.0%	0.33	0.29		-0.07	-0.34	0.11
总计	100.0%	100.0%	—	0.59	1.47		0.67	0.00	0.76
							1.43		

	基准	组合	差值
整体超额回报率率	1.47	2.90	1.43
整体基于 β 系数的回报率	3.41	3.41	0.00
无风险回报	1.50	1.50	0.00
整体回报率	6.38	7.81	**1.43**
β 系数	0.59	0.59	0.00
基于超额回报率的波动率	4.38	5.33	0.95
整体波动率	10.71	11.14	0.43
TEV			3.25
RR/TEV			0.44

	主动调整权重	β 差值	积极型超额回报率
TEV	2.62	0.01	1.92
RR/TEV	0.25	0.35	0.40

数据来源:摩根士丹利研究部。

需要指出的是,我们一直将隐性的 β 系数作为有着定义完备的确定值来处理。209 当然,任何协方差的假设本身就取决于波动性,因此任何建立在关联度基础上的 β 估计都总是有着一定的不确定性。整个中和抵消 β 差值的过程也就应当视为一个方向性的改善,而非一个绝对的结果。

分析历史表现

我们迄今为止一直从预测的角度来以市场假设指标推导和分析基于 $\alpha-\beta$ 系数的相对回报率。不过,在具备以下条件的基础上,这一分析方法也可以应用到历史表现上去:

- 一个具备详细资产权重的基准组合。
- 各种资产的回报率基础数值通常基于过去的市场指数、指数组合或者可比照类型资产的表现得出。
- 基金实际投资组合在被衡量的全部时间段上的所有权重。通过将基金的权重与策略投资组合的权重作比较,我们可以分析得出主动配置决策的影响。在把基于 β 系数的回报纳入考虑范围之后,这些回报率增量可视为完全由一个隐含在基准组合回报率之中的消极型超额回报率构成的函数所决定。 210
- 每种资产类型上已实现的回报率。

一旦基准组合与投资组合的每项资产类型的回报率已知,两个组合的 β 系数就可以估算得出。这将决定投资组合内是否存在 β 差值。最后,在去除所有 β 相关的敞口影响之后,可以通过比较总体超额回报率与每个资产类型相应的消极型超额回报率而算出积极型超额回报率。

即便没有资产类别的回报率和权重等详细数据,我们仍然可以在总体组合与基准组合之间对相对回报率做到较好的了解。累计的 β 差值可以通过分别估算总体组合与基准组合的 β 值而得出。在把这一 β 差值纳入考虑范围之后的回报率差异,就是积极权重配置决策和积极型超额回报率共同作用下得到的结果。

本章结论

211

本章的分析方法可以用于产生于市场假设或是历史表现的超额回报率的 β 系数。通过把一个投资组合的相对回报率从基准中分离出来并拆解为三个组成部

分，基金管理者们能够对于价值增量的具体来源有更深入的了解。其中的关键一步就是去除任何β差值，从而得以清晰显示基金寻求积极型超额回报率或是重新分配权重的举动产生的好处。

第十四章
实际回报率的帐篷状分布和股票久期

213

通常情况下的市盈率总是在利率升高时稳步下跌，这也似乎意味着在股价与利率之间存在着一个定义完备的关联关系（有时被称为股票久期）。可是，当经验数据经过较为苛刻的统计检验来对市盈率、利率的变化量进行测试时，我们发现所谓的关联模式不再可靠。

理论上的股票久期显然依赖于对公司未来盈利如何适应通胀冲击的预判。经通胀因素调整后的盈利增加将抵消更高的名义折现率，从而使得股票的有效久期变小。

一个理论模型可以将标准的固定投资回报率（ROI）替换为企业投资相对于资本成本的一个利差。名义利率增加将导致投资回报率变高，未来盈利更多，从而在分子上抵消更高利率产生的分母作用。

当使用实际利率重新进行市盈率经验分析的时候，市盈率水平变化的模式变得很具戏剧性。原本是市盈率相对于名义利率的单调递减关系，变成了一个帐篷状分布。市盈率的高点水平出现于2%到4%的实际利率区间上，而当向两边方向运动时亦即实际利率升高或降低的时候，市盈率都会降低！

这个市盈率呈帐篷状分布的表现，可以由实际利率处于极端情况下经济、货币政策的状况来解释。低实际利率可能是与不利的经济增长环境有关，而高实际利率则一般意味着货币政策紧缩的状态。

市盈率与名义利率

214　当今常见的一个图表就是市盈率与名义利率水平之间的柱状图。该图显示市盈率随着利率的增加而降低,因而它常被用来解释基于当前低利率环境的市盈率水平。

不同的市盈率计算方法可能有较大差异。分母有些时候包括了过去 10 年的实际盈利,而另一些时候则是盈利预测。然而相当惊人的是,无论如何计算,大致的趋势似乎是高市盈率在历史上均出现于低利率环境之中。图表 14.1 就是一个描述市盈率与 10 年期国债利率在 1954 年至 2008 年之间的变化关系的点状图,其中的市盈率数据序列是由每月的标准普尔指数成分股股价除以过去 12 个月的盈利而计算得出。图表 14.2 是显示同样一组数据的柱状图。

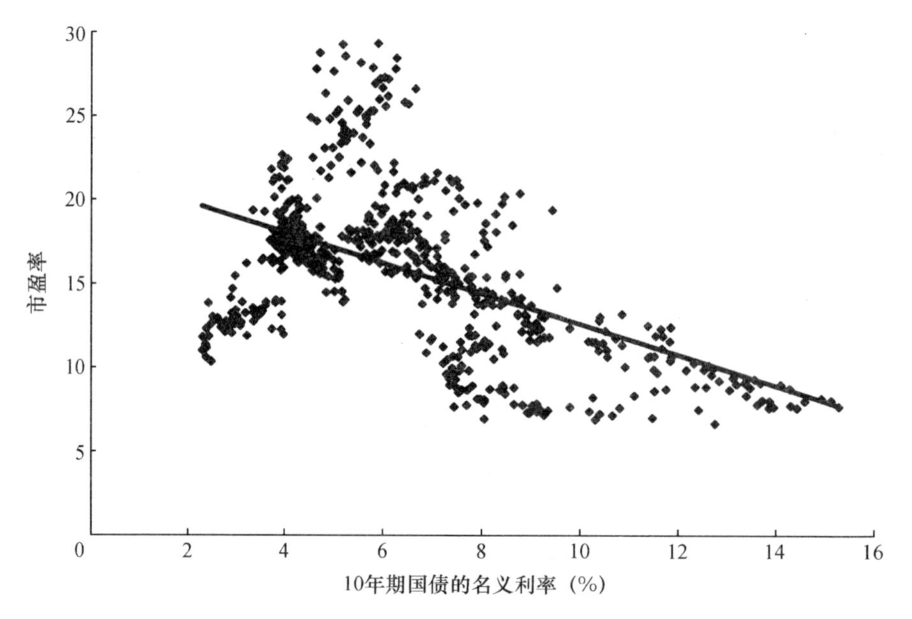

图表 14.1　市盈率与 10 年期国债名义利率水平的关系(1954—2008 年)

数据来源:摩根士丹利研究部,BARRA,汤姆逊金融,标准普尔,美联储,IBES,First Call。

在固定收益分析里,债券对于利率变化的敏感程度可以由各期现金流的现值加权平均方法计算的平均久期来表示。类似地,股票久期的概念也曾被提出来用

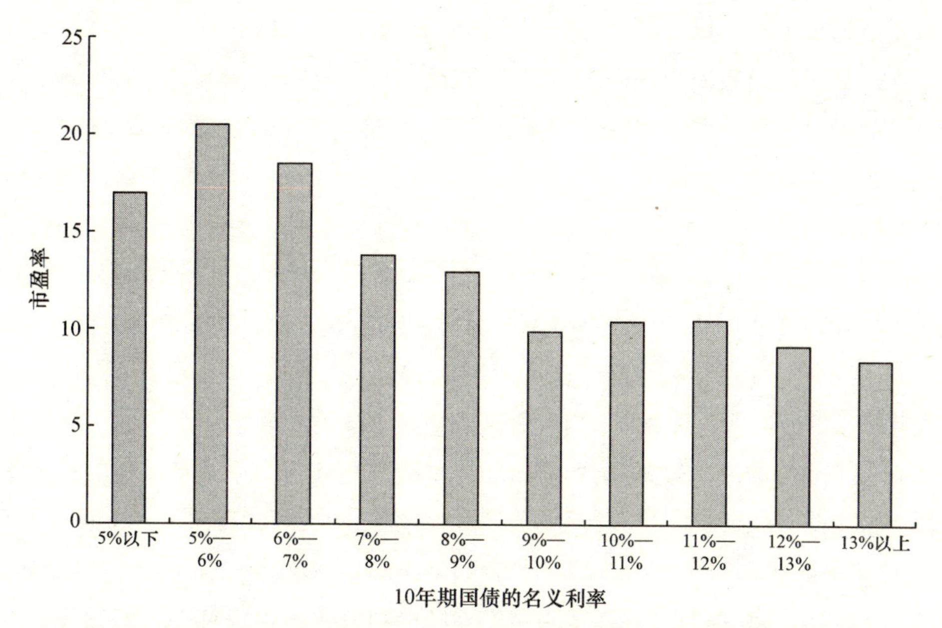

图表 14.2　市盈率与 10 年期国债名义利率水平之间关系的柱状图(1954—2008 年)
数据来源:摩根士丹利研究部,BARRA,汤姆逊金融,标准普尔,美联储,IBES,First Call。

以描述股价对于利率变化的敏感度。

本章将从大量理论兼实证因素出发分析市盈率与利率的关系。我们特别研究了市盈率与利率之间存在的逐渐向下倾斜的关系会对股票久期的概念有怎样的影响,目前关于这一点的研究似乎还不够充分。

215

市盈率与股票久期

如果市盈率和利率水平之间确实有着如图表 14.2 所示的关系,那么利率的变化将导致市盈率的相应变化。此外,因为市盈率是短期内股票回报率波动的主要源头,读者可能会认为股票回报率将与利率变化紧密相关。换句话说,如果这一关系确实是跟随时间逐步联动的话,那么我们应当能看到一个相当大并且稳定持续的股票久期。

有关股票久期的早期研究是在标准的分红折现模型(DDM)的框架下进行的。通过分红折现模型可以推导出理论上的股票久期。这一方法通常得出一个极高的

216 数值,一般在25以上而且某些情况下甚至更大(Williams,1938;Vanderhoof,1972)。

在其他所有因素完全相同的情况下,折现率每上升1%,股价将下跌25%。这一极端结果是基于分红折现模型的增长假设,也就是把一个上市公司的价值延伸到很遥远的未来。折现率的一个小变化就会导致股票现值的大幅变化,从而算出高数值的久期。

这一方法曾经导致一种观点,即股票是久期较长的投资工具,因此可以用来匹配久期较长的负债。这一论点有时也被用来证明年金计划中股票所占的高比例是为了与久期较长的负债相匹配(Dechow 等,2004)。

这些年来,本书作者和助手们就股票久期这一课题发表了一系列的研究文章。最初是一个简单的经验分析,表明股票的历史回报与利率变化有着较低的相关度。后续的发现是,这些经验分析均显示股票久期较小,很有可能随着采用时间区间的不同分布在2到5之间,而且非常不稳定(Leibowitz,1986)。此后的研究更加确认了不稳定性这一点,特别是在股票与债券之间的相关度由正转负以后的时间段内。该研究的基本结论是,股票久期的概念作为一种投资计划的工具并非特别有用。其他一系列研究文章也得出了基本相同的观点(Nissim 和 Penman,2003;Litterman,2005;Viceiria,2007)。

通胀与实际利率的影响

但是,困惑依旧存在:既然大多数的估值模型都把利率作为一个关键要素,为什么在股票回报率与利率变化之间却只存在一种微弱的相关关系呢?我们于1987年在“股票久期的全微分方法”一文中重新讨论了这一课题(Leibowitz 等,1989)。该篇论文建立于本书合著者之一提出的通胀效应已贯穿在股票盈利流之中的观点(Estep 和 Hanson,1980)。通过对于体现在盈利流中的通胀影响做一系列合理的假设,可以发现通胀引起的高盈利出现在分子上,从而抵消分母上折现率的增加,进而使得通胀的作用大大削弱。这一理论得出的股票久期数值与经验观察更为吻合。217 这篇论文还对实际利率变化的效应提出了一些有意思的问题,并且总结得出,实际利率变化将导致较高的实际利率久期。

在后续的一篇文章中,股票价值被分为两个组成部分:反映当前盈利持续性的有形价值，和代表未来投资净值的经营权价值（Leibowitz，2004）。这种分割对于思考一些问题确实很有价值，其中就包括了股票久期和体现在盈利流中的通胀效应的问题。一篇1993年的文章（Leibowitz和Kogelman，1993）显示，通胀对于有形价值具有较为不利的影响，其原因在于其当前收入与成本均比较不容易变化，从而不太能够将通胀压力传递出去。对比之下，基于未来投资的经营权价值一项则更容易立即针对通胀影响做出调整安排和制定价格。这种灵活性使得经营权价值能够较高程度地在未来投资中体现通胀的影响。尽管这些两级化的观点可能过于极端，但它们确实有助于我们在理论上发展股票久期的概念，同时与经验观察到的较低数值现象更加一致。

利差驱动的分红折现模型

还有一种类似的观点是把投资回报率作为某种形式的企业投资相对于资本成本的利差。在基本的分红折现模型中，未来的增长模型被表述为拥有盈利或分红的固定增长率的一个或几个阶段。在2000年的一篇论文中，我们探讨了将未来企业投资机会表述为一种投资利差而非一种固定投资回报率的内在含义（Leibowitz，2000）。

这一简化过程，以及后续对其比较合理的重新解读让我们能够以一个不同的方式来看待产生未来盈利的回报率指标。标准的分红折现模型将投资回报率按一个固定值处理。在固定投资回报率的情况下，降低利率使得折现率变小而未来盈利保持不变——这是几乎不可能出现的情况！这样的结果是，分子中的盈利不变而分母的折现率变小，从而导致标准分红折现模型下计算的股票久期数值过大。

相比之下，如果考虑投资利差比投资回报率更具有稳定性，那么未来投资的回报将更紧密地与未来利率关联在一起，也就是利率降低将使投资回报率变小。因为投资回报率在决定公司未来盈利上起了根本作用，分子和分母的影响在低利率情况下同时减小，这样一来利率变化产生的影响将会削弱，从而使得久期数值大幅降低。这篇文章还表明，当投资利差被假设为一个与折现率水平相关的单调函数时，久期值进一步变小。

218

另一个针对各种房地产股票进行的研究表明，其久期效应能够参照浮息债进行建模(Hartzell 等,1988)。

我们在本章中引用了很多早期的研究,目的在于对图表 14.2 所展示的市盈率与利率关系的内在含义进行分析。我们希望至少能丰富这方面的讨论,而非企望对于这个复杂的课题给出一个完整答案。

市盈率与通胀

下面进行深入的经验分析,我们将利率分解为通胀率和实际利率。图表 14.3 所示的是市盈率历史水平与消费者物价指数的关系。我们看到一个比较清楚的单调下降的趋势,在消费者物价指数很高的时候市盈率维持较低水平且变化不大。这一结论大体上与企业经营权价值理论相一致,即初始有形价值部分对于高通胀水平相对无力回应。对于这种现象已有很多不同的解释,其中有些是基于市场低估了体现于盈利中的通胀效应这个判断之上的(Modigliani 和 Cohn,1979)。然而,当我们转为研究一年期市盈率变化幅度与相应消费者物价指数变化幅度之间回归关系的时候,关联度就像此前名义利率的例子中一样再度显著降低。

219

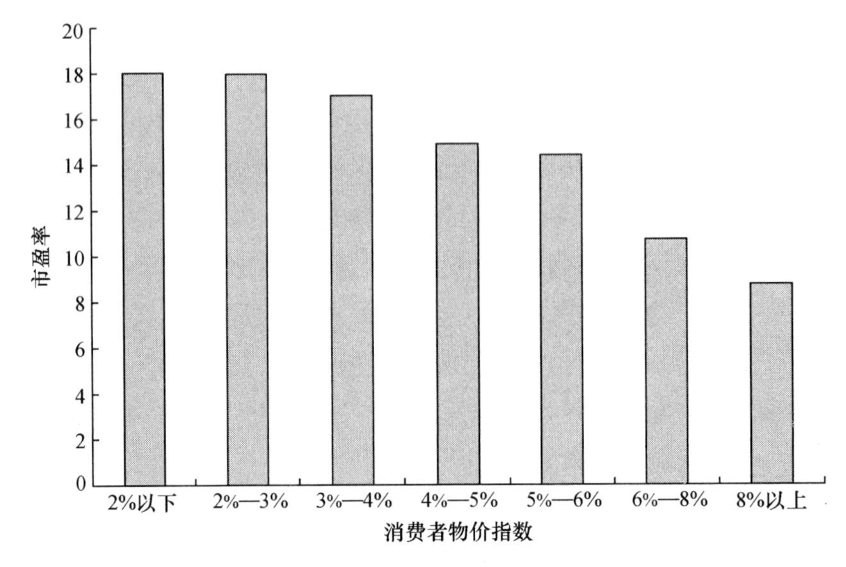

图表 14.3 市盈率与消费者物价指数水平之间关系的柱状图(1954—2008 年)
数据来源:摩根士丹利研究部,BARRA,汤姆逊金融,标准普尔,美联储,IBES,First Call。

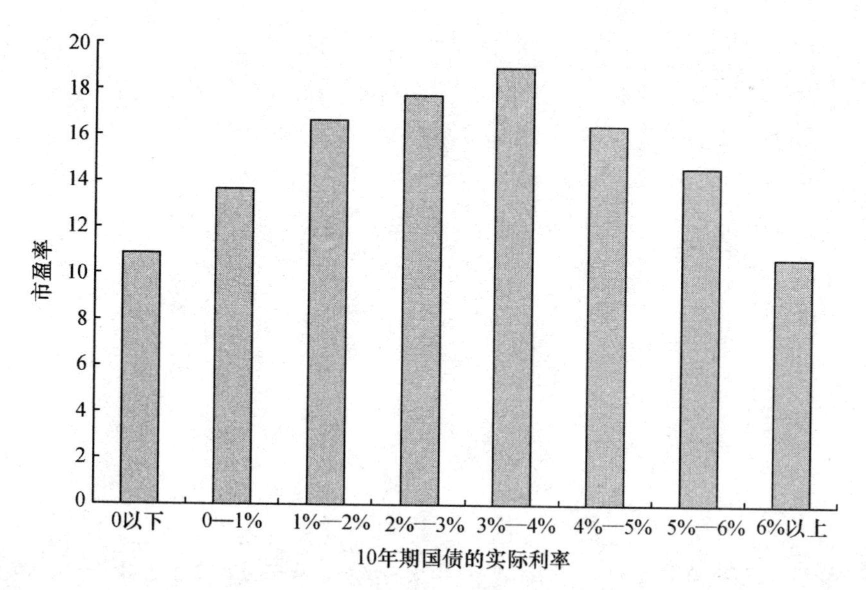

图表 14.4　市盈率与 10 年期国债的实际利率水平之间关系的柱状图(1954—2008 年)
数据来源:摩根士丹利研究部,BARRA,汤姆逊金融,标准普尔,美联储,IBES,First Call。

市盈率与实际利率

图表 14.4 将市盈率水平同实际利率放在一起对比,其所得出的帐篷形柱状图却是非常让人吃惊的。这似乎预示着低市盈率水平与很高和很低的实际利率都有关系。在实际利率高于 4.0% 的时候,市盈率的降低是与名义利率的变化几乎等幅的。特别是在 1.0% 之下时,实际利率的降低似乎导致了市盈率的降低,这和我们在名义利率情况下观察到的单向降低是非常不同的。 220

作为比较,图表 14.5 将基于 12 个月预期盈利的动态市盈率水平同 1978—2008 年间的实际利率放在一起对比,显示出同图表 14.4 一样的帐篷形状。

对于这样一个令人好奇的结果,一个诱人的解释是实际利率形成于资金供应与经济形势决定的资金需求之间的均衡点上。在这个意义上讲,超出某个特定点的较高实际利率暗示着紧缩货币政策的不利效应,而不是改善的经济形势下对资金需求增加所带来的利好。另一方面,在实际利率很低的情况下,资金大量充足但却缺乏足够的调整风险的投资机会以实现资金的有效使用(Zeng 等,2003)。在实

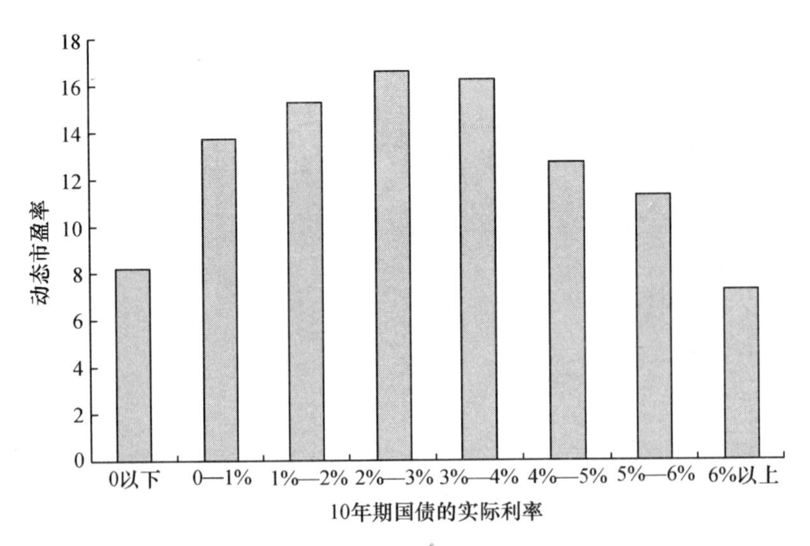

图表 14.5　动态市盈率与 10 年期国债的实际利率水平之间关系的柱状图(1978—2008 年)

数据来源:摩根士丹利研究部,BARRA,汤姆逊金融,标准普尔,美联储,IBES,First Call。

际利率的中部区间,可能存在着两种效应恰好平衡的最有效点。

看来,本章中的这些图表都表明在市盈率和各种利率指标之间确实存在比较一致的关系。同时,我们还可以设计出一些非常复杂的理论来解释实际利率与通胀的不同效应。然而,当使用市盈率变化量对实际利率的变化量建立回归模型的时候,我们再度发现拟合程度急剧下降。让人遗憾的是,在面对更为严格的基于变化量的统计检验时,关联度变得非常微弱以至于无法作为任何合理的经验分析的基础。

221

当然,我们也不必期望万事都很简单。能解释的一个原因是,股票估值除了与前述提到的利率相关之外,还应当取决于很多因素,包括风险溢价、当前和预期的货币政策、预期经济形势、增长前景以及所有这些变量的相互作用等。风险溢价就是这样一个我们还没有涉及过,但是完全值得更多关注的领域。

风险溢价的衡量有多种方法。虽然如此,我们可以预见到风险溢价是决定市盈率的一个非常关键的因素。从原理上讲,我们认为风险溢价在实际利率的最有效区域应当较为稳定,而当经济形势变得不明朗时则会变大。

一个旷日持久的争议倒是股票估值中名义利率相对于实际利率的角色。事实上,对于所谓美联储模型(Fed model)的一个批评就是它将盈利回报率同名义利率加以比较从而判断公允估值,但是盈利回报率其实是应该作为实际变量来处理的

（参见 Campbell 和 Vuolteenaho，2004；Asness，2000，2003）。不过，盈利回报率实际就是市盈率的倒数。根据前面的讨论，我们可以认为市盈率可以分成两个部分：一是有形价值，即对于通胀敏感的当前盈利；二是可以根据通胀压力立即进行调整的企业经营权价值。所以，这似乎表明盈利回报率可以视作实际利率加上一个反映部分通胀敏感程度的组成部分之后得到的总和。

本章结论

前述讨论似乎把我们带入了一个死胡同里。我们倾向于从多水平数据和各种理论模型中找到根据来解释股票市场对于利率变化的可能反应。一方面，几乎任何理论分析都必须包括这三个折现率因子：实际利率、通胀率和风险溢价。同时，基于多水平数据的统计分析似乎确实支持市盈率与各种折现率因子之间存在重要关联。另一方面，这些统计关系又无法通过更为严格的基于市盈率和利率变化量的检验。这些不利的经验结果提醒我们，切勿简单刻画利率和股票回报率之间的关联关系。 222

本研究绝非能够解决这些问题，甚至没有大胆到试图去解决问题。但是，该研究可能为这个重要且迷人的课题提供了一些进一步讨论的素材。

参考文献

Asness, C. S. 2000. “Stocks vs. bonds: Explaining the equity risk premium.” *Financial Analysts Journal* 56: 96–113.

———. 2003. “Fight the Fed model: The relationship between stock market yields, bond market yields, and future returns.” *Journal of Portfolio Management* 30: 11–24.

Campbell, J. Y., and T. Vuolteenaho. 2004. “Inflation illusion and stock prices.” *American Economic Review* 94 (2): 19–23.

Dechow, P. M., R. G. Sloan, and M. T. Soliman. 2004. “Implied equity duration: A new measure of equity risk.” *Review of Accounting Studies* 9 (2-3): 197–228.

Estep, T., and N. Hanson. 1980. *The valuation of financial assets in inflation.* New York: Salomon Brothers.

Hartzell, D. J., D. G. Shulman, T. C. Langetieg, and M. L. Leibowitz. 1988. “A look at real estate duration.” *Journal of Portfolio Management* 15 (1): 16–24. Also reprinted in *Investing* (Chicago: Probus Publishing, 1992), 461–479.

Leibowitz, M. L. 1986. “Total portfolio duration.” *Financial Analysts Journal* 43 (2):

83–84. Also reprinted in *Investing* (Chicago: Probus Publishing, 1992), 35–57.

———. 2000. "Spread-driven dividend discount models." *Financial Analysts Journal* 56 (6): 64–81. Also reprinted in *Franchise Value* (Hoboken, NJ: John Wiley & Sons, Finance Series, 2004), 372–402.

———. 2004. *Franchise value*. Hoboken, NJ: John Wiley & Sons, Finance Series.

Leibowitz, M. L., and S. Kogelman. 1993. "Resolving the equity duration paradox." *Financial Analysts Journal* 49 (1): 51–64. Also reprinted in Martin L. Liebowitz, *Franchise Value* (Hoboken, NJ: John Wiley & Sons, Finance Series, 2004), 219–242.

Leibowitz, M. L., E. H. Sorensen, R. D. Arnott, and H. N. Hanson. 1989. "A total differential approach to equity duration." *Financial Analysts Journal* 45 (5): 30–37. Also reprinted in *Investing* (Chicago: Probus Publishing, 1992), 405–420.

Litterman, R. 2005. "Equity duration." *Investments & Pensions Europe* (special report), February.

Modigliani, F., and R. A. Cohn. 1979. "Inflation and the stock market." *Financial Analysts Journal* 35: 24–44.

Nissim, D., and S. H. Penman. 2003. "The association between changes in interest rates, earnings, and equity values." *Contemporary Accounting Research* 20 (4): 775–804.

Vanderhoof, I. T. 1972. "The interest rate assumption and the maturity structure of the assets of a life insurance company." *Transactions of the Society of Actuaries* 24: 157–205.

Viceria, Luis M. 2007. "Bond risk, bond return volatility, and the term structure of interest rates." *Harvard Business School* manuscript, draft February.

Williams, J. B. 1938. *The theory of investment value*. Amsterdam: North-Holland Publishing.

Zeng, Q., S. Galbraith, M. Viviano, D. Norquist, and C. Laine. 2003. *Market valuation model 2.0*. New York: Morgan Stanley Equity Research.

第三部分

基于理论与经验分析的压力β系数

第十五章
压力β系数和关联度收紧

关联度收紧的概念建立在非正常时期的数据之上，由此产生了更高的压力β系数和更大的下行风险水平。特别来讲，如果所有股票的相关系数变为1，基于β系数的风险可能增长50%。即使不在这种“所有关联度变成1”的极端情况下，关联度哪怕仅部分收紧也可能对下行风险有较大的影响。 227

压力β系数效应根据不同配置变化很大。具有讽刺意义的是，60%股票/40%债券配置的传统组合的β系数风险增量可能非常小。而更容易受到影响的投资组合则似乎是那些大比例配置了股票类资产的组合，其配置的资产类型，如国际股票等，在一开始却是与基准股票不完全相关的。如果希望比较可靠地分散风险，配置的资产类型可能需要保持稳定的关联度，或者理想情况下在受到压力时能起到对冲的作用。

类似国际股票和新兴市场股票的资产类型更容易受到短期收紧的影响，而在长期收紧的情况下反而可能提供有价值的分散风险的好处。全球脱钩的趋势可能使得这些资产类型的关联度更小而且回报差异更明显。战略上的挑战是将这些长期好处与经典的短期问题结合在一起，平衡预期回报率与可承受的风险水平。

投资组合的凸起效应

如果能找到关联度收紧导致β系数增加的确凿历史证据，那是最好不过的。尽管近年来市场真正经历巨大压力的情况并不多见（这是值得庆幸的），但是我们还是能够找到一些压力之下β系数增加的迹象。在图表15.1中，将1988年1月到2007年11月之间的新兴市场的回报率与同期的标准普尔500指数的回报率放置在同一坐标系内做比较，并且拟合了一条二次方的回归曲线。左侧的快速下降曲线意味着在不利市场条件下，该回报率对于股价变化的敏感度有所增加。遗憾的是，在这一区域缺乏足够的数据点以认定β系数增减幅度在统计上的有效性。

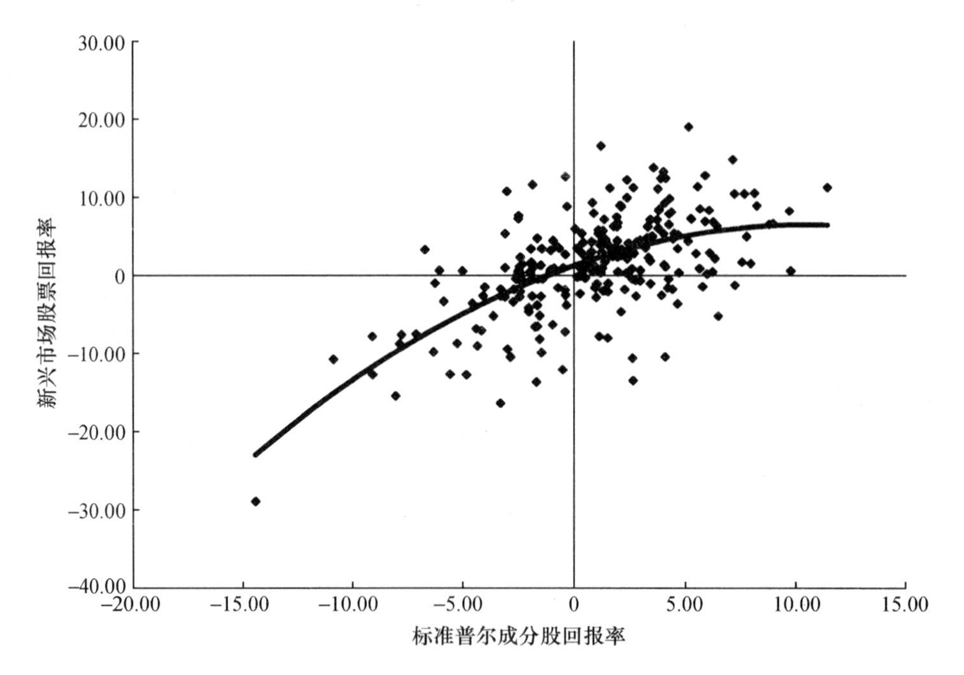

图表15.1　新兴市场股票与标准普尔成分股回报率比较

数据来源：摩根士丹利研究部。

图表15.2、15.3和15.4分别是1990年1月至2007年11月间投资组合A、C和D的历史回报数据分布，以及每组数据的二次方回归曲线。对于纯粹由股票组成的投资组合A而言，回归曲线几乎就是一条直线，一些残差的存在也仅仅是由于现金回报率不一的原因。但是，组合C和D中向下弯曲的线段则与图15.1的新兴市场情形类似。这种曲线与某些固定收益市场中的凸起曲线具有可比性。

关联度为1的压力情况

假如股票类资产类型之间的关联度能够达到1，那么全部三个投资组合的β系

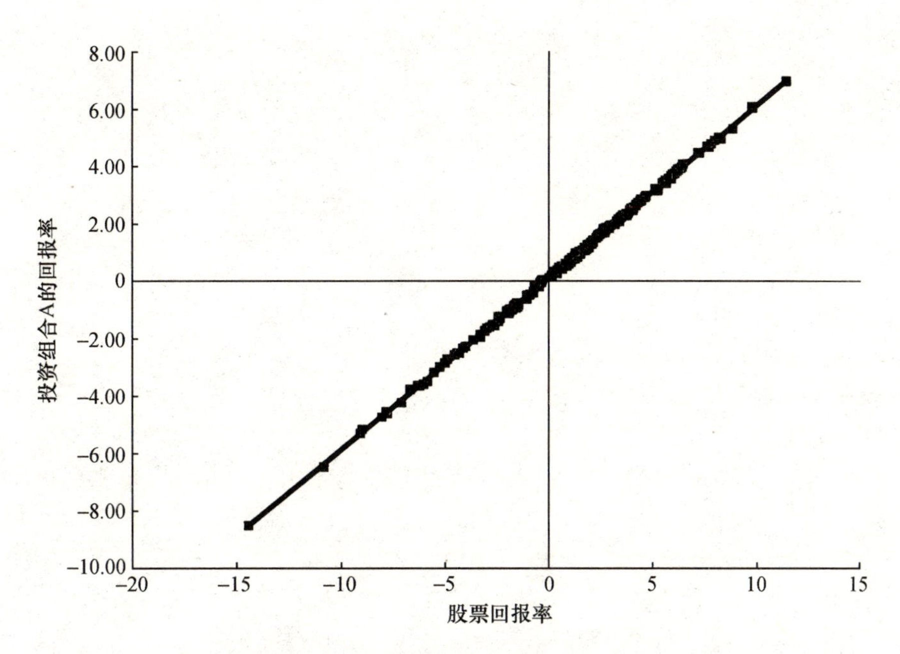

图表 15.2　投资组合 A 与股票回报率比较

数据来源:摩根士丹利研究部。

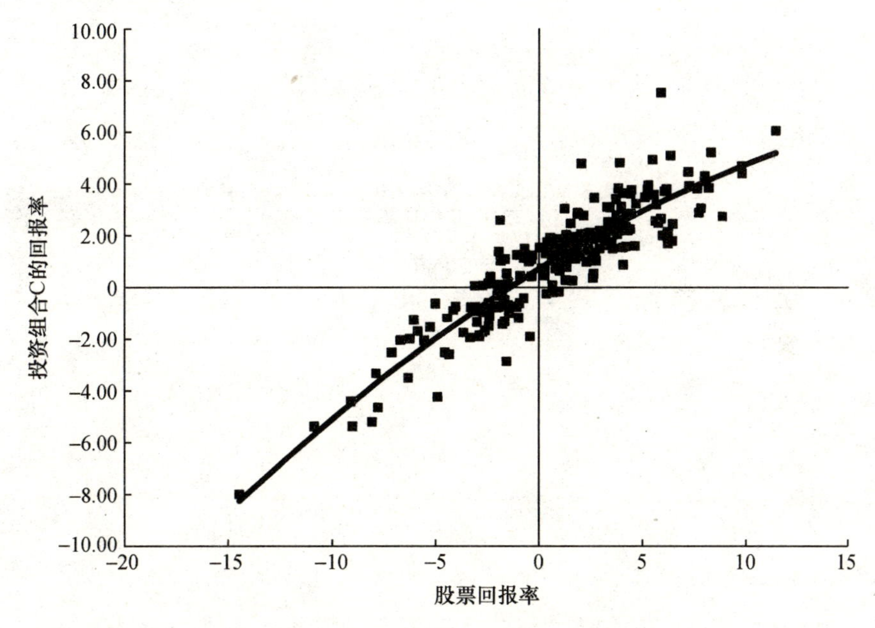

图表 15.3　投资组合 C 与股票回报率比较

数据来源:摩根士丹利研究部。

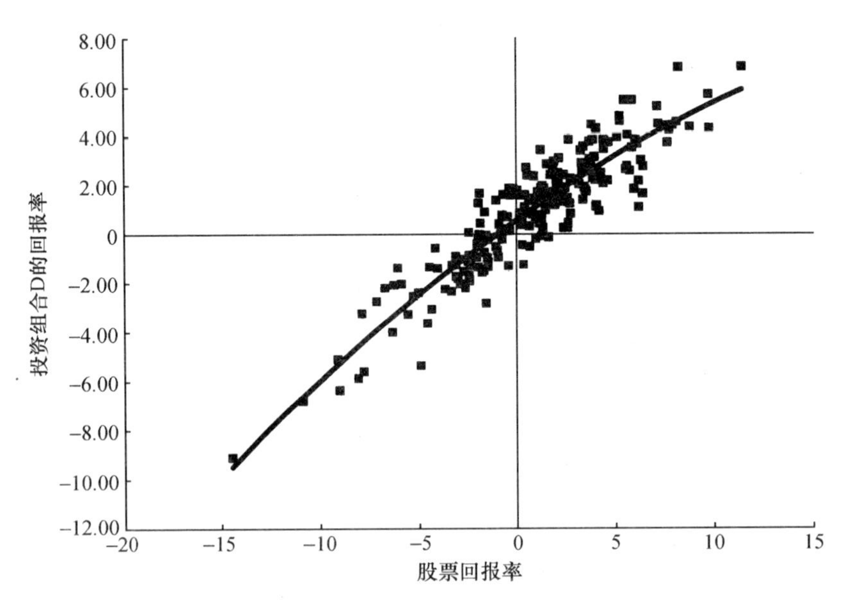

图表 15.4 投资组合 D 与股票回报率比较

数据来源:摩根士丹利研究部。

数值将如图表 15.5 所示。组合 A 因为是纯股票组成,它已经和自己的关联度为 1,所以 β 系数将维持在 0.6 不变。组合 C 的 β 系数从 0.57 剧增 50% 至 0.86,而股票配置比例较高的组合 D 的 β 系数则从 0.66 上涨了 41% 至 0.87。组合 C 和 D 的波动率也相应有所上升。

231

图表 15.5 关联度趋向于 1 时对 β 系数的影响

	原始 β	压力 β	A	C	D
美国股票	1.00	1.00	60%	20%	25%
美国债券	0.14	0.14		20%	20%
现金	0.00	0.00	40%		
国际股票	0.77	1.18		15%	25%
新兴市场股票	0.76	1.70		5%	5%
风险投资	0.59	1.68		10%	
私募基金	0.98	1.39		10%	15%
绝对收益类资产	0.28	0.56		10%	
房地产	0.07	0.07		10%	10%
常态下的 β 系数			0.60	0.57	0.66
压力 β 系数			0.60	0.86	0.87
β 系数增加的比例			0.00	50%	32%
压力情况下的波动率			9.90	14.89	15.26
压力情况下与美股的关联度			100.0%	95.4%	94.5%

数据来源:摩根士丹利研究部。

应当注意到，这些结果并非是从经验分析中所得，而是来自一个简单的数学运算（如本章附录所示）。其中假设股票和其他资产类型的波动率不变。在通常的协方差矩阵中，资产组合的波动率主要是来自于单项资产波动率中与占主导的股票风险因子相关联的那部分。当关联度变成 1 的时候，单项资产的全部波动率将根据其权重比例加入整个基金的波动率之中。因此，β 系数和基金整体波动率的上升，是因为现在每项资产的波动率直接加到投资组合整体波动率中去，而不是因为某项资产波动率上升带来的影响。

这一结论是以参照于基准股票的 β 系数来说的。而且，只要选中的 β 定义是参照于某个主要风险因素（如全球股票），这些结论都是类似的。

残留波动率为常量

资产中基于 β 系数的同步变化仅仅是其波动率的一部分。剩下的波动率来源还包括通常假设为与股票涨跌无关的特质风险及其他因子。对于一些资产类型来说，这一部分的波动率可能还是非常大的，并且在资产整体波动率中占有较大的比例。但是，当这样的资产仅在投资组合中占较小比例的时候，即使高的残留波动也会被投资组合的累积 β 系数所支配（Leibowitz，2004；Leibowitz 和 Bova，2005；Leibowitz 和 Bova，2007b）。

关联度收紧可能引发范围广泛并且结果迥异的各种效应。一个关键的问题是哪些指标在变，哪些是固定的。可以合理地假设残留波动率大体保持不变，那么关联度收紧就应当是指一项资产的波动率中与股票有关的部分在增加（β 系数变动的公式基于简化的模型，列示在本章附录中）。

图表 15.6 展示了在这一残留波动性不变的假设条件下，所有关联度上升 25% 时产生的 β 系数变化。与 β 系数较小的资产相比，β 系数较大的资产在开始增幅较大。其结果就是，关联度 25% 的上升导致组合 C 的 β 系数上涨 36%，从 0.57 增加到 0.78，而组合 D 的 β 系数上涨 40%，从 0.66 增加到 0.93。

232

图表 15.6 残留波动性恒定情况下,关联度上升 25%对 β 系数造成的影响

	原始 β 系数值	压力 β 系数值	配置比例		
			A	C	D
美国股票	1.00	1.00	60%	20%	25%
美国债券	0.14	0.18	40%	20%	20%
国际股票	0.77	1.25		15%	25%
新兴市场股票	0.76	1.03		5%	5%
风险投资	0.59	0.77		10%	
私募基金	0.98	1.80		10%	15%
绝对收益类资产	0.28	0.39		10%	
房地产	0.07	0.09		10%	10%
初始 β 系数			0.60	0.57	0.66
压力 β 系数			0.60	0.78	0.93
β 系数增加的比例			0%	36%	40%
压力情况下的波动率			9.90	13.61	16.11
压力情况下与美股的关联度			100.0%	94.4%	95.1%

数据来源:摩根士丹利研究部。

图表 15.6 将所有的关联度都统一增加 25%。股票类资产的压力 β 系数上升最多,并对整体投资组合有着最大的影响。然而实践中,关联度收紧的影响既非对所有资产都相同,也非在所有市场机制中都一致。举例来说,历史上曾经出现过特定阶段,期限长的债券与美国股票呈负相关(Leibowitz 和 Bova,2007a)。为了在极端情况下有效控制风险,理解哪种资产类型对于关联度收紧不敏感,甚至可以作为对冲工具,这点非常重要。

残留波动率为变量

前面的讨论均基于残留波动率保持不变的假设。因此,当股票风险不变时,关联度收紧就直接引起资产类型间的波动率上升。而更为一般的分析则是允许包括股票在内的所有资产类型波动率的影响参数在不利的市场条件下浮动。

233

最简单的情况就是资产波动率和股票波动率两者同比例上升,从而它们之间的比值基本不变。在此情形下,残留波动率可以根据需要变动,但是关联度一定比例的变化必然导致 β 系数的同比变化。那么对于投资组合的净效果则完全只取决于非股票(及非现金)类资产类型的配置权重(如图表 15.7 所示)。

图表 15.7　残留波动率为变量情况下，关联度上升 25%对β系数造成的影响

	原始β系数值	压力β系数值	A	C	D
美国股票	1.00	1.00	60%	20%	25%
美国债券	0.14	0.17		20%	20%
现金	0.00	0.00	40%		
国际股票	0.77	0.96		15%	25%
新兴市场股票	0.76	0.95		5%	5%
风险投资	0.59	0.74		10%	
私募基金	0.98	1.22		10%	15%
绝对收益类资产	0.28	0.35		10%	
房地产	0.07	0.09		10%	10%
常态下的β系数			0.60	0.57	0.66
压力β系数			0.60	0.67	0.76
β系数增加的比例			0.00	16%	16%
压力情况下的波动率			9.90	11.86	13.55
压力情况下与美股的关联度			100.0%	92.6%	93.0%

数据来源：摩根士丹利研究部。

如果资产波动率和股票波动率都保持不变的话，那么它们的比率也是一个常数。这代表着一种特殊的波动比率为常量的情形，其效果与图表 15.7 所示的完全一样。

不过应当指出的是，这种常量波动比率的情况可能过于乐观。因此，关联度增加 25%所导致β系数的上升，更有可能处于图表 15.6 和图表 15.7 所示的情形之间。

图表 15.8 总结了前述各种关联度收紧情况下三支基金的压力β系数值。有关不同波动率参数更为复杂的假设则可能导致β系数效应影响范围更广。特别需要指出的是，尽管资产类型的残留波动率通常可以被认为是相互独立的，残值本身可能取决于收紧的压力情况下的关联度。这种压力可能是流动性需求或是风险承受度的增加。 234

图表 15.8　关联度收紧程度不同时压力 β 系数的不同表现

假设的波动率特征						
收紧程度	资产波动性	资产残留波动性	股票波动性	A	C	D
0	常态	常态	常态	0.60	0.57	0.66
100%	恒定	向 0 调整	恒定	0.60	0.86	0.87
25%	可变	恒定	恒定	0.67	0.78	0.93
25%	为保持波动率恒定而不断调整	可变	为保持波动率恒定而不断调整	0.60	0.67	0.76
25%	恒定	向低值调整	恒定	0.60	0.67	0.76

数据来源:摩根士丹利研究部。

本章结论

这一章要传达的基本信息是,在大多数波动性假设下,资产类型的 β 系数值在关联度收紧时可能显著增加。对于一些初始 β 系数值较高的资产类型来说,β 系数增幅也会较大。

这些易受影响的资产类型包括非美国股票的资产类型,如全球股票、新兴市场股票等。这些资产类型在平时会降低总体 β 系数值和投资组合的波动率,并且在较长的时间段内可能提供高回报和风险分散的好处。然而,在承受短期压力的时候,它们更容易受到关联度收紧的影响,其下行风险有可能严重超出基于正常协方差的预期水平。

因此,在投资组合层面,那些配置了相当一部分股票类资产,而仅将一小部分资金分配给传统基准股票和固定收益资产的投资组合,将面临极大的压力 β 系数效应。

235 恰恰就在那些配置多元化的投资组合已经处于高度压力之下的时候,关联度收紧给这些组合带来了更大的麻烦。大多数多元化配置的投资组合 β 系数值在刚开始时,与传统 60% 股票对 40% 债券配置组合的 β 系数一样处于 0.55—0.65 的区间。因而,当 β 系数值不变时,两种组合的减值大体相当。但是,随着关联度的收紧,多元化配置的投资组合 β 系数值将上升更多。由此推理得出,相比较于传统 60% 股票对 40% 债券配置组合来说,典型的多元化投资组合可能会面临着更大的下行风险。

这一发现似乎充满矛盾,但并非没有反面的支持理由。首先,多元化组合中有着提供超出基于β系数的回报的资产。这些增量回报在时间的推移过程中累积,从而得以提供一个足够大的抵御β系数相关风险的缓冲空间。其次,内含于协方差矩阵的关联度最初主要基于短期价格变化。而长期来看,这些相关关系可能大不相同。例如,发达市场和新兴市场股票之间的关系在突然下行的当口也许是相当紧密的。然而从长期来看,地区之间的脱钩可能使得两个市场的表现更为独立。对新兴市场的配置有望在长期提供一个有力的多元化配置手段。

不管怎么说,短期内对于机构投资基金的最大风险就是一个突然、剧烈而且有持续性的资产减值事件。这一事件几乎肯定会包括股票市场的状况恶化。具有讽刺意义的是,当最让人担忧的关联度收紧的情况确实出现的时候,恰好是那些配置更多元化的基金在短期内更容易受到更高的β系数值所带来的恶劣影响。

一些投资者把放大的β系数风险当做短期现象而硬抗过去。另一些人则考虑使用衍生品、期权,或与β系数相关的工具来抵御尾端风险。无论使用哪一种方法,投资人都应该认识到,尽管他们的投资组合看上去是多元化了,但是即使关联度趋向1的情况部分出现,也可能使下行风险远远超过基于平时协方差的预测水平。

本章附录

设第 i 项资产类型,与股票的关联度为 ρ_{ie},那么该资产的 β_i 系数为

$$\beta_i = \rho_{ie}\left(\frac{\sigma_i}{\sigma_e}\right)$$

其中,σ_i 和 σ_e 分别是该资产和股票市场的波动率。 236

在 σ_i 和 σ_e 保持稳定,ρ_{ie} 变为1的特例中,新的β系数值 β_i^* 则变成了两个波动率的比值:

$$\beta_i^* = \left(\frac{\sigma_i}{\sigma_e}\right)$$

不过,这里的默认假设是尽管关联度在压力迫使下变为1,该资产的总体波动率并未因为压力而有所变化。

更现实的情况则是关联度以一定比例上升,新的关联度记为 ρ_{ie}^*($\rho_{ie}^* < 1$)。这

一情形要求对于哪些波动性因子可以变动、哪些保持不变做出一些假设。

资产类型的残留波动率定义为标准的平方求和形式：

$$\begin{aligned}\sigma_\alpha^2 &= \sigma_i^2 - (\beta_i\sigma_e)^2 \\ &= \sigma_i^2 - \rho_{ie}^2\sigma_i^2 \\ &= \sigma_i^2(1 - \rho_{ie}^2)\end{aligned}$$

只要 $\rho_{ie} < 1$，总的波动率 σ_i 则可以表述为一个关于 ρ_{ie} 的函数：

$$\sigma_i = \frac{\sigma_\alpha}{\sqrt{1 - \rho_{ie}^2}}$$

同时，

$$\begin{aligned}\beta_i &= \rho_{ie}\frac{\sigma_i}{\sigma_e} \\ &= \left[\frac{\rho_{ie}}{\sqrt{1 - \rho_{ie}^2}}\right]\left(\frac{\sigma_\alpha}{\sigma_e}\right)\end{aligned}$$

其中，σ_α 自身就通常可以表述为一个关于 ρ_{ie} 的函数。

237

考虑新的关联度 ρ_{ie}^*，修正后的 β_i^* 为

$$\beta_i^* = \left[\frac{\rho_{ie}^*}{\sqrt{1 - \rho_{ie}^{*2}}}\right]\left(\frac{\sigma_\alpha}{\sigma_e}\right)$$

进一步假设 σ_α、σ_e 均保持不变，

$$\begin{aligned}\beta_i^* &= \left[\frac{\rho_{ie}^*}{\sqrt{1 - \rho_{ie}^{*2}}}\frac{\sqrt{1 - \rho_{ie}^2}}{\rho_{ie}}\right]\beta_i \\ &= \left[\left(\frac{\rho_{ie}^*}{\rho_{ie}}\right)\sqrt{\frac{1 - \rho_{ie}^2}{1 - \rho_{ie}^{*2}}}\right]\beta_i\end{aligned}$$

另外一种表述假设 σ_i 和 σ_e 都是关于 ρ_{ie}^* 的某种函数，但是它们之间的比值仍保持不变，即

$$\left(\frac{\sigma_i}{\sigma_e}\right) = \left(\frac{\sigma_i^*}{\sigma_e^*}\right)$$

$$\beta_i^* = \rho_{ie}^*\left(\frac{\sigma_i}{\sigma_e}\right)$$

和

$$\frac{\beta_i^*}{\beta_i} = \frac{\rho_{ie}^*}{\rho_{ie}}$$

由此，ρ_{ie}出现一定比例的增加将使得 β 系数值按同比增加。σ_i 和 σ_e 都保持不变的情况只是波动率比值为常数的一种特殊情况。

真正一般化的公式，所有的波动率特性都应该是变量。当市场承受严峻压力时，读者可以想见资产波动率 σ_i 和股票波动率 σ_e 都可能增加，只是增加的比例各有不同。残留波动率也是有可能在市场压力条件下变化的。甚至，压力条件下的各种资产类型残留波动之间变得更加高度相关，从而在投资组合层面形成额外的负面因素。所有这些变量的作用显然是难以量化（或者归类）的。不过，有一点很确定，即压力条件会使得投资组合的 β 系数值骤升，对于那些大量分散配置于股票类资产的多元化投资组合来说更是如此。 238

参考文献

Leibowitz, Martin L. 2004. "The β-plus measure in asset allocation." *Journal of Portfolio Management* 30 (3): 26–36.

Leibowitz, M. L., and A. Bova. 2005. "Allocation betas." *Financial Analysts Journal* 61: 70–82.

———. 2007a. "P/Es and pension funding ratios." *Financial Analysts Journal* 63 (1): 84–96.

———. 2007b. "Gathering implicit alphas in a beta world." *Journal of Portfolio Management* 33 (3): 10–18.

◂ 第十六章 ▸
资产自身与盈余框架内的压力风险

239 对于美国机构基金来说,最重要的风险形式就是各类资产出现严重持续减值,甚至严重打击基金对当前投资策略的变现能力和在没有特别资助情况下对其负债的偿付能力的信心。

在这种压力时期,通常的表述“所有关联系数变为 1”可能言过其实,但是资产类型之间的关联度确实收紧,而且超出了标准协方差矩阵所示数据的水平。这种与股票关联度的收紧产生了所谓的压力 β 系数。

压力 β 系数可能使得一支基金的下行风险在正常协方差预估值的基准水平下进一步恶化。具有讽刺意义的是,预期水平和压力时点的风险差值,配置越分散的基金情况越糟糕。

需要降低压力风险的基金必须通过重新配置 β 系数值较低的资产或者使用外包来减小 β 系数净值。为了在压力情况下控制盈余风险,有必要均衡地使用减小 β 系数和负债对冲两种手段。

同时,有着长期负债和较小流动性需求的基金恰好在结构上适合于追求长期回报。对于短期内 β 系数主导的风险的顾虑,应当与多元化组合产生的相对于 β 系数回报的超额预期回报结合起来考虑。这些增量回报随着时间推移而累积,从而得以提供一个足够大的抵御 β 系数相关风险的缓冲空间。

风险生命周期

基金投资的一般原则是,无论是在纯资产配置还是资产负债的结构下,合理分配适用的风险预算,从而将预期回报最大化。然而,也有时候一支基金出于多种原因可能希望在短期内,甚至一段较长时期内减小总体风险。 240

事实上,有一种观点认为,大多数投资基金——机构或者个人——是有生命周期的,即从能够容忍风险的初创时期逐渐过渡到较低风险、主要关注负债兑现的期末阶段。很多其他考虑进一步使得这一简单模型复杂化,比如相较于资助人盈利能力的基金规模增长、抵御长期通胀的需要、专注长期表现的内在结构优势、会计和监管约束等等。然而,只要这种生命周期存在,读者就不应当对基金随着时间推移而趋向降低风险感到意外。

压力时期风险承受程度的决定因素

标准的协方差数据及其预测的10%到11%的投资组合波动率来源于其历史表现水平,因此必然更侧重于其在正常时期的表现。但一支基金真正的风险承受程度取决于当资产持续严重减值(或盈余),以至于如果没有外来资助就可能无法兑现其承诺的情况。另一方面,这种极端的下行风险可能是因为即便在市场条件进一步恶化的可能性已经相对较小的情况下,人们还是认为有必要改变战略配置的观念。准确地说,正是在这种压力极大的转折点上,标准的资产关系分崩离析,而最初的风险估计也无法适用了。

这种事件确实会发生,但它们并不为标准的协方差数据所捕捉。关联度收紧在仅讨论资产的框架内就是个问题,而对于资产负债的情形则变得更具破坏力。举例来说,对于固定收益率的基金,其出资比例在股票市场和长期利率同时经历骤跌时将大幅下降(Leibowitz 和 Bova,2007a)。

压力情况下的关联度收紧

从现实的角度看,任何降低风险的策略都必须面对这种尾端事件。股票即使在平时都是一个重大的影响因素,在压力巨大的时候它更是会扮演关键的角色。当这种尾端事件出现时,要想估计股票的动向及可能出现的资产间相关关系,其挑战是巨大的。在讨论这种未来可能性时,我们常听到类似"这种时候,所有关联系数都是1"的评论。然而,有关这种极端条件下推导出协方差和波动效应的严谨分析却很少见。

241

关联度收紧的概念为了解这些效应提供了一种可以量化的方法。通过对资产类型间的关联度收紧的不同形式进行假设,读者可以对压力条件如何影响不同资产配置有所探寻。当然,这种研究受到不同程度的自由度限制。然而,既然股票是最具影响力的风险因素,只要关注其他资产类型与股票之间的关联度收紧状况,问题就变得较为可控。这一思路也就产生了所谓的每个资产类型的压力β系数。对于一个给定的资产配置来说,各类资产的压力β系数的总和将构成一个基金整体的压力β系数。

压力情况下的差异化

在根据常态的协方差数据和相关β系数值进行预估的情况下,大多数美国基金的预期波动率多在10%到11%之间。但是,与此常态时期的波动率范围不同,压力β系数对于不同配置的影响力是大不相同的。很多情况下,资产配置更为分散的基金将严重受制于大大超出正常β系数值的压力β系数。当应用压力β系数时,基金的波动率将显著上升。

对于传统60%股票对40%债券型配置的基金来说,其压力β系数与正常β系数值基本上是一样的。在配置更为分散的基金中,资产类型间的较低关联系数在平时可能可以减少波动性。在市场经历较大压力时,关联度收紧导致单个资产的波动率增加传导到整个基金层面。因此,与传统60%股票对40%债券型配置相比，某些多元化的配置在压力期承担的潜在损失风险与常规期预测值之间的差距会大更多。

短期降低风险与长期回报

对于压力事件的预期——以及它们可能带来的压力 β 系数的影响——非常值得我们在全面风险规划中进行严肃的考虑，特别是当我们将减小 β 系数作为风险控制的手段之一时就更应该将其纳入考虑范围。

这些短期 β 系数驱动的风险必须与多元化配置产生的长期回报预期保持平衡。协方差矩阵中内含的初始关联系数主要基于短期的价格变化。这些关联系数长远来看可能会存在较大差异。例如，短期市场下行时期，发达市场与新型市场股票的相关程度可能很紧密。然而，长期来看，地理区域的脱钩可能使得这两个市场的表现更加独立，对于新兴市场股票的配置将有可能成为一个有力的多元化配置手段。 242

应当注意的是，退休基金和一些其他机构基金是追求长期投资回报的理想载体。多元化的投资组合可能提供超越 β 系数相关回报的既含消极型又含积极型的总体预期回报。最能实现这一目标的资产类型能够将增长型消极回报的增量和正数积极型回报结合起来，且这些资产均与股票没有太大关系，或者其中的股票成分已被去除。这些增量回报在时间的推移过程中累积，从而得以提供一个足够大的抵御 β 系数相关风险的缓冲空间。

市场常态时期基于关联系数的 β 系数

图表 16.1 以三种假设情况下的资产配置说明了上述观点。其中的关联系数和波动率是由代表常态时期的相对标准协方差数据中推导而出（Leibowitz，2004）。投资组合 A 最为简单，包括了 60% 的美国股票和 40% 的现金。因为美国股票的关联系数总为 1，投资组合 A 的 β 系数将会一直是 0.6。

图表 16.1 市场常态情况下基金整体的 β 系数值和波动率

	与美国股票的关联系数	基于关联系数的 β 系数	投资组合		
			A	C	D
美国股票	1.00	1.00	60%	20%	25%
美国债券	0.30	0.14		20%	20%
现金	0.00	0.00	40%		
国际股票	0.65	0.77		15%	25%
新兴市场股票	0.45	0.76		5%	5%
风险投资	0.35	0.59		10%	
私募基金	0.70	0.98		10%	15%
绝对收益类资产	0.50	0.28		10%	
房地产	0.10	0.07		10%	10%
基于关联度的 β 系数			0.60	0.57	0.66
β 系数 × 股票波动率（16.5%）			9.90	9.45	10.91
整体波动率			9.90	10.45	11.99
与美国股票的关联程度			100.0%	90.4%	91.0%

数据来源:摩根士丹利研究部。

投资组合 C 是一个多元化的配置,只有 20% 的资产直接具有对于美国股票的敞口,其他资产类型分布范围则较广。基于关联系数的 β 系数由关联系数乘以资产对于股票的波动性比率而得(Leibowitz 和 Bova,2005)。然后,将这些 β 系数值在其配置权重的基础上累加,从而形成了投资组合整体的 β 系数。尽管只有 20% 的小比例资产直接配置于股票,但所有多元化资产的 β 系数累加起来足以使得投资组合 C 的整体 β 系数高达 0.57。

投资组合 D 代表了一种基本上以其他形式股票配置替换掉美国股票的基金。这种配置的净效果是基金整体 β 系数达到 0.66。

可以看出,基于常态时期的协方差数据,所有三种组合有着类似的波动性、类似的与美国股票的关联系数和类似的对美国股票整体 β 系数的敏感性。更进一步分析,在这三支基金中,基于 β 系数的波动率占到了整体波动率的 90% 或更多。尽管图表 16.1 仅仅代表了三种理想化的配置情况,但这种波动性的收敛似乎对于现实中几乎所有的机构配置都是存在的,并且不因协方差矩阵的变化而变化。

243

β 系数响应曲线

某些情况下,一部分基金可能觉得即便是正常的波动率都超出了它们的风险承受程度。减少风险的唯一可行路径便是降低 β 系数值。对于投资组合 A 来说,它的资产类型选择有限,很明显只能通过减少对于股票的配置来降低基金的波动。如果股票配置的比例降到 30%,其 0.6 的 β 系数值和整体波动率都将减半。

投资组合 C 和 D 的情况则较为复杂。假设它们的基本配置结构能够保持不变,而基金的 β 系数值通过外包管理或其他方式降低 0.3。但多元化配置的资产中与 β 系数无关的残留风险及预期的回报仍然存在。当基金整体 β 系数减少时,这些残留风险相对于基金整体波动率的比例变得更大。极端情况下,如果基金 β 系数降到零,基金的波动率则完全由这些残留风险组成。 244

图表 16.2 以 β 系数响应曲线的形式,展示了波动率与基金的 β 系数净值的关系。刚开始,三只基金的 β 系数值和波动率都相似,这主要是由于 β 系数效应压倒了残留风险。然而,当基金 β 系数减少到较低水平的时候,投资组合 C 和 D 中的残留风险变得更为重要,从而使得两组合的波动性高于纯粹由 β 系数驱动的投资组合 A。

压力 β 系数

前述结果来自于那些试图描述常态时期市场表现的协方差数据。然而,对于许多基金而言,市场在压力较大时期的状况可能才是决定它们短期风险承受限制的主要指标。在压力较大时,通常的资产关系将会变形,关联度可能收紧。 245

关联度收紧可能包括一系列的过程,并导致迥异的结果。一个关键的问题是:什么变了而什么不变。字面上对"所有关联系数变为 1"的解释将会导致一个不现实的协方差矩阵。更合逻辑的一个解释是,每种资产类型的波动性都满载着一个基本风险因子,如美国股票。图表 16.3 显示的是在所有资产类型与股票的关联度为 1 的假设下 β 系数值上升的情况。所示结果是惊人的,投资组合 A 保持了其

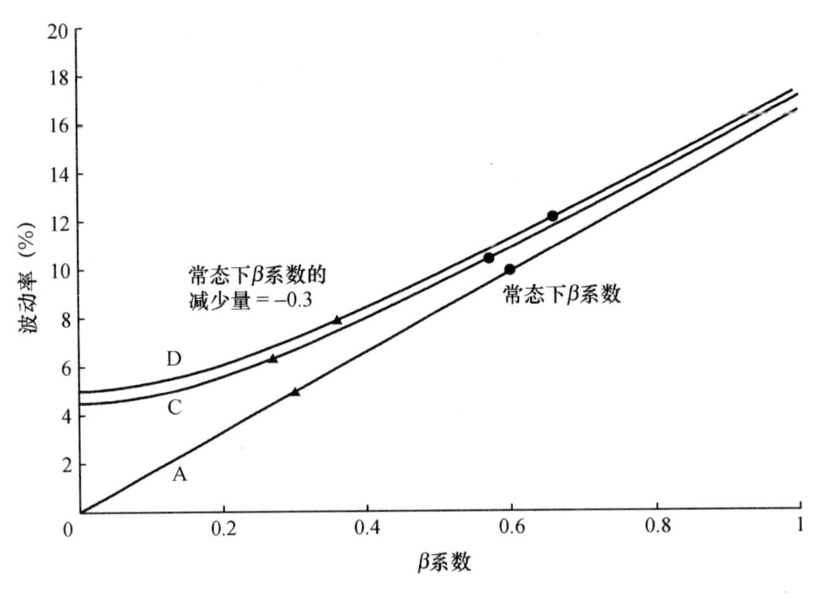

图表 16.2　β 系数响应曲线

数据来源：摩根士丹利研究部。

9.9% 的波动率，这是因为美国股票和自身的关联系数已经是 1 了。投资组合 C 和 D 的波动率却分别增加了 43% 和 27%。

图表 16.3　所有关联度趋向于 1 时的 β 系数效应

	原始 β 系数值	压力 β 系数值	A	C	D
美国股票	1.00	1.00	60%	20%	25%
美国债券	0.14	0.14		20%	20%
现金	0.00	0.00	40%		
国际股票	0.77	1.18		15%	25%
新兴市场股票	0.76	1.70		5%	5%
风险投资	0.59	1.68		10%	
私募基金	0.98	1.39		10%	15%
绝对收益类资产	0.28	0.56		10%	
房地产	0.07	0.07		10%	10%
常态下的 β 系数			0.60	0.57	0.66
压力 β 系数			0.60	0.86	0.87
β 系数增加的比例			0.00	50%	32%
压力情况下波动率			9.90	14.89	15.26
压力情况下与美股的关联度			100.0%	95.4%	94.5%

数据来源：摩根士丹利研究部。

一个更朴素——可能较为合理——的解释将足以展示压力 β 系数的基本概

念。当股票的浮动成为风险的主导因素时，最简单的方法便是对所有资产类型的关联系数和β系数值都统一给予一定比例的增加。因此，如图表 16.4 所示，在关联度收紧 25% 的情况下，国际股票的β系数值从 0.77 变成 0.96，增加了 25%。这种收紧显然对于美国股票或者现金都没有任何影响，因此投资组合 A 的β系数值保持不变。相比之下，关联度收紧 25% 使得非美国股票类资产占 80% 的投资组合 C 的β系数值上升了 16.3%，而非美国股票类资产占比 75% 的投资组合 D 的β系数值则上升 15.5%。 246

图表 16.4　关联度增加 25% 的情况下压力β系数值

	原始β系数值	压力β系数值	A	C	D
美国股票	1.00	1.00	60%	20%	25%
美国债券	0.14	0.17		20%	20%
现金	0.00	0.00	40%		
国际股票	0.77	0.96		15%	25%
新兴市场股票	0.76	0.95		5%	5%
风险投资	0.59	0.74		10%	
私募基金	0.98	1.22		10%	15%
绝对收益类资产	0.28	0.35		10%	
房地产	0.07	0.09		10%	10%
常态下的β系数			0.60	0.57	0.66
压力β系数			0.60	0.67	0.76
β系数增加的比例			0.00	16%	16%
压力情况下的波动率			9.90	11.86	13.55
压力情况下与美股的关联程度			100.0%	92.6%	93.0%

数据来源：摩根士丹利研究部。

有人可能会问：是否合适的收紧比例应当更高或更低些？此外，更现实的模型可能应当在每个资产类型上都分别加上收紧比例。不管怎么说，图表 16.4 的这个简单方法应当足以表明压力β系数概念的要点，以及它在决定一只基金短期风险上起到的作用。

将短期表现和长期表现加以区分是很重要的。从短期看，关联度收紧是一个关键风险，可能导致非常高的压力β系数值。一些投资人把放大的β系数风险当作短期现象而硬抗过去。而另一些人则考虑重新配置较低β系数的资产，或者使 247

用衍生品、期权,或与 β 系数相关的工具来抵御尾端风险。图表 16.5 显示了当关联度收紧 25% 时,在三种组合上使用 β 系数为 -0.3 的工具(例如,对于股票期权的卖空)的效果。

图表 16.5 β 系数降低的效应

	A	C	D
β 系数			
常态值	0.60	0.57	0.66
关联度收紧期值	0.60	0.67	0.76
关联度收紧 + $\Delta\beta$ = -0.3 情况下	0.30	0.37	0.46
波动率			
常态值	9.90	10.45	11.99
关联度收紧期值	9.90	11.86	13.55
关联度收紧 + $\Delta\beta$ = -0.3 情况下	4.95	7.51	9.13

资料来源:摩根士丹利研究部。

应当承认,无论使用哪种降低 β 系数的方法,其代价都将是牺牲掉一定的远期预期回报率。

盈余框架

目前所进行的讨论还仅仅是围绕着机构投资基金的资产进行的。所有的机构基金都有目标(无论是否像负债一样明确表述出来)。例如退休基金,当他们承担越来越繁重的责任时,其负债规模也受到越来越精确的限制。对于很多基金来说,风险承受程度是由这一资产负债框架决定的。

在基本定义上,一支基金的盈余是指它的资产超过负债的那一部分。退休基金的负债经常是与长久期的债权利率挂钩的,因此波动性很大。例如,假设长期利率的波动率为 1%,10 年久期的负债将对一支基金的盈余项波动性贡献 10% 左右。当资产和负债匹配时,初始的 0 盈余将同时受到负债和资产两方面波动的影响。

退休基金可能遇到的压力最大的情况便是资产减值和利率降低同时出现。其结果就是因为利率降低使得负债增加,与此同时资产急剧减值,导致盈余出资比例的严重恶化。

248

当负债的波动率为 10% 时,10% 到 11% 的正常资产波动率加上不算很小的

0.3 关联系数，导致盈余波动率轻易达到 16% 或者更高。对于负债高过资产价值的亏空情况来说，盈余波动率甚至要更高。即使波动率偏差 1%，也可能超出基金的风险承受程度。

盈余 β 系数曲线

这一特性如图表 16.6 所示，其中三种组合的盈余波动率和基于资产的波动率同时与基金的 β 系数值相比较。较高的曲线代表着没有任何对冲负债的盈余波动。

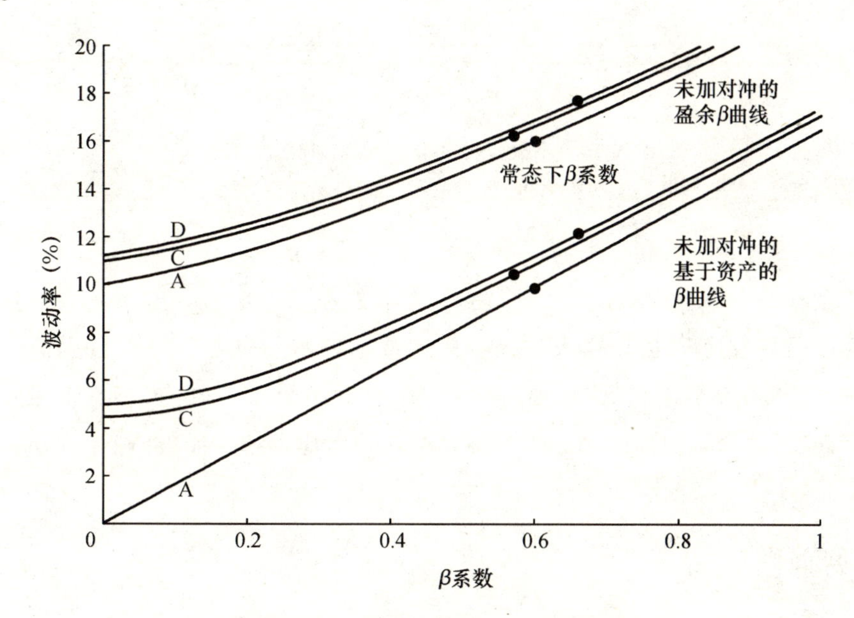

图表 16.6　基于资产和盈余的波动率

数据来源：摩根士丹利研究部。

负债的高波动性使得三种组合的盈余波动非常接近。对于大多数保有追求业绩表现的投资组合的基金来说，盈余 β 系数曲线的斜率和资产 β 系数曲线的斜率近乎相同。在正常 β 系数水平上，盈余波动率处于 16% 到 18% 的区间。如果目标是将盈余波动率降到较为可控的 10% 左右，很明显仅靠降低 β 系数的手段是很难达到的。　249

图表 16.7 中的例子是配置为最高 β 系数值的投资组合 D。垂直线标明了常

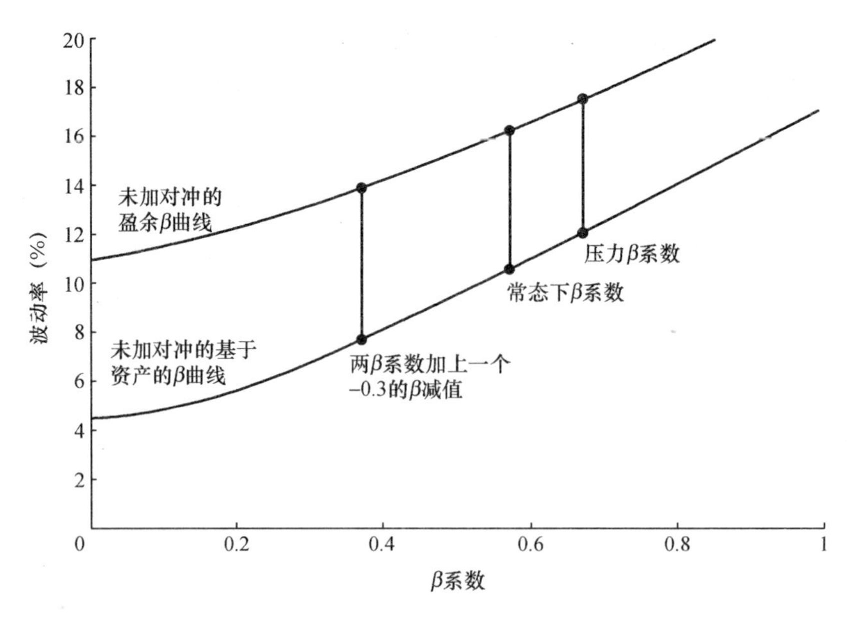

图表 16.7 投资组合 D:未加对冲的波动性

数据来源:摩根士丹利研究部。

态 β 系数、压力 β 系数和压力后同时加上 -0.3 的 β 系数减值三种情形。在未加对冲的负债和压力 β 系数双重作用下,盈余波动率为 19% 左右。如果一只基金对于任意时段的盈余状况很敏感,哪怕是 1% 的波动率增加也是不可以容忍的。即使加上 -0.3 的 β 系数减值后,未加对冲的盈余波动率为 15% 左右,仍然不太能被接受。因此,对盈余状况非常敏感的退休基金应当考虑继续对冲负债。

部分对冲负债

图表 16.8 显示的是投资组合 D 对 50% 的负债进行对冲时的 β 系数响应曲线。这一 50% 的部分对冲不成比例地减少了波动率,使得盈余曲线处于未对冲盈余曲线和较低的纯资产曲线两者中间偏下的位置。应当指出的是,尽管部分对冲显著地降低了盈余波动,但它也将额外的、一定大小的利率成分带入到纯资产波动之中。对于对冲 50% 这个特例来说,碰巧纯资产波动率和盈余波动率等值,从而一条 β 系数响应曲线对于两个理论框架都适用。

250

然而,即使是在 50% 对冲情况下,(压力较大时的)β 系数净值必须回到 0.4 的

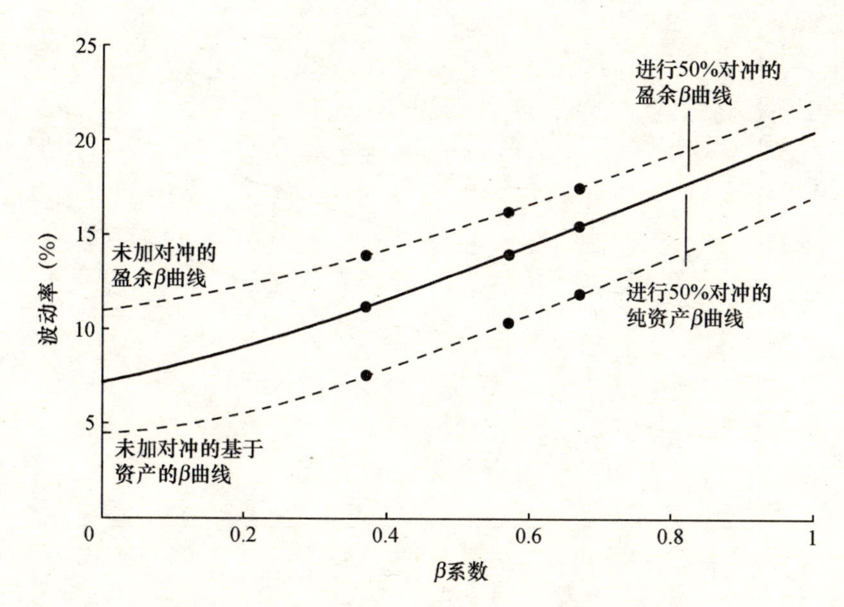

图表 16.8　投资组合 D:对负债进行对冲后的波动性

数据来源:摩根士丹利研究部。

水平上,从而使得盈余波动率变成 10% 左右。

完全对冲负债

如前所述,实践中一般是不可能做到完全负债对冲的。然而,分析 100% 的对冲对我们简单的资产负债模型的影响,在理论上具有一定意义。

当完全进行对冲时,盈余曲线将不带有利率的影响。同时,因为对冲给纯资产波动性带来的利率影响,纯资产的曲线将会上升很多。如图表 16.9 所示,对于负债的完全对冲使得纯资产曲线和盈余曲线交换位置,反而使纯资产的波动曲线在图上远高于对冲过的盈余曲线。 251

风险去除与重置

图表 16.10 逐一列出了不同的压力和对冲情况下有关纯资产的和盈余的波动

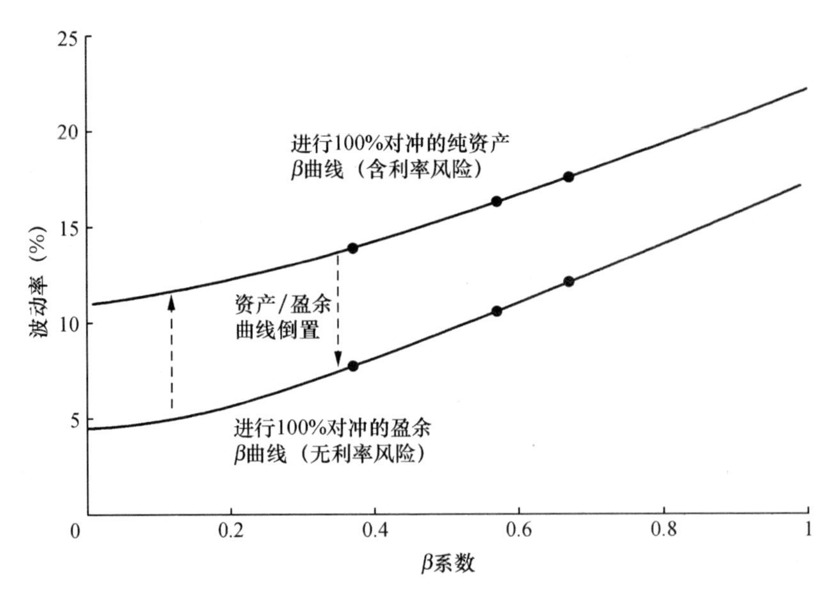

图表 16.9　投资组合 D:对负债的 100%对冲

数据来源:摩根士丹利研究部。

率数据。可以看到 50%对冲时,纯资产波动率和盈余波动率恰好是等值的;100%对冲时,两种情况刚好交换位置。

252

图表 16.10　不同对冲程度下的波动率情况

	A	C	D
		常态 β 系数/未对冲的负债	
基于资产的波动率	9.9	10.5	12.0
盈余波动率	16.0	16.3	17.6
β 系数值下降 0.3 之后			
基于资产的波动率	5.0	6.4	7.8
盈余波动率	12.4	12.9	4.0
		压力 β 系数/未对冲的负债	
基于资产的波动率	9.9	11.9	13.6
盈余波动率	16.0	17.5	19.0
β 系数值下降 0.3 之后			
基于资产的波动率	5.0	7.5	9.1
盈余波动率	12.4	13.9	15.1

（续表）

	A	C	D
		压力 β 系数/50%负债对冲	
基于资产的波动率	12.4	14.1	15.7
盈余波动率	12.4	14.1	15.7
β 系数值下降 0.3 之后			
基于资产的波动率	8.0	10.0	11.5
盈余波动率	8.0	10.0	11.5
		压力 β 系数/100%负债对冲	
基于资产的波动率	16.0	17.5	19.0
盈余波动率	9.9	11.9	13.6
β 系数值下降 0.3 之后			
基于资产的波动率	12.4	13.9	15.1
盈余波动率	5.0	7.5	9.1

数据来源：摩根士丹利研究部。

可以看到，减小 β 系数和对冲负债是两种不同的降低风险的方式。相比较于减小 β 系数带来的波动率降低，对冲负债降低了盈余风险，但同时也给资产带来了利率波动性。在资产负债的框架下，理论上有些观点甚至认为只需关注盈余项。但是，对于多数基金而言，基于资产的表现仍然会是一个重要的考量。事实上，在利率较低且将来有相当上涨空间的环境下，基金一般会同时考虑资产表现和盈余机会。减小 β 系数可以在基于资产的和盈余的框架下均作为去除风险的工具，而对冲负债则只能将利率风险成分从盈余项转移或是重置到资产项下。

总而言之，若想在整个基金层面获取合适的风险水平，需要均衡使用减小 β 系数和对冲负债两种手段。 253

保持基金的回报获取能力

理论上讲，通过放弃资产组合（及其回报预期）以及采用负债的完全对冲手段，盈余波动性可能被降低到可以忽略不计的水平。然而，由于负债结构不断变化带来的根本上的不确定性，实践中的完全对冲是不可行的。而且，如图表 16.9 和 16.10 所示，完全对冲使得资产表现极易受到高利率的影响。最后，出于回报率较低、利差小、回报不对称等原因，许多基金可能觉得严格的完全对冲策略并不合口味。这些考虑在低利率时期可能会变得尤为突出,特别是当利率继续下行的空间有限的时候。

在所有这些例子中,资产组合一直都保持不变,降低的风险完全是从 β 系数外包中获得的。当然,理论上讲,对于风险敏感的基金可以减少(或完全除去)以获取回报为目标的资产。有些基金会认为这种极端的方法适合它们的需求。但是,退休基金所拥有的长期负债、较小的短期流动性需求,以及组织上、财务上的保障等特性,使其通常无须顾忌一定程度的短期波动。这些特点与金融市场上的很多参与者是截然不同的。无论是在业绩目标,还是在市场波动中生存的能力方面,这些参与者本质上都是追逐眼前利益的。相比之下,退休基金内在的长期结构应当成为其特定的竞争优势,从而能够获取长期投资回报。

多元化配置的超额回报率

如这些例子所示,有必要混合使用减小 β 系数和对冲负债这两种手段来将风险降低至可能接受的水平。这一投资组合 β 系数的减小是以较低回报为代价的。然而,基金还可以通过一些方法,利用它们 β 系数主导的结构和长时间段来获取特定类型的潜在回报。

254

第一种来源是多元化超额回报率,它来自于消极型回报资产类型中超出与股票相关回报的那部分(Leibowitz 和 Bova,2007b)。如图表 16.1 所示,这些资产的残留风险淹没于 β 系数主导的风险,即使在正常的 β 系数水平下依然如此。其结果是只有极少的一部分残留风险会加到整个基金层面的波动中。因此,这些多元化超额回报率可以为基金的整体回报率提供增量,却对于整体波动没有什么影响。(当然,如图表 16.2 中 β 系数响应曲线所示,随着 β 系数值降低,残留风险也开始扮演较重要的角色。)

从风险收益特征的角度看,最理想的多元化资产类型需要能够可靠地去除与股票的相互关系,而且仍旧提供显著的超额回报。为了将压力 β 系数效应最小化,这类资产与股票的关联系数或者稳定,或者较小。如果关联系数可靠、β 系数稳定,这样的资产 β 系数就能够整合到减小 β 系数的策略中去。

积极型超额回报率

第二种增量回报的来源为各种形式下的积极型管理。通常可以通过代表资产类型的消极基准的回报率与波动率特征对资产配置进行分析。积极管理则应包括组成专门的投资组合,对特定证券进行交易,从而产生超过各种资产类型基准的相对回报。

积极管理基本是以技巧为基础的,因此相对于基准来说有着一个循迹误差。该误差与基金的主导风险因素弱相关,从而对于基金的波动性影响很小。大多数美国退休基金都极少利用这种积极型风险。

一支基金进行积极管理的经验取决于其能否发掘、任用和监控特定资产类型下成功的基金经理。一个理想的、产生超额回报率的过程与定义完备的低 β 系数值或低 β 系数波动率的基准无关。同时,一个有着基准衍生品的合理流动的市场是其必要的前提条件。

当然,无法假设所有的积极型基金经理或者任何基金选定的积极型基金经理团队都会提供正数的相对回报。然而,有些管理风格下的循迹误差表现确实与基金的整体风险控制计划更为吻合。例如,其他条件等同的条件下,一位基金经理的循迹误差相当稳定,而另一位则在一定基准上下浮动不定,那么前者可能就比后者更加合意。当基金经理之间的循迹误差和循迹误差与基金的其他风险因子之间都弱相关的时候,这也是有益的。总之,可以持续获得积极回报——即正数的积极型超额回报率——的能力,始终是所有考虑因素之中最值得重视的。 255

积极和消极型超额回报率的关系及其可移植性

理想情况下发掘出来的积极型基金经理应该是这样的:能够发掘并获取正数的超额回报率,有着前述的理想循迹误差表现,并且其使用的资产类型能够为产生消极多元化超额回报率提供基础。更加理想的情况则是,这种资产类型能够提供足够的流动性,从而基准敞口本身可以通过合适的外包予以可靠控制。这样,我们

既能获得积极型超额回报率，又可以将其资产类型的潜在敞口控制在合适的水平上。从可移植性的角度，能够从发达股票市场或者高评级固定收益市场收获的积极型超额回报率将是非常理想的。

某些基金被禁止使用必要的衍生品来实现超额回报率的可移植性。即便理论上可移植性存在，但是最让人动心的积极型超额回报率可能是在那些不太有效、缺乏流动的衍生工具的资产类型之中。在这种嵌入的(而非可移植的)超额回报率存在的情况下，对于积极型超额回报率的追求应将其规模限制在整体资产配置对于该资产类型的约束条件之下。

参考文献

Leibowitz, M. L. 2004. "The β-plus measure in asset allocation." *Journal of Portfolio Management* 30 (3): 26–36.

Leibowitz, M. L., and A. Bova. 2005. "Allocation betas." *Financial Analysts Journal* 61: 70–82.

———. 2007a. "P/Es and pension funding ratios." *Financial Analysts Journal* 63 (1): 84–96.

———. 2007b. "Gathering implicit alphas in a beta world." *Journal of Portfolio Management* 33 (3): 10–18.

◀ 第十七章 ▶
压力 β 系数的变化路径

257

压力 β 系数对于多元化组合的不利影响要比对于传统的60%股票对40%债券型组合更为严重。这表明，在特定短期市场波动的条件下，多元化组合更有可能遭遇回报短缺损失。

当市场受到压力时，一个常用的表达是“所有关联系数变为1”，这意味着所有的残留波动率都降到零，而这却是非常不可能出现的情况。一个更好的模型则是把各种关联度收紧程度和相关资产、残留波动率的相互影响均考虑在内。当关联度收紧时，资产的 β 系数会比平时更常见的基于相关关系的 β 系数值要高，也叫做压力 β 系数。

本章描述的关联度收紧路径模型，是基于资产整体和残留波动性的特定约束条件。有了该双重条件，该模型就能用来研究不同的波动性约束条件是如何影响单个资产类型和多资产组合的压力 β 系数了。

对于多元化组合，甚至当收紧程度远未达到所有关联系数变为1的水平时，压力 β 系数也可能会非常大。如果设定一个残留波动率的最小约束条件，理论上资产波动率会增加，从而使得压力效应更加恶化。例如，在特定假设条件下，关联度收紧30%可使一个高度多元化的投资组合的总体 β 系数从0.57的正常水平增加到0.78的压力水平。

一个经验案例

新兴市场股票可以大致示意不同波动性约束条件所扮演的角色。图表17.1

将 1990—2007 年新兴市场股票与美国股票的 12 个月滚动关联系数与同期 12 月间的美国股票回报率相比较。可以看到，当美国股票下跌时，对应的关联系数相比总体平均 0.64 的水平而言，收紧在平均 0.80 的熊市水平。当美国股票上涨时，美国股票与新兴市场股票之间的关联系数并不呈现任何清晰的收紧趋势。

258

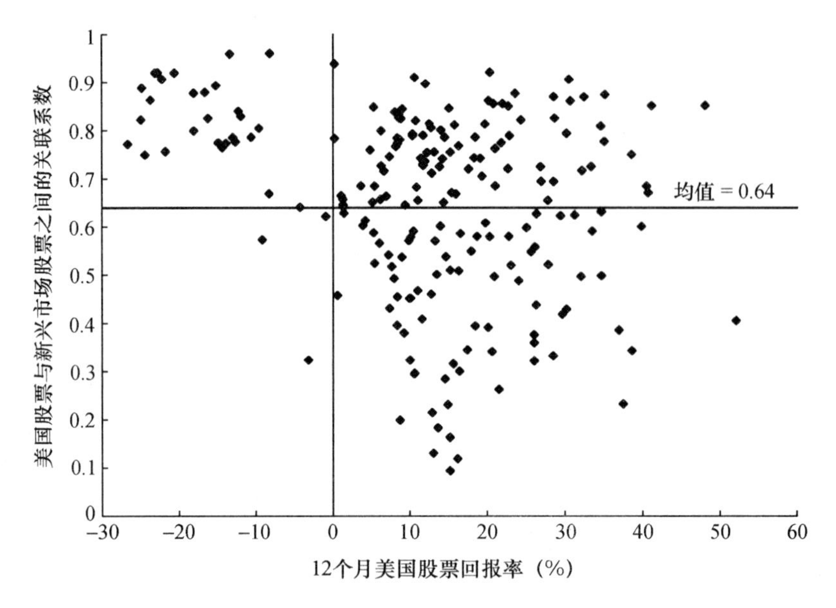

图表 17.1　新兴市场与美国股票的关联度

数据来源：摩根士丹利研究部。

图表 17.2 则比较了新兴市场股票 12 个月的滚动波动率与同期新兴市场股票与美国股票之间的 12 个月滚动关联系数。尽管混杂着部分叠加效应，较高的新兴市场股票波动率似乎与高于平均 0.64 水平的关联系数较为相关。

将新兴市场股票波动率中与美国股票相关的成分去除，剩下的与新兴市场股票回报相关的就是残留波动率。图表 17.3 将此新兴市场股票的残留波动率与新兴市场股票与美国股票的关联系数进行比较。

当关联系数高于 0.64 水平时，残留波动率呈下降趋势。然而，除少许几个数据点之外的所有残留波动率都保持在约为 8% 的最低值以上的水平。

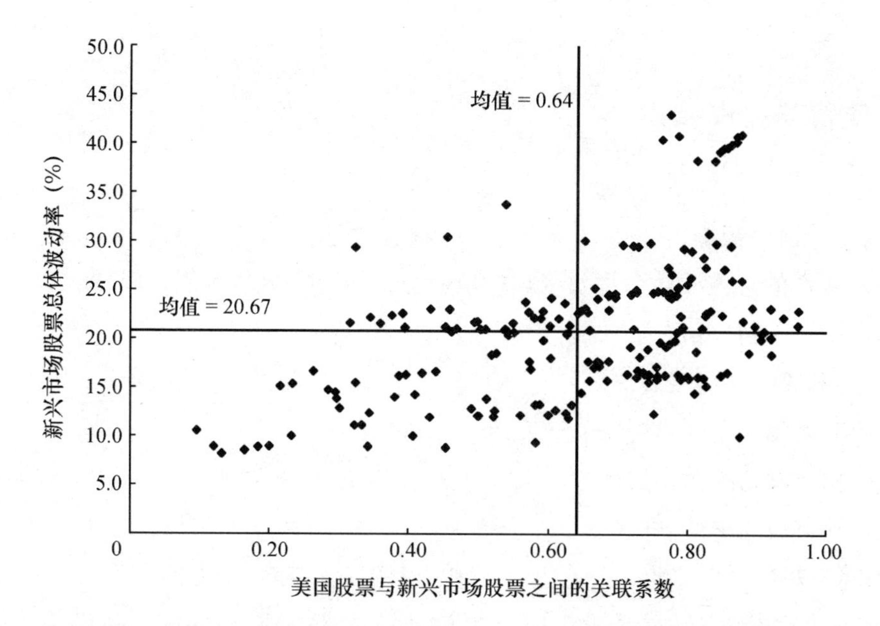

图表 17.2　新兴市场股票总体波动率与新兴市场股票—美国股票关联系数比较

数据来源：摩根士丹利研究部。

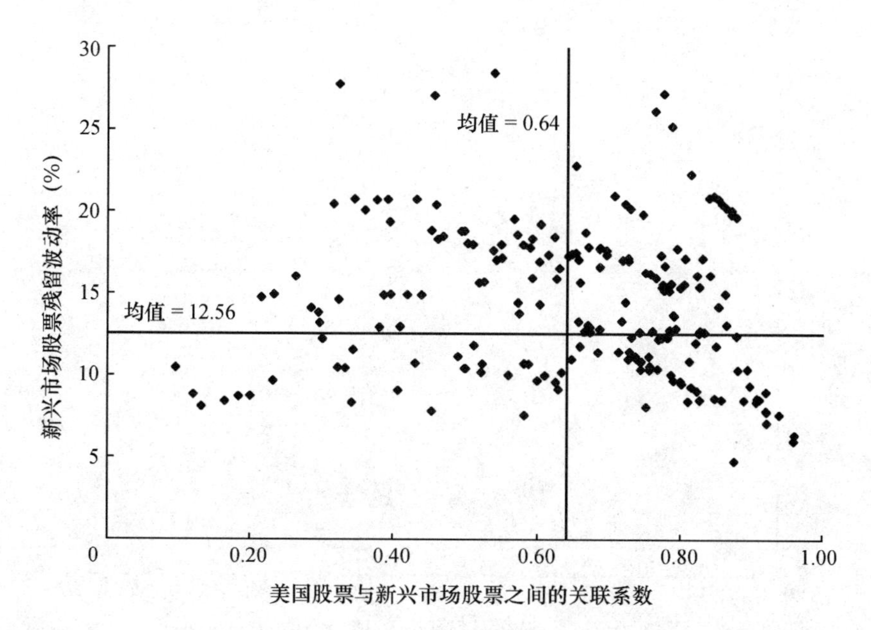

图表 17.3　新兴市场股票残留波动率与新兴市场股票—美国股票关联系数比较

数据来源：摩根士丹利研究部。

最小残留波动率模型

有了前面的铺垫,我们的分析进而可以假设在超出正常相关关系的收紧情况下,一项资产的总体波动率将处于其初始值与一个特定的最大值之间,而残留波动率则保持在一个最低水平之上。

此分析中的关键变量是:

- 关联度收紧的比例(m)
- 资产波动率的增加倍数(n)
- 残留波动率的比例(q)

图表 17.4 中举例展示了这三个变量之间的互动关系,图中演示用的资产类型与股票的关联系数为 0.6。出于简化考虑,假设资产和股票的波动率都为 16.5。对于某一个固定的资产波动率来说,可以看到残留波动率比例 q 随着收紧比例的增加而减少。当 $m=1/\rho$ 时,q 值变为 0。

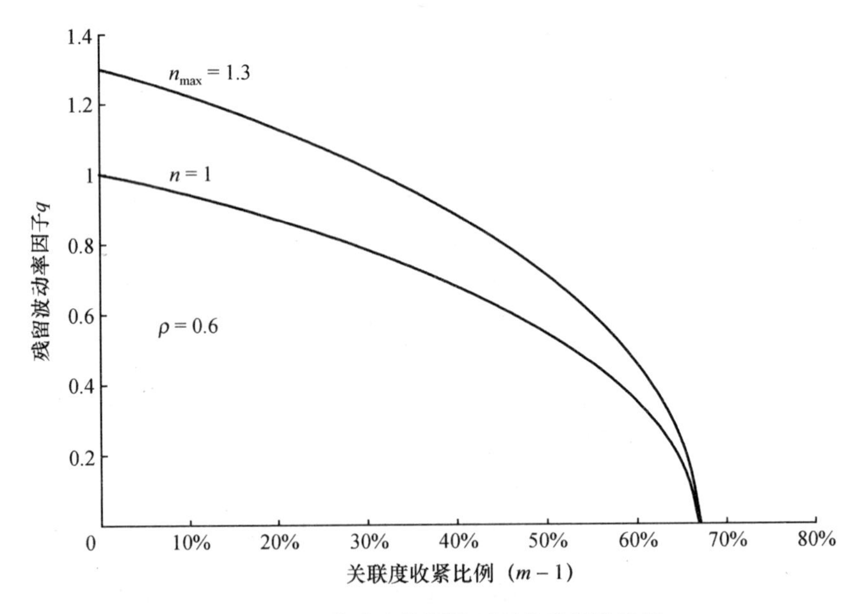

图表 17.4 关联度收紧情况下的残留波动率

数据来源:摩根士丹利研究部。

在现实情况下还有一个问题,即残留波动率不太可能是像图表17.4中所示的那样快速下降。事实上,很多情况下残留波动率和资产波动率可能在市场不稳定的时候同时上升。为了解决这个问题,可以设定一个最小的 q_{min} 值,而对主要区间内的残留波动率比例做出下限约束。如图17.5中, q_{min} 值为0.8。

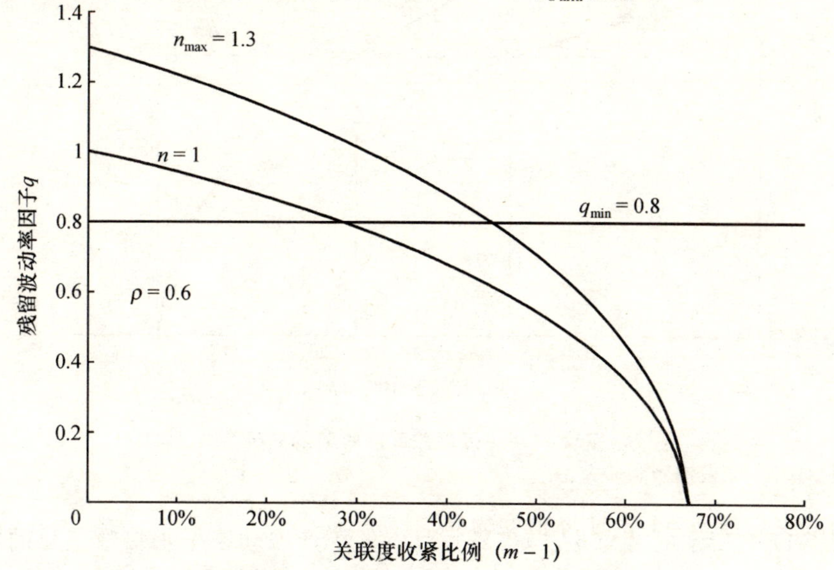

图表17.5　最低约束条件下的残留波动率

数据来源:摩根士丹利研究部。

请注意,此 q_{min} 值在关联度收紧的情况下要求有更高的资产波动性。在一定情况下,这一资产波动率增量也将达到预设的最大值 n_{max}。如果我们对这个 n_{max} 的限制条件更为看重的话,那么进一步的收紧只能使得 q 降低到前述 q_{min} 值之下,最终达到0,即残留波动率为0($\sigma_r=0$),所有关联系数变成1的情况。 261

隐性的资产波动性

图表17.6显示了残留波动率的变化路径。资产波动率在压力较大时不会变小,于是 $n\geqslant1$。因而,最简单的方法是假设初始收紧是沿着 $n=1$ 曲线进行的。当残留波动率降到 q_{min} 时,进一步的收紧就只能通过增加资产波动率来实现了,也就是说增加 n。我们注意到,在 $q_{min}=0.8$ 与 $n=1$ 和 $n=1.3$ 的交点上,收紧比例分别为28%和45%。

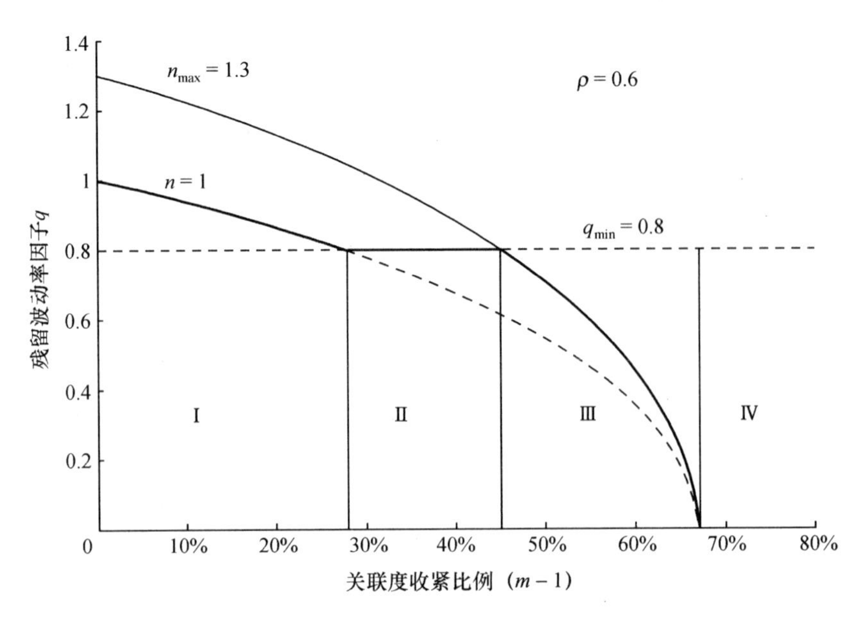

图表 17.6　假设关联度收紧的路径

数据来源:摩根士丹利研究部。

图表 17.7 所示的是当 $q_{min}=0.8$ 时对应的资产波动率增加倍数变化的路径，直至达到最大值，即 $n_{max}=1.3$。

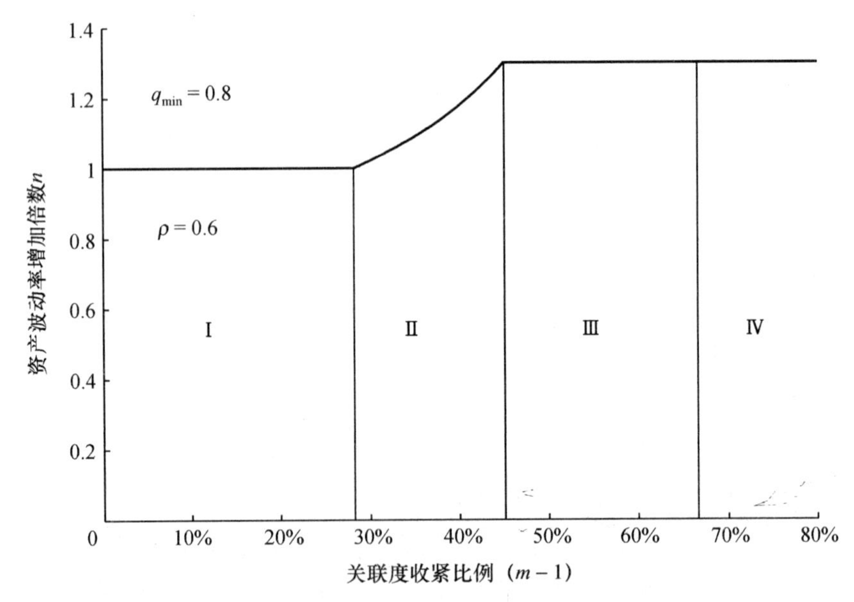

图表 17.7　最大约束条件下的资产波动率

数据来源:摩根士丹利研究部。

资产层面的压力β系数

263

现在的关键问题是m、n、q这些变量对于单个资产的β系数有何影响。在任何阶段,压力β系数只是初始β系数乘以(nm),n取相关值(参见本章附录)。图表17.8显示了在图表17.4到17.7所用到的假设条件下β系数的四阶段变化路径。第一阶段,$n=1$,β系数是一个m的线性函数。第二阶段,当$q_{\min}$存在时,m和n同时增加。当达到$n_{\max}$条件后,第三阶段开始,β系数以($m\times n_{\max}$)乘数增加。在第四阶段,收紧比例达到$m=1/\rho$,关联系数为1时,无法再进行收紧,β系数变为常量。

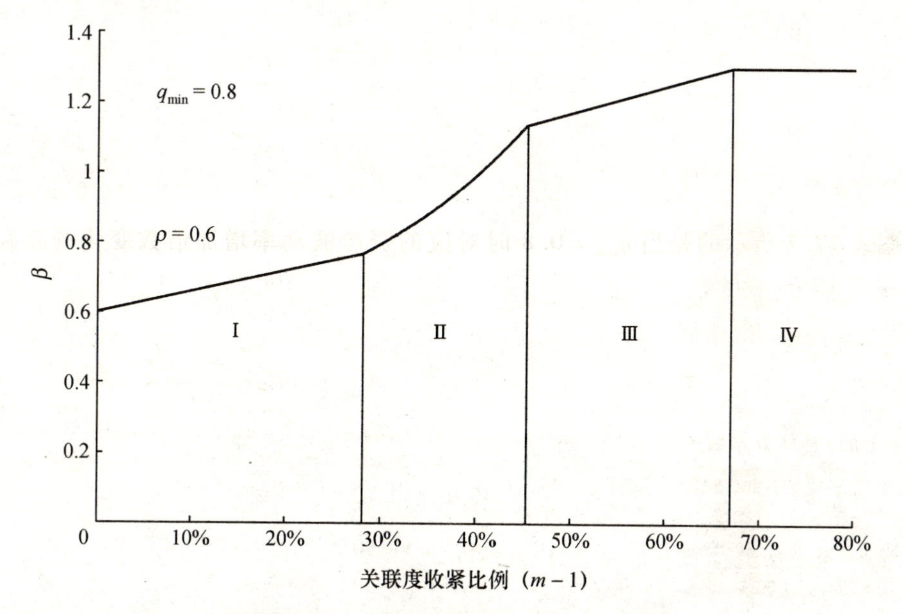

图表17.8 关联度收紧对于资产β的影响

数据来源:摩根士丹利研究部。

抛开这些具体的结果,其实质要点是压力β系数在不同收紧程度下增长表现不同。当收紧程度一般,并未触及约束条件时,β系数总是或多或少地随着收紧程度按比例增长。在残留波动率达到最低值时,进一步的收紧将需要总体波动率的增加,从而迫使压力β系数超比例地上升。然后,当波动率达到最大约束条件时,压力β系数再次开始线性增长,直至收紧达到最大限度,此后β系数将变为常量。

264

多元化投资组合的短期脆弱度

为了把这一路径放在基金层面讨论，图表 17.9 展示的是一个 60% 股票对 40% 债券型配置的传统组合，以及只配置了 20% 美国股票的多元化投资组合 C。尽管组合 C 对于股票的直接配置是适中的，但由标准协方差模型可得出其正常 β 系数为 0.57，波动率为 10.45%，也就是说和组合 A 的对应参数很接近。

265

图表 17.9　市场常态状况下投资组合 A 和 C 的表现

	基于关联度的隐性 β 系数	A	C	β 系数	超额回报率
美国股票	1.00	60%	20%	1.00	0.00
美国债券	0.14	40%	20%	0.14	1.47
				0.00	0.00
国际股票	0.77		15%	0.77	1.33
新兴市场股票	0.76		5%	0.76	3.36
私募基金	0.98		10%	0.98	3.14
风险投资	0.59		10%	0.59	7.37
绝对收益类资产	0.28		10%	0.98	3.14
房地产	0.07		10%	0.07	3.58
整体水平		100%	100%	0.14	
整体波动率		11.17	10.45		
与美国股票的关联度		96.7%	90.4%		
（常态下的）整体 β 系数		0.65	0.57		
压力 β 系数（$m=30\%$，$n_{max}=1.3$，$q_{min}=0.8$）		0.67	0.74		
β 系数 × 股票波动率（16.5%）		9.90	9.45		
基于超额回报率的波动率		0.00	0.01		
基于 β 系数的波动率所占的比例		88.6%	90.4%		
		10.67	4.48		

数据来源：摩根士丹利研究部。

采用图表 17.8 所示的办法，图表 17.10 提供了不同的 q_{min}、n_{max} 条件下的 β 系数值。对于传统 60% 股票对 40% 债券型配置的组合来说，股票部分与自身完全相关，因此，以 $q_{min}=0.8$、$n_{max}=1.3$ 的情况为例，关联度收紧 30% 仅仅影响到 40% 配置成债券的那部分资产，总体 β 系数从 0.65 略微上升到 0.67。对比之下，关联度同样收紧 30%，高度多元化的组合 C 的 β 系数从 0.57 涨到了 0.74。

图表 17.10 投资组合 A 和 C 的压力 β 系数值

收紧程度	$n_{max}=1.0$			$n_{max}=1.0$			
	$q_{min}=1.0$			$q_{min}=0.8$		$q_{min}=1.0$	
	m	A	C	A	C	A	C
0	1.0	0.65	0.57	0.65	0.57	0.65	0.57
20%	1.2	0.67	0.65	0.67	0.65	0.67	0.72
30%	1.3	0.67	0.68	0.67	0.74	0.67	0.78
50%	1.5	0.68	0.75	0.68	0.85	0.69	0.88
100%	2.0	0.71	0.84	0.71	0.98	0.73	1.02

数据来源:摩根士丹利研究部。

图表 17.10 表明,对于多元化组合 C 来说,即使关联系数变为 1 的概率很小,压力 β 系数值也可能是相当大的。

前面例子引出的结论令人始料未及,也就是说,在市场剧烈波动的情况下,多元化组合受到的破坏可能要比传统 60% 股票对 40% 债券型配置的组合大得多。尽管初看起来让人意外,但进一步思考后可以明白,收紧仅对有着多种相关联资产类型的资产组合有影响。从这个角度讲,多元化组合的此种脆弱性源于本质,并且不依赖于收紧过程中的具体模型。

这一发现似乎充满矛盾,但并非没有反面支持的理由。首先,多元化组合中有着提供超出 β 系数相关回报的资产来源。这些增量回报在时间的推移过程中累积,从而得以提供一个足够大的抵御 β 系数相关风险的缓冲空间。其次,内含于协方差矩阵的关联度最初主要基于短期的价格变化。而长期来看,这些相关关系可能大不相同。例如,发达市场和新型市场股票之间的关系在突然下行的当口也许是相当紧密的。然而从长期来看,地区之间的脱钩可能使得两个市场的表现更为独立。对新兴市场的配置有望在长期提供一个有力的多元化手段。

266

各种资产类型的 β 系数变化路径

图表 17.11 显示了构成投资组合 C 的各种资产类型的 β 系数变化路径。这些资产类型展示了非常不同的 β 系数表现:国际股票和私募基金有着完整的四阶段路径,而新兴市场股票、绝对收益类资产只有三阶段的变化。美国股票、房地产等有着较低关联度的资产 β 系数则一直停留在第一阶段。

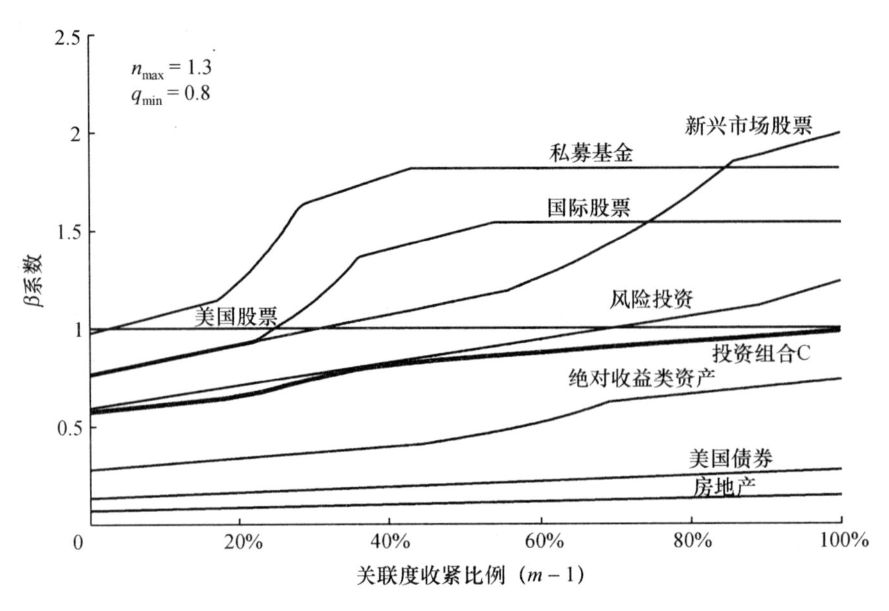

图 17.11　关联度收紧情况下的投资组合 C

资料来源：摩根士丹利研究部。

这里的一般性原则是，当收紧程度适中时，高 β 系数的资产类型比低 β 系数的资产类型更容易受到影响。最终这些高 β 系数资产将随着进一步收紧而达到最大约束条件。然后，进一步的收紧将继续影响着低 β 系数的资产类型。

267

对于总体 β 系数值相等的基金来说，压力 β 系数效应大小则取决于高、低值 β 系数资产类型的搭配比例和收紧程度。从我们的模型中推导出的结论也是很直观合理的。

因为美国股票和它自己是完全相关的，该资产类型并不受本章中关联度收紧的影响。当然，股票回报在市场波动时期也是很糟糕的，其内在波动率甚至可能大幅上扬。不过，这里的关注点在于那些与美国国内股票潜在动向相关的非股票类资产的表现。换句话说，研究压力 β 系数的目的在于估算非股票类资产的额外损失程度，亦即超出可预期的、基于正常的股票相关 β 系数的损失。

实践中，大多数资产配置的与关联系数相关的 β 系数值都很接近，一般在 0.55 至 0.65 之间。因此，一个股票投资偏多的配置意味着来自非股票资产类型的 β 系数值较低，从而比较不易受到压力效应的影响。反之，高度多元化的投资组合中，大部分的 β 系数值来自非股票类资产，这类组合更容易受到压力的影响。

但是，不同的多元化组合即便有着类似的整体 β 系数和非股票 β 系数值，可能也会因其非股票资产类型的本质不同而表现各异。下面,根据我们的β系数路径模型来分析配置分散、多数非股票资产为高关联度类型的投资组合。当收紧程度适中时,这些组合的压力β系数值会逐渐升高。随着关联度进一步收紧,高度相关的基金压力β系数值将达到最大值。当更紧迫的收紧出现时,多元化组合中的低关联度、非股票类资产类型开始受到明显的压力效应。尽管这些结论是从我们的β系数路径模型中得出的,它们也可以由最极端的情形推断而出——即所有关联系数变为1的苛刻情形。

本章附录

假设资产与股票的关联度为ρ,资产波动率为σ,残留波动率为σ_r,这三个参数之间的关系如下所示:

$$\sigma_r = \sigma\sqrt{1-\rho^2}$$

当关联度以m的比例收紧至$m\rho$、资产波动率增加n倍到$n\sigma$时,新的残留波动率σ_r'变成

268

$$\sigma_r' = n\sigma\sqrt{1-(m\rho)^2}$$

其中,$1 \leqslant m \leqslant \left(\frac{1}{\rho}\right)$使得上式合理,而且存在某个$n_{\max}$,使得$1 \leqslant n \leqslant n_{\max}$。

下面残留波动率的比值是有用的:

$$q = \frac{\sigma_r'}{\sigma}$$

当这些条件成立时,我们可以将比率q重新表示如下:

$$q = \frac{\sigma_r'}{\sigma}$$

$$= n\sqrt{\frac{1-(m\rho)^2}{1-\rho^2}}$$

初始β系数值由下式给出:

$$\beta = \rho\frac{\sigma}{\sigma_e}$$

其中,σ_e是股票波动率。

在收紧 m 的情况下，β 系数增加到

$$\beta' = (m\rho)\left(\frac{n\sigma}{\sigma_e}\right)$$
$$= mn\beta$$

其中，m、n 均无约束条件。

然而，我们的收紧模型是分几个阶段变化的。每个阶段由不同的约束条件起始点决定：

1. 第一阶段，资产波动率保持不变，关联度收紧导致残留波动率变小。也就是说，$n=1$，而 m 增加，q 减小。到一定程度，残留波动性减少到初始水平的约定最低比例 $q_{\min}$ 为止。

269

2. 此时，q 成为常量 $q_{\min}$。进一步收紧只能增加资产波动性。也就是说，n 以 m 倍数增加，而 $q=q_{\min}$。本阶段一直持续到特定的最大 n 值，$n_{\max}$。

3. 从这一阶段开始，$n=n_{\max}$ 成为优先条件，因此进一步收紧使得残留波动性降低，即 q 以 m 倍数减少，而 $n=n_{\max}$。

4. 最后，收紧程度终于达到 $m=1/\rho$ 点，亦即 $(m\rho)=1$，$\sigma_r=0$，无法再进一步收紧。从此时起，即使 m 更大，$n=n_{\max}$ 且 m 也保持在最大值 $1/\rho$ 不变。

当 n、m 值合适时，β 系数值跟着这些阶段变化。

下面(相对)简要的公式表述了这一四阶段收紧变化过程：

$$\frac{\beta'}{\beta} = [\mathrm{Min}\{m, 1/\rho\}] * [\mathrm{Min}\{n_{\max}, \mathrm{Max}[1, n(m)]\}]$$

其中，

$$n(m) = q_{\min}\sqrt{\frac{1-\rho^2}{1-(m\rho)^2}} \quad m < \left(\frac{1}{\rho}\right)$$

在计算方法上，$m=1/\rho$ 时，(通常无关的)奇点可以通过下式解出：

$$n(m) = q_{\min}\sqrt{\frac{1-\rho^2}{1.001-[\mathrm{Min}((m\rho),1)]^2}}$$

第十八章 捐赠基金资产配置模型：理论与实践

捐赠基金资产配置模型并不符合教科书上有关多元化配置能够降低波动性的定义。因为美国股票是一个占绝对主导地位的风险因素，捐赠基金资产配置模型在理论上可能更容易受到负面极端事件的影响，而非一般标准的波动性测算方法所能预示的。 271

从1993年至2007年的经验来看，最大的不一致来自于实际回报率。在这三个5年期的每个子时间段上，超额回报都随着多元化程度的变大而增加。而且，这些超额回报如此的稳定与超乎预期，以至于让人对其可持续的概率提出了质疑。

这些结果表明，多元化不应等同于平滑回报率和降低短期波动性，而是作为长期积累点滴回报、获取差异化结果的一种战略！

理论上基于 β 系数的风险

图表18.1列出了本章中将要使用到的假设的投资组合。投资组合B是传统的60%股票对40%债券型配置。从组合B1、B2到C2，多元化配置的程度逐渐提高，直至捐赠基金模型C。

图表 18.1 样本投资组合的配置方案

	多元化配置方案				
	B	B1	B2	C2	C
美国股票	60%	40%	30%	20%	20%
美国债券	40%	30%	25%	10%	20%
国际股票		20%	20%	20%	15%
新兴市场股票				5%	5%
房地产		10%	10%	10%	10%
绝对收益类资产			10%	20%	10%
风险投资			5%	10%	10%
私募基金				5%	10%
总计	100%	100%	100%	100%	100%

数据来源:摩根士丹利研究部。

图表 18.2 总结了由理论回报协方差矩阵推导出的美国股票和各个样本投资组合的风险预期。需要指出的是,这个矩阵是 2003 年开发的,因此并不反映此后 2003 年至 2007 年间的经验事实。

图表 18.2 样本投资组合的风险预估指标

	美国股票	多元化配置方案				
		B	B1	B2	C2	C
标准波动率	16.50%	11.17%	10.65%	10.19%	10.76%	10.45%
标准波动率/股票波动率	1.00	0.68	0.65	0.62	0.65	0.63
关联系数	1.00	0.97	0.93	0.93	0.91	0.90
基于美股的 β 系数	1.00	0.65	0.60	0.57	0.60	0.57
基于 β 系数的波动率	16.50%	10.73%	9.90%	9.41%	9.83%	9.45%
基于 β 系数的波动率占整体波动率的比例	100.00%	96.00%	93.00%	92.30%	91.40%	90.40%

数据来源:摩根士丹利研究部。

272 根据这些理论上的风险预测,我们可以发现一些所有组合都具有的共性。所有组合的整体波动率都在 10% 到 11% 之间,投资组合波动率对于美国股票波动率的比值都在 60% 到 70% 之间,而所有组合与美国股票的关联关系都在 90% 以上。因为投资组合的 β 系数可以由组合波动率对于美国股票波动率的比值乘以组合与

273 美国股票的关联度而得,所有组合的 β 系数都在 0.60 左右。这一共性 β 系数值与美国股票波动率的乘积决定了 β 系数相关的波动率在 9.4% 到 10.7% 之间。无论多元化程度如何,这些与 β 系数相关的波动性代表着投资组合中超过 90% 的波动

性。因此，所有样本组合都类似地受到β系数波动性的主导。

历史上的风险特征

现在我们来看1993年至2007年间及这三个5年期的历史表现。这些数据基于图表18.3中所列数据源的季度指数数据。这些指数数据已经考虑到通胀因素而调整为实际回报，从而可以与前述的理论实际回报相比较。

图表18.3 指数来源:2003年至2007年的季度回报率报告

资产类别	适用指数
美国股票	标准普尔500指数(S&P 500)
美国债券	雷曼美国债券综合指数(Lehman U. S. Aggregate Bond)
国际股票	摩根士丹利资本国际欧洲、澳大利亚和远东指数(MSCI EAFE)
新兴市场股票	摩根士丹利资本国际新兴市场股票指数(MSCI Emerging)
房地产	全美房地产投资基金议会房地产指数(NCREIF Property)
绝对收益类资产	对冲基金研究公司指数(HFR)
风险投资	剑桥合伙人公司美国风险投资指数(Cambridge Associates U. S. Venture Capital)
私募基金	剑桥合伙人公司美国私募基金指数(Cambridge Assoviates U. S. Private Equity)
理论数据根据剑桥合伙人公司提供的协方差矩阵计算得出	

数据来源:摩根士丹利研究部。

从图表18.4中可见，实际的投资组合波动率根据时期不同而变化很大。投资组合波动率高低的基本决定因素是其所配置的股票类资产的波动率。1998年至2002年的股票波动率较高，导致了投资组合的波动率较高。而1993年至1997年、2003年至2007年两个时间段的组合波动率较低，则是由于同期股票波动率也很低。

图表 18.4 波动率特征

	理论值	1993—1997	1998—2002	2003—2007	1993—2007
美国股票实际回报率	7.25%	17.23%	-2.89%	9.42%	7.59%
B	0.65	0.61	0.49	0.61	0.53
B1	0.60	0.56	0.54	0.67	0.57
B2	0.57	0.49	0.51	0.64	0.53
C2	0.60	0.43	0.62	0.67	0.60
C	0.57	0.46	0.59	0.59	0.56

数据来源:摩根士丹利研究部。

1993 年至 1997 年和 2003 年至 2007 年,投资组合波动率在 5% 到 8% 之间,远低于预期的 10% 到 11% 的水平。而从 1998 到 2003 年,投资组合波动率在 11% 至 14% 之间,大大高于预期水平。然而,当我们从 1993 年至 2007 这 15 年来看,波动率仅仅比预期小一点点。由此看来,多元化投资组合(C 和 C2)的波动率在长时期内通常接近于理论预期水平,而在较短的时期内则可能与预测相距甚远。

274

然而,关键的是多元化配置并没有实际降低投资组合在这些时间段内的波动率。传统 60% 股票对 40% 债券型配置的投资组合 B 在这三个 5 年期内的波动率分别为 6.9%、12.0%、6.8%,而配置高度多元化的组合 C 则是 4.9%、14.4%、6.6%。因此,与传统配置相比,多元化对于波动性的影响是相对适中的。在整个 15 年间,传统配置和多元化配置基金的波动率类似,分别是 9.0% 和 9.5%。

275

这一波动性效应可以从组合波动率对美国股票波动率的比值来分析。如图表 18.5 所示,该波动率比值一般在各个 5 年期和不同资产配置之间都是相当稳定的。对于组合 C 来说,这一比值处于 54% 到 66% 之间,与预期的 63% 相符。这一比值的准确性和一致性意义重大,足以解释投资组合的 β 系数为什么在这些时间的子区间内都保持稳定。

图表 18.5 投资组合波动率与美股波动率的比值

	理论值	1993—1997	1998—2002	2003—2007	1993—2007
美国股票实际回报率	7.25%	17.23%	-2.89%	9.42%	7.59%
B	5.85%	12.17%	0.93%	6.24%	6.35%
B1	6.03%	10.65%	0.82%	9.09%	6.76%
B2	6.15%	11.28%	1.48%	9.99%	7.49%
C2	6.98%	13.28%	2.82%	12.78%	9.52%
C	7.08%	13.21%	4.62%	11.46%	9.70%

数据来源:摩根士丹利研究部。

如图表 18.6 所示，另一因素是这些投资组合都与美国股票有着稳定的高关联度（大多数情况下在 90% 以上）。如图表 18.2 所示，投资组合与美国股票的关联程度和 β 系数波动率占整体波动率的比例一致。因此，这些稳定的高关联度使 β 系数波动率占到整体波动率的一大部分。这种长期关系巩固了一个观念，即美国股票的 β 系数在几乎所有的机构投资组合中仍然是主要风险。

图表 18.6 投资组合与美股的关联度

	理论值	1993—1997	1998—2002	2003—2007	1993—2007
美国股票波动率	16.50%	9.16%	21.71%	10.54%	15.08%
B	11.17%	6.87%	12.04%	6.79%	9.01%
B1	10.65%	5.58%	11.95%	7.21%	8.76%
B2	10.19%	5.04%	11.33%	6.90%	8.29%
C2	10.76%	5.09%	14.37%	7.49%	9.87%
C	10.45%	4.93%	14.35%	6.61%	9.52%

数据来源：摩根士丹利研究部。

从图表 18.7 中可以明显看出，在所有的多元化配置水平上 β 系数基本是稳定的。以捐赠基金资产配置模型 C 为例，1998 年至 2002 年、2003 年至 2007 年间的组合 β 系数为 0.59，而理论预测为 0.57。从 1993 年至 1997 年间的强劲股市导致了一个滞后，从而投资组合 C 的 β 系数为较低的 0.46。

图表 18.7 投资组合的 β 系数

	理论值	1993—1997	1998—2002	2003—2007	1993—2007
美国股票实际回报率	7.25%	17.23%	-2.89%	9.42%	7.59%
B	0.68	0.75	0.55	0.64	0.60
B1	0.65	0.61	0.55	0.68	0.58
B2	0.62	0.55	0.52	0.65	0.55
C2	0.65	0.56	0.66	0.71	0.65
C	0.63	0.54	0.66	0.63	0.63

数据来源：摩根士丹利研究部。

图表 18.7 传达的一个关键信息就是，在较长的时间段，基于协方差的 β 系数预测值可以作为整体投资组合风险的一个合理的指标。更一般的说，15 年的实际表现与基于 2003 年协方差数据的理论预测基本一致。

276 **超额回报率和基于 β 系数的回报率**

前面的分析都关注于风险因素。然而,2003 年的回报协方差矩阵也提供了每种资产类型的实际回报。如图表 18.8 所示,这些假设使得每个组合的预期回报都能被计算出来。甚至,通过这些理论 β 系数值,实际预期回报率可以被分解为一个与美国股票相关的 β 系数因子,和一个超额回报因子。图表 18.9 展示了投资组合 C 的回报率是如何被分解成超额回报率和基于 β 系数的回报率的。

图表 18.8　理论上的回报率预测值

	美国股票	多元化配置方案				
		B	B1	B2	C2	C
整体实际回报率	7.25%	5.85%	6.03%	6.15%	6.98%	7.08%
β 系数	1.00	0.65	0.60	0.57	0.60	0.57
基于 β 系数的回报率	7.25%	5.24%	4.95%	4.78%	4.93%	4.79%
结构性超额回报率	0.00%	0.61%	1.08%	1.37%	2.05%	2.29%
超越基于 β 系数的波动率的增量波动	1.00	1.04	1.08	1.08	1.09	1.11

数据来源:摩根士丹利研究部。

图表 18.9　投资组合 C:超额回报率和基于 β 系数的回报率

股票实际回报率	7.25%
无风险回报率	-1.50%
股票风险溢价	5.75%
×投资组合 C 的 β 系数	×0.57
β 系数×股票风险溢价	3.29%
无风险回报率	+1.50%
基于 β 系数的回报率	4.79%
结构性超额回报率(消极型)	+2.29%
投资组合 C 的整体回报率	7.08%

数据来源:摩根士丹利研究部。

因为各个组合的 β 系数值相当,它们基于 β 系数的回报全都在 4.8% 到 5.2% 的区间上。投资组合 B 的结构性超额回报率比较小,但是结构性超额回报率会随着资产配置多元化程度的提高而增加。正是由于这些较高的超额回报率,多元化 277 配置的投资组合才在回报上有了相比较于传统 60% 股票对 40% 债券型配置的优势。不过，有意思的是，这些高超额回报率仅仅带来了投资组合整体波动率的小幅增加。

图表 18.10 显示的是不同历史子时间段上的投资组合整体回报率。由此可知，不同期间内的回报率有着很大的波动性。与投资组合波动率一致，美国股票的主导地位对于投资组合回报率也起到了决定作用。在美国股票表现良好的时期，所有的投资组合都表现不错。相比之下，当 1998 年至 2002 年美国股市乏力的时候，所有组合的回报率也都随之下降。同时，值得注意的是，每个时期内的回报率通常都（如预期一般）随着多元化程度的提高而增加。 278

图表 18.10 投资组合的整体回报率

	理论值	1993—1997	1998—2002	2003—2007	1993—2007
美国股票实际回报率	7.25%	17.23%	-2.89%	9.42%	7.59%
B	5.26%	11.32%	-0.47%	5.66%	5.39%
B1	4.96%	10.61%	-0.70%	6.30%	5.30%
B2	4.79%	9.50%	-0.56%	5.98%	4.89%
C2	4.93%	8.60%	-1.06%	6.31%	4.53%
C	4.79%	8.99%	-0.91%	5.50%	4.44%

数据来源：摩根士丹利研究部。

在图表 18.7 中可以看到，不同投资配置或不同的时期，投资组合的 β 系数值都相当近似。然而，基于 β 系数的回报率却明显取决于每个时期美国股票的实际回报。图表 18.11 显示了美国股票的回报率是如何决定 β 系数回报的。同时非常惊人的是，对于整个 15 年来说，所有的 β 系数回报率都在 4.4% 到 5.4% 之间，即与理论期望值非常接近。

图表 18.11 投资组合基于 β 系数的回报率

	理论值	1993—1997	1998—2002	2003—2007	1993—2007
美国股票实际回报率	0.00%	0.00%	0.00%	0.00%	0.00%
B	0.59%	0.86%	1.40%	0.58%	0.96%
B1	1.07%	0.04%	1.52%	2.79%	1.46%
B2	1.36%	1.78%	2.04%	4.01%	2.60%
C2	2.05%	4.68%	3.88%	6.47%	4.98%
C	2.29%	4.23%	5.53%	5.96%	5.26%

数据来源：摩根士丹利研究部。

总的回报率之间的差别并非由 β 系数敞口而生，而是因为超额回报率。通过关注图表18.12所示的实际超额回报率，可以找到一个支持投资组合多元化的理由。对于投资组合C来说，理论上的超额回报率为2.29%。在每个子时间段，实际超额回报率超过了这一预测水平。甚至，投资组合C的超额回报率在三个5年期内都是大致稳定的。多元化程度较低的组合也有正数的超额回报率，但是相对于多元化程度较高的组合来说要小得多，而且较不稳定。

279

图表18.12 投资组合已实现的超额回报率

	理论值	1993—1997	1998—2002	2003—2007	1993—2007
美国股票实际回报率	7.25%	17.23%	-2.89%	9.42%	7.59%
B	0.97	0.81	0.89	0.94	0.89
B1	0.93	0.93	0.99	0.98	0.97
B2	0.93	0.89	0.98	0.98	0.96
C2	0.91	0.78	0.93	0.95	0.92
C	0.90	0.85	0.89	0.94	0.89

数据来源：摩根士丹利研究部。

本章结论

从标准的协方差矩阵中估计得到的风险对于预测过去15年间的风险特性来说是相当准确的。投资组合波动率对美国股票波动率的比值、投资组合与美国股票的关联度这两个因素在过去都相当一致，从而使得β系数在15年间非常稳定。

这些理论和实践的结果表明，传统60%股票对40%债券型配置的投资组合与类似捐赠基金资产配置模式的风险特征从根本上是类似的。因此，典型多元化配置所产生的真正优势不在于降低风险。捐赠基金资产配置模型的首要好处在于长时间内超额回报率的累积。

最后，纵观近些年历史，捐赠基金所获得的超额回报率要比预期的高得多，也稳定得多。这一现象本身提出了一些值得研究的问题。

◂ 第十九章 ▸

多元化配置的表现：压力情境之下（2008 年）和长期表现（1993 年至 2007 年）

尽管多元化配置的资产组合与传统组合在平常时期有着类似的风险特征，但多元化组合在市场不利时期相比较传统组合来说表现得更差。这一压力 β 系数理论的基础是多元化组合更易受到关联度收紧的影响。因此，多元化配置的目的应当被视为是提供长期收益，如积累增量回报和取得差异化表现，而非在短期内降低风险。 281

2008 年很不幸地提供了一个检验这些压力效应的机会。多元化组合在 2008 年的 β 系数值比传统组合要高出很多。另外，2008 年也是历史上第一次多元化组合的表现糟糕于传统的 60% 股票对 40% 债券型组合。

一个部分多元化的投资组合

我们现在来看一个投资组合（称为组合 D），其组成为 30% 美国股票、25% 美国债券、25% 国际股票、10% 新兴市场股票和 10% 房地产信托投资基金。作为对月度和季度数据一致性的比较，图表 19.1 列出了理论预测值和从 1993 年至 2007 年的实际统计数字。两组数据在波动率上略有差异，但是剩下的指标几乎是完全相同的。

图表 19.1 投资组合 D 的月度和季度数据

	理论值	1993 年至 2007 年月度数据	1993 年至 2007 年季度数据
美国股票	30%		
美国债券	25%		
国际股票	25%		
新兴市场股票	10%		
房地产信托基金	10%		
股票波动率	16.50	13.76	15.08
整体波动率	11.83	9.54	10.50
投资组合波动率/股票波动率	0.72	0.69	0.70
关联系数	0.91	0.91	0.92
β 系数	0.65	0.63	0.64
基于 β 系数的波动率	10.74	8.70	9.70
基于超额回报率的波动率	4.96	3.78	4.17
实际回报率	6.50	7.29	7.42
基于 β 系数的实际回报率	5.24	5.26	5.33
基于超额回报率的实际回报率	1.26	2.03	2.09

数据来源:摩根士丹利研究部。

图表 19.2 以标准的方法将投资组合 D 在 1993 年至 2007 年间的月度回报率与美国股票回报率放在一起比较。理论上,β 系数和与美国股票的关联度分别是 0.65 和 0.91,与图表 19.1 中的历史数据结果几乎一致。

283

考虑到投资组合 D 和美国股票回报率的这一关系,读者可能认为对于这一组合 β 系数值的预测也会很准。然而,在 β 系数预测值与短期实际值之间的差异可能是很大的。有一些因素可能导致短期不一致现象的发生。

波动性与波动性比率

图表 19.3 中显示的是美国股票、投资组合 D 以及投资组合 B(60% 美国股票,40% 美国债券)的年波动率趋势。投资组合 D 的波动率通常比组合 B 高,尽管两者的波动经常是相互紧跟的。因此,如同前面所做的关于多元化组合的结论一样,投资组合 D 的多元化与传统 60% 股票对 40% 债券型配置相比并没有显著减少风险。

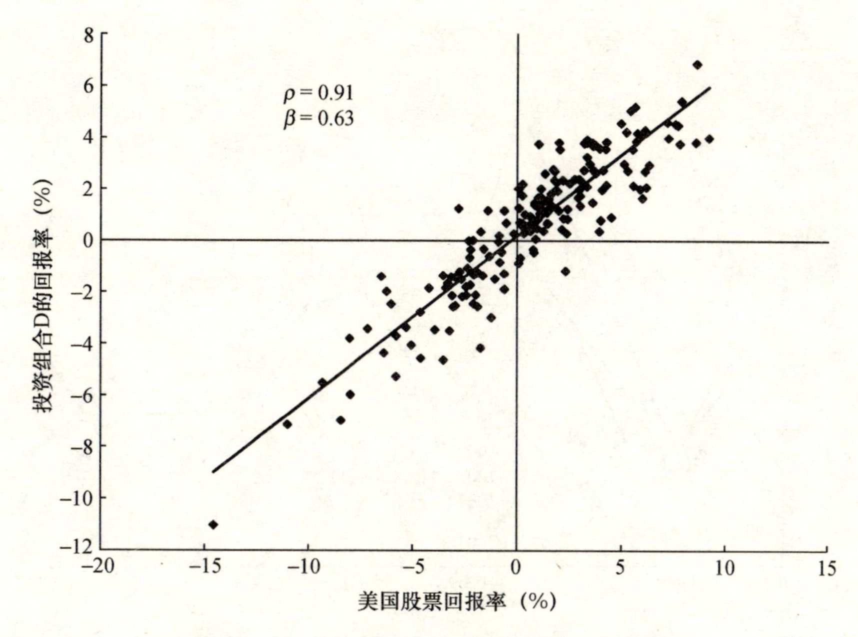

图表 19.2　投资组合 D 与美国股票回报率比较

数据来源：摩根士丹利研究部。

图表 19.3 中的另一要点是，股票波动率是两种组合波动率的重要决定因素。在给定的年份中，投资组合 D 和 B 的波动率都极大地依赖于股票的波动率。

投资组合 D 在任一年的波动率都处于 5.5% 到 15.2% 之间。在 5 年期内，波动率的范围则有所缩小，在 7.7% 到 12.0% 之间。整个 15 年间的波动率为 9.5%。 284

考虑到图表 19.2 所示投资组合 D 与美国股票之间的较强关系，研究一下投资组合波动率对于美国股票波动率的比率也是很有用的。图表 19.4 比较的是投资组合 D 和 B 的这两个比率。在整个 15 年间，投资组合 D 和 B 的比率分别为 0.69 和 0.62，略低于理论预测的 0.72 和 0.68。然而，在 5 年期的子时间段上，这一比率的历史数值显示出更明显的波动。

单个资产和投资组合与美国股票的关联度

投资组合与美国股票的关联度一直非常稳定，也与理论上的预测相当接近。投资组合 B 一般与美国股票有着近乎 100% 的关联度（如图表 19.5 所示），这并不

25
20
15
10
5
0
波动率（%）
股票
D
B

	D	B
理论值	11.83	11.17
1993—1997	8.00	7.64
1998—2002	11.98	11.07
2003—2007	7.66	5.67
1993—2007	9.54	8.48

1993 1995 1997 1999 2001 2003 2005 2007
年份

图表 19.3　投资组合 D 与投资组合 B:波动率比较

数据来源:摩根士丹利研究部。

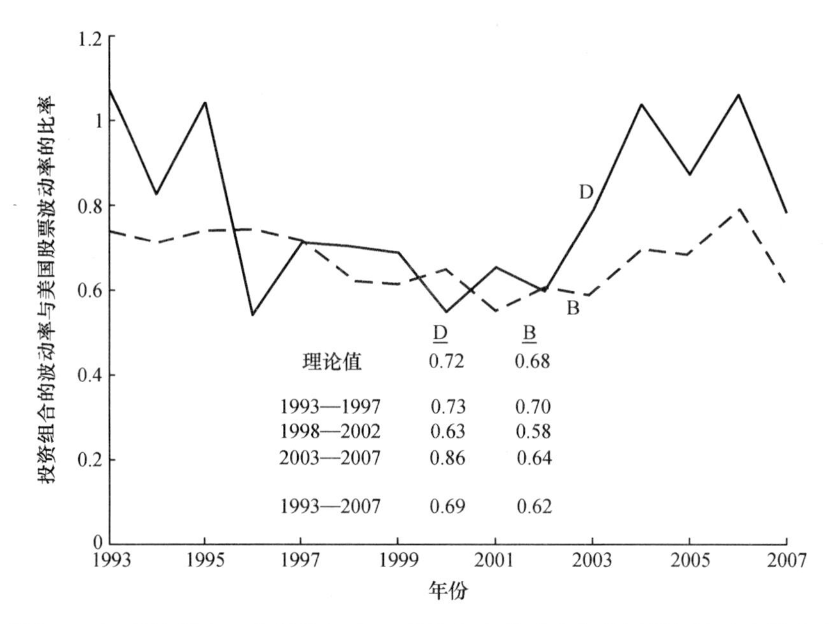

	D	B
理论值	0.72	0.68
1993—1997	0.73	0.70
1998—2002	0.63	0.58
2003—2007	0.86	0.64
1993—2007	0.69	0.62

图表 19.4　投资组合 D 与投资组合 B:投资组合波动率与美国股票波动率的比率

数据来源:摩根士丹利研究部。

令人感到意外。

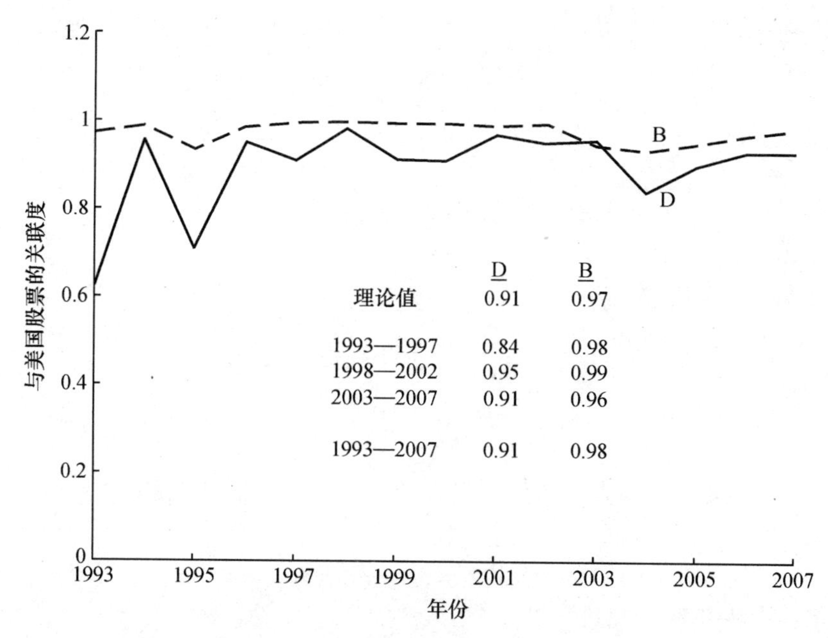

图表 19.5 投资组合 D 与投资组合 B:与美国股票的关联度比较
数据来源:摩根士丹利研究部。

考虑到单个资产类型与美国股票的关联系数变化范围较大,投资组合与美国股票关联度的稳定程度让人颇为吃惊。很明显,从图表 19.6 和 19.7 中可以看出,所有资产类型都有着关联度不稳定的时期。 285

β 系数的历史数值分析

投资组合 D 在 1993 年至 2007 年间的实际 β 系数值为 0.63,其理论预估值为 0.65。然而,如图表 19.8 所示,投资组合每年的 β 系数值却波动很大,从 0.50 到 0.99 不等。

图表 19.9 和 19.10 展示了单个资产类型的 β 系数,其目的在于更进一步地研究导致年度 β 系数值波动的原因。除了美国债券之外,几种资产类型 β 系数值的波动范围都很大。

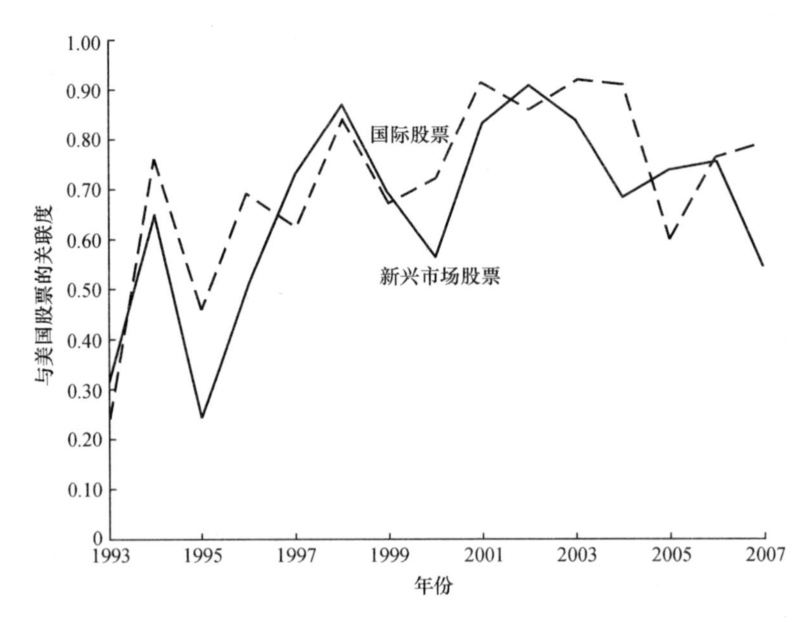

图表 19.6　国际股票、新兴市场股票与美国股票的关联度

数据来源:摩根士丹利研究部。

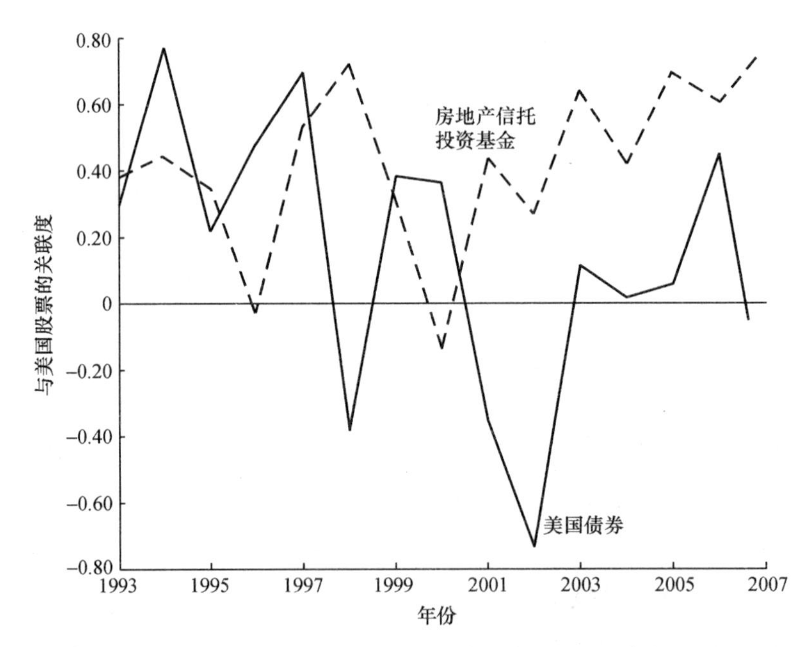

图表 19.7　美国债券、房地产信托投资基金与美国股票的关联度

数据来源:摩根士丹利研究部。

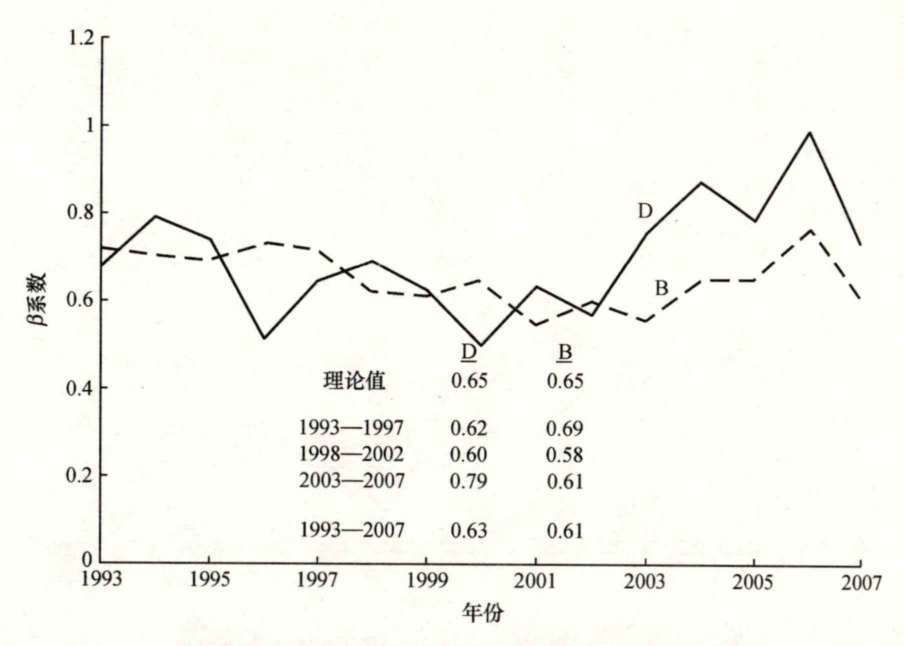

图表 19.8 1993 年至 2007 年间的投资组合 β 系数

数据来源:摩根士丹利研究部。

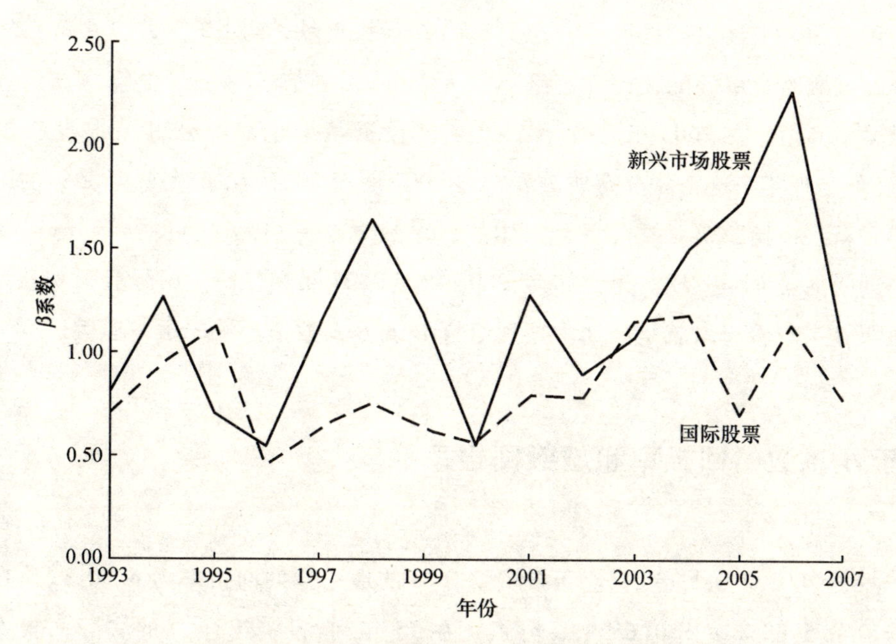

图表 19.9 国际股票和新兴市场股票的 β 系数

数据来源:摩根士丹利研究部。

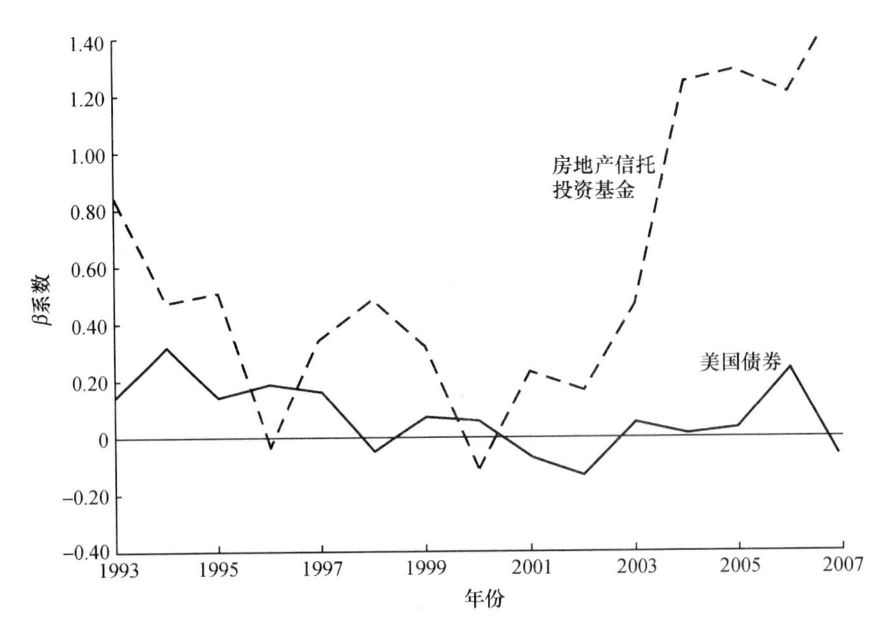

图表 19.10　美国债券和房地产信托投资基金的 β 系数

数据来源:摩根士丹利研究部。

图表 19.11 显示的是每种资产类型的 β 系数贡献,亦即资产类型 β 系数乘以资产在投资组合中的配置权重。毫不令人意外,美国债券对于组合整体 β 系数的贡献微乎其微。在 2003 年之前,房地产信托投资基金也对组合 β 系数没有多大影响,但是近年来这一状况有所改变。在 2003 年至 2007 年间,权重为 35% 的国际股票和新兴市场股票对投资组合整体的 β 系数贡献特别大,这可能要部分归功于这一期间的美元的疲软。无论如何,2003 年至 2007 年间较高的国际股票和新兴市场股票 β 系数看起来就是同期中投资组合 D 的 β 系数值上涨的根本原因。

289

基于 β 系数的回报率和超额回报率

根据 2003 年协方差的分析,投资组合 D 的理论预期回报率为 6.50%,比投资组合 B 的 5.85% 多出 0.65 个百分点。在 15 年间,投资组合 D 的实际回报率为 7.29%,而 B 为 6.35%,两者的差距是 0.94%,和理论预测还是非常接近的。

图表 19.12 将投资组合 D 与投资组合 B 的回报率进行比较。因为投资组合 D

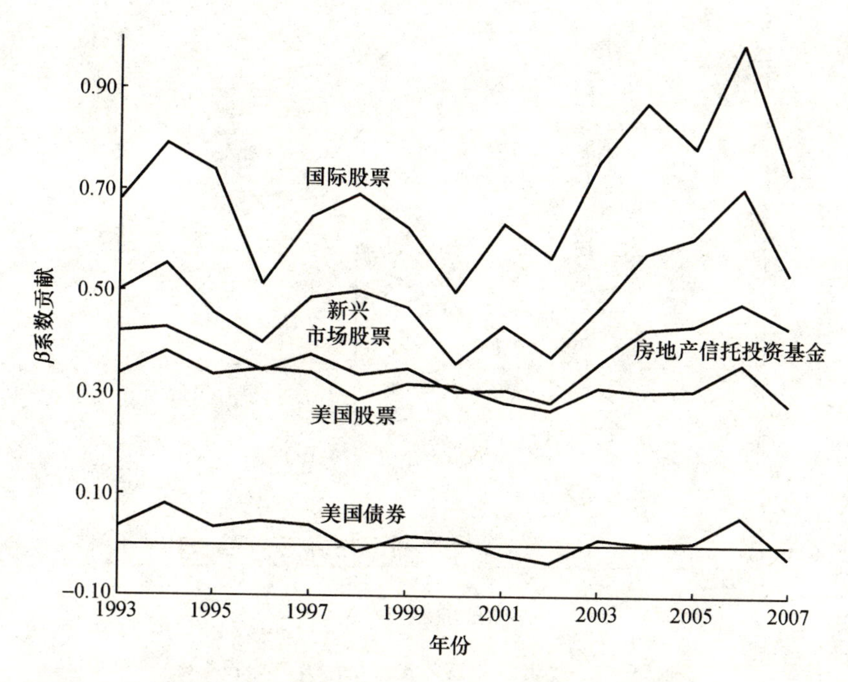

图表 19.11　投资组合 D 中各资产类型的 β 系数贡献

数据来源:摩根士丹利研究部。

和 B 的风险特性很类似,这个散点图应当不令人意外。投资组合 B 和 D 的关联度为 91%,而这两个组合间的 β 系数为 1.02。

图表 19.12 中的截距为 0.08,代表着投资组合 D 产生的超出投资组合 B 的月度超额回报率(全年在 1% 左右)。这个超额回报率可以被认为是从两个投资组合中除去基于 β 系数的回报之后剩余的回报率。投资组合 D 产生的超额回报较高是长期采用多元化配置方法的一大动力。 290

图表 19.13 和 19.14 显示的是投资组合 D 和 B 的基于 β 系数的回报率与超额回报率的时间曲线。图表 19.13 的柱状图代表了美国股票的回报率。投资组合 D 的基于 β 系数的回报率与投资组合 B 相比略高,但两者的回报都是由其基础的股票回报所产生的。

投资组合 D 的超额回报在早些年内相比投资组合 B 来说经受的波动性更为显著。然而,在过去 5 年中,投资组合 D 的超额回报一直比投资组合 B 的要高。

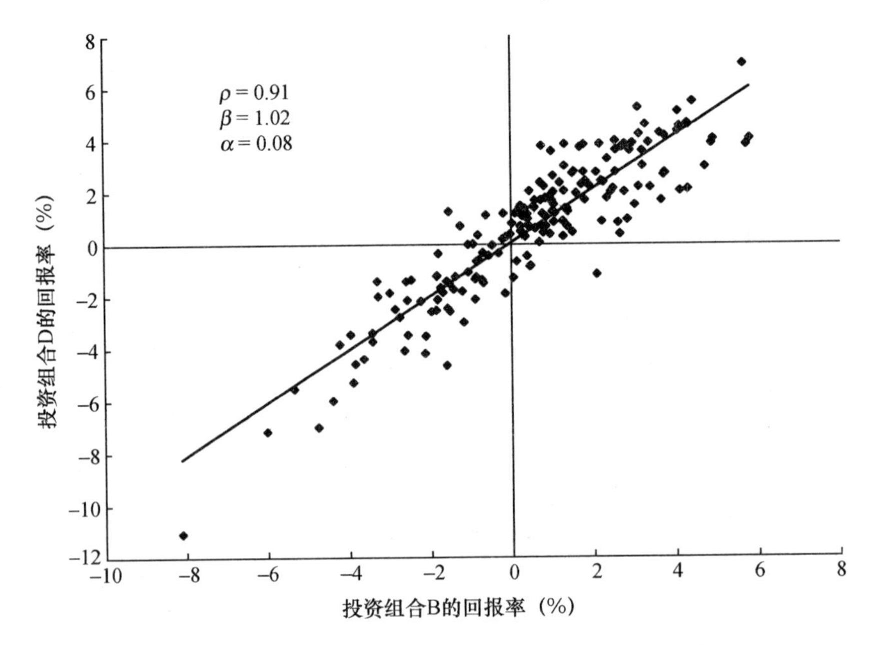

图表 19.12 投资组合 D 和投资组合 B 的回报率比较

数据来源:摩根士丹利研究部。

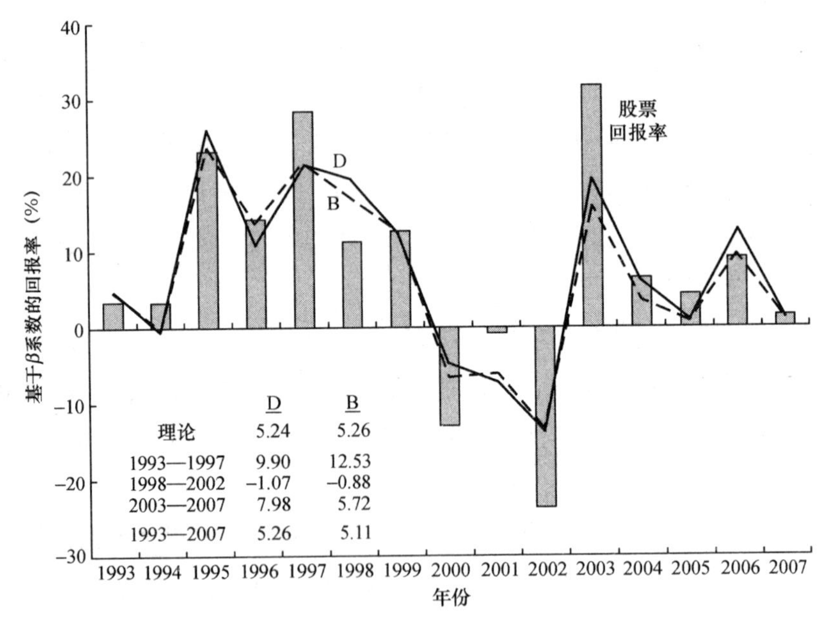

图表 19.13 投资组合 D 和 B 的基于 β 系数的回报率

数据来源:摩根士丹利研究部。

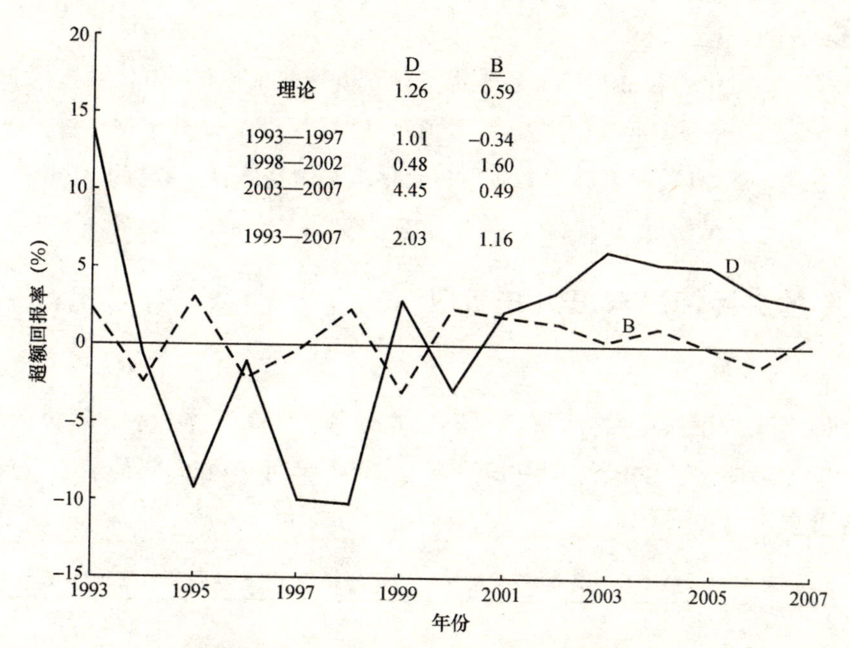

图表 19.14　投资组合 D 和 B 的超额回报率
数据来源：摩根士丹利研究部。

压力 β 系数理论

在市场严重下跌时，一个普遍的说法是"所有关联系数变为1"。这句话中的关联关系指的是各种股票类资产之间的相关关系，如美国股票、国际股票、新兴市场股票、私募基金等等(不一定包含固定收益资产)。

实际上，所有这些关联系数不可能真正变成1，但是在压力作用下，它们可能收紧到一个比平时要高的水平。在一个以美国股票为基础的 β 系数框架内，这种关联度收紧使得 β 系数值——亦即压力 β 系数值——要比平时高。

291

在平常时期，几乎所有的资产配置都展现出大致相同的 β 系数和波动率水平。然而在市场压力较大的时候，任何关联系数的收紧对于60%股票对40%债券型配置的组合作用均甚微，反而是配置着多种资产类型的多元化组合更容易被压力 β 系数影响。综合以上结果，我们可以推测，多元化组合较传统的60%股票对40%债券型组合更容易受到不利市场的影响。这一猜测与视多元化为抵御风险手段的直觉是相左的。

大多数多元化组合的初始β系数都与传统60%股票对40%债券型组合一样处于0.55到0.65的区间上。当β系数值不变时，两种组合类型都将经受差不多的价格下跌。然而，关联度收紧会使得多元化组合的整体β系数值上升更多。

292

2008年的实际情况与压力β系数

2008年的股票熊市提供了一个（不受欢迎的）检验压力β系数理论的机会。图表19.15将投资组合D和B在1993年至2007年间与2008年的表现以风险回报的参数表示出来。

图表19.15　1993年至2007年的风险回报特征与2008年同类数值的比较

	B	D
美国股票	60%	30%
美国债券	40%	25%
国际股票		25%
新兴市场股票		10%
房地产信托基金		10%

	1993年至2007年的月度数据			2008年的月度数据		
	B	D	D vs B	B	D	D vs B
β系数	0.61	0.63	0.02	0.64	0.95	0.31
实际回报率	9.12	10.17	1.05	-22.07	-31.06	-8.99

数据来源：摩根士丹利研究部。

投资组合B和D与美国股票的关联系数以及组合波动性比率都在2008年大幅上升。多元化组合D的β系数为0.95，远高于其15年间的平均值0.64和组合B的2008年β系数值0.64。在其他时候比如2006年，投资组合D和B的β系数值都要高于15年均值。但是，2008年真正恶劣的市场状况使得投资组合D和B的β系数差值如此之大，却是过去任何时候所未见的。

这些高压力β系数值解释了投资组合D在2008年的表现要比投资组合B差9%的原因。投资组合D的表现第一次比传统的60%股票对40%债券型组合要相差很多（应当指出，图表19.15中的回报率都是除去2008年通胀影响之后的实际回报率。以名义回报率计，投资组合D为-31.3%，而B为-22.3%）。

本章结论

在市场常态时期，理论上多元化组合与传统组合应当有着类似的组合 β 系数值。从 1993 年到 2007 年的实际 β 系数数据证实了这一分析结论，其间的投资组合 D 和 B 无论是实际数据还是理论预测都很一致。

尽管多元化组合与传统组合在平时的风险类似，但基于 β 系数的理论也表明多元化组合在非常极端的市场条件下更易被压力 β 系数所影响。2008 年的股票熊市提供了一个实证检验该假说的机会。在 2008 年，多元化组合的 β 系数值 0. 95 确实远高于投资组合 B 的 0. 64。因此，投资组合 D 在 2008 年的回报率比投资组合 B 差 9% 之多。

在市场常态时期，国际股票和新兴市场股票也许能够降低整体的 β 系数值和组合波动性，在长期而言作为回报积累和差异化表现的来源。但是，在有如 2008 年一般短期内市场压力骤增的情况下，这类资产类型受关联度收紧影响的程度使得 β 系数上升，导致多元化组合的压力 β 系数更高，损失更为惨重。

第四部分

资产配置与回报率临界值

第二十章 以市场β系数为主体来讨论资产配置与回报率临界值

对于任何一个需要承担风险的投资组合而言，其回报率的最低目标必须超越（近乎）无风险组合的回报率。如果股票的风险收益率是给定的，那么对任何一个由股票和现金组成的投资组合以及任何一个用作无风险基准的投资组合而言，超越这个最低回报率的特征概率都是一样的，而且此特征概率的数值在一年的投资期内会低得惊人（比如说，仅有60%的可能性）。如果想要取得更高的回报，即使投资组合整体的成功概率远低于其特征概率，那也必须在投资组合层面承担一定程度的β系数风险。 297

为使取得适度回报率的概率显著提升，最关键的做法就是延长投资期。但是长期投资与短期风控指标限制之间天生存在矛盾，前者要求投资组合至少承担一定程度的β系数风险且上无封顶，后者则需要每年都对投资组合所能承担的β系数风险做出封顶限制。

我们可以充分利用风险上限与回报率下限这对指标得出合理的β系数的范围。（在某些特定的情况下，这个β系数的范围可能很狭窄甚至不存在！）在本章当中，合理的β系数（比如说，0.53）比较近似地反映了大多数个人或机构投资组合相对于美股的敏感程度，即使对配置模式较为多元化的组合而言也是如此。

我们的这些发现，或者更广义地说，本书中所列示的各种结论都对捐赠基金资产配置模式或广义上的资产配置模式有着重要的指导意义。有的投资组合希望加入一个能在远期带来超额回报的核心资产池并且承担相应较高的短期风险，我们的这些发现正好为这种做法提供了理论基础。本书并不是把另类非标准资产简单地看做回报率的来源，也不仅仅把其视为市场压力较大时期的风险来源，而是强调了投资者可以通过在根据自身风险偏好做出的合理评估的基础上，通过配置这些资产而获取比较有吸引力的回报率方面的优势。

298 收益空间的百分点位分析

前面我们曾经对实际经验中获得的 β 系数进行过分析，现在我们回到对假设资产的讨论中来。首先，我们以一个由现金和股票组成的投资组合为基础案例，其中假设无风险的现金回报率为5%，股票相对于现金的风险溢价为4%，且股票的回报率呈正态分布，整个投资组合的波动率为16%（我们将在后面进一步详述这个组合并加入其他类别的资产）。那么，当股票权重为60%，现金权重为40%的情况下，该投资组合一年期内整体预期回报率为7.4%，波动率为9.6%。图表20.1就展示了这样一个 β 系数为0.60的投资组合的形状。

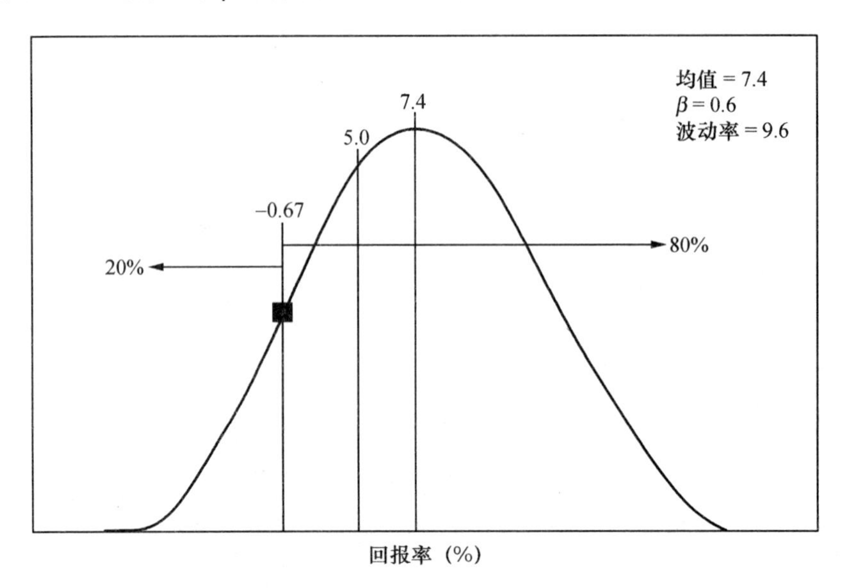

图表20.1　60%股票对40%现金的投资组合概率分布图（β=0.6）
数据来源：摩根士丹利研究部。

该投资组合中股票的权重为60%，其回报率超过 −0.67%的概率为80%。由于我们关注的重点是超越各种回报率临界值的概率，所以最有效的表达方式就是逆向描述百分比，举例来讲，-0.67%的这个水平就会被称为第80个百分点位。

图表20.2把受β系数主导的市场中的预期回报率直线与由不同权重的股票和现金组成的投资组合的β系数值曲线叠加对比。其中股票市场预期回报率的直线从无风险回报率5%的点发端，终止于由100%股票组成的β系数为1的端点处，此处的回报率为9%。

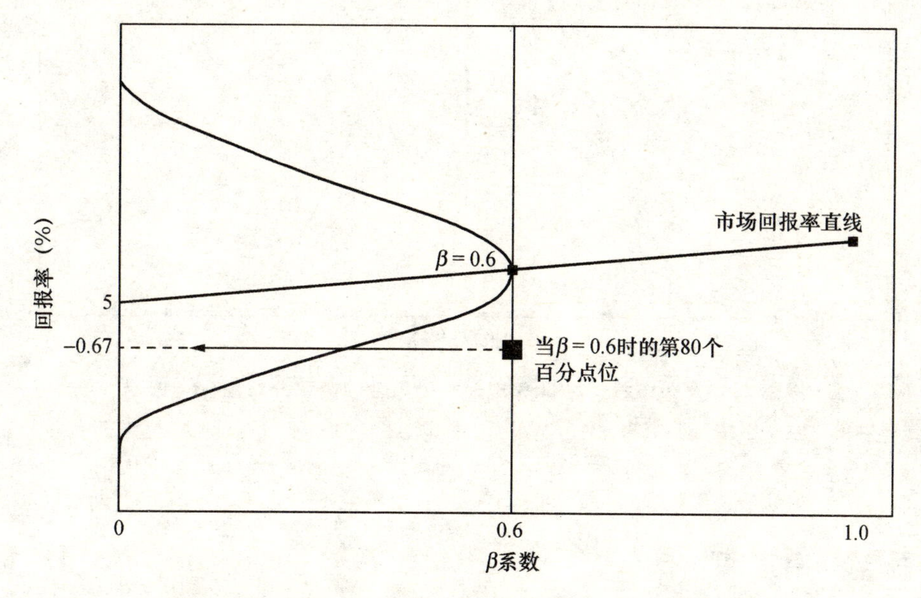

图表20.2　风险收益空间内的第80个百分点位(β=0.6)

数据来源：摩根士丹利研究部。

图表20.1中所展示的分布图可以被旋转过来，和β系数为0.6时的股票市场回报率直线叠加对比。对于β系数为0.60的投资组合而言，此分布图以7.4%的回报率点为中点，呈对称分布。用我们修改过的表述，即第80个百分点位处在回报率为-0.67%的位置上。

299

一个含40%股票对60%现金的投资组合β系数较低，为0.40，自然而然地其波动率也会较低(6.4%)，预期回报率也会降低(6.6%)。由于分布的区间缩窄，第80个百分点位将落在回报率为1.2%的位置上。

我们再一次把这个分布图进行旋转，并与股票市场回报率直线叠加对比(如图表20.4所示)。

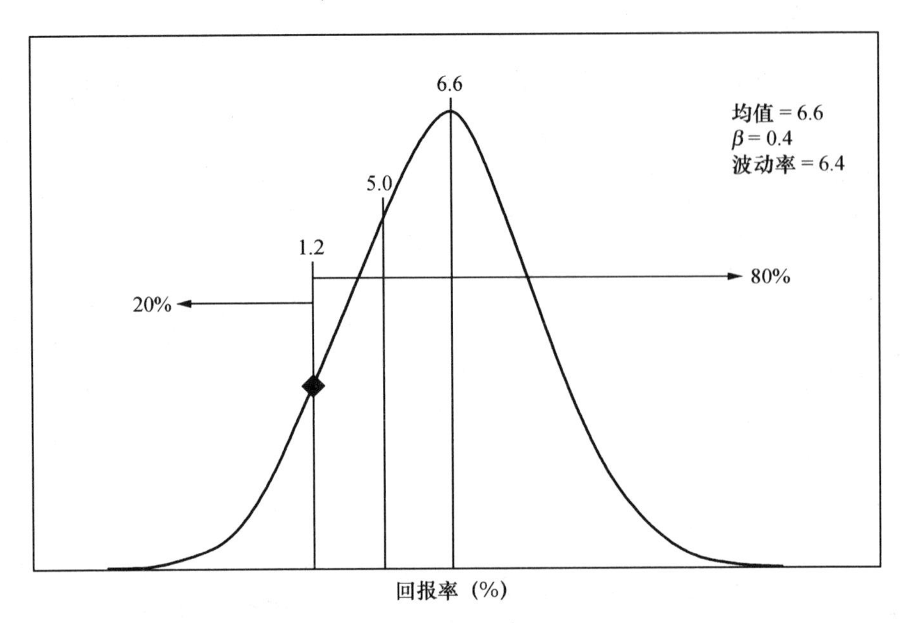

图表 20.3　40%股票对 60%现金投资组合的概率分布图($\beta=0.4$)
数据来源:摩根士丹利研究部。

百分点位扇形图

图表 20.1 至 20.4 分别展示了两个不同的由股票和现金组成的投资组合的第 80 个百分点位图,其中一个组合的股票和现金权重分别为 60% 和 40%,另一个组合的比例则是相反的。图表 20.5 中,我们用一条直线连接了两个不同组合的第 80 个百分点位。在本章附录中,读者们可以看到,如果以 β 系数为横轴,我们是如何在任何一个由 β 系数决定的回报率分布区间内寻找到第 80 个百分点位的。因此,以此图中的直线而言,β 系数为 0.2 时,回报率为 3.1%,也即表示一个由 20% 股票、80% 现金构成的投资组合将以此作为其第 80 个百分点位。

301

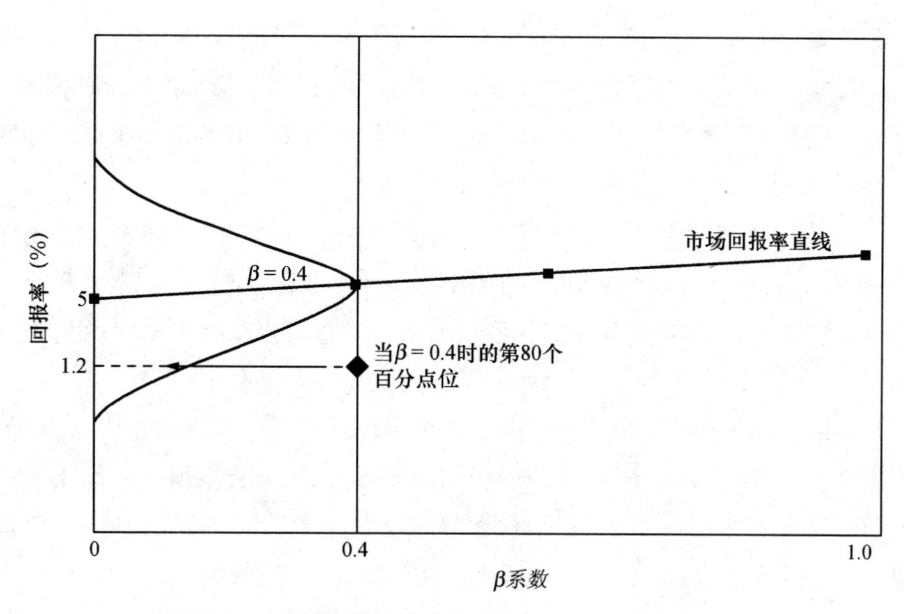

图表 20.4　风险收益空间内的第 80 个百分点位($\boldsymbol{\beta}=0.4$)

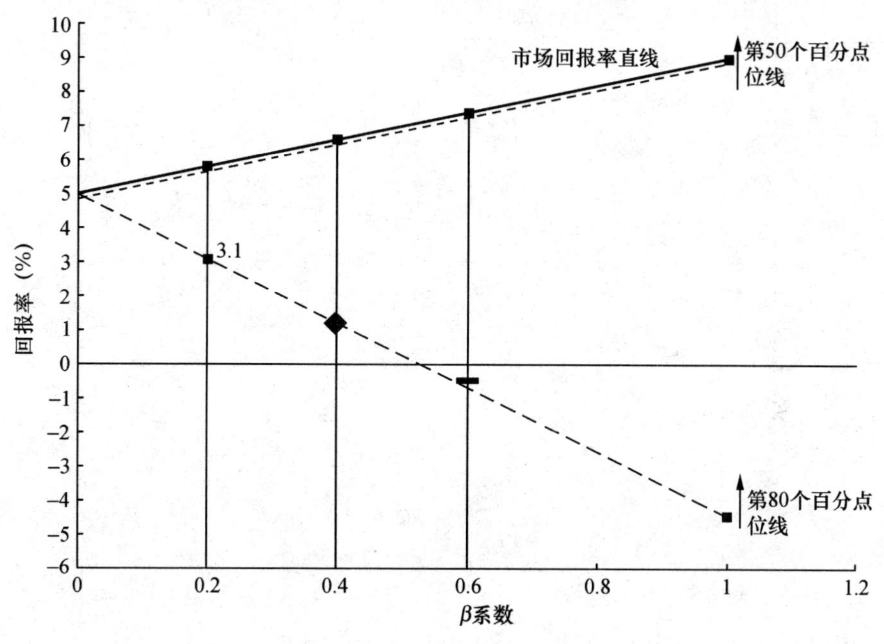

图表 20.5　第 80 个百分点位线

图表20.5展示了市场回报率直线被视作第50个百分点位线的情况。第50个百分点位线和第80个百分点位线都与β系数为0的纵轴交汇在现金回报率5%的点上。当β系数为0时,投资组合中仅包含现金,所以100%能够获得现金的回报率,所以此处的百分点位向内集中缩到同一点上。

图表20.6中加入了第20个、第40个和第70个百分点位线。在保持β系数为0.60的情况下,回报率超越15.5%的概率为20%,超越9.8%的概率为40%。我们毫不惊奇地发现,这个百分点位线构成的扇形图是以市场回报率直线为中线对称分布的,也就是说,第20个百分点位线与市场回报率线的夹角与第80个百分点位线与市场回报率线的夹角是一致的。这种图像强调了一个基本概念,即这种百分点位线扇形图总是与一组特定的市场预测值相关,尤其与根据这些预测值画出的市场回报率直线紧密相关。我们前面假设了股票的风险溢价为4%,一旦此指标的数值超过这个水平,百分点位扇形图将沿逆时针方向向上展开。

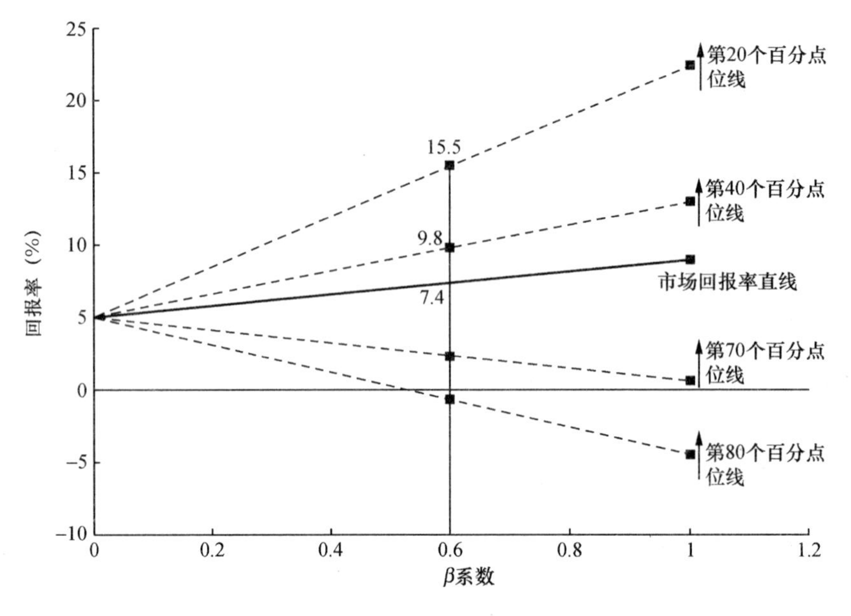

图表20.6 百分点位线扇形图

数据来源:摩根士丹利研究部。

302 图表20.6中所示的百分点位线图散开很大,任何一条百分点位线的斜率都超越了市场回报率直线平缓的斜率。值得强调的是,图表20.6中的扇形图所反映的是一年投资期内所取得的回报率的分布。由于投资期较短,由4%的风险溢价所获得的预期回报率与16%的波动率相比显得微不足道,在β系数较高时此问题尤为突出,我们也不会因此而感到大惊小怪。

根据我们对百分点位的定义和回报率的正态分布,如果百分点位高于50,则意味着回报率临界值低于预期回报率。因此,在图表20.6中,所有数值高于50的百分点位线都处于市场回报率直线的下方,所有数值低于50的百分点位线都处于市场回报率直线的上方。

回报率目标明确的情况下β系数的最大值和最小值

百分点位线扇形图对追求特定回报率的投资者尤为有用。举例来讲,某位投资者预期回报率目标定在8%,且最低实现概率为40%。如图表20.7所示, 303 他所管理的投资组合的β系数必须超越第20、30个百分点位线的位置,一直达到第40个百分点位线处为止,而此处的β系数为0.38。如果投资组合的β系数低于此数值,也就意味着该投资组合取得8%回报率的概率也会更低。也就是说,为了保证取得8%回报率的概率至少为40%,投资组合的β系数至少应该为0.38。

在上面所举的这个例子中,8%的目标回报率高于5%的无风险回报率水平。与此形成鲜明对比的是,通常情况下,风险控制限制条件都会指定两个特定的指标,一个是低于现金回报率的临界回报率值,另一个是回报率不会低于此回报短缺限制的较高的概率。举例来看,如图表20.8所示,此投资组合限定的最低回报率为0,而获得此最低回报率的概率为80%。我们沿着β系数为0的这条水平临界线来看,β系数首先向着夹角较小的第90个百分点位线移动,最后达到第80个百分点位线上最终所能容许的最高位,此时β系数值为0.53。如果β系数值更高,推导得到的概率将低得让人无法接受。也就是说,0.53是保证有80%的概率取得正数收益的情况下β系数的最高值。

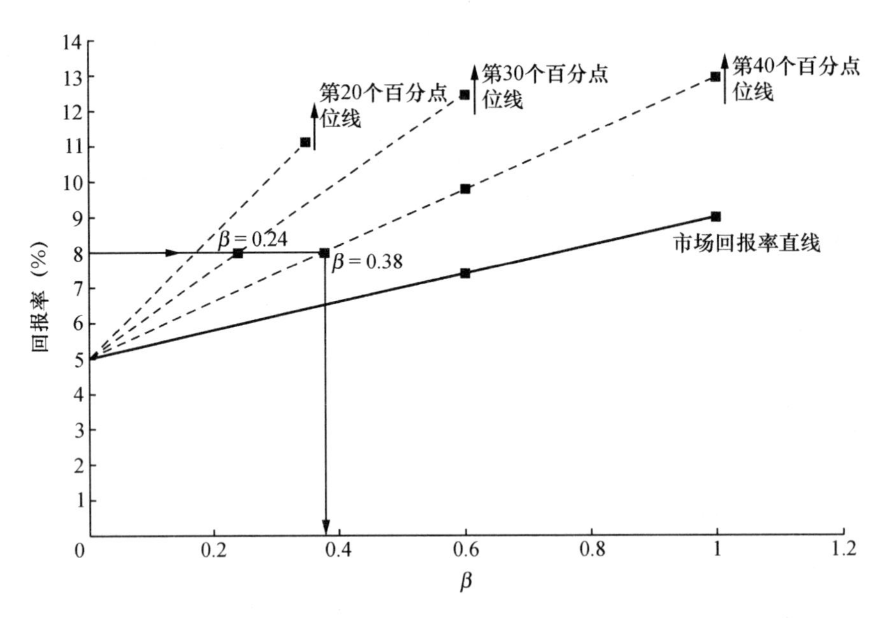

图表 20.7　保证有 40％的概率取得 8％回报率时最低 β 值的示意图

数据来源：摩根士丹利研究部。

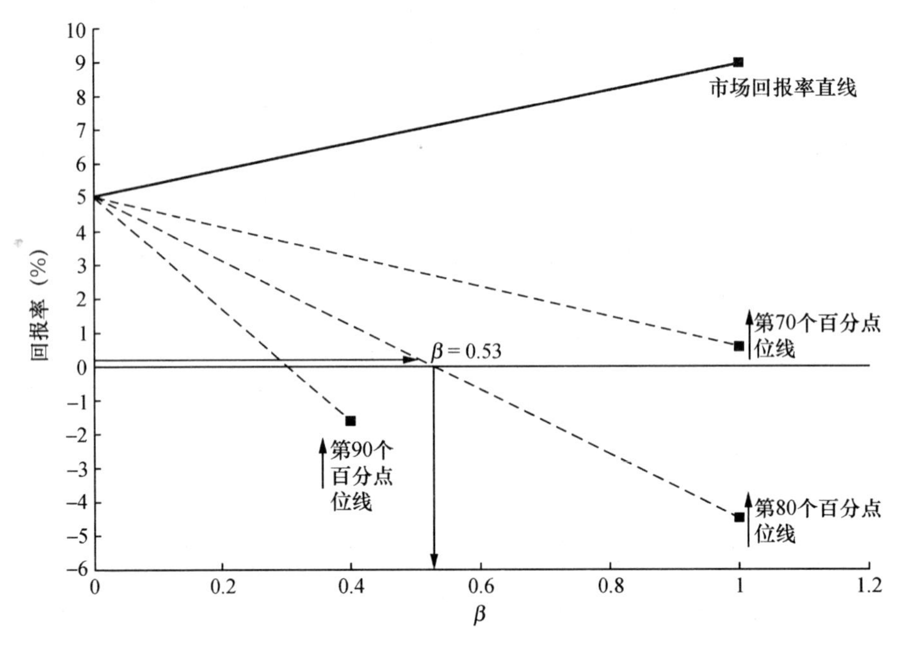

图表 20.8　保证有 80％的概率取得正数回报率时最高 β 值的示意图

数据来源：摩根士丹利研究部。

超越无风险回报率的特征概率

304

既然我们有100%的把握取得5%的无风险回报率，那么继续承担基于β系数的风险的主要原因就是要在这个现金回报率的基础上追求更高的整体回报率。在回报率与β系数的空间内，任何一条从现金回报率基点发散出去的直线都可以认为发挥着某种百分点位的作用。这种对各条线段的诠释必然要包括对自5%的点发端的水平线的分析。

在图表20.9中，上面所讲的这条水平直线正好是第60个百分点位线。这表明，只要β系数为正数，那么取得最低5%的回报率的概率恒定为60%。换句话来说，在这组特定的市场参数的限定下，任何一个投资组合的回报率超过5%的概率都是一样的，都是60%。

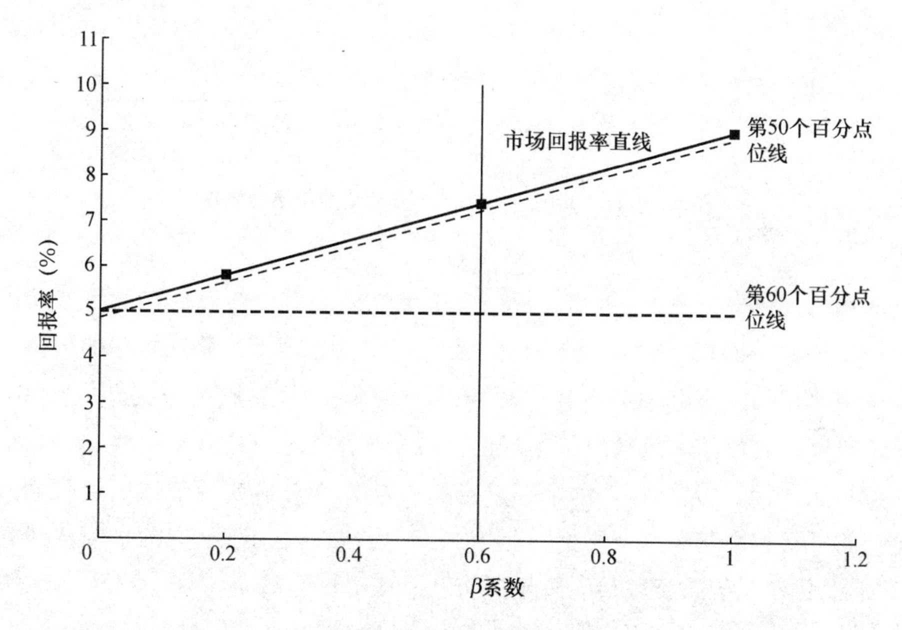

图表20.9 特征概率

数据来源：摩根士丹利研究部。

正如图表20.10中展示的那样，β系数为0的投资组合（也即100%由现金组成的组合）有100%的把握获得5%的回报率。但是，只要一离开这个坚实的现金

306 回报率点,在β系数仍然为正数的情况下,不论股票的权重有多少,取得5%回报率的概率立刻从100%下降到60%。另一种解释是,在任何一种β系数大于0的情况下,股票配置使得投资组合的风险回报比例保持着同样的均衡关系,所以它们超越5%无风险回报率的概率都是同样的60%。

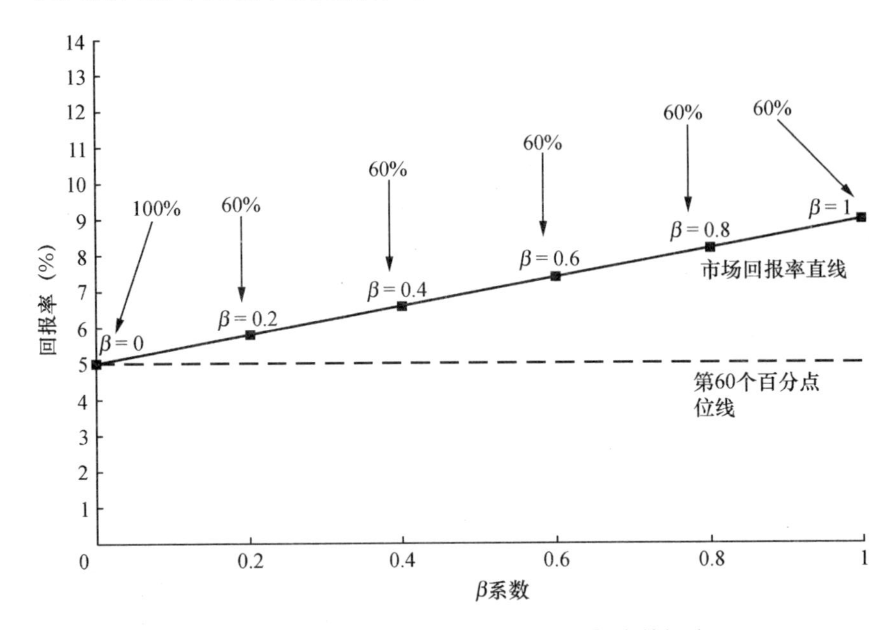

图表 20.10　取得或超越5%无风险回报率的概率

数据来源:摩根士丹利研究部。

出现这种概率恒定为60%的情况,其决定性因素是因为我们假设了股票的回报率溢价(4%)与其波动率(16%)的比值为0.25。至于无风险回报率的数值到底是多少与概率的大小毫无关系。举例来讲,如果风险收益比例为更高的0.40,那么这个投资组合超越无风险回报率的概率就变成65%,不论其中股票和现金的具体比例到底如何。因此,这个水平百分点位线就成为与股票的某个风险收益水平绑定的特征概率。基于这个特性,我们可以认为在任何一组给定的市场预测数值的基础上,主动承担投资股票的风险都能以此概率作为基准。

多年投资期内的表现

截至本节,我们所讨论的例子都是以一年为期限的。但实际上,百分点位线这种方法对分析多年投资期的投资组合的表现同样有效。图表20.11展示了在风险收益空间内投资期分别为一年和五年的投资组合的百分点位线扇形图,与此前的图示不同,这一组图中的横轴代表的是年化波动率。投资期为一年的投资组合波动率较大,其所得到的最终结果的分布区域也比较广。随着时间的延长,年化预期回报率基本保持不变(复加效应或波动性拖累效应忽略不计),而年化波动率将以所处投资年份的平方根为系数递减。如果投资期放长到五年,其年化波动率下降,

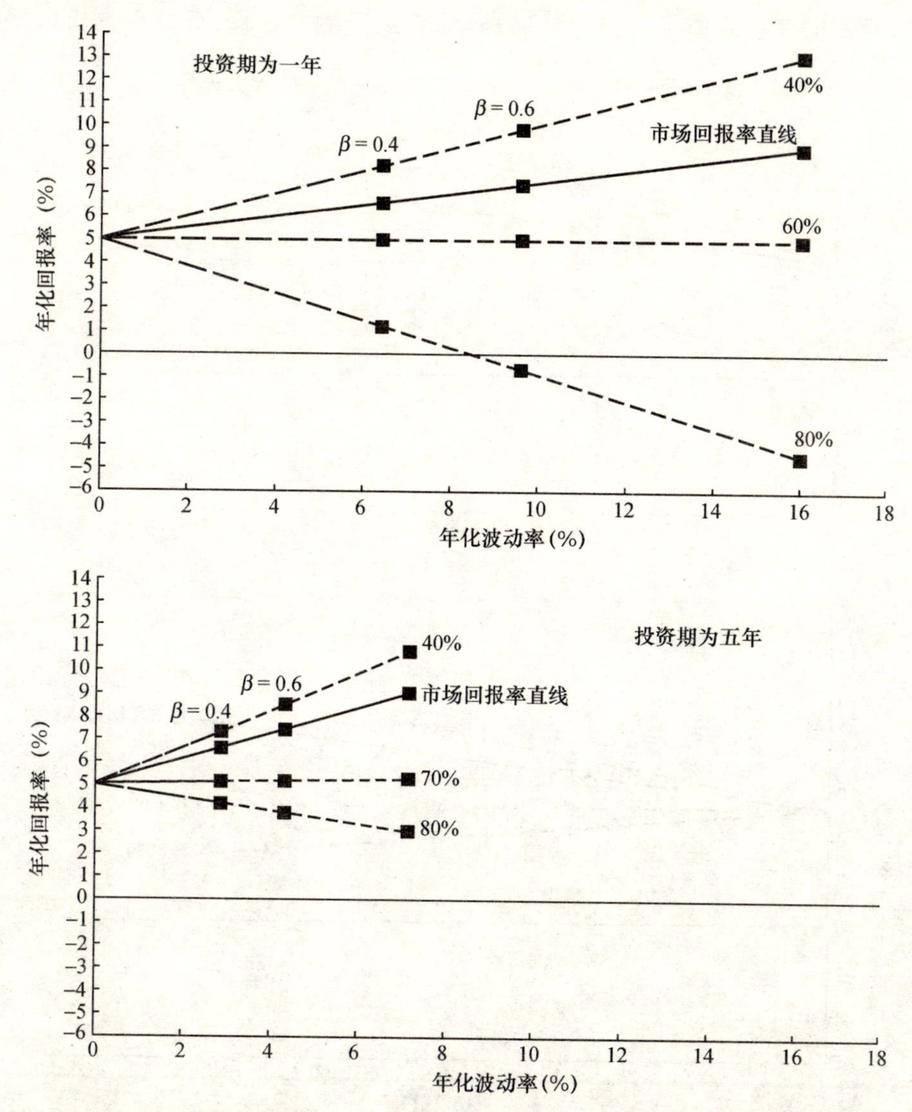

图表20.11　风险收益空间内投资期对业绩表现的影响:一年期与五年期的对比
数据来源:摩根士丹利研究部。

股票市场回报率直线与相关的百分点位线的斜率都会上升，并且长度会缩短。举例来讲，如果投资期从一年变成五年，原本的水平百分点位线的数值将会变大，也就是说，超越5%的现金回报率的概率从之前的60%扩大到71%。

而对于实际中的投资者而言，我们通常会见到他们在设置风险限定指标时以较短的投资期为基准，而在考虑回报率时以较长的投资期为准（Leibowitz 等，1996）。那种年复一年保持β系数组成部分不变的做法所带来的效应可以从图表20.12所示的β系数回报空间里看出来。随着投资期的延长，百分点位线扇形图

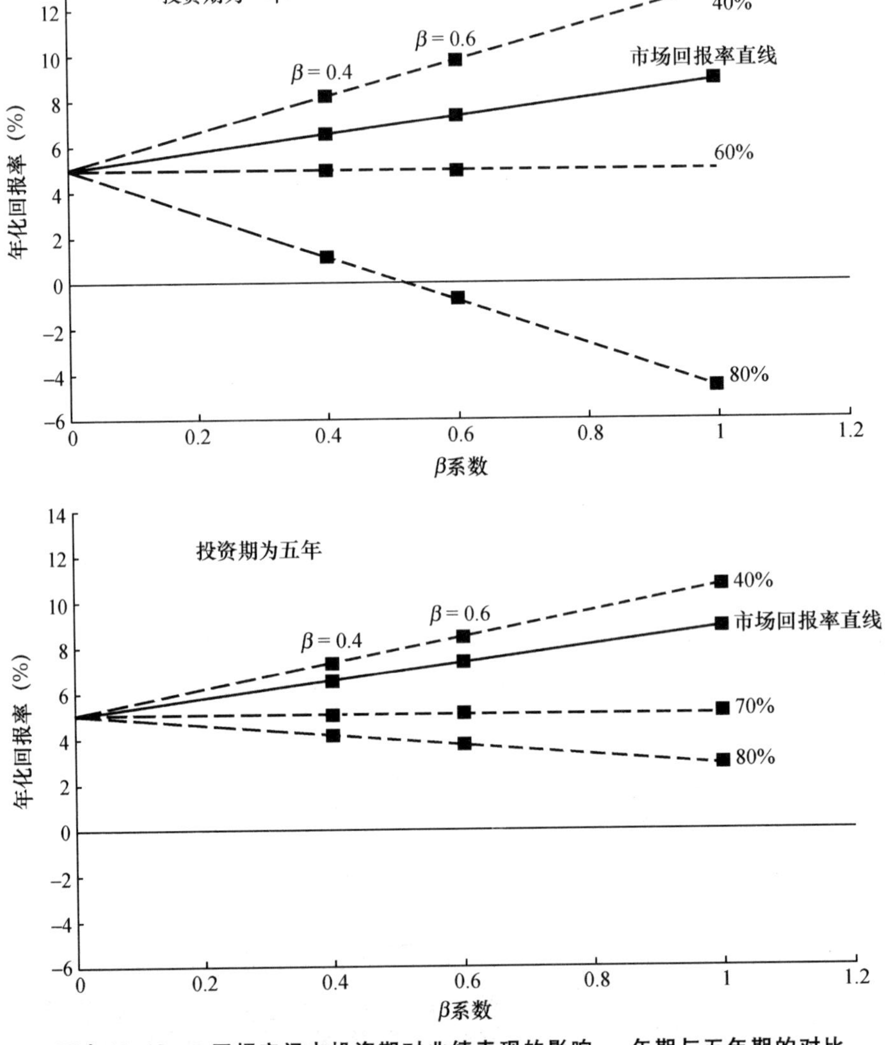

图表 20.12 β 回报空间内投资期对业绩表现的影响：一年期与五年期的对比
数据来源：摩根士丹利研究部。

向市场回报率直线靠拢,而后者则基本保持同一位置不变。

如果在回报率目标给定的情况下β系数足够大,那么投资期越长,取得目标回报率的概率越高。举例来讲,如图表20.13所示,在β系数恒定为0.6的情况下,一年期投资组合取得正数回报的概率为78%,五年期投资组合的概率为96%,十年期投资组合的概率为99%。类似的,超越5%无风险回报率的概率对于以上三种不同时长的投资组合而言分别是:一年期60%,五年期71%,十年期79%。但是,对于一个β系数为0.6的投资组合而言,其预期回报率为7.4%,对于一年期投资组合而言,超越这个回报率的概率为50%——而且不论投资期延长多少年,这个概率都不会改变。如图表20.13所示,如果我们追求的回报率高于7.4%,那么投资周期越长,取得成功的概率越低。因此,如果我们把目标回报率定位在10%,那么对于β系数为0.6的投资组合而言,其一年期的成功概率为39%,五年期为27%,十年期为20%,呈现明显的下降趋势。

307

308

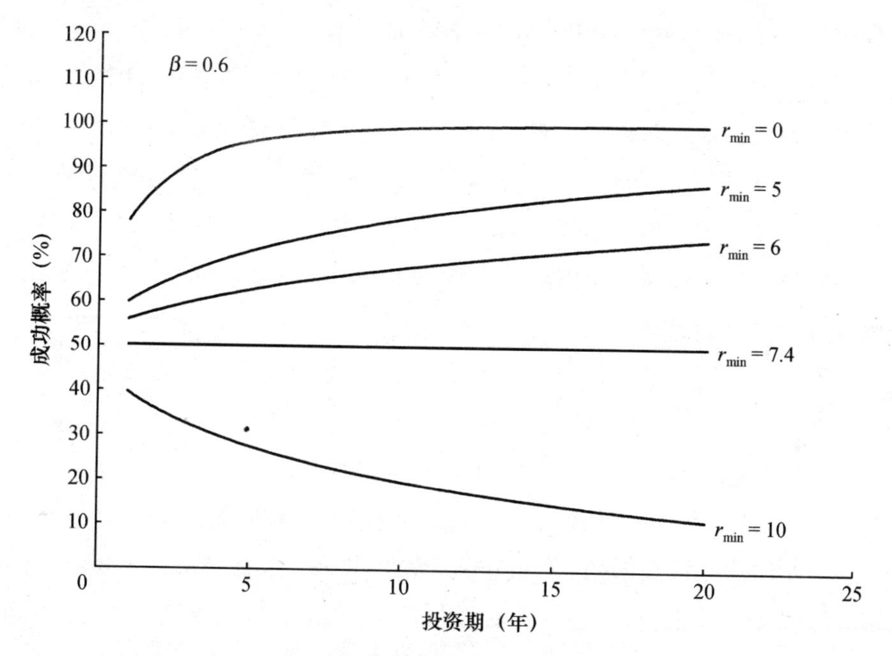

图表20.13 随投资期而变化的成功概率

数据来源:摩根士丹利研究部。

以上这些业绩表现是根据较长投资期内年化回报率理论分布区间缩窄的现象推导得出的。

309

β 系数的取值区间

在较长投资期内扇形图缩窄的现象预示着我们可能需要把 β 系数的最低值调高一些。举例来讲，如图表 20.7 所示，如果要求取得 8% 的目标回报率的概率为 40%，那么其所要求的最低 β 系数为 0.38。但是如果投资期延长到五年的话，还要保证 40% 的概率，我们就必须把 β 系数的最低值提高到 0.52。图表 20.8 中展示了，基于风险考虑，一年期内取得正数回报率所需的最高 β 系数为 0.53，如果把五年期的最低 β 系数放在一起考虑，那么 β 系数可以浮动的区间非常狭窄——最低 0.52，最高 0.53。

虽然我们使用的案例有严格的假设，但最有趣的是，美国机构投资者管理的投资组合的 β 系数通常就处在 0.55 至 0.65 的区间内（Leibowitz 和 Bova，2005，2007）。除此之外，此类投资组合的整体波动率通常都被预估为 10% 左右，其中 90% 的波动率受 β 系数的主导。确实，那么多基金，即使其所配置的资产类别相当广泛，其 β 系数也集中在 0.60 左右，波动率集中在 10% 左右，这种现象不得不令人感到惊异。出现这种现象的原因可能是各支基金为了保证取得正数回报率，都在可能出现的共性回报短缺上限的基础上限定了其风险限制条件——这种限制既可能是显性的，也可能是隐性的。

如果我们以相对于现金回报率的差价作为投资组合回报率的目标，现金原本的回报率变得无关紧要，达到目标的概率取决于股票的溢价水平和波动率预测值。因此，当股票的溢价为 4%，波动率为 16% 时，无论现金的回报率是 5%、6%，还是 2%，我们样本投资组合超越现金回报率的概率总是 60%。但是，随着风险收益比例的不同，概率的大小还是会发生变化。因此，8% 的风险溢价除以 32% 的波动率（也就是说，与用 4% 的溢价除以 16% 的波动率一样，风险收益比都为 0.25）得到的一年期超越现金回报率的概率同样为 60%，但以 6% 的溢价除以 16% 的波动率得到的风险收益比将使得一年期投资组合超越现金回报率的概率提升到 70%。

回报短缺风险

截至本节,我们一直在关注百分点位线的作用,即用来描述给定的受β系数主导的投资组合取得目标回报率的成功概率的分布。正如我们一直反复强调的那样,这种百分点位线扇形图是根据给定的市场预测值画出来的。另外一种分析方法,则是先限定给定概率情况下最低回报率的数值,然后再来分析哪些预期回报率和波动率的组合能够满足这些限制条件。我们把用这种方法画出的线称为回报短缺直线。

根据我们在本章附录中的计算,可以得出一条回报短缺直线,任何一个处于直线上方的风险收益组合都能满足限制条件的要求,任何处于直线下方的组合则无法满足。给定的最低回报率就是回报短缺直线从图中纵轴的发端点。直线的斜率由指定的概率所决定。需要强调的是,一条给定的回报短缺直线对所有预期回报率和波动率的组合都同样适用,也就是说,与百分点位线不同,回报短缺直线并不会和任何市场回报率直线绑定在一起。

假设我们所用的投资组合投资期为一年,图表 20. 14 展示了有 40% 的概率无法达到 8% 回报率的回报短缺直线。这条回报短缺直线与此前我们在图表 20. 7 中已经见过的股票市场回报率直线相交,交点处的β系数为 0. 38。

图表 20. 14 再次证明了回报短缺直线方法与百分点位线方法取得的结果是一致的,但是我们仍然要再次强调,百分点位线围绕着市场回报率直线发散,而回报短缺直线与任何市场模型都无关。

预期风险收益空间内任何一条直线都代表一条回报短缺概率直线,也就是取得某个最低临界值的概率线。市场回报率直线可以被看成是将无风险回报率作为最低临界值时的回报短缺概率线。与其他所有回报短缺直线一样,预期相关的概率都由该直线的斜率决定。在我们的市场模型中(举例来讲,如图表 20. 9 所示的组合),其相关的回报短缺概率为 60%——与水平分布的第 60 个百分点位线所示的特征一致。换句话讲,以市场回报率直线为回报短缺直线的解读和水平百分点位线的解读一样,都说明了任何由股票和现金组成的投资组合超越无风险回报率的概率为 60%。

311

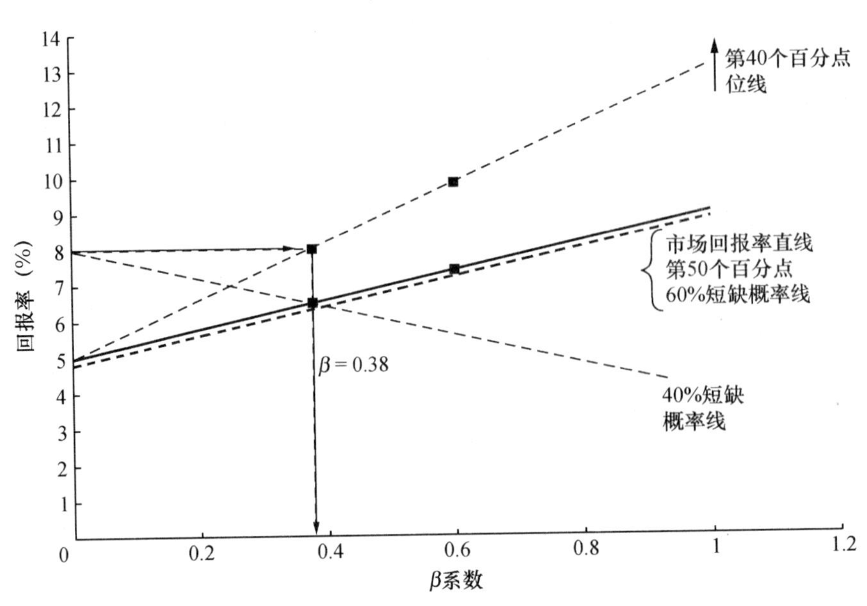

图表 20.14　第 40 个百分点位线和 40% 短缺概率线

在图表 20.15 中，我们假设波动率保持 16% 不变，然后根据不同的风险溢价水平测算了夏普系数和相关的回报短缺概率。此前我们用作基准的一年期风险溢价为 4%，取得目标回报率的概率为 60%，相比之下，如果风险溢价变为 6%，投资期延长到五年，那么其夏普系数明显升高到 0.375，成功概率也大幅度提升到 80%。

312

图表 20.15　特征概率

风险溢价	夏普系数	回报短缺概率	
		一年期	五年期
0%	0	50%	50%
2%	0.125	55%	61%
4%	0.25	60%	71%
6%	0.375	65%	80%
8%	0.5	69%	87%

数据来源：摩根士丹利研究部。

超额回报核心资产池和压力β系数

现实当中所遇到的投资组合都会比我们仅由两种资产组成的样本投资组合要复杂。一个常见的机构管理的投资组合会包含诸多风险回报来源,其中包括但不限于多元化配置的各类资产,股票类资产中的单一股票,除现金之外其他业绩表现也不错的低风险另类资产,完整的积极管理和对冲策略,等等。以上这些来源中的任何一个都将给投资组合带来(希望是正数的)预期回报率、风险以及和其他来源的关联系数。

但是,大多数类型的资产和积极管理策略都或多或少包含着和美股的关联,它们所带来的β系数(即关联系数和波动率比例的共同结果)从本质上是一定会增加到整体β系数中去的。由此得到的最终结果就是,即使投资组合直接配置的股票权重已经达到最低,其β系数相对于美股波动的敏感程度仍然是整个组合中最主要的风险来源。通常我们所用的回报率预测值(以及部分历史业绩)都表明,多元化配置模式的优势在于获得更高的预期回报率,而非降低短期波动率风险(Leibowitz 和 Bova,2009)。确实,正如前面不断重复讲过的那样,多元化配置的基金整体的β系数仍然处在0.55至0.65的区间内,与传统的60%股票对40%债券型基金的水平基本一致。

我们在前面的章节中已经分析过,由于β系数主导现象的存在,我们可以把资产配置模式用一种近似的方法进行分拆,其风险收益来源被缩小到两个主要因素上:一个是基金整体的β系数敏感度,另外一个是能够带来预期回报率的超额回报核心资产池——当然这一个部分也会带来相应的波动性风险——除此之外其他所有的成分都可以参照基准的股票来进行补充。但是,就我们目前的分析而言,需要调整一下分析的方式才能更准确地描述超额回报核心资产池在整个投资组合中的作用。

首先,加入超额回报核心资产池之后,整个百分点位线扇形图的形态将发生重大变化。预期回报率的增加将使得市场回报率直线(现在已经变成曲线)的位置高于此前的无风险回报率水平。与此同时,投资组合整体的波动率同时受到超额回报资产带来的波动率和基于β系数的波动率两方面的影响。由于这两种波动率以平方根的和的形式出现,所以投资组合整体波动率数值与β系数不再呈现线性关系。与此前看到的直线形态不同，一旦 β 系数发生变化，预先设定的百分点位值将使得整个扇形图变成曲线图。

如图表 20.16 所示，向这个投资组合中加入了一个能够带来 2% 的增量回报率和 5% 的与 β 系数无关的波动率的超额回报核心资产池，其投资期仍为一年，由此画出其百分点位线扇形图。与基本的股票现金模型相比，现在得到的第 60 个百分点位线处在无风险回报率直线的上方。如果加入超额回报资产之后的投资组合的 β 系数仍然保持 0.6 不变，那么其一年期超越无风险回报率的概率为 66%，五年期为 82%，此前所用的股票现金组合的同期相应概率分别为 60% 和 71%。

314

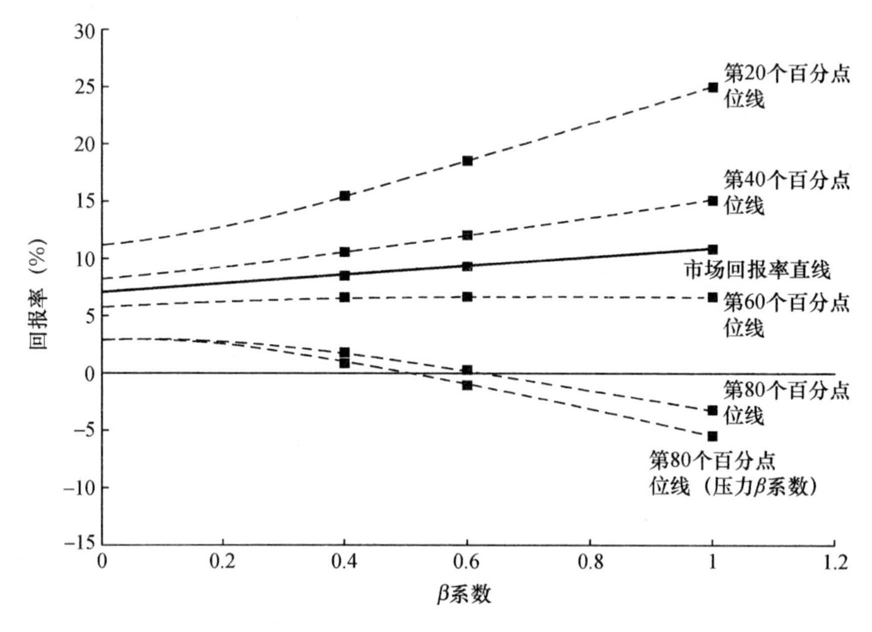

图表 20.16　加入超额回报核心资产之后的投资组合的百分点位线

数据来源：摩根士丹利研究部。

其次，由于超额回报核心资产池所包含的资产类别较多，这将给整个投资组合带来其他的问题，在市场压力较大时期尤为突出。市场常态时期，60% 股票对 40% 债券型组合与多元化配置组合的整体 β 系数大致相同。但是，当市场剧烈下行时，关联系数通常都会收紧。在包含多种资产的投资组合中，这些不断增加的关联系数将导致 β 系数向压力系数转化——在最不恰当的时间发生最不愿看到的情况！由于压力 β 系数情况的存在，我们看到在市场状况恶化情况下，多元化配置的组合反而比仅包含两种资产的组合容易受到伤害，这与传统观念相比可谓十分具有讽刺意味。图表20.16中,我们以更紧缩的(也就是说回报率更低的)第80个百分点位线来表示这种压力力β系数影响的情况,发生这种情况的前提就是关联系数紧缩了25%。

因此,一个真正有效的超额回报核心资产池虽然可以改善投资组合的预期回报率(而且长期来看可以使得目标回报率的可取区间放宽),但是当市场出现剧烈变动时,它也将带来强烈的短期风险。

本章结论

本章中所列举的各项结论以及本书通篇都在阐述的观点都在讲一件事,那就是为了取得合理的预期回报率,我们必须延长投资期,同时做好准备去承担较高的年化风险。

与此同时,这些强有力的结论也会受我们对基础性的股票现金组合本质的深入理解的影响,这种基础性的组合剔除了对许多重要因素的考量,包括复加效应、回归均值方式、波动拖累、尾重现象和非对称式分布等。除此之外,虽然我们采用的溢价和波动率预测值与许多针对资产配置模式的研究中所用的数值一致,但是许多投资者会认为根据市场状况的不同,这些指标的数值应该明显更高(或更低)。最终,我们还需要提醒读者的是,任何一个关于预期回报率的研究通常来讲都是以较长的投资期为基准的。

基于以上这几条提示,我们的分析可以给读者们提供以下的原则性建议。首先,为了获取哪怕仅仅称得上是适度的回报率我们也必须放长投资期。即便投资期足够长,如果要使获取足够回报率的概率足够高,那么也必须做好准备去承担较高的β系数风险。其次,在设计一个资产配置模型的时候,短期风控指标为β系数风险设置了上限。基于风险考虑的β系数最高值和基于回报率考虑的β系数最低值划定了β系数可取的区间,这个区间可能非常狭窄(甚至可能不存在!)。

本章附录

315

我们所用的市场模型中包含一个无风险回报率(用γ表示)、一个股票的风险溢价(用 r_e表示)、一个股票波动率(用 σ_e表示)。股票现金型组合中与股票相关的风险系数用 β 系数表示,其预期回报率设为 R,则有

$$R = y + \beta r_e \quad \beta \geqslant 0$$

波动率以 σ 表示,则有

$$\sigma_B = \beta\sigma_e$$

对于任何一种回报率分布给定的情况(本书中一直假设其为正态分布),第 p 条百分点位线可以被视为均值左边的标准方差,其数值为 k_p。对于 β 系数的数值给定的情况,第 p 条百分点位线对应的回报率设为 r_p,则有

$$\begin{aligned} r_p &= R - k_p\sigma_\beta \\ &= y + \beta r_e - k_p\beta\sigma_e \\ &= y + \beta(r_e - k_p\sigma_e) \\ &= y + \beta\sigma_e(\mathrm{SR}_e - k_p) \end{aligned}$$

上述公式中,SR_e 代表的是股票市场回报率直线的夏普系数,计算方法为$\left(\frac{r_e}{\sigma_e}\right)$。

当 β 系数的值发生变化时,百分点位线在 β 系数回报空间内发散开来,形成一个扇形图。

此外,百分点位线可以和波动率 σ_β 进行叠加比较

$$r_p = y + \sigma_\beta(\mathrm{SR}_e - k_p)$$

其中 σ_β 取值的范围是 $0 \leqslant \sigma_\beta \leqslant \sigma_e$。

我们需要特别分析一下 $\beta > 0$ 时 $k_p = \mathrm{SR}_e$ 的情况。这种情况下,$r_p = 4$ 的直线将从现金回报率 y 发端。对于任何一个给定的市场模型,其夏普系数为 SR_e,$k_p = \mathrm{SR}_e$ 的情况下其成功概率为 p。p 的值可以被看做是一个投资组合在股票相关 β 系数为正数的情况下超越无风险回报率的概率。除此之外,整条市场回报率直线上任何一个 β 系数值(只要大于 0)都会得到同样的 p 值。换句话说,在市场预测值给定的情况下,任何一个包含股票的投资组合——不论其权重是多少——都有 p 的概率会取得超越无风险基准的回报率。

316

从上面的公式中可以看出,特征概率 p 完全由夏普系数所决定。因此,只要风险溢价和波动率的比值获得的是同一个夏普系数,我们总是能得到同一个超越现金回报率的概率——而无论现金回报率到底是多少。

投资期为多年的情况可以简单地进行模拟(忽略附加效应和波动滞后效应),

简化的方式就是把回报率都计为年化回报率，而年化波动率递减($1/\sqrt{N}$)，其中N代表年份。据此得到的百分点位线的形态可以由下面的公式得出：

$$r_p = y + \beta\left[r_e - k_p \frac{\sigma_e}{\sqrt{N}}\right]$$

$$= y + \beta\left(\frac{\sigma_e}{\sqrt{N}}\right)\left[(\mathrm{SR}_e)\sqrt{N} - k_p\right]$$

在此公式中，特征概率p由下面的公式决定：

$$k_p = \sqrt{N}(\mathrm{SR}_e)$$

因此投资期越长，这个概率的数值越高。

下面的表达式$k_p\left(\dfrac{\sigma_e}{\sqrt{N}}\right)$随着$N$的增加而递减，也将导致百分点位线扇形图以市场回报率直线为中线出现收缩的现象，而市场回报率直线本身不会发生变化。在受到限制的情况下，如果投资期足够长(我们现在用的模型肯定无法涵盖的长度)，所有的百分点位线最终都将与市场回报率直线重合。因此，一个受β系数主导的投资组合的回报率从理论上讲都应该向其预期β系数值情况下的回报率靠拢。换句话说，在较长的投资期内，要想取得目标回报率，必须使得投资组合的基于β系数的预期回报率超过或等于其目标回报率。

另外一种分析方法是在以年化波动率为横轴的空间内分析投资期为多年情况下的百分点位线。年化波动率记为$\sigma(\beta,N)$，其中β系数表示投资组合的β系数值，N为投资年度，则有

$$\sigma(\beta,N) = \frac{\beta\sigma_e}{\sqrt{N}}$$

据此

317

$$r_p = y + \beta\left[r_e - k_p \frac{\sigma_e}{\sqrt{N}}\right]$$

$$= y + \frac{\sqrt{N}\sigma(\beta,N)}{\sigma_e}\left[r_e - k_p \frac{\sigma_e}{\sqrt{N}}\right]$$

$$= y + \sigma(\beta,N)\left[\sqrt{N}(\mathrm{SR}_e) - k_p\right]$$

上述等式中的$\sigma(\beta,N)$的取值范围变得更窄：

$$0 \leqslant \sigma(\beta,N) \leqslant (\sigma_e/\sqrt{N})$$

在上面的等式中可以看出，夏普系数的增加使得市场回报率直线的斜率同步增加，而 $\sigma(\beta,N)$ 的收紧使得百分点位线相对于市场回报率直线的分布收窄。使用这个分析方法的好处是我们可以把多个投资期的情况放在同一张图内进行比较，也就可以更清晰地看出市场回报率直线的抬升和扇形图的收缩趋势。

回报短缺直线是与前面的分析相关的一个概念。与此前描述的百分点位线不同，回报短缺直线仅给定了在期望的概率 p 下取得的最低回报率 T 的数值。对于任何一个 σ_β，在 p 的概率下取得 T 回报率的预期回报率 R 为

$$R = T + k_p\sigma_\beta = T + k_p\beta\sigma_\varepsilon$$

根据任何一个给定的临界值 T 和概率 p 都能算出回报短缺直线的位置。

一条给定的市场回报率直线

$$\begin{aligned} R &= y + \beta r_e \\ &= y + \sigma_\beta(\mathrm{SR}_e) \end{aligned}$$

与回报短缺直线会有一个交点，交点的位置就是投资组合能够满足回报短缺概率限制的点。这个交点的数值既可以用作风险临界时的最大 β 系数值（低于无风险回报率的情况下使用），也可以用作取得目标回报率所需的最小 β 系数值（超越无风险回报率的情况下使用）。

如果临界值为 T，交点的位置可以通过下面的设定算出来：

$$\begin{aligned} R &= y + \beta r_e \\ &= T + k_p\beta\sigma_e \end{aligned}$$

318 或者

$$T = y + \beta[r_e - k_p\sigma_e]$$

其与 β 系数值相同时第 p 条百分点位线的值相等，即

$$r_p = y + \beta[r_e - k_p\sigma_e]$$

与前面列出的第 p 条百分点位线的位置计算公式一致。因此，回报短缺直线与市场回报率的交点与第 p 条百分点位线取得 T 回报时的点重合。

有一条回报短缺直线值得我们特别关注，也就是市场回报率直线自身，即

$$T = y$$

同时

$$\begin{aligned} R &= T + \beta r_e \quad &\text{（市场回报率直线）} \\ &= T + k_p\beta\sigma_e \quad &\text{（}T = y\text{ 时的第 }p\text{ 条回报短缺直线）} \end{aligned}$$

这种重合的情况暗示了

$$k_p \beta \sigma_e = \beta r_e$$

或者说在β系数大于0的情况下

$$k_p = \left(\frac{r_e}{\sigma_e}\right) = \mathrm{SR}_e$$

因此,当把市场回报率直线视为一条回报短缺直线时,任何一种权重的股票组成,只要β系数大于0,其超越$T=\gamma$时的无风险回报率的概率总是同样的p。

这个结论与前面讲过的水平的百分点位线情况是一致的,即

$$r_p = \gamma$$

再一次得到

$$k_p = \mathrm{SR}_e$$

换句话说,对水平百分点位线的解读和市场回报率直线作为回报短缺直线的解读都描述了同一个概率,也就是在给定的夏普系数条件下,任意权重的股票型投资组合的回报率超越无风险回报率的特征概率。 319

参考文献

Leibowitz, M. L., L. N. Bader, and S. Kogelman. 1996. *Return targets and shortfall risks*. New York: Irwin Professional Publishing.

Leibowitz, M. L., and A. Bova. 2005. "Allocation betas." *Financial Analysts Journal* 61 (4): 70–82.

———. 2007. "Gathering implicit alphas in a beta world." *Journal of Portfolio Management* 33 (3): 10–18.

———. 2009. "Diversification performance and stress-betas." *Journal of Portfolio Management* 45 (3): 41–47.

◂ 第二十一章 ▸
知识要点

321 本书中的基本知识要点如下：

投资组合的相似性：通过使用 α、β 系数的结构化方法进行分析，可以发现许多机构投资组合尽管表面上看似大为不同，但是实际上在很多的风险回报特征方面是相通的。举例来说，我们在前面章节中经过合理假定的投资组合，以及前一章中有关投资组合风险区间的结果（β 系数处于 0.52—0.53 区间），都大体上与实践中常见的 0.55—0.65 之间的 β 系数值近似。

投资组合的构建：发现并使用结构性超额回报率，从而设计出由非标准的另类资产组成的超额回报核心资产为主、更为传统的调控性资产为辅的投资组合。这一方法有助于我们构建实现风险与预期回报率平衡的投资组合。

回报与风险：采用现代捐赠基金资产配置模型，依赖非标准的另类资产，这种设计的目的现在看来主要是为了提高回报率，而非控制风险。

压力 β 系数：在市场经受压力考验的时候，参数之间的关联度、波动比率、β 系数都有可能并且的确都会上升，从而减少了回报短缺风险保护试图带来的好处。

超额回报率：无论承担了多少 β 系数风险，即使是在市场常态状况下，一年之内回报率超过无风险收益率的概率也小得惊人。

超额回报核心资产：为了能在标准市场模型的框架之内实现合理的回报目标，配置资产时需要放入一些以追求回报率为目标的核心资产。这些核心资产真正是以长期收益为目标，同时又能够承受相对较高的年度波动。

322 *短期与长期投资*：多元化配置的各类资产，回报率较好但风险较低的另类资产，以及积极管理策略都有可能带来正数的超额回报率，从而也就有可能为投资组合在较长的投资期内获得合理的预期回报率提供有力的支撑。但是，这些配置方式在市场状况急剧恶化的情况下也会导致投资组合受到更严重的压力风险。

最终,我们想要为捐赠基金投资模式提供什么样的建议呢?在本书的第一章当中,我们强调过,对于高度依赖非标准类型资产的投资组合而言,极端的市场波动将对其产生重大挑战。我们通过分析已经看到,极端市场状况对资产的关联度、β系数和回报率都会而且确实产生过重大影响。这些现象的发生使得很多人感到惊诧,主要是他们先入为主地认为捐赠基金的资产配置模式能够经历任何市场状况的考验。一些人已经提出要改革捐赠基金的资产配置模式,主要就是彻底去除或改变其中另类资产的配置,甚至有人提出要回归到60%股票对40%债券型的配置模式上。

本书通过分析当代投资组合中起决定性作用的风险和回报因子,指出了捐赠基金配置模式的波动率在市场出现极端状况时可能超过传统型配置模式,而这种状况应该是常见的现象,并不应引起人们的诧异。

由于压力β系数的影响使得多元化资产配置模式的优势在短期内被减弱,或许有的读者会认为我们经过分析后得出的结论就是要剔除另类资产,不再依赖其获得更高的回报。我们甚至还会臆测,既然短期之内很难取得超越无风险基准的回报率,那么还不如干脆不去承担任何额外的风险。但是,我们想要传达的真正信息是,在采用捐赠基金资产配置模式的时候一定要对短期风险进行充分的分析,梳理好承担短期风险与追逐长期收益之间的关系。简而言之,当代捐赠基金资产配置模式不是万灵药,它不可能成为既平滑回报率又降低风险的投资模式,我们可以有效地利用这种策略来积累增量回报,并取得分布范围相当广泛的业绩——当然这都是针对较长的投资周期而言的。我们在最后的分析中指出,应对投资组合整体风险的最好武器就是取得长期增量回报。

◀ 索　引 ▶

说明：索引中的页码为英文原书页码，在正文边际处。